보 이 스

VOICE
VOICE
VOICE

보이스

존 콜라핀토 지음　고현석 옮김

목소리는 어떻게 인간의 삶을 결정하는가?

매일경제신문사

다나와 조니에게 이 책을 바칩니다

CONTENT

나와 성대 폴립

몇 년 전 〈롤링 스톤Rolling Stone〉에서 일을 할 때였다. 이 세계적인 음악 잡지의 소유주이자 당시 내 상사였던 얀 웨너Jann Wenner가 내게 직원들이 멤버가 되는 밴드의 리드 싱어를 해보라고 제안했다. 막 40 대에 접어든 상태였던 나는 내가 늙지 않았다는 것을 보여줄 수 있 는 기회라고 생각해 냉큼 하겠다는 의사를 밝혔다. 리드 보컬로서의 내 장점은 성량이 풍부하고 음정이 거의 정확하다는 것이지만, 문제 는 내가 제대로 음악을 배운 적 없이 혼자 연습했다는 데 있었다. 이 를테면 나는 노래하기 전에 목을 제대로 푼 적이 한 번도 없었고, 성 대를 구성하는 섬세한 진동 조직, 근육, 점막이 중년의 관절만큼이 나 쉽게 손상된다는 사실도 전혀 몰랐다. 그랬기 때문에 나는 연습하 는 날이면 책상에서 일어나(당시 나는 책을 한 권 마감하느라 아무 말도 하 지 않고 하루에 8시간을 글만 쓰고 있었다) 맨해튼 중심부에 있는 연습실 로 지하철을 타고 간 다음, 마이크 앞에 서자마자 밴드 멤버의 기타 와 드럼 연주에 맞춰 성대를 최대한 쥐어짰다.

나의 이런 행동이 바보짓이었다는 것을 알게 된 것은 제이 가일스 밴드The J. Geils Band의 리드 싱어 피터 울프Peter Wolf를 만나고 나서였다. 피터는 얀의 부탁으로 우리 연습장에 와서 노래를 부른 다음, 내가 노래하는 것을 지켜보더니 이렇게 말했다. "*리허설* 때는 그렇게 목청 껏 할 필요 없어요. 실제 공연을 위해 목소리를 아껴야지요." 나는 피터의 조언을 따랐지만, 이미 내 목소리는 상당히 쉰 상태였다. 하지만 난 별로 걱정하지 않았다. 그전에도 목소리가 쉰 적이 있었지만 곧 원래 목소리로 돌아왔기 때문이다. 게다가 나는 록 음악에서는 쉰 목소리가 별로 이상하게 들리지 않는다고도 생각했다. 무엇보다도 나는 별 불편함을 못 느꼈다. 설마 목이 상했을 거라고는 생각하지 않았던 것이다. 하지만 *이제는* 목소리가 손상될 때 본인은 전혀 아무 것도 느끼지 못한다는 불편한 진실을 잘 알고 있다. 당시 나는 성대에는 통각 수용체가 없다는 것을 몰랐다.

나는 일주일에 두 번씩 계속 연습실에 갔고, 곧 예전의 습관으로 되돌아갔다. 목이 쉬기 전의 성량을 내기 위해 사실 더 열심히 노래를 했는데, 이상하게도 목소리는 더 약해지는 것 같았다. 어느 날 갑자기 롤링 스톤스The Rolling Stones의 노래 〈Miss You〉를 부르는데 미들 C음 위의 F음 같은 고음을 내는 게 힘들었다. 고음을 내려고 할수록 목소리가 갈라지면서 음정이 맞지 않는 거친 소리가 나거나 아예 소리 자체가 나지 않게 됐다. 공연일이 점점 다가오면서 걱정되기 시작했다. 얀은 맨해튼 한복판의 댄스 클럽에서 열릴 예정인 우리 공연에 친한 지인 2천 명을 초대한 상태였다. 오노 요코Ono Yoko, 폴 섀퍼 Paul Shaffer, 발 킬머Val Kilmer를 포함해 수많은 유명 인사가 오기로 했고, 셰어Cher의 음향효과 담당자가 공연의 음악 믹싱을 맡기로 했다. 노래를 한다는 것은 육체적인 일인 동시에 심리적인 일이다. 스트레스는 발성 기관을 공격하고, 느슨하고 유연한 상태로 유지되어야 하는 근육을 긴장시키며, 호흡을 부자연스럽게 만들고, 목구멍이 좁아지게 만들며, 혀와 입술을 마비시킬 수 있다. 나는 이 모든 증상을 눈부신 조명을 받으며 무대 가운데에 서서 첫 곡으로 비틀스의 〈I'll Cry Instead〉(존 레논John Lennon이 보컬을 맡은 곡이다)를 부르며 겪고 있었다. 게다가 존 레논의 아내 오노 요코, 아들 션이 객석 맨 앞줄에서 내가 존 레논의 노래를 부르는 것을 지켜보고 있는 것 같아 불안했다(실제로 그들은 맨 앞줄에서 보고 있었다).

나는 요즘 얀이 우리 밴드 멤버들에게 기념으로 선물한 그날 공연 CD를 틀기가 겁난다. 그날 공연에서 나는 롤링 스톤스의 〈Miss You〉의 "오오~" 부분을 부르다 머뭇거렸다. 원래 음보다 낮은 음을 내다가 점점 더 낮은 음을 내고 말았다. 어쩌다 그렇게 된 것이었다. 내가 왜 그랬을까? 게다가 그날 밤 공연 막바지에서 나는 (영국의 전설적인 하드록 밴드인 크림Cream의) 〈White Room〉을 톰 웨이츠Tom Waits(걸걸한 목소리가 특징인 미국의 싱어송라이터) 풍으로 으르렁대면서 불러버리고 말았다.

공연 후 사흘 동안 후두염으로 고생했다. 회복이 되자 바짝 마른 목소리가 나오기 시작하더니 결국 찢어지는 듯한 거친 목소리로 바뀌면서 '나아지기' 시작했다. 공연 이후 석 달이 지난 후에도 마치 거친 자갈에 간 것 같은 목소리가 계속 나왔다. 그래도 나는 문제가 해결되리라 믿기로 했다. 하지만 이러한 믿음은 아내와 아들과 함께 집에 들어가다 우연히 만난 사람이 내게 한 말을 듣고 완전히 깨졌다. 이웃에 사는 금발의 여성이 엘리베이터에 탔을 때 나는 버튼을 가리키며 몇 층을 누를지 물었고, 갑자기 그녀의 미소가 싹 사라졌다. 그 전까지는 분명 미소를 짓고 있었다.

"목소리가 *심각하게* 상했네요."

그 여성의 말에 나는 뭐라고 대꾸하려고 했지만, 그녀는 자신이 브로드웨이 가수들과 배우들을 가르친 보컬 코치였다며 내 말을 끊었다. 앤드리아Andrea라는 이 여성이 평범한 보컬 코치가 아니었다는 사실을 알게 된 것은 그 후로 오랜 시간이 지나서였다. 앤드리아는 크리스틴 링클레이터Kristin Linklater의 최측근이었다. 링클레이터는 발성법을 가르치는 전문가들의 전 세계적인 네트워크를 만든 사람으로, 1976년에《자유로운 음성을 위하여Freeing Natural Voice》라는 책을 낸 사람이다. 링클레이터가 만든 시스템은 스타니슬랍스키Stanislavsky(러시아의 연출가 겸 배우)의 시스템과 더불어 전통적인 연극 연기의 부자연스럽고 지나치게 격식을 차리는 타성적인 발성법에서 배우들을 해방시켰다. 앤드리아는 목이 심각하게 손상되지 않았다는 내 말을 완전히 무시했다. 그녀는 내가 말을 할 때 보상적 근육운동이 일어나고 있는 게 **보인다면서** 내가 힘줄을 긴장시키면서 그것으로 '목소리 통(후두)'을 압박하고 있다고 했다. 목소리를 내기 위해 성대를 쥐어짜고 있다는 말이었다.

"목이 많이 따가울 걸요?"

앤드리아의 말처럼, 사실 몇 주 동안 목이 꼭 불에 덴 것처럼 따끔거리는 느낌이 있었다. 그녀가 말을 이었다.

"다른 근육들도 분명히 긴장된 상태일 거예요. 노래를 하거나 말을 할 때 우리는 몸 전체를 써요. 복부, 고관절 굴곡근, 어깨, 등을 모두 사용하지요. 선생님처럼 목에 손상을 입게 되면 그 모든 부분이 더 열심히 일하게 되지요. 저녁때면 몹시 피곤할 거예요."

나는 저녁마다 뼛속까지 지치는 것 같은 이상한 느낌 때문에 아이에게 신경쓰기 힘들고 책도 잘 안 써졌는데, 그 이유가 **말을 하기 위한** 노력 때문이었다고는 전혀 생각하지 못했다.

앤드리아는 간단한 긴장 완화 운동만으로도 증상이 금세 나아질 거라며 언제든 자기 집에 들르라고 말했다. 하지만 이웃에게 그런 폐를 끼치는 게 싫었던 나는 그녀의 제안을 받아들이기 힘들다고 말했다. 그러자 그녀가 어깨를 으쓱이며 말했다.

"그렇다면 이비인후과 의사라도 찾아가보세요. 혹시 뭔가 있을지 모르니까요."

그녀의 '뭔가'라는 말에 내 마음이 흔들렸다. 의사 집안에서 자란 덕택에 나는 의사가 완곡하게 "뭔가"라고 말할 때 어떤 뜻으로 하는 말인지 잘 알고 있었다. 앤드리아는 더 나빠질 가능성, 즉 악성으로의 진행 가능성을 암시하기 위해 그 말을 했을 것이다. 나는 그럴 가능성에 대해서는 한 번도 생각해본 적이 없었다. 목소리가 쉰 것도 분명 밴드 공연 때문일 거라고 생각했다. 하지만 정말 밴드 공연 때문에 그렇게 됐을까?

꧁꧂꧁꧂꧁꧂

그다음 날 마운트 시나이 병원으로 바로 갔다. 성대 이상을 주로 진료하는 후두과 과장인 피크 우Peak Woo라는 의사의 진료를 받기 위해서였다. 우는 사십 대 후반의 남자 의사로 목소리가 부드럽고 환자에게 친절한 사람이었다. 진료를 위해 환자의 혀끝을 손으로 부드럽게 잡아당기면서도 전혀 부자연스러워 보이지 않는 의사였다. 그는 다른 한 손으로는 후두경으로 목 안을 살폈다. 후두경은 가정용 호스에 곡선 모양의 스프레이가 달려 있고 끝에 작은 조명이 부착된 기구다. 의사 바로 옆에 있는 화면에 내 목구멍 안의 모습이 실시간으로 비춰지고 있었다. 빨갛고 축축한 터널의 맨 아래쪽에 성대가 보였다.

옅은 분홍색을 띤 두꺼운 막 두 개가 기도 입구에 마치 입술 한 쌍처럼 대칭을 이루면서 걸쳐 있는 모양이었다. 후두경이 성대를 통과하자 폐 깊숙한 곳으로 뻗어 있는 고리 모양의 기관연골이 보였다. 의사가 "아" 소리를 내라고 했고, 나는 그렇게 했다. 내 기도의 입구에 걸쳐 있는 막들이 커튼처럼 흔들렸다. 성대는 내가 소리를 내자 미친 듯이 진동했고, 소리 내기를 멈추자 바로 벌어졌다.

후두경을 뺀 의사가 악성은 아니라고 했다. 그는 내 성대가 벌어진 상태의 화면을 가리켰다. 왼쪽 성대의 가장자리가 일직선 모양을 하고 있었고, 오른쪽 성대의 바깥쪽에는 작은 혹 같은 것이 있었다. 종양이라면 혹이 울퉁불퉁하고 비대칭적인 모양이어야 했다. 하지만 내 성대에 있는 혹은 부드럽고 균형이 잡힌 모습이었다. 마치 아주 작은 콩이 반투명 점막 밑에 삽입된 것 같은 모양이었다. 전형적인 폴립(용종)이었다. 내 예상대로 밴드에서 노래를 너무 많이 불러서 생긴 것이었다. 성대 혈관이 파열돼 피가 흘러나와 흉터 조직이 생기면서 혹이 만들어졌고, 그 혹이 성대의 정상적인 부드러운 물결 운동을 방해하고 있었다. 맑고 깨끗한 노랫소리가 나오려면 기본적으로 기도 입구에 걸쳐 있는 성대 한 쌍의 가장자리가 각각 완전한 직선 모양인 채 서로 정면으로 부딪히면서 진동해야 한다. 하지만 내 성대는 그렇지 않았다. 거칠고 투박하면서 걸걸한 목소리가 났던 이유가 여기에 있었다.

의사에게 이 거추장스러운 폴립을 외래 치료 형태로 그냥 제거할 수 없겠냐고 물었으나 힘들다는 대답이 돌아왔다. 폴립을 없애려면 일단 며칠 동안 입원한 상태에서 수술을 받아야 한다는 말이었다. 그는 폴립을 제거하려면 전신마취를 해야 할 뿐만 아니라 환자가 전혀 몸을 움직이지 못하도록 특수한 마비 약물을 투여해야 한다고 했다.

성대는 극도로 손상 가능성이 높은 조직이라 건강한 부분을 마이크로미터 수준이라도 잘못 제거하게 되면 영구적인 목소리 손상을 입게 될 수 있다고 설명했다. 그러고는 고성능 스테레오 현미경을 들여다보면서 뜨개질바늘처럼 긴 막대 끝에 미세한 메스를 달아 목구멍 안으로 집어넣어 점막을 절개한 다음, 스푼 모양의 미세한 도구를 이용해 폴립을 제거할 예정이라고 말했다. 외부 점막은 매우 민감해 실로 꿰맬 수 없기 때문에 저절로 아물기를 기다리는 수밖에 없다고 설명하면서 수술을 마친 후에도 6주 동안은 절대 말을 하지 말아야 한다고 덧붙였다.

진료실을 나오면서 수술 전에 복용할 약의 처방전을 받았다. 의사는 수술 일정을 내가 정하라면서 언제든 준비가 되면 연락을 달라고 했다.

하지만 나는 연락하지 않았다.

왜 그랬을까? 시간이 없어서? 돈이 너무 많이 들어서? 너무 위험해서? 아니면 *6주 동안이나* 말을 하지 말아야 해서? 사실 성대 수술은 다른 위급한 수술에 비해 그리 심각한 것은 아니다. 가수나 배우, 성우, 뉴스 앵커, 팟캐스트 진행자 등의 직업이 아닌 경우에는 더더욱 그렇다. 목소리를 전문적으로 사용하지 않는 대부분의 사람이 그러듯이 나도 내 입술 사이에서 소리가 나오는 것을 당연하게 여겼다. **내 목소리로 하는 말을 다른 사람들이 알아들을 수만 있으면 된다고 생각했던 것이다.** 그렇다고 해서 거칠어진 내 목소리를 전혀 의식하지 않았다는 것은 아니다. 새로운 사람을 만날 때 나는 거친 목소리 때문에 상대방이 나를 하루에 담배를 두 갑 넘게 피우는 술꾼이라고 생각할까 봐 걱정되곤 했다(사실 〈롤링 스톤〉에서 일할 때는 그렇게 담배를 피우고 술을 마시는 게 자연스러웠다. 하지만 2005년 〈뉴요커New Yorker〉로 옮겼을 때는 분위기가 사뭇 달랐다).

전화 통화를 할 때는 더 신경쓰였다(내 목소리가 상대방의 목소리와 섞이지 않고 수화기를 통해 다시 내게 들렸기 때문인 것 같다). 나는 상대방이 내 목소리를 듣고 덩치 큰 조폭을 떠올리지 않을까 걱정하곤 했다. 특히 상대방의 신뢰를 얻어 그로부터 뭔가 민감하면서 새로운 뉴스거리를 끄집어내야 할 때는 내 목소리가 더 신경쓰였다. 심지어는 전화를 받고 '여보세요'라는 흔한 말을 할 때도 상대방이 라디오 잡음 같은 거친 내 목소리를 듣고 자동응답기로 착각하지 않을까 하는 생각도 여러 번 했다. 내 목소리를 듣고 내가 독감에 걸렸다고 생각한 친구들에게 아니라고 설명해야 하는 일도 불편한 일 중의 하나였다. 하지만 이 모든 귀찮고 불편한 일이 있었어도, 중요한 것은 내게 *장애가* 있는 건 아니라는 사실이었다(적어도 나는 그렇게 생각했다). 어쨌든 대화를 할 수도, 일을 할 수도 있었기 때문에 나는 수술이 필요 없다고 생각했다.

하지만 나는 그나마 남아 있는 목소리를 유지하기 위해 몇 가지 조치를 취하기는 했다. 예를 들어 앤드리아가 엘리베이터에서 내게 해준 조언에 따라 목의 긴장을 푸는 데 집중했다. 복부를 필요 이상으로 사용해 목소리를 *밀어내지* 않으려고도 했다. 이렇게 해보니 목소리 음량, 즉 방사projection가 줄어들긴 했고 덴 것 같은 목의 통증과 온몸의 피로감도 줄어들었다. 게다가 나도 모르게 시행착오를 겪으면서 목소리를 낮게 내는 법을 알게 됐다. 목소리가 낮아지니 말의 전체적인 톤이 부드러워지는 느낌이었다. 그렇게 시간이 지나자 나는 이 문제가 해결됐다고까지 생각하게 됐다. 그 후로도 *10년이 넘게* 나는 내 상태를 부정해왔다. 그러던 2012년 후반의 어느 날이었다. 〈뉴요커〉에 실을 기사를 막 준비하기 시작할 때였다.[1]

∿∿∿∿∿∿∿∿

내 이야기는 보스턴 매사추세츠 종합병원의 스티븐 자이텔스Steven Zeitels라는 목소리 전문의에 의해 다른 국면을 맞게 된다. 자이텔스는 1990년대 중반부터 스티븐 타일러Steven Tyler, 셰어, 제임스 테일러James Taylor 같은 가수, 유명한 TV · 라디오 방송 진행자, 오페라 가수, 브로드웨이 뮤지컬 배우 등의 목소리 문제를 해결하는 데 도움을 주고 있었다. 그 몇 달 전에는 영국의 싱어송라이터 아델Adele의 성대 폴립 제거 수술을 성공적으로 마쳤다. 아델의 성대 폴립은 그녀의 가수 생활을 끝낼 수 있을 정도로 심각한 것이었다. 아델은 그래미상 시상식에서 수상 소감을 말하면서 자이텔스에게 감사의 마음을 전하기도 했다. 자이텔스의 이름은 〈뉴요커〉에서 본 적이 있는 이름이었다. 〈뉴요커〉의 다른 작가들이 별로 주목하지 않았던 이름에 내가 주목하게 된 이유는 무의적으로 내가 성대 폴립에 신경을 쓰고 있었기 때문일 것이다. 하지만 그에게 전화해 기사에 도움을 줄 수 있는지 물었을 당시, 나는 내 성대 폴립에 대해 거의 의식하고 있지 않았다. 하지만 자이텔스는 내 말이 끝나기도 전에 "*작가 선생님 본인에게* 매우 심각한 성대 문제가 있는 것 같군요."라고 말했다. 나는 머뭇거리면서 얼마 전에 '목이 약간 긴장한 상태'를 겪은 적이 있다며 주제를 바꿨다. 하지만 그는 의사로서의 호기심을 굽히지 않았다.

인터뷰를 위해 보스턴에서 자이텔스를 만날 때마다 그는 계속 내 목구멍을 '들여다보겠다'고 했고, 나는 계속 주저했다. 저널리스트로서 지켜야 하는 불문율을 위반하고 싶지 않았기 때문이다(의사의 치료를 받는 것도 대가성을 띨 수 있다). 하지만 그는 내게 **치료**를 하겠다는 것이 아니라 그냥 간단하게 한 번 보겠다고 제안했고, 그 정도는 괜찮을 것 같았다. 게다가 내 목구멍을 들여다보게 하면 의사로서의 그의 기술과 매너를 매우 세밀하게 파악하는 데 도움이 될 수도 있었다. 내가 그의 근무 시간 내내 옆에 붙어 있었던 이유도 결국 그 기술과 매너를 자세하게 관찰하기 위해서였다. 또한 어차피 내 기사에 내 성대 문제를 다룰 수도 있다고 생각했기 때문에 그가 내 목 안을 들여다보는 장면이 기사에 묘사돼도 좋겠다는 생각도 들었다. 하지만 결정적인 것은 목소리 손상의 모든 것을 알아내겠다는 그의 열정이었다. 내 성대를 들여다보길 **원했던** 것은 그였다.

결론을 말하자면, 결국 나는 자이텔스의 진료를 받았다. 마운트 시나이 병원의 의사인 피크 우가 그랬던 것처럼, 자이텔스도 후두경으로 내 목구멍을 들여다보면서 성대의 모습을 컴퓨터 화면에 띄웠다. 전문 지식이 없는 내가 보기에도 성대에 있는 덩어리는 10년 전 피크 우가 보여줬던 것보다 훨씬 더 커진 상태였다. 자이텔스는 확실히 놀란 표정이었다.

"아델의 폴립하고 비슷하군요. 하지만 선생님의 폴립이 **훨씬** 더 큽니다. 폴립이 이렇게 큰 상태에서 노래를 할 수는 없었을 텐데요. 물리적으로 불가능한 일이에요."

자이텔스의 말이 맞았다. 몇 번 노래를 시도했지만 그때마다 목소리가 제대로 나오지 않았고 음 이탈이 계속되곤 했다. 게다가 손상된 성대를 사용해 공기를 밀어내려고 억지로 노력하다 보니 폐에 공기가 비정상적으로 빠르게 채워졌고, 그 과정에서 과도하게 호흡을 하게 돼 머리가 어지러워지면서 가사 연결이 자연스럽지 못하고 뚝뚝 끊어졌다(노래를 잘하는 사람들은 노래 가사들 사이에서 자연스럽게 숨을 들이쉰다). 그러고 보니 얀이 주최한 밴드 공연 이후로 사람들 앞에서 노래한 적이 한 번도 없다는 게 이상한 일이 아니었다. 사실 그 이후로는 집에서 혼자 노래를 불러본 적도 없었다. 노래를 부르는 게 너무 힘들었고, 내 자신이 너무 비참하게 느껴졌다.

하지만 나는 늘 노래를 부르고 싶었고, 그 열망 때문에 자이텔스의 환자들을 인터뷰하는 동안 나는 일종의 감정적인 통찰력을 얻게 됐다. 그의 환자들 대부분은 직업적으로 노래를 부르는 사람들로, 노래 목소리가 제대로 나오지 않게 된 이들이었다. 이 환자들 중 가장 유명한 사람은 줄리 앤드류스Julie Andrews다. 앤드류스는 1997년 브로드웨이에서 〈빅터/빅토리아Victor/Victoria〉라는 뮤지컬 공연을 하던 중에 목이 쉬었고, 성대 폴립 진단을 받고 뉴욕의 마운트 시나이 병원에서 수술을 받았다(피크 우가 이 병원에서 일하기 몇 년 전의 일이다). 내가 아는 것만 말해도, 이 수술로 앤드류스는 자신을 유명하게 만든 타고난 맑고 투명한 목소리 톤을 잃게 됐을 뿐만 아니라, 노래를 부를 때마다 목에서 거친 소리가 나거나 음이 이탈했고, 어지럼증을 겪거나 심지어는 중간에 무대에서 내려와야 했을 정도였다. 그녀는 병원을 대상으로 소송을 제기해 승소했지만, 노래하는 목소리는 예전으로 돌아가지 못했다. 그러던 2000년에 그녀는 거의 자포자기한 상태로 자이텔스를 찾아왔다. 자이텔스는 네 번의 수술로 앤드류스의 성대 손상을 복구하려고 했으나 모두 실패했다. 그는 "앤드류스는 이전 수술에서 성대 조직을 너무 많이 잃었습니다. 남아 있는 조직도 대부분 흉터 조직으로 굳어진 상태였지요."라고 말했다.

열 살 때부터 직업적으로 공연을 해왔고, 노래가 삶과 정체성의 핵심이었던 앤드류스 같은 사람에게 노래 목소리를 잃는다는 것은 엄청난 충격이었다. 앤드류스는 내게 "목소리가 다시 돌아올 것 같지 않아요. 노래를 한다는 것만으로도 기쁜 일이지만, 정말 큰 기쁨은 초대형 오케스트라와 같이 공연을 할 때 느껴져요. 황홀감이지요."라고 말했다. 자이텔스의 환자 중에는 전직 뉴욕시립오페라단 테너도 있었다. 노래를 그만두게 만든 성대 흉터를 제거하기 위해 수술을 앞두고 있던 그는 49세라는 적지 않은 나이에 왜 다시 직업 오페라 가수로 돌아가고 싶은지 내게 말했다. 노래를 그만둔 후 노래를 가르치는 일을 해왔다는 그는 "이제는 **노래에 대해** 말하는 일이 좀 지겨워졌어요. 노래를 한다는 것은 목소리에 **영혼**을 불어넣는 일이지요."라고 말했다. 이런 이야기들을 자이텔스에게 하면서 나처럼 노래를 단순히 취미나 오락이라고 생각하는 사람이 성대 손상으로 느끼는 상실감과 진짜로 노래를 부르는 예술가의 상실감은 비교할 수 없을 것이라고 말했다.

"왜 그렇게 생각하지요? 노래는 선생님께 분명 *의미가* 있었을 겁니다. 즐거움도 줬을 것이고, 선생님 자신 안의 어떤 것을 표현했을 겁니다. 신비로운 일이지요. 수준과는 상관없이, 노래를 부르는 사람들은 노래가 자신의 심리, 정서 그리고 영혼에 매우 큰 영향을 미친다고 말합니다."

그러고는 내 경우는 노래 목소리가 가장 중요한 문제가 아니라고 자이텔스가 말했다. 말할 때의 목소리도 문제였다. 그는 내가 **말을 할 수는** 있지만, 바뀐 목소리는 내가 인식할 수 없는 방식으로 삶에 영향을 미치고 있다고 지적했다.

"선생님의 말하는 목소리에 대해 말해볼게요. 선생님의 목소리는 지독하게 쉬어 있어요. 사람들은 '뭐 그리 나쁘지는 않은데'라고 말할지도 모르지요. 절대 아닙니다. 실제로 선생님의 목소리는 **매우 나쁩니다.** 폴립이 위치한 오른쪽 성대의 탄력과 운동 능력이 심각하게 떨어져 있어요. 정상인이 쓰는 성대 양의 3~4%밖에 사용하지 못하고 있어요."

자이텔스는 결론적으로 내가 다른 성대 손상 환자들과 거의 같은 과정을 겪어왔다고 말했다. 내가 '문제가 아니라고 말할 수 있는' 전략을 세우면서, 회귀후두신경recurrent laryngeal nerve (주로 성대의 긴장 상태를 조절하는 신경)을 계속 다시 훈련시켜 목소리의 톤을 낮추고, 아직 움직임이 가능하지만 이미 부담이 가중돼 있는 성대 점막 3~4%를 느슨하게 만들어 진동시키고 있다는 것이었다. 이렇게 하면 목소리는 덜 거칠어지지만 대가를 치러야 한다. 사람들이 목소리에 색깔, 생동감, 표현력, 개성을 주기 위해 사용하는 타고난 음의 높낮이와 크기 조절 능력, 즉 언어학에서 일상적인 말의 멜로디를 나타내는 '운율prosody'을 조절하는 능력이 사라지기 때문이다. 운율 조절을 통해 우리는 특정한 말의 메시지를 강화하거나 그 말과는 정반대의 의미를 나타내기도 한다. 예를 들어, 친구의 카키색 바지를 보고 "잘 어울린다."고 하는 중년 남성의 말과, 친구의 아들이 친구에게 하는 "잘 어울린다."는 말은 발성 기관이 전혀 다르게 움직여 나온 말이다. 중년 남성이 하는 말은 진심으로 좋다는 뜻이 담긴 분명한 발성의 결과지만, 친구의 아들이 하는 말은 진지한 표정을 지으면서도 별 감정을 싣지 않은 교묘한 빈정거림의 표현이다.

운율은 빈정거림이나 비꼬기 위해서만 사용하는 것이 아니라 부드러운 감정, 분노, 열정 등을 나타내는 데도 사용한다. 또한 이성을 유혹하거나, 다른 사람들을 설득하거나, 협박하거나, 꼬드기거나, 달래기 위해 자신의 미묘한 감정 상태를 표현할 때도 사용한다. 운율은 영화 〈2001 : 스페이스 오디세이$_{2001:A\ Space\ Odyssey}$〉에 등장하는 슈퍼컴퓨터 할$_{HAL}$이나 영화 〈스타 트렉$_{Star\ Trek}$〉에 나오는 스팍의 감정이 실리지 않은 말투, 모건 프리먼$_{Morgan\ Freeman}$이나 메릴 스트립$_{Meryl\ Streep}$ 같은 배우의 표현력이 풍부한 말투를 구분하는 기준이기도 하다. 전화를 받았을 때 '여보세요'라고 노래하듯이 말함으로써 상대방이 우리를 기계로 생각하지 않게 만드는 것도 바로 운율이다. 이 운율은 고대 그리스어의 '앞으로'를 뜻하는 'pro'와 '노래'를 뜻하는 'sody'가 합쳐져 만들어진 말이다. 이 어원에 비춰 보면 우리는 말할 때 **앞으로 나아가는 노래**를 하고 있는 것이다. 자이텔스는 내가 이제는 더 이상 앞으로 나아가는 노래를 부를 수 없는 상태라고 지적했다.

"모노톤의 장막 안에서 움직이고 있는 겁니다. 말할 때 감정 표현이 제대로 안 된다는 뜻입니다. 음의 높낮이를 바꿀 수도 없고, 큰 소리를 낼 수도 없는 거지요. 목소리가 선생님의 **느낌을** 표현하기 위해 일상적으로 하던 일을 할 수 없는 상태입니다."

그의 말은 충격적이었다. 나는 한 번도 내 목소리의 변화를 의식적으로 인식한 적이 없었다. 하지만 그의 말을 듣고 나니 내 표현의 범위가 실제로 줄어들었다는 것을 인정할 수밖에 없었다. 폴립이 생기기 전에 나는 내 목소리로 감정을 표현하는 것을 좋아했다. 고등학교 시절 합창단과 대학 시절 동아리에서(그리고 불행히도 얀의 밴드 공연에서) 노래하는 것을 즐겼다. 그리고 고등학교 시절에 시 낭송 대회에 나가 1등상을 두 번이나 받았고, 대학 때는 이야기 대회에 나가 우승하기도 했다. 내가 책을 처음 냈을 때 재미있었던 일 중 하나는 〈오프라 윈프리 쇼$_{The\ Oprah\ Winfrey\ Show}$〉를 비롯해 TV · 라디오 쇼에 나가 책에 대해 이야기하면서 대학 시절 이후 휴면 상태로 있었던 내 이야기 재능을 마음껏 발휘했던 것이었다. 지금도 내 감정 상태를 표현하기 위해 말의 멜로디를 조절할 수는 있지만 그렇게 하는 게 쉽지는 않다 (감정 상태를 너무 많이 표현하면서 말을 하다 보면 저녁 때 완전히 녹초가 된다). 내 목소리는 예전처럼 정밀한 도구가 아니었다. 특정한 단어나 음절을 강조하려 해도 정확하게 되지 않았다. 강조하려고 하면 단어 발음이 뭉개지거나 엉뚱한 곳에서 잘려서 발음되곤 했다("뭐라는 거야?"라는 말을 자주 듣곤 했다).

하지만 최악은 따로 있었다. 자이텔스는 그 최악을 지적했다. "선생님의 목소리가 선생님 자신을 전달하지 못하고 있다는 겁니다." 목소리가 성격과 개성, 즉 근본적인 정체성을 나타내는 핵심적인 단서라는 사실은 나도 잘 알고 있었다. 우리는 다른 사람들이 울림이 깊으며 위엄 있는 바리톤 목소리로 말할 때, 높고 날카로운 소프라노 목소리로 말할 때, 여자아이처럼 속삭일 때 각각 그 사람에 대해 바로 판단을 내린다. (자음과 모음을 발음하는 방법과 **억양**을 보고) 그 사람이 어디에서 나고 자랐는지, 사회적 · 경제적 위치가 어느 정도인지, 교육은 어디까지 받았는지 추측한다. 물론 다른 사람들도 우리를 같은 방식으로 판단한다. 서른 살 때 캐나다 토론토에서 미국 뉴욕으로 이사 왔을 때 모르는 사람들이 종종 내게 다 알고 있다는 듯이 미소를 지으면서 "캐나다 어디에서 왔어요?" 하고 묻곤 했다. 그 사람들은 내가 'out(아웃)', 'about(어바웃)' 같은 단어를 발음하는 걸 듣고 물은 것이었다. 미국인이 '아우'라고 발음하는 모음을 나는 '오오'라고 발음했기 때문에 그들에게는 그 단어들이 '오오트', '어보오트'로 들렸을 것이다. 내 발음은 유아 때부터 캐나다인인 부모님의 발음을 듣고 배운 것이었고, 유치원 친구들도 나와 같은 방식으로 발음했다. 때문에 그 발음은 발성 기관을 조절하는 운동신경에 아주 자연스럽게 깊숙이 각인돼 있을 수밖에 없었다. 이런 발음 방식은 뇌 발달의 핵심적인 단계에서 굳어진 것이기 때문에 고치는 것이 매우 어렵고, 어떤 사람들에게는 불가능할 수도 있다. 미국에서 산 지 30년이 지난 지금도 여전히 나는 '오오트', '어보오트'라고 발음한다. 그리고 그렇게 발음할 때마다 내 목소리가 모르는 사람들에게 뭔가 나의 은밀한 모습을 드러내고 있다고 생각하곤 한다.

목소리가 일종의 청각적 지문, 즉 사람마다 모두 다르며 듣는 사람들의 강한 추측을 가능하게 하는 개인적 특징이라는 것은 나도 잘 알고 있었다. 그렇기 때문에 내 목소리가 술꾼이나 조폭을 연상시키지 않을까 걱정했던 것이다. 하지만 나는 내 성대 손상이 별것 아니라고 말하면서도 새로운 나의 성격을 세상에 드러내고 있었던 것 같다. 단조롭고, 덜 열정적이고, 덜 몰두하는 성격 말이다.

하지만 폴립은 다른 사람들이 나에 대해 가지는 느낌만을 변화시킨 것이 아니었다. 나의 **행동**도 변화시키고 있었다.

"선생님 같은 성대 손상 환자는 뉴욕 시내의 시끄러운 식당에 웬만하면 안 가려고 하지요. 그런 곳을 간다면 분명 악몽 같은 상황이 벌어질 테니까요."

자이텔스의 말처럼 실제로 그랬다. 식당처럼 시끄러운 곳에서 소음보다 더 크게 목소리를 내려면 폴립이 **건강한** 성대 부분과 더 세게 부딪혀야 했고, 그 과정에서 양쪽 성대가 모두 부어올라 목소리가 훨씬 더 거칠어졌으며, 붓기가 가라앉는 데만 일주일이 걸렸다. 그래서 요즘 나는 시끌벅적한 식당이나 클럽, 공연장 같은 곳은 웬만하면 가지 않는다. 설령 간다고 해도 의도적으로 입을 굳게 닫는다. 어릴 때 나는 외향적이고 말이 많고 '수행성이 높은performative' 아이였다. 가족들은 그런 나의 성격이 형제자매 속에서 내가 차지하는 위치 때문이라고 생각했다. 두 형과 나는 모두 거의 1년 차이로 태어났고, 여동생은 나보다 네 살이 어렸다. 따라서 내 위치는 *형제들* 중에서는 막내였지만 누이까지 합하면 막내가 아닌 모호한 위치였다. 나는 그런 내 위치가 불안했다고 생각했던 것 같다(아니 *실제로* 그렇게 생각했다). 내 위치는 너무나 쉽게 뺏길 수 있고, 가려질 수 있고, 잊힐 수 있는 위치였기 때문이다. 그래서 나는 일찍부터 가족들에게 내 위치를 확실하게 인식시키면서 관심 끄는 법을 배우게 됐다. 형제자매 중에서 가장 시끄럽고, 가장 말이 많고, 가족들을 가장 귀찮게 만드는 아이가 된 것이다. 네 살 때쯤인 것 같다. 가족이 모인 식탁에서 나는 아빠에게 이렇게 말했다. "아빠. 사람들이 아빠를 '닥$_{doc}$(의사)'이라고 부르는데, 그러면 아빠를 딛고 다이빙해도(다이빙하기 전에 딛는 발판도 '닥$_{dock}$'이라고 함-옮긴이) 돼요?" 그러자 부모님은 내가 커서 자니 카슨 $_{Johnny Carson}$ 같은 토크쇼 진행자가 될 거라고 말씀하셨다. 그 말을 듣고 기분이 좋아진 나는 점점 더 목소리를 높이면서 사람들의 관심을 끌려고 노력했다. 자이텔스는 내 이야기를 듣고도 전혀 놀라지 않았다.

그는 "그랬군요. 밴드 공연 몇 십 년 전부터 선생님은 폴립을 키우고 있었던 거군요. 내성적이거나 소극적인 사람들은 성대가 손상될 일이 없지요."라고 말했다. 걱정이 된 나는 "그렇다면 성대 폴립이 *인생*을 바꿀 수도 있다는 거네요?"라고 물었다. 그는 이렇게 대답했다.

"완전히 바꿀 수 있지요."

⁓⁓⁓⁓⁓⁓

기사에서는 내 목소리 손상에 대해 전혀 언급하지 않았다. 대신 자이텔스가 환자들에게 시행한 미세수술과 젤 형태의 필러, 즉 '인공 성대'에 대한 그의 연구만을 집중적으로 다뤘다. 인공 성대 수술은 줄리 앤드류스가 잘못된 성대 수술로 입었던 손상을 치료하기 위한 방법이었다. 기사는 반응이 좋았고, 사람들은 내 기사를 더 보강해 '목소리 전반'을 다루는 책으로 만들면 어떻겠냐고 제안했다. 그런 제안을 처음 받았을 때 나는 '불가능하다'고 말하려 했다. 내 성대 손상의 예에서 보듯이 목소리는 겉으로는 간단해 보이지만(사람들은 목소리라고 하면 말하고 노래하는 것만 생각한다) 사실은 그렇지 않은 주제다. 목소리라는 주제를 다루기 위해서는 자연의 가장 심오한 미스터리 중 일부를 다뤄야 하기 때문이다. 다시 말하면, 목소리에 대해 다루려면 생각, 감정, 성격, 성장 과정 등 수많은 개인적인 데이터(인종, 정신 건강, 사회적 계급, 심지어는 성적 지향성도 이에 포함된다)를 어떻게 다른 사람과 주고받는지, 숨을 내쉬는 동안 입술과 혀를 움직임으로써 다른 사람들의 뇌에 미세한 공기 물결을 어떻게 쏘는지에 대해 다뤄야 한다는 뜻이다. 만약 외계인이 우리가 이런 생물학적, 언어학적, 심리학적, 음향학적 행동을 하는 것을 본다면 분명히 *비현실적*'이라고 생각할 것이다.

설령 책을 쓴다고 해도 목소리라는 넓은 주제를 어떻게 쉽게 독자에게 설명할 수 있을지도 고민이 됐다. 목소리의 실체가 무엇인지 설명하는 것조차 어려운데 이 주제로 책을 쓰는 것이 가능할까? 목소리는 노래를 뜻할까, 말을 뜻할까? *기침도* 목소리일까? 그렇다면 웃음은? 노래의 생리학에 관한 세계 최고의 권위자인 요한 순드베리 Johan Sundberg 는《노래 목소리의 과학The Science of the Singing Voice》(1987년)이라는 유명한 책의 서문에 '사실 우리가 정의를 시도하지 않는 한, 목소리는 우리가 생각하고 있는 바로 그 뜻을 가지는 것 같다'고 썼다.[2] 아리스토텔레스는 목소리를 '영혼이 있는 생명체가 내는 소리'라고 정의했다. 이 정의에 따르면 기침은 목소리가 아니다. 기침은 '마음

속 이미지(심상)', 즉 단어를 떠올리게 하지 않기 때문이다.[3] 불행히
도 이 정의에 따르면 오페라 테너가 내는 높고 맑으면서 길게 지속되
는 음, 즉 특정한 '심상'을 불러일으키지는 않지만(이탈리아어를 모르면
특히 더 그렇다) 우리를 전율시키는 특정한 음도 목소리라고 할 수 없
다. 1950년대에 등장한 음성과학의 한 분야인 초음성학~paralinguistics~에
따르면 성대에서 나는 소음(기침 소리, 한숨 소리, 헐떡거리는 소리, '엄',
'어' 같은 소리)은 사람의 마음 상태와 심장의 상태를 매우 잘 드러내며
그 자체로 목소리라고 할 수 있는 소통 기능을 갖는다. 그렇다면 아
리스토텔레스의 정의에 따르더라도 이런 소음들은 목소리라고 말할
수 있을 것이다.[4]

　이렇게 목소리에 대한 정의가 혼란스러운 데다 개념적으로 '위치
를 찾기가' 불가능하다는 인식론적 문제도 안고 있다. 즉, 목소리를
호흡 행위 또는 발화 행위로서 보면 말하는 사람의 몸 '안'에 있지만,
음파 형태로 공기 중에 나타날 때까지는 존재하지 않기 때문이다. 목
소리가 말하는 사람 근처에 있는 다른 어떤 사람이 뇌의 청각피질에
서 음파를 처리할 때만 **목소리로서** 존재하게 되는 것은 확실하다(음
성과학~voice science~에는 이와 관련해 '숲속 나무가 쓰러지면서 소리를 내는데 그것
을 듣는 사람이 아무도 없다면 그 나무는 소리를 내는 것일까?'라는 수수께끼가
있다. 답은 '아니다'이다). 마지막으로 남은 복잡한 문제는 목소리에 대
한 과학의 정의에서 비롯된다. 과학에서 목소리는 '목구멍 안에서 나
는 "웅웅" 소리의 원천', '입을 움직여 그 "웅웅" 소리를 말로 만드는
방식', '(폐, 성대, 혀, 입술, 연구개 등) 수많은 몸의 부분이 동시에 움직
여 나는 말소리나 노랫소리의 리듬과 멜로디' 등으로 다양하게 정의
된다. 과학에서는 이 모든 목소리가 다양한 일을 하기 위해 처음부터
설계된(또는 자연선택에 의해 진화된) 것이라고 본다. 이 모든 것들 중

에서 어떤 것이 진짜 **목소리**일까? 일부일까, 모두 다일까, 아니면 그 어떤 것도 아닐까?

요약하면 이렇다. 전 세계에서 가장 똑똑한 사람들도 **공통된 정의를 내리지 못한** 것에 대해 책을 쓴다는 것은 불가능해 보였다. 목소리의 정의에 대해서는 생각하지 않는 게 최선이라는 생각이 들었다.

⸺⫴⫿⫾⫿⫾⫿⫾⸺

하지만 그럴 수는 없었다. 글을 써야 될 때가 되면 아침마다 나는 자유연상을 하면서 생각나는 것들을 노트에 낙서하듯이 쓰곤 했다. 이번에도 나는 '목소리'라는 단어에 대해 생각할 때 머릿속에 떠오르는 것들을 쓰기 시작했다. 내가 노트에 써놓은 것들을 보면 마치 미친 사람이 아무렇게나 쓴 것처럼 보인다. '구애하기', '무기', '대화 치료', '에보닉스Ebonics (흑인들이 쓰는 말)', '말 더듬기', '혀 짧은 소리', '원시적인 외침', '밥 딜런Bob Dylan', '유아 언어-횡설수설', '오페라', '히틀러Adolf Hitler', '성전환', '언어 전환', '헨리 히긴스Henry Higgins', '리치 리틀Rich Little', '카스트라티castrati' 같은 단어들을 노트에 적었다. 이런 메모 작업을 몇 주 동안 했다. 그러던 중 혼돈으로부터 어떤 질서가 나타나기 시작했다. 특정한 단어들과 아이디어들이 계속 반복되면서 다른 단어, 아이디어와 연결되고 있었다. 관련된 책도 다양하게 읽었다. 음성학, 동물의 음성 커뮤니케이션, 인간의 운동조절(결국 목소리는 **물리적인** 제스처의 일종이기 때문이다), 유아들의 언어습득, 남성과 여성의 목소리 등에 관한 책들이다. 몇 달이 지나자 이런 다양한 주제들을 하나의 이야기로 묶을 수 있는 방법이 떠오르기 시작했다. 결국 핵심은 인간의 목소리가 다른 동물들의 목소리와 다른 점이 무엇인지 생각해내는 데 있었다. 모든 포유동물과 조류는 '꿀꿀', '꽥꽥', '짹짹', '멍멍', '음메에' 같은 소리를 각각 다양하게 내면서 생존에 필요한 의사소통을 한다. 앵무새는 인간의 말소리를 정교하게 흉내 낼 수 있지만 자신이 따라하는 말의 뜻은 전혀 모른다. 아내와 나는 지난 30년 동안 잉꼬를 여러 쌍 키웠는데, 그 잉꼬들은 우리가 하는 말의 일부를 따라하곤 했다("너 참 귀엽구나.", "사랑해." 같은 말들이었다). 하지만 잉꼬들에게 씨앗 모이를 주면서 '씨앗'이라는 말을 가르치려고 그렇게 노력했음에도 불구하고 잉꼬들 중에서 자신이 먹는 모이와 씨앗이라는 말을 연결시킬 수 있는 잉꼬는 한 마리도 없었다. 우리가 키우던 잉꼬들은 우리가 있는 거실로 날아와 모이가 떨어졌다는 것을 짹짹대면서 알려줄 정도로 매우 사회적이고 똑똑했다. 하지만 그 잉꼬 중 단 한 마리도 새장 안에 머물면서 "씨앗"이라는 말을 하면서 에너지를 아끼는 법을 배우지는 못했다. 인간은 이런 기적 같은 일을 할 수 있는 유일한 동물이다. 인간은 성대에서 나는 특정한 **소리**와 세상에 존재하는 물체를 연관시킬 수 있는 유일한 존재인 것이다.[5] 다시 말하면, 인간만이 성대에서 나는 소리들을 다듬어 분명한 말로 만들 수 있다.

앞에서 나는 '기적 같은 일'이라는 표현을 썼다. 하지만 이 말도 사실 상당히 부족한 표현이다. 이 기적 같은 일을 할 수 있는 능력 덕분에 인간은 빠른 속도로 생태계 먹이사슬의 가장 윗자리를 차지할 수 있었기 때문이다. 유발 하라리Yuval Noah Harari의 뛰어난 작품인 《사피엔스Sapiens》[6]를 읽었다면 과학자들이 인간이 현재의 위치에 오르게 만든 동인으로 대부분 **언어**를 꼽는다는 것을 알 것이다. 언어는 과거 또는 미래의 사건들에 대해 말할 수 있게 해주고, 바로 지금 존재하지 않는 사람들이나 사물들(내가 키우던 잉꼬들의 '씨앗')에 대해서도 언급할 수 있게 해주고, 추상적인 철학적 개념을 설명할 수 있게 해주며, 같은 인간끼리 복잡한 계획과 목표를 공유할 수 있게 해준다. 인간을 제외한 그 어떤 동물도 이런 일을 비슷하게도 하지 못한다. 새, 개, 침팬지, 돌고래 같은 동물도 목소리를 사용해 두려움, 분노, 짝짓기 욕구 등을 나타내지만 이 동물들이 나타내는 것은 당면한 현재의 생존과 번식에 관계된 것에 한정된다. 따라서 인간만이 가진 언어 능력은 다른 생명체와 인간을 결정적으로 가르는 '건널 수 없는 루비콘강' 같은 존재라고 할 수 있다. 하라리는 과학자들의 이런 설명에 덧붙여, 이전 언어 능력이 인간이 지구를 지배하게 된 결정적인 요인이라고 말한다. 하라리에 따르면 언어는 비교적 뛰는 속도가 느리고 물리적으로 약하며, 포식자들에게 쉽게 당하는 동물이었던 초기 인간이 다른 인간들과 협력해 계획을 세우고 전략을 구사해 인간보다 크고 빠르며, 치명적인 포식자들을 제압하고, 다른 동물들보다 더 큰 크기의 집단(또는 부족)을 구성하고(인간과 가장 가까운 동물인 침팬지는 인간보다 한 단계 낮은 협력 형태를 보이며, 약 100마리가 한 집단을 구성할 수 있다), 결국 마을, 소도시, 도시 그리고 국가를 구성해 인류가 지구와 지구상 모든 존재를 지배할 수 있게 만들었다. 문자 언어도 이 과정을 가속하는 데 기여했지만, 사실 문자가 등장한 것은 5,000년 정도밖에 안 됐다. 이 정도 기간은 기나긴 인류 역사에서 보면 눈 깜빡할 정도의 시간밖에는 안 된다. 문자가 등장하기 전까지 인간의 모든 의사소통은 **말**을 통해 이뤄졌다. 따라서 나는 지금 하라리를 비롯한 과학자들이 주장하는 언어의 위대한 역할을 부정하는 것이 아니다. 다만 나는 우리가 지구를 지배하게 된 것이 언어 때문만은 아니며, 언어라는 놀라운 특성을 소리로 만드는 우리의 특별한 능력에도 힘입었다는 것을 강조하기 위해 목소리라는 개념을 더 정교하게 다듬어야 할 필요가 있다고 생각할 뿐이다.

⊸⊶║║╟╢┈⊸┈┈╟╢╟╢╢╟┈

　　우리 종의 삶에서 목소리가 이렇게 특별한 역할을 한다는 사실을 현재의 과학이 인정하지 않으려고 하는 것은 이해가 간다. 어쨌든 언어는 **목소리 없이도** 전달될 수 있기 때문이다. 귀가 들리지 않거나 앞을 보지 못하는 사람들도 말을 하지 않고 손가락, 손, 팔, 머리를 움직여 완벽하게 대화할 수 있다. 이들은 몸의 자세, 몸짓의 속도, 얼굴 표정을 변화시켜 자신들의 '발화utterance'에 감정적인 뉘앙스 층위, 즉 **운율**을 추가한다. 글쓰기도 목소리가 언어의 필요조건이 결코 아니라는 것을 보여주는 또 하나의 증거가 된다. 이 사실은 지금 내가 입력하고 있고 독자들이 읽고 있는 단어들을 보면 알 수 있다. 이 단어들은 의미를 지니는 문법적 구조를 만들기 위해 내가 입력하고 있는 단어들이며, 전략적으로 쉼표, 마침표, 줄표, 느낌표 같은 구두점을 찍고 **이탤릭체** 표기를 함으로써 운율의 층위를 더하고 있다.

　　맞다. 목소리는 언어의 필요조건이 절대 아니다.

　　하지만 우리가 몸짓언어나 글쓰기에만 의존해 의사소통을 했다면 결코 현재처럼 먹이사슬의 최정상 위치에 있지 못했을 것이다. 몸짓 신호는 신호를 보내는 사람과 받는 사람 모두 심각한 한계를 느끼게 한다. 게다가 자연선택에 의한 진화라는 살벌한 투쟁에서는 이런 제약이 큰 문제가 될 수밖에 없다. 수렵채집인이 말을 할 수 없었다면, 몇 미터 앞에 있는 표범을 발견하고 동료들에게 위험을 알리려면 뒤로 돌아선 다음 흩어져 있는 동료들에게 '표범'이라는 신호를 보내야 했을 것이다. 그랬다면 이 수렵채집인은 손에 들고 있던 창을 버리고 도망가기도 전에 이미 표범한테 잡아먹혔을 것이다. 만약 그 수렵채집인이 문자언어로만 소통하는 사람이었다면 상황은 훨씬 더 나빠졌을 것이다. 같은 무리의 사냥꾼들이 이 사람이 서둘러 쓴 글을 못 알아본다면 어떨까?("이거 **표범**이라고 쓴 거 맞아?")

그때쯤이면 모든 상황은 종료돼 있을 것이다.

요약하면, 인간의 목소리는 신호나 글 또는 다른 모든 종류의 언어 전달 수단에는 없는 이점, 즉 적응 우위adaptive advantage를 가진다고 할 수 있다. 목소리는 몸짓언어보다 약 5배 빠르게 단어를 전달한다. 속삭임 정도로 낮은 목소리로도 칠흑 같이 깜깜한 밤에 다가오는 포식자나 적의 존재를 동료에게 알릴 수 있다. 또한 목소리는 듣는 귀의 수만큼 다양한 채널로 '쪼개질 수' 있다는 점에서 특이하다. 따라서 소리를 지르면 소리가 들리는 거리 안에 있는 모든 사람에게 경고를 할 수 있다(시각 신호도 '쪼개진다'. 하지만 시각 신호는 받는 사람들이 시각 신호를 보내는 사람 쪽을 보고 있을 때만 쪼개질 수 있다).[7] 목소리는 먼 거리까지 전달될 수 있고, 빽빽한 정글을 뚫고 나갈 수 있으며, 길의 모퉁이를 돌아서 전해질 수도 있으며, 딱딱한 장벽들 중 일부를 통과할 수도 있지만, 그러면서도 흔적을 남기지 않는다. 발자국이나 냄새 같은 흔적들과는 달리 목소리는 포식자가 추격에 유용하게 이용할 수 있는 단서를 전혀 남기지 않는다. 목소리는 목소리로 신호를 보내는 사람이 손, 팔, 다리를 이용해 중요한 일을 하고 있을 때도 이 모든 일을 할 수 있다. 아이를 보고 있을 때, 불을 피우고 있을 때, 무기를 만들고 있을 때, 바느질을 하고 있을 때, 창을 손에 들고 있을 때, 침입자들을 피해 매복 장소에서 도망칠 때도 목소리를 이용하면 손짓으로 신호를 보내거나 글자를 쓸 필요가 없다. 적이 쳐들어와도 목소리를 내면서 주먹을 쥐고 싸울 준비를 하면 된다. "기습이다. 도망쳐!"라고 외치기만 해도 온 마을 사람을 구할 수 있는 것이다.

바로 이 이유로 나는 언어가 인간이 지구를 지배하게 만든 결정적인 요인이라는 현재 과학계의 정설에 도전한다. 결국 우리를 먹이사슬의 정점에 올려놓은 것은 언어를 강력하게 만드는 그 능력, 너무 흔하고 너무 일상적이고 그러면서도 너무 순간적이라 우리는 주목하지 않지만, 박쥐의 방향정위 능력(되돌아와 울리는 소리로 물체의 위치를 파악하는 능력-옮긴이)이나 혹등고래가 노래로 의사소통을 하는 능력보다 외계인들을 더 놀라게 할 만한 능력이다.

이런 짜증나는 인간 예외주의, 즉 잘못된 우월주의(인간이 지구를 관리해야 지구가 좋아진다는 생각) 냄새가 나는 이야기는 이제 그만하고, 지금부터는 우리가 목소리로 전달하는 가장 유용한 정보는 대부분 *언어가 아닌* 소리 신호의 요소에 있다는 것을 말하려고 한다. 이 정보는 내 목소리가 지하세계 조폭의 거친 목소리처럼 들리게 만드는 '음색$_{timber}$(다른 소리와 구분될 수 있도록 하는 소리의 고유한 성질)'뿐만 아니라 현생인류 이전의 인류의 조상들에 의해 수백 만 년 동안 우리 DNA에 각인된 운율에도 상당 부분 존재한다는 이야기다(이 부분은 뒤에서 다시 다룬다). 운율은 어떤 사람이 상사의 전화를 받고 난 다음 동료들에게 "보고서가 마음에 든다고 *말하긴* 했는데, 아무래도 날 해고하려고 하는 것 같아."라고 말할 때, 지방 근무를 신청했다는 남편의 말을 들은 아내가 "당신, 혹시 *바람 피워?*"라고 추궁할 때(그리고 나중에 친구에게 "남편 *목소리*에 뭔가 있었어."라고 말할 때) 적용되는 목소리 신호의 한 층위다.

(영역을 표시하거나 동족의 연대감을 나타내는) 인간이 아닌 동물의 원시적인 소리 울림도 자음과 모음으로 나타낼 수 있다. 지역에 따라 다른 억양도 마찬가지다(about의 캐나다식 발음 '어보트'가 그 예다. 뒤에서

자세히 다룬다). 남성과 여성의 목소리가 음색과 음높이가 크게 달라지고, 성적으로 흥분했을 때 목소리 질감이 변화하는 현상도 우리 종이 진화를 거쳐 현재까지 생존하는 데 핵심적인 역할을 한 특성에 의한 것이다(에로틱한 목소리 신호를 서로 주고받음으로써 우리의 짝짓기 욕망이 강화된다). 앞으로 살펴보겠지만, 우리가 정치지도자들을 선택하는 것도 겉으로 드러나는 그들의 모습보다 우리가 진화해온 야수들과 포식자들의 원시적인 소리 울림에 더 크게 의존한다. 특히 정치적 불안과 분열이 심한 시기에는 더 그런데, 그때는 목소리의 감정적인 부분에 반응하는 우리 뇌의 부분들이 공포와 증오, 분노와 폭력이 실린 목소리 톤에 특히 더 강하게 반응하게 된다. 요약하자면, (정치지도자들의 목소리에 의해 상당히 크게 좌우되는) 호모 사피엔스로서의 인간 집단의 운명은 우리가 상상하거나 바라는 것보다 말의 순수한 비언어적 요소들에 의해 훨씬 더 많이 결정된다고 할 수 있다.

⎯⎯⎯⎯⎯⎯⎯⎯⎯⎯

집단의 운명만 그런 것이 아니다. 개개인의 운명도 그렇다. 개인의 직업, 연애 가능성, 사회적 위치, 번식의 성공 여부는 어떤 **소리를** 내느냐에 따라 놀라울 정도로 크게 좌우된다. 이는 부모로부터 부분적으로 물려받은 (성대의 크기, 밀도, 점성 그리고 목과 머리의 공명실의 기하학적 내부 구조에 따라 달라지는) 목소리의 음색, 즉 억양뿐만 아니라 성량, 말의 빠르기, 발성 시작 방식vocal attack이 모두 작용해 벌어지는 일이다. 이 모든 것은 개인의 내향성 또는 외향성, 자신감 또는 수줍음, 공격성 또는 수동성 같은 성향을 드러내는 말의 구성요소들이며, 이런 성향들은 부분적으로는 물려받기도 하지만, 성격과 인격 그리고 궁극적으로 목소리를 만들어내는 수많은 환경 요소에 영향을 받는 개인이 삶의 문제들에 대처한 결과이기도 하다.

들는 사람 입장에서 우리의 목소리는 바로 우리를 뜻한다. 목소리를 듣고 우리의 얼굴을 바로 '떠올리기' 때문이다. 실제로 2018년 연구에 따르면 목소리는 얼굴의 특징들을 인식하는 뇌 영역들에 직접 연결된 시각피질 안에서 처리된다. 이 뇌 영역들은 **인물 식별 시스템** person-differentiating system 을 구성하는데, 이 시스템은 아는 사람과 낯선 사람을 순간적으로 구별해내는 매우 유용한 시스템이다.[8] 목소리를 인식하는 이 뇌 영역들은 장기기억 형태로 수천까지는 아니지만 수백 가지 정도의 목소리를 저장할 수 있다. 전화를 받았을 때 "여보세요"라는 말을 끝까지 듣지 않고도 여동생의 목소리인지 텔레마케터의 목소리인지 바로 알 수 있는 이유, 리치 리틀이 로널드 레이건 Ronald Reagan 이 아니라 빌 클린턴 Bill Clinton 의 성대모사를 한다고 바로 알 수 있는 이유가 바로 여기에 있다(이 두 전직 대통령의 목소리는 모두 청각피질에 저장돼 있다가 듣는 순간 마음의 눈에 각각의 얼굴을 떠올리게 만든다).[9] 형제들의 전화 목소리가 가끔 헷갈리는 것은 목소리가 얼굴에서처럼 거의 같은 해부학적 특성(성대와 공명실의 구조적 특성)을 물려받아서 형성됐기 때문이기도 하지만, 운율, 속도, 발음 면에서 가족들이 말하는 스타일이 대부분 비슷하기 때문이기도 하다. 하지만 모든 사람의 목소리는 (얼굴이나 지문처럼) 아주 작은 부분까지 다르기 때문에 이런 헷갈림도 대부분 몇 초만 지나면 바로 해소된다.

매우 특이한 철학적인 아이러니 중 하나는 실제로 우리가 우리 자신의 목소리를 **모른다는** 것이다. 그 이유는 우리 목소리가 공기를 통해서만 우리에게 전달되는 것이 아니라 머리와 목의 연조직과 경조직을 통과하는 진동의 형태로도 우리에게 전달된다는 데 있다. 따라서 우리의 청각피질에서는 우리가 말하는 목소리가 다른 사람에게 들리는 목소리와 완전히 다른 소리로 만들어진다. 이런 극명한 차이는 우리 목소리를 녹음한 소리를 처음 들었을 때 확실하게 느낄 수 있다("이게 내 *진짜* 목소리라고? *꺼버려!*"). 내 생각에 우리가 자신의 **실제** 목소리를 들었을 때 느끼는 혐오감은 순수하게 음향의 문제 때문에 생기는 것만은 아닌 것 같다. 우리는 녹음된 목소리를 통해 우리가 말하는 방식, 즉 우리가 *가졌으면 하는* 목소리를 내기 위해 운율, 속도, 발음 등을 처리하는 무의식적인 방식의 **모든** 측면을 비정할 정도로 객관적으로 들을 수 있다. 친구 한 명에게 이 이야기를 했더니 녹음된 자기 목소리를 처음 들었을 때의 기억을 떠올리며 얼굴을 찌푸렸다. 그 친구는 "내 목소리랑 정말 달랐어!"라고 말했다. 그 친구는 자신이 알고 있는 (은밀하고 내적인) 자신의 모습과 세상에 드러내고 싶은 자신의 모습이 같지 않다는 데 반응하고 있었던 것이었다.

우리 모두도 무의식적으로 이 친구와 같은 반응을 보인다. 녹음된 자신의 목소리를 듣기 전까지 우리는 사람들에게 좋은 인상을 주기 위해, '자신을 잘 이해시키기 위해' 이상적인 자아를 어떻게 내보일지에 대해서 아주 너그럽게도 귀를 닫고 산다. 인간으로 산다는 것은 세상에서 적당한 자리를 찾아내는 일이다. 이 일은 다른 사람들의 귀에 우리 목소리가 어떻게 들리는지에 무서울 정도로 크게 의존한다는 것을 우리는 직관적으로 알고 있다. 이 책은 더 **적극적인** 목소리, **섹시한** 목소리, **설득력 있는** 목소리를 내는 법을 알려주는 매뉴얼이 아니다. 치열한 생존경쟁을 치르면서 직장에서 승승장구하고 꿈의 파트너를 얻는 데 도움을 주는 책도 아니다. 하지만 나는 독자들이 이 책을 끝까지 읽었을 때 '간단한 호흡 연습' 몇 번으로 *하루 아침에* 변화가 일어날 것이라고 약속하는 《목소리를 바꾸면 인생이 바뀐다! Fix Your Voice, Fix Your Life!》같은 책을 읽었을 때와는 달리 목소리의 신비를 더 잘 이해하고 더 많은 통찰력을 가지게 되길 바란다. 성대에 생긴 미세한 혹, 무시해도 될 것 같은 혹 하나가 내 목소리를 바꿈으로써 나의 모습도 바꾸었다. 이 과정은 쌍방향으로 작용한다. 자신이 생각하는 자신의 모습, 자신이 되고 싶은 모습에 더 잘 부합하는 방식으로 목소리를 바꾼다는 것은 현재의 자신의 모습을 근본적으로 바꾸는 것이다. 가능하지만 하루아침에 이뤄지는 일은 아니다.

구조적인 측면에서 볼 때 이 책은 목소리 신호의 구조와 어느 정도 닮아 있다. 먼저 이 책은 개인(신생아)에게 목소리가 처음에 어떻게 나타나며 그 목소리의 음파가 동심원을 그리며 어떻게 외부로 확산되는지 먼저 살펴본다. 신생아들이 원초적인 욕구(*"배가 고파요! 먹을 거 주세요."*)를 목소리를 통해 어떻게 나타내는지 탐구함으로써 신생아들의 울음을 우리가 어떻게 말로 해석하고, 어떻게 목소리를 이용해 두 사람이 주고받는 형태의 대화로 만드는지 살펴볼 것이다. 그 다음에는 범위를 넓혀 목소리가 주변 사회 환경에서 어떤 역할을 하는지 살펴볼 것이다. 어떻게 목소리가 부족의 일원이라는 것을 나타내는지, 사회적 위치와 계층, 인종의 정체성을 보여주는지, 사회에서 우리의 위치를 확립하는 데 도움을 주는지 살펴보고, 우리가 연인을 만드는 과정에서 목소리가 어떤 역할을 하는지 탐구할 것이다(이성애자, 게이, 레즈비언, 트랜스젠더는 모두 목소리 신호가 다르다). 최종적으로는 권고와 숭배를 나타내는 종교적인 목소리, 대중매체(라디오, TV, 영화)의 목소리 그리고 우리 집단의 미래를 결정하는 정치지도자들의 목소리에 대해 다룰 것이다. 권력의 목소리는 우리 종의 가장 좋은 모습을 항상 보여주지는 않지만, 내 생각에 노래하는 목소리는 항상 그렇다. 이 책의 한 장 전체를 노래 목소리에 할애한 것은 이 기적 같은 노래 목소리에 대해 탐구하고 찬사를 보내기 위해서다. 마지막으로 이 책은 나이가 들어가는 목소리와 그 목소리에 담긴 지혜에 대해 살펴볼 것이다.

이런 이야기들을 하면서 나는 우리 인간 특유의 목소리를 만들어낸 진화적 압력, 인간 목소리의 절묘한 정서적 운율, 진화 과정에서 게임 체인저 역할을 한 언어에 대해서도 살펴볼 것이다. 그 과정에서 나는 목소리 신호를 의미 있는 발화로 변화시키는 인간의 능력이 순전히 약 3만 년 전에 우리 뇌에 발생한 변화에 의한 것이며, 그 능력으로 인지대도약Great Leap Forward(언어가 인간의 머릿속에서 생겨나게 만든 인지능력의 대폭발)이 일어나 지능이 폭발적으로 성장했다는 지배적인 학설을 인용하겠지만, 이 책에서는 우리 종이 언어를 만들어내는 데 *목소리 자체*가 한 역할을 강조할 것이다. 이 이야기는 3만 년 훨씬 전, 즉 척추동물이 최초로 바다에서 땅으로 올라왔을 때까지 거슬러 올라가며, 말을 가능하게 만드는 혀와 입술의 정교하면서 엄청나게 빠른 움직임 뒤에 있는 유전적 돌연변이에 대한 최근 연구 결과로 이를 뒷받침할 것이다.

우리는 이런 초고속 움직임에 의한 발화 기술을 신생아 때 이미 완전히 익힌다. 뇌와 몸 사이의 이런 협력은 너무나 놀라운 수준이라 일부 과학자들은 인간의 언어능력이 선천적인 것이라고 주장하기도 한다. 실제로 신생아는 뇌 속에 상당히 많은 양의 음성학적 지식을 보유한 채 태어난다. 하지만 이 음성학적 지식은 단어, 문법, 통사론 같은 지식이 컴퓨터 운영체제에서처럼 미리 신생아에게 장착되는 것은 아니다. 이런 지식은 신생아가 엄마의 자궁을 떠나기도 전에 부모와 주변 사람들의 대화를 매우 가까운 곳에서 들으면서 오랫동안 집중적으로 흡수한 내용을 바탕으로 한 목소리 기반 언어 훈련에 의해 쌓인 것이다.

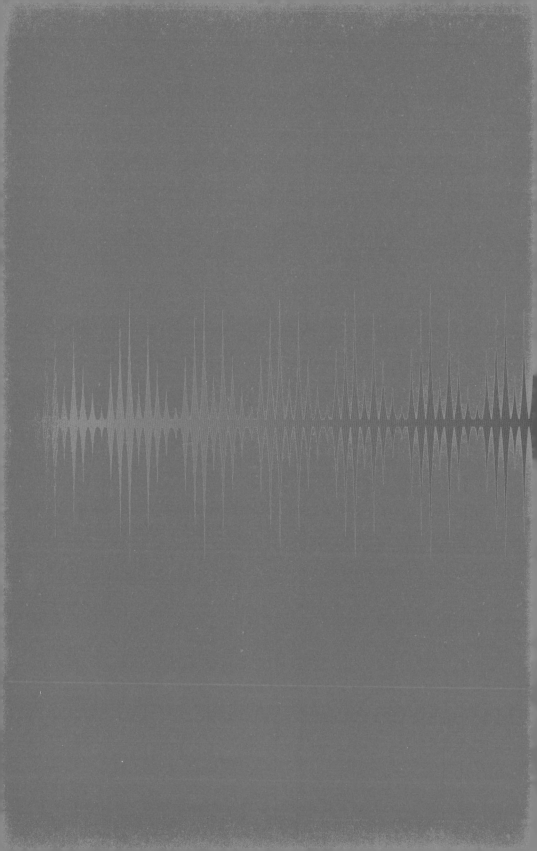

PART 1

베 이 비 토 크

태아의 듣는 능력에 관한 실험은 1920년대 초반에 처음 이뤄졌다. 독일 연구자들은 임신한 여성의 배에 손을 댄 채 바로 앞에서 자동차 경적을 울리고, 약 28주 된 태아가 놀라는 반응을 관찰함으로써 태아가 소리를 감지할 수 있다는 사실을 확인했다.[1] 이 실험 이후 미세한 방수 마이크로폰을 자궁에 심는 방법 등 새로운 기술을 사용해 인간의 목소리가 어떻게 언어, 느낌, 분위기, 성격을 전송하는지 태아가 처음 배우게 되는 풍부한 청각 환경[2]에 대한 지식이 비약적으로 늘어나기 시작했다.

태아의 이런 학습에 핵심적인 역할을 하는 것은 엄마의 목소리다. 엄마의 목소리는 공기를 통해 전해지는 음파가 자궁을 통과함으로써 태아에게 들리기도 하지만, 엄마의 골격을 따라 뼈를 통해 전달돼 태아의 몸을 진동시킴으로써 태아가 *느끼기도* 하기 때문이다. 엄마의 목소리는 태아에게 입력되는 최초의 감각 신호로서 태아에게 강하고 지워지지 않는 '첫 인상'을 남긴다. 태아의 심장박동수를 측정해보면 임신 3개월의 태아는 엄마의 목소리를 다른 소리들과 구별할 수 있을 뿐만 아니라 엄마의 목소리에 감정적으로 영향을 받기도 한다는 것을 알 수 있다. 엄마의 흥분한 목소리는 태아의 맥박을 빨리 뛰게 하고, 부드러운 목소리는 태아의 맥박을 늦춘다.[3] 따라서 일부 연구자들은 임신 중 엄마의 목소리가 아이가 태어난 뒤 오랜 시간 후에 불안 또는 분노 성향, 조용하거나 만족하는 성향을 나타나게 만들도록 신경계 발달을 조절한다고까지 주장한다.[4] 이런 탄생 전 '심리학적' 조절 가설이 확실하게 증명되지는 않았지만, 태아가 주변의 이야기를 모두 들을 수 있게 되는 임신 마지막 2달 동안에는 태아가 듣는 이야기가 태아에게 지속적인 영향을 미칠 수도 있다는 점을 임산부들이 알아서 나쁠 것은 없을 것 같다.

소설가 이언 매큐언Ian McEwan이 2016년에 발표한 《넛셸Nutshell》은 태아의 듣는 능력을 모티브로 삼았다. 이 소설은 셰익스피어의 《햄릿Hamlet》을 재해석한 작품으로, 엄마가 불륜 상대인 삼촌과 세우는 계획('아빠를 죽이려고 공모하는 둘 사이의 잠자리 대화')을 듣게 된 38주 된 태아의 시점에서 서술되는 이야기다. 이 소설에서 작가는 임신 말기 태아의 놀라울 정도로 잘 발달된 청각 지각 능력을 면밀하게 연구한 결과를 기초로 이야기를 전개하고 있지만, 상당한 상상력을 발휘하고 있기도 하다. 설령 태아가 언어를 이해할 수 있다고 해도 자궁 안에서 말을 **들을 수 있는** 능력은 매우 제한적일 수밖에 없기 때문이다.

태아에게는 엄마의 목소리도 자궁벽 때문에 소리가 약해져 감정이 실린 운율의 높낮이만 전달할 수 있는 불분명한 웅얼거림 소리로만 들린다. 벽 너머에서 들리는 이웃사람의 목소리가 정확하게 들리지 않고 기쁜 건지, 슬픈 건지, 화난 건지 정도밖에 알 수 없는 것과 비슷하다. 그럼에도 신생아는 자궁 속에서 엄마의 목소리 신호에 두

달 동안 집중한 후에 태어나기 때문에 태어난 직후에도 엄마의 목소리를 확실하게 인식하고 그 목소리를 선호하는 상태가 된다.[5] 우리가 이 사실을 알게 된 것은 1970년대 초반에 이뤄진 기발한 신생아의 마음 연구 덕분이다. 연구자들은 압력 감지 스위치를 젖병의 꼭지 부분에 설치한 다음 녹음기에 연결했다. 아기가 젖병을 빨 때 미리 녹음된 소리를 스피커를 통해 들려줬다. 스피커에서 아기가 좋아하는 소리가 나면 아기는 그 소리를 계속 더 크게 듣기 위해 더 오래 그리고 더 세게 젖병을 빨았다. 심리학자 앤서니 디캐스퍼Anthony DeCasper는 이 장치를 이용해 3일 된 신생아가 다른 여성의 목소리보다 엄마의 목소리를 듣기 위해 더 열심히 젖병을 빤다는 것을 보여줬다.[6] 아빠의 목소리는 신생아에게 별다른 흥미를 불러일으키지 못했다.[7] 음향학적 관점에서 보면 놀라운 일은 아니다. 남성의 목소리는 음높이가 낮기 때문에 자궁벽을 잘 통과하지 못하는 데다 엄마의 목소리처럼 뼈를 통해 전달되지도 않기 때문이다. 따라서 신생아는 임신 마지막 두 달 동안 아빠가 아무리 다정하게 말을 해도 들을 수 없으며, '탯줄'을 통해 엄마의 목소리에만 익숙해진다.

젖병 빨기 실험은 신생아가 어른의 목소리에 집중하는 흥미로운 방식을 하나 더 밝혀냈다. 1971년에 (이 실험을 고안한) 브라운 대학의 심리학자 피터 에이머스Peter Eimas는 우리가 'pass'의 p와 'bass'의 b처럼 매우 비슷한 소리들 사이의 미세한 음향학적 차이를 구별해 들을 수 있는 능력을 타고난다는 것을 보여줬다. 이 두 소리는 모두 입술에서 터져 나오는 모양이 같다. 차이점은 b를 발음할 때는 성대가 진동하고(순간적으로 입술과 후두가 놀라울 정도로 정밀하게 협력을 해 '유성' 자음을 낸다), p를 발음할 때는 성대가 열린 상태에서 소리가 입술에서 터져 나와 '무성' 자음이 된다는 것뿐이다. 모든 자음은 이 차이에 의해 유성음과 무성음으로 갈린다. 예를 들어, t가 유성음화되면 d가 되고, k가 유성음화되면 'ㄱ' 소리의 g가 되고, f가 유성음화되면 v가 된다. 에이머스는 아기가 태어날 때부터 이 소리들을 구분할 수 있기 때문에 (ga ga ga 같은) 소리에 지루해진 아기들이 (ka ka ka 같은) 매력적이고 새로운 소리를 듣게 되면 흥분해서 더 열심히 젖병을 빤다는 것도 보여줬다.[8] 에이머스의 이런 선구자적인 연구 이전에는 신생아가 미세한 소리의 차이를 태어날 때부터가 아니라 자라면서 점진적으로 구분할 수 있게 된다는 학설이 지배적이었다.

또한 에이머스는 아기들이 자궁 속에서든 어디에서든 들어보지 못한 말소리들을 구별할 수 있는지 알아보는 실험을 통해 우리가 어떻게 말하는 법을 배우는지에 관한 더 광범위한 문제에 한걸음 더 접근했다. 에이머스는 영어권 신생아를 대상으로 키쿠야어Kikuya (아프리카 언어의 일종), 중국어, 일본어, 프랑스어, 스페인어의 말소리들로 실험을 진행했다. 이 언어들은 모두 혀나 입술의 미세한 위치 변화 또는 목소리의 음높이에 따라 같은 자음 또는 모음이 미세하게 다르게 나는 언어다. 실험 결과, 신생아들은 성인들이 하지 못하는 일을 할수 있다는 것이 밝혀졌다. 신생아들은 다양한 언어의 말소리들의 극도로 미세한 차이를 구별할 수 있었다. 요약하면, 영어권 신생아들은 자궁에서부터 (지구상에서 사용되는 7,000개 언어 중) 어떤 언어든 듣고 *배울* 준비가 된 채 태어난다는 뜻이다. 이 주장은 매우 설득력 있어 보인다. 아기는 자신이 프랑스의 작은 마을에서 태어날지, 스웨덴의 시골에서 태어날지, 아마존 강 유역의 한 부족에서 태어날지, 뉴욕시에서 태어날지 모르기 때문에 그 어떤 가능성에도 대비해야 하기 때문이다.[9] 이 이유로 세계적인 유아 언어 연구자이자 신경과학자인 패트리샤 쿨Patricia Kuhl은 신생아를 '언어학적 글로벌 시민linguistic global citizens'[10]이라고 부른다.

하지만 신생아는 몇 달이 지나면 모국어의 말소리가 아닌 말소리의 듣는 능력을 잃게 되고, 이는 유아들이 말을 하기 시작할 때 상당히 큰 영향을 미친다. 일본인들이 좋은 예다. 일본의 성인들은 r 소리와 l 소리를 거의 같은 소리로 낸다. 예를 들어, 'rake'와 'lake'를 같은 소리로 발음한다. 그 이유는 일본 성인들이 영어의 r 소리와 l 소리의 차이를 귀로 구분해 *들을 수 없기* 때문이다. 하지만 일본의 *신생아들은* 에이머스의 실험에서처럼 이 두 소리를 구별할 수 있다. ra 소리를 듣다 la 소리를 들으면 일본의 신생아들은 더 강하게 젖병을 빨면서 두 소리를 구별한다. 하지만 생후 7개월 쯤 되면 일본의 아기들은 두 소리의 차이를 구분하는 데 어려움을 느끼기 시작한다. 생후 10개월이 되면 ra 소리가 la 소리로 바뀌어도 아무런 반응을 보이지 않는다. 더 이상 두 소리의 차이를 인식하지 못하는 것이다. 반면 영어권의 아기들은 시간이 지날수록 이 두 소리를 더 명확하게 구분하게 된다.

그 이유는 노출exposure과 강화reinforcement라는 개념으로 설명할 수 있다. 10개월 된 영어권의 아기는 주변 사람들이 r 소리와 l 소리를 확실하게 구분해 말을 하는 것을 거의 1년 동안 들으면서 자란다. 반면, 생후 10개월 된 일본의 아기는 일본인이 r 소리를 l 소리와 거의 같게 발음하는 것을 생후 10개월 동안 계속 들으면서 자란다. l 소리는 혀가 위쪽 앞니의 잇몸능선에 살짝 부딪혀 나는 소리다. 일본인이 발음하는 r 소리와 영어의 l 사이에는 분명한 음향학적 차이가 없기 때문에 일본의 아기는 그 차이를 구별하지 않게 되며, **그럴 필요도 없다.** 일본어에서는 그 차이가 중요하지 않기 때문이다.

이 모든 이야기를 하는 이유는 뇌 발달이 '사용하지 않으면 잃는' 메커니즘에 의존한다는 것을 말하기 위해서다. 환경자극(엄마와 아빠의 목소리)에 의해 활성화되지 않는 회로는 제거된다는 뜻이다. 반면, 인간의 목소리에 반복적으로 자극되는 뇌 회로는 더 강력해지고 효율적이 된다. 이는 실제로 일어나는 물리적인 과정의 결과다. 자극을 받는 회로는 축삭돌기$_{axon}$를 따라 미엘린$_{myelin}$이라는 지방세포층이 자란다. 미엘린은 다른 세포들과 소통하기 위해 세포핵에서 뻗어 나온 거미줄 같은 가지들을 말한다. 구리선을 둘러싸는 절연체처럼 이 미엘린 막은 특정한 말소리를 나타내는 뉴런들을 연결하는 신경 가지들을 따라 이동하는 전기 자극이 더 빨리 전달되도록 만든다. 신경과학자들은 '함께 발화하는 뉴런들은 함께 묶인다'라고 한다. 에이머스의 실험에서 영어권의 아기들이 ra 소리와 la 소리를 *더 잘* 구별한 이유가 여기에 있다. 이 소리를 나타내는 뉴런 조합들이 함께 뭉쳐서 대량으로 발화하기 때문이다. 일본의 아기들에게는 이 과정이 일어나지 않는다.

요약하면 이렇다. 우리가 어린 시절에 듣는 목소리들은 필요 없는 회로들을 제거하고, 꼭 필요한 회로들을 강화하며, 모국어의 특정한 소리들을 감지해 그 소리들을 낼 수 있도록 뇌를 특화시킴으로써 물리적으로 우리의 뇌를 조각한다고 할 수 있다.

일부 아기는 매우 비슷한 소리들을 구분하는 데 필요한 회로를 가

동시키기 못한다. 예를 들어, 이 아기는 ba, da, ga처럼 첫소리가 입에서 나는 위치에 따라 달라지는 음절들을 구별하지 못한다(b 소리는 입술에서 공기가 터져 나오면서 나고, d 소리는 혀가 위쪽 잇몸능선에 부딪히면서 나며, g 소리는 혀의 뒷부분이 연구개에 부딪히면서 나오는 소리다). 이 자음들은 입에서 터져 나온 소음이 그 뒤에 나오는 a 모음에 의해 정돈된 음악적인 소리로 변환되는 방식을 결정한다. 정상적인 아기의 뇌는 미엘린으로 정확한 신경경로를 감싸면서 몇 십 밀리초라는 짧은 시간에 진동수가 빠르게 변화하는 회로에 반복적으로 접속한다.

하지만 약 20%의 아기는 알려지지 않은 이유로 이렇게 빠르게 주파수가 변하는 회로를 발달시키지 못한다. 이런 아기들은 ba 소리를 감지하기도 하고, 때로는 ga 소리 또는 da 소리를 감지하기도 하지만, 이 소리들을 구별하지는 못한다. 부모들이 이런 문제를 인식하지 못하는 것은 아기들이 상황적 단서를 이용해 자신의 결점을 덮기 때문이다. 아기들이 엄마가 'bat(방망이)'라고 말하는지 'pat(쓰다듬다)'라고 말하는지 구분하는 것은 엄마의 손에 방망이가 들려 있는 것을 보기 때문이다. 아기들은 아빠가 자동차를 가리키며 'car(자동차)'라고 말하기 때문에 아빠가 자동차에 대해 말하고 있다는 것을 아는 것이다. 문제는 아기가 커서 학교에 들어가 읽는 법을 배우기 시작할 때가 돼서야 드러난다. 즉, 문자 기호를 말소리로 바꿀 때 문제가 생기는 것이다. 이 아이들은 이 작업을 할 수가 없다. 뇌 속에 이런 말소리들이 확실하게 저장돼 있지 않기 때문이다. 아이들은 'dad(아빠)', 'bad(나쁜)', 'gab(잡담)', 'dab(토닥거리다)' 같은 단어들을 읽을 수 있을지는 모르지만, 난독증dyslexia 진단을 받게 된다. 난독증은 시각의 문제로 오랫동안 생각됐던 독서 장애다(난독증은 과거에 '단어맹word blindness'으로 불렸다). 1990년대 초반 럿거스 대학의 신경과학자 폴라 탈랄_{Paula Tallal}의 선구적인 연구 덕분에 난독증은 이제 **듣기**의 문제, 즉 인간의 목소리를 처리하는 능력의 문제로 이해되고 있다.[11] 그 이후 탈랄은 자음-모음 변환에서의 주파수 변화 속도를 늦추는 소프트웨어를 개발해 어린아이들이 청각회로 훈련으로 서로 다른 말소리를 구별하고, 그럼으로써 신경경로가 새로운 미엘린으로 감싸지면서 그 소리들을 확실하게 뇌에 각인할 수 있도록 도움을 주고 있다. 이 모든 노력은 이 아이들의 **읽기** 능력을 향상시키기 위한 것이다.

물론 언어를 배운다는 것이 단지 pa와 ba, la와 ra 사이의 차이를 구별할 수 있게 되는 과정은 아니다. 말을 이해하고 그 말을 언젠가 다시 그대로 하기 위해서 아기들은 목소리 감지라는 매우 어려운 일을 해내야 한다. 우리는 (인쇄된 글에 있는 단어들 사이에 공백이 있는 것처럼) 단어와 단어 사이에 미세한 공백을 집어넣는다고 생각하지만, 사실 그 생각은 인지적 착각이다. 소리로 나타나는 모든 언어는 그 언어를 구성하는 모든 소리들이 서로 조금씩 섞이면서 끊임없이 이어지는 리본 같은 것이다. 모국어를 배우려면 먼저 우리는 끊임없이 이어지는 리본을 각각의 단어로 잘라내야 한다. 단어의 뜻을 전혀 모르는 신생아가 이런 일을 하기란 쉽지 않다. 크로아티아어, 스와힐리어, 타갈로그어처럼 우리가 전혀 모르는 언어를 말하는 사람의 모습을 유튜브로 본다면 이 일이 얼마나 어려운 일인지 짐작할 수 있다. 단어 10개를 잡아내는 것도 힘든데, 한 단어가 어디에서 시작해 어디에서 끝나는지 알 수 없기 때문이다. 이 문제는 우리가 신생아 시절에 직면했던 문제였지만, 생후 8개월 정도만 지나면 해결된다.

어떻게 우리는 이 문제를 해결했을까? 유모차에 누워 있든 요람에 누워 있든 아기들은 주변에서 나는 모든 소리를 수동적으로 받아들일 수밖에 없다. 실제로 태아는 태어나기 전인 임신 7개월 시점부터 자신이 감지하는 목소리에 대해 복잡한 통계적 분석을 시작해 그 목소리의 패턴을 뇌에 저장한다. 젖병 빨기 실험은 신생아가 감지하는 패턴 중 하나가 단어의 강세라는 것을 보여준다.[12] 영어 단어는 첫 음절에 강세가 오는 경우가 많다. 'contact', 'football', 'hero', 'sentence', 'purple', 'pigeon' 같은 단어들을 예로 들 수 있다. ('surprise'처럼) 두 번째 음절에 강세가 오는 단어들은 매우 적다. 이와 반대로 프랑스어는 단어들의 강세가 대부분 '약-강' 패턴을 따른다. 'bonjour', 'merci', 'vitale', 'heureux' 같은 단어들이 그 예다. 아기들은 이런 패턴에 맞춰 단어들의 범위를 설정한다. 다음이 말소리를 살펴보자.

staytleeplumpbukmulaginkaymfrumtheestarebed

미국 아기들은 영어의 '강-약' 패턴을 적용해 첫 번째 소리 뭉치 staylee를 하나의 독립된 단어로 인식할 것이다(즉, STAYT-lee 또는 'Stately(당당한)'라는 단어로 인식할 것이다). 하지만 다음에 오는 두 음절 plumpbuk는 (plump에 강세를 주든 buk에 강세를 주든) 어디에 강세를 줘도 영어 단어가 되지 않는다. 이 문제를 해결하기 위해 아기는 또 다른 종류의 통계적 분석을 이용한다.

어떤 언어에서든 하나의 음이 다른 음과 비슷하게 날 확률은 한 단어 *안에서* 가장 높다. 반면, 서로 다른 단어를 구성하는 음들이 비슷해질 확률은 매우 낮다. 패트리샤 쿨은 Zbigniew(즈비그니에프) 같은 사람 이름처럼 zb 조합이 흔하게 나타나는 폴란드어 단어들을 예로 들어 이 현상을 설명한다.[13] 영어에서 zb 조합은 단어와 단어 사이에서만 나타난다. 예를 들어, 'leaveZ blow', 'windowZ Break'처럼 두 개의 단어 사이에서만 이런 조합이 나타나기 때문에 이 조합이 나타날 확률은 매우 적다. 정교한 듣기 실험을 해보면 생후 8개월 된 아기는 소리 흐름을 쪼개기 위해 이런 '전이 확률transition probability'을 이용한다는 것을 알 수 있다. 아기들은 낯선 말소리들의 흐름에 *2분만* 노출돼도 전이 확률을 이용한다.

아기들이 이렇게 빠르게 배우는 현상은 다윈이 《인간의 유래와 성선택The Descent of Man》에서 주장한 바와 일맥상통한다. 이 책에서 다윈은 아이들의 언어 습득은 아이들이 *언어 능력을* 타고나는 것이 아니라 언어를 *배우는 능력을* 타고난다는 것을 보여준다고 주장했다. 영어권의 아이들은 plumpbuk의 pb 소리가 영어에서는 날 수 없는 소리이기 때문에 p와 b 사이에서 말의 흐름을 끊어 plump와 buk를 분리해야 한다는 것을 순식간에 알 수 있다는 뜻이다. 결국 아이는 통계적인 전략을 사용해 말소리의 전체 흐름을 조각으로 분리해 다음과 같은 제임스 조이스James Joyce의 소설 《율리시스Ulysses》의 유명한 첫 문장에 이르게 되는 것이다.

Stately, plump Buck Mulligan came from the stairhead….
(당당하고 통통한 벅 멀리건이 계단 꼭대기에서 나왔다)

영어권의 아기들은 생후 1년이 안 된 상태에서 이미 이런 놀라운 일을 할 수 있다. 이 아이들은 위의 문장을 구성하는 단어들이 무슨 뜻인지 전혀 모르는 상태에서도 이런 일을 해낼 수 있다. 하지만 이 아이들은 소리로 만들어지는 리본을 독립된 부분으로 분리하는 과정에서 각각의 소리 덩어리들, 즉 '단어'에 의미를 부여하는 방법을 배우게 될 가능성이 있다.

아기들은 이 모든 일을 스스로의 능력으로 해내지는 않는다. 아기들은 어른들로부터 도움을 받는다. 어른들은 단어를 말할 때 무의식적으로 매우 인위적인 발성 방법을 선택하기 때문이다.

놀라운 사실은 1964년에 스탠퍼드 대학의 언어학자 찰스 A. 퍼거슨Charles A. Ferguson이 〈6개 언어에서의 아기들의 말Baby Talk in Six Languages〉이라는 논문을 발표하기 전까지, 그 어떤 언어 전문가도 우리가 아기에게 특이한 말투를 구사한다는 사실에 주목하지 못했다는 것이다. 이 논문은 영어와 스페인어, 마라티어(인도 서부에서 쓰는 언어), 길랴크어(만주 외곽 지역에서 쓰는 언어) 등 다양한 언어를 쓰는 부모가 모두 아기에게 평소 말투와는 매우 다른 말투를 사용한다는 사실을 지적했다. 부모는 아기에게 말을 할 때 자음의 수를 줄이고 모음을 바꾸며(배를 말할 때는 'stomach'라는 말 대신에 'tummy'라는 말을 쓴다), 의성어를 사용한다(기차를 나타낼 때 'train'이라는 말 대신 'choo choo(칙칙폭폭)', 개를 나타낼 때 'bow wow(멍멍)'라는 의성어를 사용한다).[14] 하지만 퍼거슨은 아기들이 말을 배우는 방법에 대해 연구한 것이 아니었다. 오히려 그 반대의 과정을 연구했다고 할 수 있다. 퍼거슨은 언어 능력은 배워서 얻는 능력이 아니라, 태어나기 전에 뇌에 미리 장착되어 타고 나는 능력이라는 언어학자 노암 촘스키Noam Chomsky의 이론을 뒷받침할 증거를 찾고 있었기 때문이다.

촘스키는 1950년대 후반부터 1960년대 초반까지 발표한, 지금은 유명해진 여러 편의 논문과 책에서[15] 부모는 가만히 앉아서 신생아들에게 말하는 법을 체계적으로 가르치는 것이 아니라고 강력하게 주장했다. 촘스키에 따르면 아기들은 자신의 주변에서 (로버트 알트만 Robert Altman 감독의 영화에서 나오는 애매하고 중첩되는 대화 소리 같은) 부모가 내는 반쯤 웅얼거리는 소리, 산발적인 소리, 대부분은 비문법적인 말소리만 듣고도 말을 배운다. 촘스키가 주장한 '자극의 빈곤poverty of the stimulus'에도 불구하고 아이들은 4살이 되면 복잡하고 단어가 많이 들어간 문장을 말할 수 있다. 예를 들어 이 아이들은 명령문으로부터 의문문을 만들고, 절을 문장에 포함시키고, 과거 시제와 미래 시제로 말을 할 수 있다. 촘스키에 따르면 아이들이 이런 언어 능력을 가지는 유일한 이유는 언어가 *이미 아이들의 뇌 안에 존재하기 때문이다.* 촘스키는 "언어 발달이라는 말 대신에 언어 성장이라는 말을 써야 한다. 언어 기관language organ도 몸의 다른 기관들처럼 자라기 때문이다."라고 말하기도 했다.[16] 촘스키에 따르면 이 '언어 기관'이라는 가상의 존재는 간이나 심장처럼 분리해낼 수는 없지만 모든 언어에 공통적으로 존재하는 통사적 구조를 분석함으로써 *설명할 수 있다.* 촘스키는 이 통사적 구조, 즉 '심층 구조'가 (모든 언어가 표면적으로 각각 다른 소리를 냄에도 불구하고) 모든 언어를 지배하는 본질적인 규칙인 '보편 문법universal grammar'을 구성한다고 말했다.

퍼거슨은 다양한 문화권의 아기 말을 연구하면서 촘스키가 주장한 '보편 문법'을 찾고 있었다. 이후 어른들이 아기들에게 하는 말이 어떻게 아기들의 *언어 습득을* 돕는지에 관한 최초의 논문이 나왔는데, 이 논문은 1971년 당시 26살이던 맥길 대학 대학원생 캐서린 E. 스노Catherine E. Snow가 우연히 이 주제에 관심을 가져 나온 것이다.

퍼거슨(그리고 당시 대부분의 사회과학자들)처럼 스노도 언어는 타고 난다는 주장을 받아들였다. 따라서 언어 습득을 주제로 한 대학원생 세미나를 이끌라는 제안을 받자 스노는 촘스키의 관점에서 세미나를 진행하겠다는 계획을 세웠다. 하지만 스노는 철저함을 기하기 위해 아기가 불완전하고, 더듬거리고, 중첩되는, 매우 수준이 낮은 말소리 들을 주로 듣는다고 주장하면서 촘스키가 제시한 근거들을 자세히 살펴보기로 했다. 이 근거들은 언어 능력이 타고나는 것이라는 촘스키의 주장을 뒷받침하는 핵심 근거다. 하지만 스노는 촘스키가 주장한 '자극의 빈곤' 개념을 뒷받침하는 논문을 한 편도 찾을 수 없었다. 스노는 아기들이 들었을 것이라고 촘스키 자신이 주관적으로 추측한 것을 바탕으로 촘스키가 이 개념을 주장한 것 같다는 생각을 하게 됐고, 이 생각이 들자 너무 놀라 "언어학자들이 적절한 관찰 결과를 확보해야 한다는 의무감 없이 이런 문제들에 대한 주장을 제기하고, 수용하고, 무비판적으로 확산시켰다는 사실에 화가 났다."고 나중에 털어놓기도 했다.[17]

박사학위 논문을 쓰기 위해 스노는 아이들이 부모(또는 돌보는 사람)로부터 실제로 듣는 말소리가 어떤 것인지 알아내는 실험실 연구를 계획했다. 스노는 다양한 연령대의 여성 30명(일부는 아기의 엄마였고 일부는 아니었다)이 주어진 주제에 대해 아기들에게 하는 말을 녹음했다. 녹음 결과에 따르면 엄마들은 10살인 아이에게 하는 말과 생후 1개월에서 2년이 된 아기에게 하는 말이 완전히 달랐으며, 자식이 없는 여성들도 아이에게는 아이 수준에 맞춘 특별한 말을 사용했다. 실험에 참가한 모든 여성은 아이들에게 퍼거슨이 말한 간단한 말(소리 뭉치의 일부를 잘라낸 말이나 의성어)을 사용했으며, 새로운 단어는 매우 반복적으로 사용했다. 예를 들어, "이제 상자에 빨간색 자동차를 담아."라고 말하는 실험에 참가한 한 엄마는 자신의 두 살짜리 아이에게 "빨간 트럭, 아니 빨간 트럭 말이야. 상자에 넣어야지. 빨간 트럭을 상자에 넣어야 해."라고 말했다. 이런 체계적인 반복은 아이가 말의 흐름을 부분들로 나누는 데 도움을 주며('빨간', '트럭', '상자' 같은 말소리가 부각되기 때문이다), 하나의 아이디어만을 담은 짧고 간단한 발화들은 아기가 새로운 문장이 만들어지는 방식을 파악하는 데 도움을 준다. 또 다른 어떤 엄마는 아기에게 "저건 사자야."라고 말하면서 "저 사자의 이름은 레오야. 레오는 큰 집에 살아. 레오는 아침마다 산책을 나가. 레오는 늘 지팡이를 가지고 다녀."라고 단어를 반복적으로 사용하기도 했다. 스노는 촘스키의 주장과는 반대로, 아이는 "오류와 왜곡, 복잡한 단어들로 가득찬 혼란스러운 말뭉치를 바탕으로 언어를 배우지 않는다."라는 결론을 내렸다. 스노에 따르면 아이들이 실제로 듣는 것은 비교적 일관성 있고, 잘 정돈되고 단순화된 반복적 발화들이며, 이 발화들은 여러 가지 면에서 '언어 수업' 역할을 할 수 있도록 잘 설계된 것들이다.[18]

　　스노의 연구 결과는 우리가 언어 능력을 어느 정도 타고난다는 것을 부정하는 것은 아니었다. 우리는 말을 할 수 있는 생물학적 능력을 유전적으로 미리 가지고 태어나며, 그 능력이 없었다면 우리는 말을 할 수 없었을 것이라는 것이 스노의 주장이다. 하지만 스노의 연구는 언어가 '양육'이 전혀 역할을 하지 않는, 즉 인간의 목소리가 아무런 역할을 하지 않는, 완전히 '본성'에 의한 결과로 보이도록 만들었던 촘스키 모델을 제대로 수정하는 도구를 제공했다고 할 수 있다.

1972년에 발표된 스노의 연구 결과는 촘스키의 관점에 도전하는 후속 논문들의 폭발적인 발표를 촉발했다. 1977년 오하이오 주립대학의 조교수 올가 가르니카Olga Garnica는 돌보는 사람이 아이에게 말할 때 자연스럽게 사용하는 인위적이고 과장된 운율, 즉 높은 음으로 천천히 노래하는 듯한 말투("그래~, 그랬쩌? 우리 아가")를 집중적으로 다룬 획기적인 논문을 발표했다.[19] 가르니카에 따르면 이 말투는 특정한 단어를 높은 음으로 발음하고, 단어와 단어 사이를 길게 띄우고, 모음을 길게 늘어뜨리는 말투로, 아기가 말의 흐름을 조각들로 나누고, 문법을 이해하고, 'ee', 'oo', 'ah', 'uh' 소리가 날 때 혀와 입술의 특정한 위치를 감지할 수 있도록 하기 위한 말투다. 스탠퍼드 대학의 앤 퍼날드Anne Fernald는 이런 운율적 과장이 모든 문화권과 언어권의 부모들이 아기들에게 말을 할 때 (의식적으로든 무의식적으로든) 채택된다는 것을 보여줬다.[20] 또한 퍼날드는 만 4살짜리 아이도 만 2살짜리 아기나 인형에게 말을 할 때 아기에게 맞춰 노래하듯이 말한다는 사실도 지적했다. 우리는 *반려동물*이나 길을 묻는 외국인에게도 이런 식으로 말을 한다. 이는 고음을 사용해 노래하듯이 천천히 말을 하는 것이 진화과정에서 우리 종이 언어를 가르칠 때 사용해온 적응적 발성 메커니즘이라는 강력한 증거가 된다.

이런 식의 말투를 사용하는 것은 생리학적인 관점에서도 합리적이다. 아기들은 높은 음을 가장 잘 감지하기 때문이다(아이들은 10살이 돼야 어른들이 주로 사용하는 낮은 주파수의 말소리를 잘 알아들을 수 있다[21]).

인위적으로 높은 음을 내면서 퍼거슨과 스노가 말한 것처럼 단순한 단어를 반복적으로 사용하면 아기들의 관심을 끌 수 있다. 이런 말투는 언어학자들이 '엄마 말투motherese'라고 부르는 정교한 목소리 기반 언어 지도 시스템의 일부가 된다. 퍼날드는 엄마 말투가 특히 부모와 아기 사이의 피드백 고리를 형성하는 데 큰 역할을 한다는 것을 보여줬다. 아이가 처음으로 음절과 단어를 만들며 말을 하기 시작할 때 어른들이 쓰는 엄마 말투는 자연스럽게 조정이 돼 점차 음 높이가 낮아지며 단순하고 반복적인 단어 사용도 줄어든다. 아이의 모국어 숙달 정도와 엄마 말투의 사용 빈도가 반비례하는 것이다.

대부분의 아기들은 만 1살이 되기 전에 태아 시절부터 축적해온 모든 언어학적 정보를 이용해 처음으로 말을 할 수 있다. 하지만 실제로 아기들은 생후 12개월 동안은 말을 하지 않는다.

건강한 아기가 엄마의 자궁에서 나와 가장 먼저 하는 일은 우는 것이다. 아기의 울음은 횡격막(흉곽의 맨 아래쪽에 붙어 몸통을 폐와 심장이 있는 윗부분과 위와 장이 있는 아랫부분으로 나누는 두꺼운 근육)의 정교한 경련에 의한 것이며, 기관氣管에 걸쳐 있는 성대가 닫히는 시점이 절묘하게 조절되면서(이렇게 돼야 성대가 진동해 소리를 낼 수 있다. 언어학자들은 이 과정을 '발성phonation'이라고 부른다) 동시에 입이 열리고 혀의 위치가 낮아져 '응애응애' 소리가 나는 현상이다.

신생아들이 연습을 하지 않고도 공기에 처음 노출될 때(태어나기 전에 모든 인간은 수중동물이다) 이렇게 복잡한 물리적 조율 행위를 할 수 있다는 사실은 아기의 울음이 무릎 반사 반응처럼 완전히 본능에 의한 것이라는 뜻이다. 또한 아기의 울음은 확실하게 생물학적 생존을 위한 행동이다. 아기는 울면서 질식을 일으킬 수 있는 점액 또는 양수를 기관에서 내보내기 때문이다. 하지만 아기의 울음은 **의사소통** 수단으로서도 중요한 기능을 가진다. 자신이 살아있다는 사실을 주변 사람들에게 알리는 수단이기 때문이다.

생후 며칠에서 몇 주가 되면 아기의 울음소리는 더 커진다. 복근과 횡격막이 더 튼튼해지는 데다, 혀와 입술을 더 잘 통제할 수 있게 되면서 본능적으로 목구멍의 공명실, 입, 입술을 조절해 창문을 흔들 정도의 큰 소리를 내게 된다(오페라 가수가 되기 위해 공부하는 사람은 아기가 자연스럽게 하는 이 행동을 잘 연구하면 좋을 것이다. 뒤에서 다시 다룬다). 거의 아무 능력이 없는 아기는 이렇게 엄청나게 큰 울음소리를 냄으로써 멀리 떨어져 있는 엄마를 부를 수 있는 능력을 가지게 되는 것이다. 아기의 울음소리를 '음향학적 탯줄acoustical umbilical cord'이라고 부르는 이유가 여기에 있다.[22]

아이의 울음소리는 '생물학적 사이렌biological siren'이라고도 부른다. 다른 사이렌처럼 아이의 울음소리도 극도로 신경 쓰이도록 (본능에 의해) 설계되었기 때문이다.[23] 전형적인 아기 울음소리의 기본 주파수 (음높이)는 초당 약 500사이클(성인 남성의 목소리 주파수의 5배)에 이르는 데다, 아기 울음소리를 구성하는 배음들overtone(하나의 음을 구성하는 여러 소리. 기본음보다 높은 음을 가진 소리이며, 이를 기초로 코드와 화성학이 만들어졌다−옮긴이)의 주파수도 초당 약 1,400~5,700사이클이나 된다. 이 정도의 주파수는 인간의 청각피질에 부담을 주는 매우 높은 주파수라고 할 수 있다. 손톱으로 칠판을 긁을 때 나는 소리나 전기 드릴 소리처럼 아기의 울음소리는 듣는 사람에게 매우 큰 심리학적 스트레스를 주기 때문에 아기의 울음소리를 들은 사람은 자신의 신경계에 대한 소리 공격을 완화하기 위해서라도 어쩔 수 없이 아기가 뭘 원하는지 파악해 행동을 취해야 한다. 엄마와 아기의 유대관계를 연구하는 배서 칼리지 심리학자 데브라 자이프먼Debra Zeifman은 아기 울음소리의 역설에 대해 이렇게 말한다.

"아기 울음소리가 돌보는 사람을 움직이게 하는 힘의 일부는 그 울음소리의 유해함에서 비롯된다. 하지만 이 유해함은 돌보는 사람이 아기를 학대하거나 회피하게 만들 수도 있다."[24] (실제로 아기를 다치게 하거나 심지어는 살해한 혐의로 기소된 부모들은 '흔들린 아이 증후군shaken baby syndrome'(2세 이하의 아기가 머리에 충격을 받거나 혹은 머리가 심하게 흔들렸을 경우 겪는 증후군) 핑계를 대는 경우가 많다)

1950년대 후반 캘리포니아 의과대학 정신과 의사 피터 오스트발트Peter Ostwald는 아기의 울음소리와 중증 정신병 환자의 목소리가 이상할 정도로 비슷하다는 점에 끌렸다. 오스트발트는 1961년 〈일반 정신의학 아카이브Archives of General Psychiatry〉에 발표한 논문에서 중증 우울증, 조현병, 정신신경증성 건강염려증 환자들의 '스트레스 톤(스트레스를 받았을 때의 목소리 톤)'을 수집한 결과를 분석했다.[25] 이 환자들의 목소리는 모두 높은 배음이 초당 약 500 사이클의 주파수를 나타냈다. 이 주파수 대역은 아기 울음소리의 평균 주파수 대역이다. 배음의 음높이는 불만을 나타내는 '날카로운' 목소리를 내는 히스테리 환자들에서 특히 높았다. 강박우울증 환자들의 배음은 '낮으면서 짜증을 불러일으키는' 침착한 목소리였고, 뇌손상을 입은 환자들은 발화 전체에서 배음의 음높이가 낮아 '텅 비고, 감정적으로 메마른' 목소리를 냈다. 과대망상증 환자들은 배음의 높이가 높아진 상태에서 같은 톤으로 유지돼 '크게 강조하면서 남들에게 자신의 목소리가 반드시 들려 깊은 인상을 주고 영향을 미쳐야 한다고 생각하는 사람의 목소리'를 냈다. 오스트발트는 이 현상이 정서장애가 어린 시절 초기의 상처를 반영한다는 프로이트의 이론을 음향학적으로 확인시켜 준다고 봤다. 이 유아기의 상처는 성인 환자를 유아기의 욕구 불만 상태로 퇴행시키는 정신적 상처로, 이 상처는 환자 목소리의 음높이와 음색으로 실제로 '들을 수 있다'.

아기 울음소리와 신경증 환자의 목소리 사이의 상관관계는 오스트발트의 논문이 발표된 지 10년도 되지 않아 아서 야노프Arthur Janov라는 캘리포니아의 심리학자에 의해 환자 치료에 응용되기 시작했다. 1967년 야노프는 자신이 운영하는 샌프란시스코의 클리닉에서 그룹 치료를 실시하는 도중 긴장한 22세 남성 환자가 몸을 비틀면서 쓰러지면서 '깊은 곳에서 솟아나는 괴상한 소리'를 내는 것을 목격했다. '살해당하기 직전의 사람에게서 들을 수 있을 것 같은' 소리였다.[26] 이런 비명을 동반한 발작이 환자의 신경증을 누그러뜨린다고 알려져 있었다. 야노프는 다른 신경증 환자들에게도 비명을 지르라고 권유했다. 야노프에 따르면 이렇게 비명을 지르면 환자는 특정한 정서적 상처, 즉 몸 전체에 걸친 영구적인 '근육 긴장'을 일으키는 상처를 입기 전으로 퇴행한다(야노프는 이 아이디어를 프로이트의 제자인 유명한 심리학자 빌헬름 라이히Wilhelm Reich에게서 빌려왔다). 야노프에 따르면 감춰져 있던 이런 '심리적 통증'은 호흡기 근육과 발성 관련 근육을 '조여' 신경증 환자 특유의 '쥐어짜는' 목소리를 만들어낸다.[27] 야노프는 비명을 지르는 동안 일어나는 격렬한 근육 발작이 근육의 긴장을 풀고 심리적 통증을 영구적으로 없앨 수 있다고 주장했다.

앞에서 언급한 내 이웃 앤드리아는 크리스틴 링클레이터의 책《자유로운 음성을 위하여》에 나오는 기법을 가르치면서 목소리로 마음대로 실컷 소음을 내 근육 긴장을 푸는 방법도 같이 가르친다. 이 방법은 심리치료를 목적으로 하지는 않지만 목소리의 음향학적 범위와 힘을 확장시키는 효과가 있다. 하지만 링클레이터(당시 링클레이터는 83세의 고령임에도 워크숍을 직접 이끌면서 참가자들을 가르치고 있었다)와 함께 스코틀랜드 오크니로 1주일 동안 워크숍을 다녀온 적이 있는 내 친구는 워크숍 참가자들이 바닥을 구르면서 평소에 취하지 않은 자세로 다양한 소리를 지르게 한 링클레이터의 방법이 상당히 심한 심리학적 부작용을 일으켰다고 말했다. 이 친구에 따르면 워크숍에 참가한 모든 사람이 한 번은 '엄마를 부르며 울었다'고 한다.[28]

불안 등의 정서장애가 목소리에 영향을 미치는 것은 사실이지만 (정서장애는 호흡기 근육을 긴장시켜 성량을 줄게 하고, 후두 근육을 긴장시켜 목소리가 떨리게 만들고, 얼굴과 혀의 근육을 굳게 해 발음을 모호하게 만든다), 중증 신경증이 원시적인 비명 지르기 등에 의해 영구적으로 완화된다는 증거는 없다. 오늘날 야노프의 비명 지르기 치료법은 일종의 위약효과, 즉 단기적인 정서적 카타르시스를 일으키는 정도라고 알려져 있다.[29] 그럼에도 1970년에 출간된 야노프의 책《원시적인 비명Primal Scream》은 수백만 부가 팔렸고, 애플의 창립자 스티브 잡스Steve Jobs, 배우 제임스 얼 존스James Earl Jones 등 이 책의 가르침을 따르는 유명인들도 많다. 원시적인 비명 요법을 가장 널리 전파한 사람도 존 레논이었다. 레논은 야노프가 영국에 있던 레논의 집에 아직 출판되지 않은《원시적인 비명》원고를 보낸 이후 이 요법을 체험했다. 레논이 새로운 치료법 종교, 약물에 대해 개방적인 태도를 보였다는 사실은 널리 알려져 있다.[30] 레논은 4살 때 부모에게 버림받은 뒤 이모의 손에 자라면서 정신적 상처를 입었고, 십대가 돼서 어렵게 엄마와 가까워지자마자 엄마가 교통사고로 사망해 정신적 상처가 더 심해진 사람이었다. 게다가 레논은《원시적인 비명》을 읽기 직전에는 비틀스가 해체되고, 첫 부인과 이혼한 여파로 헤로인에 중독된 상태였다.[31]

야노프는 5개월 동안 이어진 레논의 치료를 직접 담당했다. 치료가 끝난 직후 레논은 비틀스 해산 이후 첫 앨범인 〈존 레논/플래스틱 오노 밴드John Lennon/Plastic Ono Band〉를 냈다. 이 앨범에 실린 노래 〈Mother〉에는 'Mommy come hoooooooome'이라는 가사가 나오는데, 노래에서 'home'이라는 말이 반복될 때마다 레논의 목소리는 더 거칠어지고 톤이 없어진다. 그 결과는 정말 무시무시하다. 노래 마지막에서 길게 늘어지면서 점점 줄어드는 레논의 목소리는 오지 않는 엄마를 기다리는 아기의 울부짖음처럼 들린다. 레논은 한 인터뷰에서 《원시적인 비명》에 대해 극찬하기도 했지만(레논은 '이 요법으로 자신의 진정한 모습을 찾게 되면 감탄하게 될 것'이라고 말했다)[32], 몇 년 후 레논은 1960년대 중반부터 탐닉하다 버렸던 민간요법, 종교, 약물, 구루guru(힌두교·시크교의 스승이나 지도자–옮긴이)처럼 이 요법과 야노프를 버렸다.

자연적으로 발생하는 현상임에도 신생아의 '생물학적 사이렌'도 신생아의 모국어 패턴을 따른다. 이 모국어 패턴은 태아가 자궁 안에서 소리를 들으면서 보내는 마지막 2개월 동안 태아의 신경계에 각인되는 언어학적 자국 같은 것이다. 연구자들이 프랑스의 신생아들과 독일의 신생아들을 비교한 결과[33], 이틀 된 프랑스 아기는 프랑스어의 음악 선율 같은 패턴을 따라 음높이가 높아지는 패턴으로 울고, 독일 신생아는 독일어 운율의 특징인 음높이가 낮아지는 패턴으로 우는 것이 확인됐다. 연구자들은 신생아가 엄마의 목소리를 초기에 흉내 내는 것이 엄마의 관심을 끌고 엄마와의 유대를 형성하기 위한 매우 중요한 적응 행동이라고 봤다.

하지만 어떤 언어에서든 신생아가 실제로 단어를 발음하는 것은 해부학적으로 불가능하며, 생후 몇 개월이 지나도 그 상태를 유지한다. 그 이유는 우리 인간이 자궁에서 나올 때 후두의 위치가 성체 침팬지의 후두 위치만큼 높기 때문이다. 즉, 신생아의 후두 위치는 성인에서처럼 목의 중간 부분이 아니라는 뜻이다(성인 남성의 튀어나온 목젖은 사실 후두 앞쪽의 뾰족한 연골이다. 성대는 후두의 안쪽 끝에 달려 있다). 신생아의 후두는 입 안쪽 끝, 즉 연구개가 시작되는 부분에 가깝게 위치해 있다. 후두가 이 위치에 있는 이유는 신생아가 엄마의 젖을 빨 때 코에서 폐로 공기가 방해받지 않고 전달되도록 하기 위해서다(따라서 신생아들은 젖을 빨 때 숨을 들이쉬기 위해 잠깐씩 젖을 빠는 것을 멈출 필요가 없다. 젖은 높은 위치에 있는 후두를 돌아 신생아의 위stomach로 흘러 들어가기 때문이다).

하지만 이렇게 후두가 높은 위치에 있기 때문에 신생아들은 낼 수 있는 모음의 범위가 상당히 크게 제약되기도 한다. 서로 다른 모음들(예를 들어, ee, ahh, ooo 등)을 구별해서 발음하는 능력은 명확한 발음을 내는 데 핵심적인 역할을 한다. 예를 들어, had, heed, head, hide, hid, hood, who'd, Hud 같은 단어들은 모두 같은 자음 h로 시작하고, dad, dead, deed, Dodd, dud 같은 단어들은 모두 같은 자음 d로 시작하지만 다른 단어들이다. 구강 내에서 혀를 약간만 다르게 구부리고 혀의 위치를 살짝만 바꿔도 성도vocal tract를 구성하는 다양한 영역의 상대적인 크기와 모양이 바뀐다. 성도는 성대에서 시작해 수직방향으로 목구멍을 따라 올라가다 입 안쪽에서 90도로 꺾여 입의 수평부분으로 이어지는 공간을 말한다. 성도는 연속되는 관(튜브) 모양이지만 성도의 목구멍 구간과 입 구간은 서로 독립적인 공명실 역할을 한다. 이 공명실의 모양을 혀로 어떻게 만드는지에 따라 모음의 성질을 결정하는 배음들 중에서 특정 배음들이 더 크게 소리가 난다. ee

소리를 예로 들어보자. 혀를 입천장 쪽으로 올린 상태에서 앞으로 내밀어 입의 공명실을 작게 만들면 (몸집이 작은 바이올린처럼) 음높이가 높은 배음들이 난다. 하지만 혀 전체를 앞으로 내밀면서 목구멍 구간의 공명실 크기를 *확장하면* (몸집이 큰 첼로처럼) 음높이가 낮은 배음들이 난다. 이 음들이 *섞여* 우리가 ee라고 듣는 복잡한 소리가 나는 것이다. Ahh 소리를 낼 때는 반대의 과정이 일어난다. 이 경우는 혀의 뒷부분을 밑으로 내리면서 입 구간의 공명실을 크게 만들고 목 구간의 공명실을 작게 만든다. ooo나 oh 소리를 낼 때는 입술이 동그란 모양이 되면서 앞쪽으로 길게 나온다. 그럼으로써 성도의 전체 길이가 길어지고 **모든** 배음들의 음높이가 낮아진다. 트롬본 연주자가 트롬본을 잡아 늘려 악기의 공명관을 길게 만듦으로써 저음을 내는 것과 같은 원리다.

성도 내 공명실의 크기나 모양이 아주 조금만 바뀌어도 우리 뇌가 감지하는 소리는 매우 크게 달라진다. 영어를 쓰는 사람이 혀와 입술을 미묘하게 움직여 20여개의 모음 소리를 내거나, 스웨덴어를 쓰는 사람이 *40개의* 모음 소리를 내는 것은 바로 이 과정을 통해서다. 미소를 지으면서 입술을 치아 쪽으로 살짝만 당겨도 신호의 전체 배음 스펙트럼이 상승해 소리가 '밝아진다'. 전화 통화를 할 때 상대방의 목소리만 듣고도 그 사람의 기분이 좋은지 알 수 있는 이유가 여기에 있다(우리는 미소를 **듣는** 것이다). 따라서 어떤 사람이 입술을 내밀어 배음 스펙트럼을 낮춘다면 우리는 그 사람의 기분이 좋지 않다는 것을 알 수 있다(사진 찍을 때 행복한 표정을 짓기 위해 사람들이 '추즈choose'라고 안 하고 '치즈cheese'라고 하는 이유도 여기에 있다).

(신생아나 침팬지처럼) 후두가 입 안쪽의 높은 위치에 있어 목 구간의 공명실이 없다고 상상해보자. 만약 그렇다면 우리가 낼 수 있는 모음은 입 안의 공명실만을 조절해낼 수 있는 모음, 즉 음성학자들이 슈와₍schwa₎ (강세와 성조가 없는 중성모음)라고 부르는 모음밖에는 낼 수 없게 된다. 슈와는 일종의 짧은 e 소리로, 모든 언어의 말소리 중에서 가장 흔한 말소리다. 생각을 하느라 잠시 말을 멈추고 내는 '어어₍uhhh₎' 소리가 바로 슈와다. 중립기어에 맞춰진 대뇌피질의 소리라고 할 수도 있겠다. 슈와는 ('the' 같은 단어의 끝에서처럼) 유용한 기능을 수행하기도 하지만 우리가 낼 수 있는 소리가 슈와뿐이라면 별로 좋을 것 같지는 않다. 'Who hid the head in the hut-Hud?(후 히드 더 헤드 인 더 허트, 허드?, 누가 오두막에 머리를 숨겼지?)'라는 문장을 'Huh hud thuh huhd uhn thuh huht-Huhd?(허 허드 더 허드 언 더 허트, 허드?)'라고 발음한다면 어떨까? 이렇게 소리를 제대로 내지 못하는 종은 명확하고 분명하게 모음을 발음하는 능력이 없기 때문에 (먹이사슬의 최상위층을 차지하는 것은 고사하고) 계속 생존하기도 힘들었을 것이다.

신생아가 인간의 언어를 말하는 것이 **물리적으로** 불가능한 이유도 여기에 있다. 후두는 아기가 유동식을 먹다 딱딱한 음식을 먹기 시작해야 위치가 목구멍에서 아래로 내려간다. 실제로 이 시기에 후두는 하루하루 조금씩 목구멍 밑쪽으로 내려간다. 이 과정에서 후두는 혀뿌리를 같이 끌고 밑으로 내려간다(혀의 뒷부분은 후두와 인대로 연결돼 있다). 목구멍 밑쪽으로 혀가 길어지는 것은 말을 하는 데 매우 중요한 역할을 한다. 목구멍에서 나는 배음들을 분명하고 깨끗한 모음들로 변화시켜 내려면 혀의 수직 부분을 (앞뒤로 밀면서) 조절해야 하기 때문이다.

⫘⫘⫘⫘⫘⫘⫘⫘⫘⫘

생후 몇 달에 걸쳐 아기의 후두가 목구멍을 따라 아래쪽으로 내려오면서 아기는 조음 기관의 움직임을 상당히 많이 조절할 수 있게 된다. 이때 아기들은 p나 b처럼 입술에서 터져 나오는 소리, d나 t처럼 혀가 입천장을 치면서 나는 소리, 마찰음과 치찰음(s나 sh처럼 혀와 치아 사이의 좁은 틈으로 빠르게 공기를 밀어냄으로써 음파를 쪼개 내는 음)을 내기 시작하고, 연구개를 열어 음파를 콧속으로 통과시켜 m이나 n 같은 비음도 내기 시작한다. 하지만 아이의 후두가 성인처럼 정교한 모음 소리를 낼 수 있는 위치까지 내려가려면 6~8세는 돼야 한다.[36] 하지만 첫돌만 돼도 아이의 후두는 아이가 말하려고 하는 것을 어른들이 추측해 알아들을 수 있을 정도의 모음 소리는 낼 수 있다. 아이가 다양한 목소리를 조합해 처음 말을 하게 되는 때가 정확하게 이 시점이라는 것이 참 다행이다.

언어에 대한 머릿속 지식을 실제로 말로 만들어내는 아기의 능력은 매우 놀라운 것이며, 현재까지도 어떻게 이런 일이 일어나는지에 대해서는 의문이 풀리지 않고 있다. 아기들은 말하는 사람의 입을 쳐다보면서 말소리를 내는 복잡한 과정을 배운다(내 아들의 신생아 시절 동영상을 보면 아들은 내가 카메라 뒤에서 말하는 동안 내 입술이 움직이는 모습을 뚫어져라 쳐다보면서 내 입술의 움직임을 서툴게 따라하고 있다). 하지만 이런 '입술 읽기'로 아이가 배울 수 있는 것은 한계가 있다. 예를 들어, 입술 읽기는 기관에 걸쳐 있는 성대를 언제 어떻게 빠르게 닫아 무성음 p와 다른 유성음 b를 내는지, t나 g 소리를 내기 위해 혀가 입안의 어떤 부분에 닿아야 하는지, ssss 소리를 내기 위해 치아의 뒷 부분과 혀 사이의 간격이 정확하게 어느 정도 돼야 하는지 알려줄 수 없다. 그럼에도 대부분의 아기들은 한 살 정도가 되면 이렇게 놀라울 정도로 정교하고 정확한 조음 기관 조절능력을 이용해 첫 번째 말을 하게 된다.

아기들이 말하는 방법을 배우는 방식은 다른 모든 것들을 배우는 방식과 동일하다. 즉, 놀이를 통해 배우는 것이다. 이 놀이는 아기들이 지치지 않으면서도 집중해서 열심히 하며 시행착오를 거치는 놀이다. 아기들이 '바바바바, 다다다다, 가가가가' 같은 소리를 내며 노는 것을 '옹알이'라고 하는데, 보통 이 목소리 놀이는 생후 약 4개월 때 시작된다. 하나의 소리를 이렇게 반복하는 것을 '반복 옹알이'라고 부르며, 생후 8개월 정도 지나면 무성음과 유성음 등 다양한 소리들을 섞어 복잡한 소리를 내거나 '카가보디, 파바티노kaga-bodee, paba-tee-no' 같은 단어나 문장 비슷한 소리를 내는 '혼합 옹알이variegated babbling'로 발전한다. 아기들이 내는 이런 옹알이 소리는 아기가 발성에 필요한 근육, 조음을 위한 근육을 강화하기 위해 내는 소리로만 오랫동안 인식되었다. 하지만 현재의 아동 발달 전문가들은 옹알이가 언어 습득에서 가장 핵심적인 역할을 한다고 생각한다. 옹알이를 하지 않았다면 우리는 우리 목소리를 사람들이 알아듣는 말소리로 만들 수 없었을 것이다.

아기들은 옹알이를 하면서 자기 입에서 나오는 소리를 주의 깊게 듣는다. 또한 그 소리를 모국어의 말소리들과 비교하기도 한다. 이 모국어의 말소리들이란 자궁 안에서 마지막 두 달 동안 청각피질에 축적한 언어학적 정보를 말한다. 입술, 혀, 연구개, 후두의 무작위적이고 활발한 움직임을 통해 아기들은 뇌에 저장된 말소리와 자신이 내는 소리가 우연히 일치할 때 흥분해 그 소리를 계속 반복하면서('바바바바, 마마마마, 다다다다') 학습을 담당하는 뇌의 영역, 즉 뇌 속 깊이 위치한 기저핵basal ganglia이라는 구조에 이 조음 기관들의 움직임 패턴을 새기고 매우 복잡한 몸의 움직임을 조율하고 그 움직임에 순서를 부여하는 작업을 한다.[37] 자전거 타는 법을 배우거나 공 던지는 법을 배울 때(또는 한 살 정도에 걷는 법을 배울 때) 우리가 사용하는 뇌 영역이 바로 이 기저핵이다. 처음에는 이런 행동이 서툴고 조율도 잘되지 않지만, 계속 연습하다 보면 기저핵이 움직임을 정돈하고 근육 기억에 그 움직임을 깊게 저장해, 아기들은 무성음 pa와 유성음 ba, la의 l 소리와 ta의 t 소리를 자연스럽게 구분할 수 있게 된다. 이는 말을 더듬는 증상의 주요 원인이 되는 뇌의 '언어 중추'와 기저핵이 상관관계가 있다는 연구 결과와도 들어맞는 현상이다.[38] 하지만 목소리의 모든 측면에 있어서 이런 '기계적인' 설명은 부분적인 설명에 불과하다. 심리학적 원인도 생물학적 원인들과 같이 작용하기 때문이다. 미국의 시인 존 업다이크John Updike는 회고록 《자의식Self-Consciousness》에서 자신의 말더듬이 증상의 뿌리에 대해 밝혔는데, 그는 고등학교 시절 반장을 하면서 늘 '잘못된 위치'에 자신이 있다고 생각했으며 "마음속으로 항상 나는 반장이 될 자격이 없다고 생각했다. 그런 생각을 하다 보니 내 발성 기관에서 나는 소리가 내 마음의 소리와 달라졌다."라고 말했다.[39]

새들도 새끼일 때 종 특유의 노래하는 법을 배우면서 같은 과정을 거친다. 조류학자들은 새끼 새들의 이런 어설픈 노래도 '옹알이'라고 부른다. 인간의 말처럼 어린 새들의 옹알이도 어린 새가 성체 새들을 흉내 낼 때 내는 소리들로 구성되는 문장 비슷한 소리들의 연속이다. 어린 새들도 조류의 후두에 해당하는 부분에 의한 발성을 특정한 종

고유의 지저귀는 새소리로 만드는 혀와 부리의 적절한 움직임 패턴을 조류의 기저핵에 해당하는 영역에 저장한다(조류에서 인간의 후두에 해당하는 부분은 울대라고 하며, 새의 가슴 부분 깊숙한 곳에 위치한다). 잉꼬나 앵무새가 인간의 말을 흉내 낼 수 있는 것은 바로 이 덕분이다. 또한 갓 태어난 새를 자기 부모가 속한 무리와 약간 **다른** 노래를 하는, 즉 '지역 사투리(*억양*)'를 구사하는 무리 안으로 옮겼을 때 이 아기 새의 목소리가 (다윈이 말한 대로) 그 무리에 속한 새들의 음높이, 음절 길이, 리듬을 갖게 되는 것도 이 울대 덕분이다.

물론 우리 인간에게도 같은 일이 일어난다. 런던의 부유한 가정에서 태어난 인간의 아기는 옹알이 단계에서 'dance' 같은 단어의 모음을 'aw'로 내는 운동회로를 발달시키게 된다(dance(댄스)의 발음을 'dawnce(돈스)'로 낸다). 부모를 비롯한 어른들이 그렇게 발음하는 것을 듣기 때문이다. 하지만 이 아이가 옹알이 기간 동안 뉴욕에서 자란다면 'dance'의 모음을 'ah' 소리로 내는 운동회로를 발달시키게 될 것이다. 파리에서 태어난 아기들은 'neu' 같은 단어의 모음을 쉽게 발음하게 해주는 운동회로를 발달시키기 위해 옹알이를 이용한다. 이 모음은 (ee 소리를 낼 때처럼) 혀를 앞쪽으로 높이 들지만 영어에서처럼 혀를 치아 쪽으로 당기지 않고 (oo 소리를 낼 때처럼) 바깥쪽으로 쭉 내밀어야 낼 수 있는 모음이다. 미국인이나 영국인은 아기 때 이 eu 모음 소리를 듣지 않았기 때문에 이 소리를 내는 것이 한손으로는 배를 문지르면서 다른 한손으로는 머리를 두드리는 행동처럼 어색한 것이다. 하지만 프랑스 아기들은 1년 동안 입의 움직임을 연습하면서 이 소리를 내는 것을 연습해 기저핵에 저장하기 때문에 매우 자연스럽게 이 모음 소리를 낼 수 있다.

옹알이 기간 동안에는 자음도 기저핵에 각인된다. 인도에서 자란 아기들은 부모가 t 소리나 d 소리를 낼 때 혀를 말아 혀끝을 입천장의 높은 부분에 닿게 하는 것을 보고 배우지만, 텍사스에서 자란 아기들은 잇몸능선에 혀끝을 닿게 해 이 소리들을 내는 것을 배우며, 프랑스 아기들은 혀의 가운데 부분을 치아의 뒤쪽에 닿게 해 이 소리들을 내는 것을 배운다. 프랑스의 유명 여배우 까뜨린느 드뇌브Catherine Deneuve가 tu를 어떻게 발음하는지 들어보면 바로 알 수 있다.

언어학자들이 'VOTVoice Onset Time(성대진동 시작시간)'라고 부르는 중요한 음성 변수도 옹알이 단계에서 결정된다. VOT는 정확하게 언제 성대를 진동시켜 p를 b로 바꾸거나, t를 d로 바꿀지에 대한 신경 명령이 떨어져 실행되기 전까지의 시간이다. 우리의 귀는 pa 소리와 ba 소리를 구분하는, 65밀리초도 안 되는 VOT 차이를 감지할 정도로 목소리가 시작되는 타이밍에 매우 민감하다. 예를 들어, 힌디어 화자들은 pa 소리를 낼 때 a 모음을 영어권 화자보다 약 21밀리초 더 빠르게 발음하기 때문에 처음에 입술에서 터져 나오는 소리와 a 모음의 소리가 약간 겹치게 된다.[40] 자세히 들으면 차이를 알 수 있다. 최근에 CNN 방송에서 파리드 자카리아Fareed Zakaria가 진행하는 프로그램을 본 적이 있다. 자카리아의 모국어는 힌디어다. 자카리아는 이슬람에 대해 말하면서 'path to reform(개혁으로 가는 길)'이라고 했는데, 내 귀에는 'bath to reform(개혁으로 가는 목욕탕)'이라고 말하는 것처럼 들렸다. 자카리아는 path라는 단어를 발음할 때 영어를 모국어로 하는 사람들보다 성대를 더 빨리 닫았기 때문에 bath와 비슷한 소리가 난 것이었다. VOT는 영화 《어두워질 때까지Wait Until Dark》를 처음 본 이후로 계속 나를 사로잡았던 의문에 대한 답을 제공하기도 했다. 나는 그 영화를 보면서 여주인공 오드리 헵번Audrey Hepburn이 can't, call 같은 말을 왜 'gan't', 'gall'처럼 발음하는지 계속 궁금했다. 그때 나는 헵번이 영국 상류층 여성들이 다니는 예비신부학교 같은 데서 배운 가식적인 말투를 쓰기 때문에 그럴 수도 있겠다고 생각했다. 헵번의 전반적인 억양은 영국 상류층의 억양이었기 때문이다. 그러던 중 헵번이 브뤼셀에서 나고 자랐다는 사실을 알게 됐다. 헵번의 모국어인 네덜란드어에서는 'ㅋ' 소리가 나는 C 다음에 오는 모음 a의 VOT가 영어에서보다 약간 빠르기 때문에 그런 소리가 난 것이었다. 그렇다면 헵번의 그런 발음은 가식적이 아니라 어린 시절에 굳어진 발음 습관의 일부였다고 할 수 있다. 이런 습관은 노력을 통해 없애지 않는 한, 즉 억양을 바꾸지 않는 한 사라지지 않는다.

〜〜〜〜〜〜〜

VOT 같은 미세한 표지는 없어지지 않는다고 해도 아기 때 부모로부터 배운 억양은 제거가 *가능하다.* 실제로 외국 억양을 쓰는 부모의 자식들은 부모처럼 발음하지 않기 위해 체계적인 훈련을 받지 않아도 그렇게 될 수 있다. 일찍만 노력을 시작한다면 자연스럽게 그렇게 된다. 또한 대부분의 아이들은 집이라는 언어학적 요람을 떠나 만 5세에 학교에 들어간다. 내가 아는 호주인 부부 토니와 레슬리의 장남 헨리는 집에서 부모의 전형적인 호주식 발음을 들으면서 자라다 미국 뉴욕의 초등학교에 입학하게 됐다. 입학 다음해의 부활절 즈음이 되자 헨리의 호주 억양은 사라졌고, 헨리의 발음은 뉴욕 토박이들의 발음과 구별이 안 될 정도로 변했다. 맨해튼의 공립 초등학교에 다니던 1학년짜리 내 아들이 울면서 집에 들어오던 날을 생각하면 지금도 죄책감이 느껴진다. 아들은 자기가 "Sorry."라고 말했을 때 반 친구들이 'o' 발음이 캐나다 식이라고 놀렸다고 했다. 아들은 캐나다인인 나와 아내가 발음하는 대로 'ö' 모음을 혀의 위치를 낮추고 뒤쪽으로 이동해 발음했던 것이다. 아들은 곧 이 발음을 '제대로 된' 미국식 발음(캐나다인들에게는 '싸~뤼Saaary'로 들리는 발음이다)으로 바꿨다. 이런 이야기는 아이가 학교라는 생존투쟁의 장으로 들어가면서 부모의 행동 방식을 버리고 또래의 행동 방식을 채택하는 예의 일부일 뿐이다. 목소리도 다른 행동처럼 생존을 위해 적응을 하는 것이다.

하지만 이런 적응도 일정한 기간, 즉 '결정적 시기critical period' 동안에만 일어날 수 있다. 결정적 시기는 아이들이 특정한 기술을 배울 수 있는 시기를 말한다. 결정적 시기가 지나면 아이들은 특정한 기술을 평생 동안 아예 배울 수 없다. 언어와 억양의 습득이 이 결정적 시기에 의존한다는 사실은 브로카 영역Broca's area이라는 중요한 뇌의 언어 처리 영역이 손상된 유아에 대한 연구로 확실하게 증명됐다. 브로카 영역은 왼쪽 관자놀이 근처 좌측 대뇌반구 표면에 위치한, 지름이 약 3센티미터의 원 모양을 이루고 있는 세포들이다. 브로카 영역은 우리가 말을 하기 전에 머릿속으로 문장을 구성하게 해준다. 브로카 영역은 적절한 말소리들을 단어들로 바꿔주고, 그 단어들을 적절한 순서로 배열하는 역할을 한다. 또한 브로카 영역은 생각을 소리로 바꾸는 폐, 후두, 혀, 입술을 움직이게 만드는 뇌 영역에 이 정보를 전달한다. (뇌졸중 또는 외상 때문에) 브로카 영역이 손상된 사람은 브로카 실어증이라는 말장애speech disorder를 겪는다. 브로카 실어증은 자신이 하고자 하는 말이 무엇인지 정확하게 알지만(사고 능력은 대부분 손상되지 않는다) 그 말을 하는 게 힘든 증상이다. 브로카 실어증 환자들은 "소금 좀 건네줘."라고 말하고 싶지만 "소, 소, 소금… 조, 조금… 건네줘."라고 힘겹게 더듬거리면서 말한다. 또한 이 환자들은 단어의 순서를 뒤섞기도 하고 '소금'이라는 말을 '조금', '좀'이라는 말을 '솜'

이라고 발음하기도 한다. 심리학자 에릭 레너버그_{Eric Lenneberg}는 브로카 영역이 손상돼 실어증을 앓게 된 2~10세 아이들을 연구했다. 하지만 성인 뇌졸중 환자들이 다시 정상적으로 말을 하게 되는 경우는 매우 드문 것과는 달리 이 아이들은 곧 다시 완벽하게 말하는 능력을 회복했다. 그 이유는 아이들의 뇌가 '가소성'이 높아 새로운 회로를 쉽게 새로운 미엘린으로 감쌀 수 있다는 데 있다(특히 신생아의 뇌는 가소성이 놀라울 정도로 높다. 예를 들어, 좌측 대뇌반구가 없는 상태로 태어난, 즉 브로카 영역이 아예 없이 태어난 아이는 **우측** 대뇌반구에 말을 담당하는 회로를 발달시켜 정상적으로 말을 할 수 있게 된다).[41]

하지만 9~10세에 뇌졸중을 겪은 아이들의 예후는 상당히 다르다. 레너버그에 따르면 "이 나이에 발생한 실어증은 대부분 그 후에도 극복할 수 없는 흔적을 남긴다. 단어를 찾는 데 시간이 걸리거나 적절하지 않은 단어를 말하거나, 소리의 순서가 뒤섞이는 증상이 지속된다.[42] 이들의 언어학적 뇌는 뇌졸중 상태에 고정된 방식으로 계속 작동한다."는 것이 레너버그의 설명이다.[43] 우리가 고등학교에서 외국어를 배울 때 의식적으로 노력을 해야 하는 이유가 여기에 있으며, 아무리 열심히 노력해도 특정한 억양을 없앨 수 없는 이유도 바로 여기에 있다.

말을 배우는 데 결정적 시기가 있다는 것을 증명하는 (가장 짜증나지만) 가장 설득력 있는 증거는 '야생 어린이'에게서 찾을 수 있다. 야생 어린이란 인간의 목소리에 거의 또는 전혀 노출되지 않은 매우 드문 아이를 말한다. 현대의 가장 유명한 예는 '지니_{Genie}'라는 가명으로 불린 여자 아이다. 지니는 제정신이 아닌 아버지에 의해 어릴 때부터 갇혀 지내면서 학대를 당한 아이였다. 로스앤젤레스 교외의 집에서 하루 종일 화장실 변기에 묶여 있거나 아무 소리도 들을 수 없는 골방에 혼자 갇혀 지낸 지니는 언어 발달의 핵심 단계들 내내 (동물이 내는 것 같은 짖거나 으르렁거리는 소리를 제외하곤) 인간의 목소리를 듣지 못했다. 지니는 13세가 되던 1970년에 감금 상태에서 벗어났다. 하지만 언어치료사들과 심리학자들의 노력에도 불구하고 몇 개 단어밖에는 말할 수 없었고, 그 단어들로 문장을 만들지도 못했다. 사용하지 않았기 때문에 목소리도 제대로 발달하지 못했다. 호흡, 발성, 음높이 조절, 조음도 모두 엉망이었다. 지니를 치료한 언어학자 수잔 커티스Susan Curtiss는 1993년에 작가 러스 라이머Russ Rymer에게 이렇게 말했다. "지니는 말할 때 매우 긴장했고, 숨이 거칠고 목소리가 약했다. 말을 알아들을 수 없었다. 마치 뇌성마비 환자처럼 소리가 많이 뒤틀렸지만, 근육이나 신경이 손상된 증거는 없었다."[44] 지금 생각해 보면, 지니의 말이 뒤틀리는 현상이 뇌성마비 환자의 말 뒤틀림 현상과 비슷하다는 커티스의 분석은 선견지명이 있는 분석이었다. 당시는 기저핵이 언어 학습과 호흡, 발성, 조음의 조절 모두에 핵심적인 역할을 한다는 사실이 발견되기 전이었기 때문이다.

오늘날 지니의 이런 영구적 함묵증mutism은 인간이 말하는 것과 언어를 완전히 숙달하려면 특정한 시기에 인간의 목소리를 *반드시* 들어야 한다는 주장을 뒷받침하는 가장 두드러지고 충격적인 증거로 받아들여지고 있다.

언어학 실험실에서 아이를 24시간 내내 키우는 것은 비윤리적인 일이고, 야생 어린이는 (다행히도) 매우 드물기 때문에 아이가 정확하게 언제 말을 할 수 있게 되는지에 대한 우리의 지식은 대부분 관심 있는 부모들(대부분 과학자다)이 쓰는 육아일기에 의존한다. 20세기 초반 독일 출신 심리학자 윌리엄 스턴William Stern과 그의 아내 클라라는 세 아이를 키우면서 각각 출생부터 10세 정도까지 모두 18년 동안 이 아이들의 삶을 꼼꼼하게 기록했다.[45] 이 부부는 아이들이 처음 울던 날(출생일), 쿠잉cooing(아기가 비둘기의 '구구' 소리와 비슷한 소리를 내는 것)이 시작되고 목에서 까르륵 소리가 나던 시점(생후 6~8주), 옹알이가 시작되던 시점(생후 약 6~9개월), 처음 말을 하던 시점(생후 약 1년), 분명하게 말을 하기 시작하는 시점(생후 3년)을 모두 기록했다. 하지만 언어 습득에 관한 가장 매력적인 통찰은 이 부부의 기록이 이뤄지던 시점보다 약 50년 먼저 찰스 다윈이 제공했다. 다윈은 1839년에 태어난 아들 윌리엄의 생후 1년 동안을 문서로 기록했다.[46]

다윈은 윌리엄이 첫돌이 됐는데도 제대로 된 단어를 말하지 못한다는 사실에 주목했다. 윌리엄은 먹을 것을 뜻하는 소리 '맘마'를 내는 정도였다. 특히 다윈이 관심을 가지게 된 것은 윌리엄이 '맘마'를 달라고 할 때 사용하는 운율, 즉 음악적인 소리였다. 다윈은 '윌리엄은 '맘마'라는 소리의 끝부분을 마치 질문을 하듯 두드러지게 높게 냈다'고 기록했다('맘마' 소리를 내면서 음높이가 계속 올라갔다는 뜻이다). 다윈은 또한 '윌리엄은 거울에 비친 다른 사람의 모습이나 자신의 모습을 보면 '아' 하고 감탄하는 소리를 냈다. 어른들이 놀랐을 때 내는 소리였다'라고도 썼다. 다윈은 이 기록을 통해 아기들이 말을 배우는 방식에서 그전에는 주목받지 못했던 사실을 설명하고 있었다. 소리의 음악적 요소, 즉 확실한 운율이 단어보다 먼저 아기에게 나타난다는 사실이다. 다윈의 이런 통찰은 그가 나중에 발표하게 되는 인간의 언어 진화 이론에 지대한 영향을 미쳤다(뒤에서 다시 다룬다). 하지만 지금은 언어의 특정한 운율, 고유한 멜로디와 리듬이 노래하는 듯 내는 말소리들이 특정한 단어로 변환되기 이전에 먼저 나타난다는 다윈의 이론이 현대의 연구 결과들에 의해 확인됐다는 사실만 짚고 가기로 하자. 실제로 생후 8개월 된 아기의 혼합 옹알이는 아기의 모국어의 리듬과 음높이 패턴을 매우 가깝게 따라가기 때문에 이 시기의 옹알이는 어른들이 쓰는 말과 매우 비슷하게 들린다. 실제로 유튜브를 검색해보면 부모들이 말이 안 되는 소리를 내는 아기들과 장난스럽게 '대화하는' 동영상을 쉽게 찾을 수 있다.[47] 하지만 사실 아기들과의 이런 '대화'는 결코 장난이 아니다. 이런 식으로 부모와 아기가 대화를 나누는 동안 아기는 상당히 중요한 것들을 많이 배우기 때문이다.

또한 1980년대 중반에 이뤄진 기발한 실험들에서도 확인할 수 있듯이 아기들의 학습에서 어른들이 항상 주도적인 역할을 하는 것도 아니다.[48] 커다란 CCTV 화면으로(영상통화가 없던 시절이다) 엄마들은 생후 8주 된 아기들과 음성 소음을 주고받는다. 엄마와 아이는 서로에게 관심과 애정을 음악적으로 표현한다. 아기의 쿠잉, 한숨, 까르륵 소리는 노래하는 것 같은 엄마 말투를 유도하고, 이 엄마 말투는 아기가 다시 쿠잉을 하게 만들고, 이 쿠잉은 다시 엄마 말투를 이끌어낸다. 하지만 연구자들이 몇 분 전에 아기가 소리를 내던 모습을 촬영한 동영상을 몰래 재생하자 아기의 소리가 엄마의 말소리와 잘 들어맞지 않았고, 엄마의 엄마 말투도 사라졌다. 엄마와 아기의 목소리는 보통 음높이로 낮아졌고 이들이 내는 소리는 속도와 복잡성 면에서 어른들이 내는 소리와 비슷해졌다. 연구자들은 엄마 말투가 아무리 본능에 의한 것이라고 해도 *아기의* 목소리에 의해 촉발되는 피드백 고리의 일부에 불과하다는 결론을 내렸다. 요약하면, 두 달 된 아기가 자신을 대상으로 하는 부모의 언어 지도에 협력하며, 그 과정에서 아기 자신의 목소리가 언어 지도의 방향을 설정한다는 뜻이다.

╍╍┅╍╍┅╍┅╍╍

아기는 부모와 이렇게 소리를 주고받으면서 우리 종만이 가지는 협력과 목표 공유 능력에 핵심을 이루는 목소리의 한 측면, 즉 *대화*를 배운다. 대화는 우리가 생각하는 것보다 훨씬 복잡한 행위일 수 있다. 생각해 보자. 주고받는 대화는 한 사람이 말하는 주기, 주제, 대화의 전체 길이가 미리 정해진 규칙들에 의해 지배되지 않음에도 놀라울 정도로 질서정연한 행위다. 실제로 1970년대 초반 사회학자들의 연구에 따르면[49], 다른 사람과 대화를 할 때 말이 서로 겹치는 경우가 거의 없을 뿐만 아니라(전체 대화 시간의 5%에서만 말이 겹친다) 내가 말을 멈추고 상대방이 말을 시작하는 시점 사이에 시간차가 거의 없다. 한 사람이 말을 멈추고 상대방이 말을 시작할 때까지 걸리는 시간은 평균 200밀리초다. 이 시간은 우리 귀로 감지하기에는 너무 짧은 시간이다. 따라서 대화는 한 편의 목소리와 다른 편의 목소리가 끊이지 않고 이어지면서 계속되는 것으로 들린다. 하지만 이 200밀리초의 시간차는 듣는 사람이 상대방이 자신에게 한 말을 이해하고 답을 하기에도 너무 짧은 시간이다. 이는 대화가 불가능해야 한다는 뜻이다.

내가 왜 이런 말을 하는지 이해하려면 우리가 대화를 하면서 상대방의 말을 들을 때 상대방의 입술에서 나오는 공기 진동 파문을 어떻게 의미 있는 말소리로 바꾸는지에 대해 알아야 한다. 누군가가 "Pass me the salt(소금 좀 건네줘)."라고 말하는 것을 들을 때 우리는 그 말의 메시지를 '설명하는' '공기 중에 있는 알파벳'이나 개개의 청 각적인 '문자'를 듣는 것이 아니다. 즉, 우리는 개개의 모음이나 자음, 즉 음소phoneme(말소리를 뜻하는 전문 용어)를 듣는 것이 아니라는 말이 다. 음소라는 것은 음성 과학자들이 분석을 위해 소리를 다루기 쉬운 단위로 쪼갠 것에 불과하기 때문이다(말은 끊임없이 이어지는 소리들로 구성되는 리본이라고 앞에서 말했다). 실제로 'salt'의 l 소리가 언제 끝나 고 'the'의 t 소리가 언제 시작되는지 말할 수 있는 사람은 없다. 사실 말은 끊임없이 변화하며 화음이 풍부한, 성대의 진동 속도에 의해 결 정되는 음악적 음정들, 목구멍, 입, 입술이 (모음 소리를 내기 위해) 빠 르게 길이와 모양을 바꿈으로써 걸러지는 복잡한 배음 스펙트럼이 소음들(우리가 자음이라고 부르는 '쉿쉿'거리는 소리, '웅웅'거리는 소리, 터지 는 소리)과 섞여 나는 연속적인 흐름이다. 이런 섞임의 결과는 피아노 소리, 기타 소리, 시끄러운 심벌즈 소리, 작은북 소리, 마라카스 소리 가 합쳐져 화음이 나는 결과와 동일하다. 우리 목소리는 실제로 미니 오케스트라의 앙상블 소리라고 할 수 있다. 이런 복잡한 공기 진동들 의 흐름, 이런 이상한 음악을 의미 있는 무엇인가로 바꾸는 것이 바 로 우리 뇌의 역할이다.

　뉴욕시 소재 해스킨스 연구소 연구자들은 1967년에 발표한, '음 성 지각에 대한 운동 이론motor theory of speech perception'을 다룬 논문에서 우 리 뇌가 어떻게 이런 일을 하는지를 훌륭하게 설명했다. 이 논문은 음성 언어가 소리로 시작되는 것이 아니라[50], 브로카 영역과 베르니 케 영역Wernicke's area에서 나오는 명령들에 의해 춤추는 것 같은 몸의 움 직임, 즉 몸짓으로 시작된다는 획기적인 이론을 제시한 논문이다. 베르니케 영역은 좌측 대뇌반구 뒤쪽으로 몇 센티미터 들어간 곳에 위치하며, 머릿속 사전을 저장하는 영역이다. 브로카 영역이 조합해 문장 안에 집어넣는 단어들이 저장되는 영역이라는 뜻이다. 이 '머릿속 언어mentalese'는 언어학적 정보가 풍부한 복잡한 음파를 만들어내는 발성 기관[5]에 전달되는 근육 명령에 의해서만 말로 바뀐다. 이 음파는 듣는 사람의 청각피질이 아니라 *운동피질에 의해* 의미 있는 말소리로 인식된다는 뜻이다. 즉, 청자의 발성 기관 활성화를 담당하는 뇌 회로는 화자가 자신의 후두와 발성 기관에 보내는 운동 명령을 청자의 뇌에서 똑같이 구현하는 내부적이고, 발음이 되지 않고, 조용하고, *신경회로에 의한* 말을 촉발하는 음파에 의해 활성화된다. 이것으로 화자는 청자에게 원하는 입술 모양과 혀 높이, 발성 목표가 어떤 것인지 알려준다. 청자는 이 순서와는 반대로, 화자의 목소리 음파를 감지해 그 음파가 운동회로로부터 브로카 영역과 베르니케 영역을 거쳐 화자의 발화를 구성하는 모음과 자음, 단어와 문장을 끌어내도록 만든 다음 전두엽에서 생각이 형성되도록 만든다. 이 과정을 거쳐 당신의 말을 듣는 사람은 당신에게 소금을 건네줄 수 있는 것이다.

　이 모든 설명은 목소리 주고받기가 적대적이든, 상대방을 비난하기 위한 것이든, 반박을 위한 것이든, 공격적이든 상관없이, 화자의 뇌와 청자의 뇌에서 뉴런 발화가 완벽한 조화와 대칭 상태가 되도록 만드는 고도의 공감 행위이자 밀접도가 높은 행위라는 것을 뜻한다. 최소한 언어 측면에서는 그렇다는 뜻이다. 언어학적 채널과 겹치거나 섞이는 목소리의 감정적인 채널을 어떻게 전달하고, 감지하고, 해석하는지는 전혀 다른 이야기이며, 그 이야기는 나중을 위해 아껴둘 것이다. 지금은 앞에서 언급한 대화가 불가능해야 한다는 비상식적으로 보이는 내 주장으로 다시 돌아가 보자.

그렇게 말한 이유는 내가 말한 "소금 좀 건네 줘."라는 문장을 처리하기 위해 상대방이 거쳐야 하는 길고 힘든 인지적 단계들 때문이다. 상대방이 자신의 목소리로 대답을 하려면 일단 반응을 결정해야 한다("안 돼, 내 생각에 당신은 소금을 너무 많이 먹는 것 같아." 또는 "소금 대신 후추를 줄까?"). 상대방은 언어 처리 영역과 운동피질에서 머릿속 언어를 빠르게 처리해 운동피질이 발성 기관을 활성화해 목소리로 대답하게 만드는 근육 명령을 내려야 한다. 이 모든 과정에 걸리는 시간은 최소한 약 600밀리초다.[52] 이 시간은 사람들이 일상적으로 대답하는 데 걸리는 시간인 200밀리초보다 **3배** 긴 시간이다. 우리가 이렇게 빠르게 대답할 수 있다는 것은 상대방이 말을 끝내기 훨씬 전에 미리 말할 준비를 하고 있으며, (서로의 말이 거의 겹치지 않기 때문에) 상대방이 언제 말을 마칠지 잘 알고 있다는 뜻이다.

처음에 연구자들은 먼저 우리가 상대방의 '차례'가 언제 끝날지를 알아내기 위해 미세한 **언어** 단서를 이용하며, 언제 자신이 말할 차례가 될지 예측하기 위해 상대방의 손 움직임이나 눈 움직임을 읽는다는 가설을 세웠다. 하지만 이 가설에는 문제가 있었다. 서로 눈으로 보지 않은 채 전화로 대화를 할 때도 대화가 연속적으로 이어지며 서로의 말이 겹치지 않는 현상을 이 가설로는 설명할 수 없었기 때문이다. 또한 언어적 단서로도 우리가 대화에서 말할 차례를 조율하는 현상을 설명할 수 없었다. 앞에서 살펴보았듯이, 우리에게 들리는 말을 처리해 대답을 하기까지는 너무 많은 시간이 소요되기 때문이다. 결국 연구자들은 끊이지 않는 대화가 가능한 이유는 말의 음악적 요소 때문이라는 결론을 내렸다. 문장의 멜로디 궤적에 따른 목소리의 음높이 변화, (발화의 리듬을 결정하는) 모음의 지속 시간, 큰 소리에서 부드러운 소리로의 음량 변화 등이 말의 음악적 요소다. 막스플랑크 연구소 심리언어학 연구팀이 발표하고 N. J. 엔필드N.J.Enfield 의《우리는 어떻게 말하는가: 대화의 내부 작동 원리How We Talk:The Inner Workings of Conversation》[53]에서 인용된 논문에서 연구자들은 네덜란드 라드바우드 대학 학생들에 "So you're a student?(그렇다면 당신은 학생입니까?)"라는 질문과 "So you're a student at Radboud University?(그렇다면 당신은 라드바우드 대학 학생입니까?)"라는 질문을 했다. 첫 번째 질문에 대해 학생들은 질문자가 'student'라는 단어의 발음을 끝내자마자 "네."라고 대답했다. 질문자의 말과 응답자의 말이 전혀 겹치지 않았다. 두 번째 질문에 대해서도 학생들은 첫 번째 질문과 같은 정도로 분명하게, 질문자가 'University'라는 단어의 발음을 끝낸 직후에 "네."라고 대답했다. 이번에도 말이 겹치지 않았으며 질문과 대답 사이에 시간 간격도 없었다. 학생들이 이런 대답을 할 수 있었던 유일한 이유는 대답 시간을 조절하기 위해 말의 음악적 요소를 이용했기 때문이다. 첫 번째 질문에서는 'student'의 음높이가 초당 120사이클에서 360사이클로 3배나 올라갔다. 이렇게 음높이가 올라간 것은 문장이 의문문이라는 것을 나타내며, 'student'의 마지막 모음이 길게 늘어나 이 단어의 발음이 끝나면 듣는 사람이 200밀리초 안에 "네."라는 대답을 할 수 있게 만든다. 두 번째 질문에서는 'student'의 음높이가 올라가지 않았으며, 마지막 자음 t가 생략됐다. 이는 더 말할 단어가 있다는 것을 리듬과 멜로디를 통해 힌트를 주면서 대답하는 사람에게 대답할 준비를 하라고 미리 신호를 주는 것이다.

대화를 연구하는 언어학의 한 분야인 '담화 분석discourse analysis'은 우리의 목소리 주고받기를 이끄는 운율의 모든 측면과 침묵의 소통 기능을 다룬다. 담화 분석 이론에 따르면 대화에서 한 사람의 말이 끝나고 상대방의 말이 시작되기까지의 시간 간격이 통상적인 200밀리초를 초과하면 말을 하려는 사람이 자신의 대답을 하기 위해 특별한 생각을 하고 있다는 것을 뜻한다. 하지만 대화 참가자가 침묵을 유지할 수 있는 시간에는 한계가 있다. 이 시간이 1초가 넘어가면 무례해 보이기 시작하고 상대방은 답을 들을 수 있을지 의심하기 시작한다. 이 시간이 2~3초가 넘어가면 사회적으로 용인이 불가능해지며, 상대방이 말하기를 기다리는 사람은 이 어색한 침묵을 채우기 위해 아무 말이나 하게 된다. 나 같은 저널리스트들은 취재원이 비밀을 말하지 않으려고 하는 것이 분명할 때 다음 질문을 일부러 늦게 함으로써 취재원이 뭔가를 말하게 만드는 방법을 쓰곤 한다. 저널리스트와 취재원 모두를 극도로 피곤하게 만드는 전략이다.

이 모든 것은 대화가 노래처럼 합의된 '박자표'에 따라 진행된다는 것을 뜻한다. 이 박자표는 1초당 얼마나 많은 음절을 발음해야 하는지 정하는 일종의 내부적 메트로놈(음악의 템포를 올바르게 나타내는 기계)이라고 할 수 있다. 한 사람이 정해진 리듬에서 벗어나면 상대방은 동의하지 않는다는 신호를 보낸다. TV 뉴스에는 출연자 한 명이 천천히 조용한 목소리로 말을 하면 다른 출연자가 빠른 속도로 받아치거나 상대방의 말을 중단시키는 장면이 흔히 나온다. 이 두 출연자의 의견이 다르다는 것은 그 두 사람이 하는 말의 내용을 듣지 않고도 알 수 있다. 목소리의 음높이도 이와 동일한 방식으로 작동한다. 솔로 연주를 하는 재즈 뮤지션처럼, 말하는 사람도 내용을 자유롭게 즉석에서 만들어낼 수 있다(무슨 말이든 원하는 말을 할 수 있고, 얼마든지 길게 말할 수 있다). 하지만 이런 말은 미리 정하고 서로 합의한 음높이, 즉 음악적인 '조ஐ, key'의 범위 안에서만 가능하다. 음역의 갑작스러운 변화는 불협화음을 암시한다.

대화의 이런 음조적 측면은 1980년대 중반에 담화 분석학자인 데이비드 브라질David Brazil에 의해 처음 설명됐다.[54] 브라질은 우리가 크게 3가지 음높이(높은 음, 중간 음, 낮은 음)로 대화한다는 것을 증명했다. 누군가가 말한 것에 동의하지 않을 때 우리는 방금 말을 끝낸 사람의 목소리 높이보다 반음 몇 개 정도 **높은** 음높이로 말을 하기 시작한다. 브라질은 이 음높이를 '대비적contrastive' 음높이라고 부른다. 중간 음역, 즉 방금 말한 사람의 목소리 음높이와 **같은** 음높이는 동의를 나타낸다. 동의의 정도가 높을 때는 방금 전에 말한 사람의 음역대보다 **낮은** 음역대의 목소리를 낸다. 브라질은 말할 필요도 없는 '이미 정해진 결론'을 상대방이 말했을 때 이런 목소리가 난다고 설명한다.

바꿔 말하면, 대화는 대화 참가자들이 번갈아 독백을 하면서 서로 다른 이야기를 하는 분리된 목소리들이 아니라, 언어학적 규칙이 아닌 **운율**의 규칙에 따라 조율되는 창의적인 공동 작업이다. 대화는 노래 부르기의 한 형태다. 두 개의 뇌가 음높이, 속도, 리듬의 변화를 통해 서로의 생각을 교환하고 조율하는 이중창이다. 이상적으로 생각할 때 인간의 대화는 정thesis, 正의 발언과 반antithesis,反 의 반응을 통해 합synthesis, 合에 이르는 과정이다. 여기서 합이란 (음악적으로 조율된) 생각들을 창의적이고 예의 바르게 교환함으로써 떠오르는 새로운 생각을 말한다.

담화 분석 전문가 앤 웨너스트롬Anne Wennerstrom은 성공적인 대화와 그렇지 않은 대화에 대해 우리가 말할 때 쓰는 표현들에 주목한다. 사람들은 좋은 대화에 대해서는 '싱크가 맞다in synch', '장단이 맞는다$_{\text{in tune}}$', '화음이 맞는다$_{\text{harmonious}}$', '박자를 놓치지 않았다$_{\text{didn't miss a beat}}$' 같은 표현을 사용하고, 좋지 않은 대화에 대해서는 '싱크가 안 맞는 다$_{\text{out of synch}}$', '장단이 안 맞는다$_{\text{out of tune}}$', '화음이 안 맞는다$_{\text{discordant}}$', '경 로를 이탈했다$_{\text{off their stride}}$', '파장이 다르다$_{\text{on a different wavelength}}$' 같은 표현 을 사용한다.[55] 이런 비유들이 생겨난 데는 다 이유가 있다. 대화가 부모와 옹알이하는 아기들 사이의 무의미해 보이는 최초의 교류 과 정에서 학습되고 강화되는 일종의 음악이라는 것을 어느 정도 우리 가 인정하기 때문이다.

아기들은 한 살 전후에 처음 말을 하기 시작하며, 이후 놀라울 정 도의 빠른 속도로 새로운 단어들을 말하기 시작한다. 한 실험에서 연구자들은 두 살짜리 아기들에게 사과씨 제거기 같은 이상하게 생 긴 물건을 보여준 다음 그 물건의 이름이 '댁스$_{\text{dax}}$'라고 단 한 번 말 했다.[56] 이 아기들은 그 후로 한 번도 '댁스'라는 말을 들은 적이 없는 데도 몇 주 뒤에 사과씨 제거기 사진을 보여주자 '댁스'라는 말을 기 억해냈다. 인지과학자들은 이렇게 놀라울 정도로 빠른 단어 습득(그 리고 유지)을 '빠른 매핑$_{\text{fast-mapping}}$'이라고 부른다. 이 빠른 매핑 덕분에 아이들은 베르니케 영역에 2시간마다 새로운 단어 한 개 정도를 저 장할 수 있다. 아이들은 *15년* 동안 이 정도의 속도로 새로운 단어를 저장한다. 따라서 평균적으로 아이들은 고등학교를 마칠 때쯤이면 약 6만 개의 단어를 머릿속 사전에 저장하게 된다. 이 숫자가 어느 정 도인지 감이 잡히지 않는다면, 전화번호 6만 개나 인터넷 비밀번호 6 만 개를 외우려면 얼마나 힘들지 생각해보면 된다. 우리가 단어를 잘 기억하는 이유는 단어들이 전화번호나 비밀번호처럼 정보 단위들의 무작위 조합이 아니기 때문이다. 단어는 의미를 전달하며, 확실히 인간은 의미를 갈망하는 종이다.

언어의 진정한 힘은 아기들이 단어들을 조합하기 시작할 때 나타난다. 아기들은 두 살 때쯤 단어 조합을 시작하면서 "다 젖었어.", "안자.", "아이패드 켜 줘." 같은 두 단어로 구성된 말을 하기 시작한다. 이런 말들은 간단해 보이지만 통사론적으로 상당히 정교한 구조를 가지고 있다. 이런 말들에는 단어의 순서가 의미에 영향을 미친다는 생각이 포함돼 있기 때문이다("Lucy hit(루시가 때렸어)."라는 말과 "Hit Lucy(루시를 때려)."라는 말이 다른 뜻이라는 생각이 포함돼 있다). 촘스키는 아기들이 반쯤 들리고, 빠르게 발음되고, 질이 낮은 어른들의 '빈약한' 말들을 듣고 단어의 순서를 배울 수는 없기 때문에 아기들의 단어 순서 인지 능력은 타고나는 것이 분명하다고 주장했다. 하지만 스노, 퍼거슨, 가르니카, 퍼날드 같은 언어학자들은 느리고 반복적이며 노래하는 것 같은 엄마 말투가 무선 통신에서 쓰는 말 같은 두 단어짜리 말, 즉 단어 순서가 매우 중요한 말을 아기들에게 학습시켜 아기들이 생애 최초로 문법적인 구조를 갖춘 말을 하게 만든다는 것을 보여줬다.

아이들은 이 두 단어 단계에서 오랫동안, 대개는 1년 정도 정체돼 있는 것으로 보인다. 이 시기의 아이들은 이런 두 단어짜리 말의 흐름에 단어 한두 개를 더할 수도 있지만("Lucy hit doll(루시가 인형을 때렸어)." 또는 "Go out play(밖에 나가 놀자)." 같은 세 단어짜리 문장을 말하기도 한다), 여전히 아이들의 말은 무선 통신에서 쓰는 말처럼 뚝뚝 끊어지는 상태를 유지한다. 그러다 만 3세쯤이 되면 마술처럼 갑자기 여러 개의 단어로 구성되는 문장을 유창하게 구사하기 시작한다. 촘스키는 이런 현상이야말로 언어 능력이 타고나는 것이라는 증거라고 봤다. 스티븐 핑커Steven Pinker도 (촘스키 언어 이론을 쉽게 설명한)《언어 본능The Language Instinct》이라는 책에서 애덤이라는 2살짜리 남자 아기의 언어 능력에 대해 묘사하면서 "체커 할래.", "큰 북" 같은 말밖에 못하던 애덤이 3살이 되자 갑자기 "그래서 깨끗하게 할 수 없다는 거야?", "머리를 우체통 안으로 집어넣고 있으면 집배원 아저씨가 내가 어디 있는지 알 거야. 우체통에 들어가면 안 돼?" 같은 복잡한 문장을 말하기 시작했다고 쓰고 있다.[57] 핑커는 애덤의 언어 능력이 갑자기 '폭발적으로' 좋아져 거의 숙달의 경지에 오른 현상이 문법이 태어나기 전에 미리 아기에게 장착돼 있다는 증거라고 주장했다.

하지만 앞에서도 언급했지만 애덤이 그렇게 말할 수 있게 된 것은 그 이전 *3년* 동안 상상을 초월할 정도의 집중적인 언어 몰입 학습 과정을 거쳤기 때문이다. 애덤은 매일 하루 종일, 주말에도 쉬지 않고, 낮잠 자는 시간을 제외하곤 학습을 한 것이다. 이 정도 시간이면 천체물리학 학위를 따고도 남을 시간이다. 어른들은 아기들처럼 빠른 속도로 학습을 할 수 없다. 애덤의 언어학적 재능이 *갑자기* 나타난 것처럼 보이는 이유는 애덤이 쿠잉이나 옹알이보다 훨씬 더 많은 것을 할 수 있게 되기 전에 애덤의 학습 대부분이 이뤄졌기 때문이다.[58]

촘스키와 그의 추종자들은 3살짜리 애덤이 *복잡한* 문장을 구사할 수 있다는 사실이 우리 뇌에 통사론적 지식과 문법이 미리 장착돼 있다는 확실한 증거라고 생각한다. 핑커는 이런 능력이 '배움을 통해 얻을 수 없는 능력'이라고 주장한다.[59] 핑커는 'A unicorn is in the garden(유니콘이 마당에 있다)'이라는 문장을 아이들이 어떻게 분석해 의문문으로 바꾸는지를 보여주는 촘스키의 유명한 예를 인용한다. 촘스키는 3살짜리 아이도 의문문을 만들기 위해서는 동사(is)를 앞으로 보내야 한다는 것을 알고 있다고 말한다(*Is* a unicorn in the garden?). 하지만 촘스키는 아이들이 이렇게 할 수 있는 것이 어른들의 말을 듣고 규칙을 배웠기 때문이라고 생각해서는 안 된다고 했다. 아이들은 *'의문문을 만들려면 문장에서 동사를 찾은 다음 그 동사를 문장 맨 앞으로 가져 온다'*는 문법적 규칙을 배웠기 때문에 의문문을 만들 수 있는 것이 아니라는 설명이다. "A unicorn that is eating a flower is in the garden(꽃을 먹고 있는 유니콘이 마당에 있다)." 같은 더 복잡한 문장을 의문문으로 만들기 위해 이 규칙을 적용하면 "Is a unicorn that eating a flower is in the garden?"이라는 말이 안 되는 문장이 생겨나기 때문이다.

아이들이 이런 오류를 범하지 않는다는 촘스키의 지적은 정확하다. 위의 복잡한 문장에서도 아이들은 (어떻게 그렇게 하는지 모르지만) 문장 앞부분에 있는 'is'를 건너뛰고 **두 번째로** 나오는 'is'를 문장 맨 앞으로 이동시킨다. 촘스키의 관점에서 보면 이런 현상은 아주 어린 아이들이 본능적으로 보편 문법Universal Grammar의 '심층구조deep structure'를 알고 있다는 증거다. 보편 문법에서는 언어를 단어들의 단순한 연속이 아니라, 'is eating a flower' 같은 동사구와 'a unicorn that is in the garden' 같은 명사구가 서로 연결된 덩어리들의 집합으로 본다. 저명한 과학 작가 매트 리들리Matt Ridley도 자신의 베스트셀러 《게놈genome》에서 촘스키의 '유니콘' 예를 들면서 두 번째 'is'를 문장의 맨 앞으로 옮긴다는 것은 '매우 많이 노력하지 않고는 일상적인 말을 듣고서는 얻을 수 없는' 명사구와 동사구에 대한 지식이 아이들에게 장

착돼 있다는 뜻이므로 통사론적 지식은 타고나는 것이 분명하다고 (핑커처럼) 주장했다.[60]

하지만 내 생각은 다르다. 나는 아이들이 'A unicorn that is eating a flower is in the garden' 같은 문장의 동사구와 명사구를 구별해낼 수 있는 것은 아이들이 '일상적인 말'을 들음으로써 배웠기 때문이라고 생각한다. 이런 명사구와 동사구는 사람들이 발음할 때 음높이와 리듬을 다르게 적용하고 남들에게 자신의 말을 이해시키기 위해 멜로디 변화를 이용하기 때문에 구분이 가능한 것이다.

우리는 'unicorn'이라는 단어를 발음한 다음 바로 음높이를 낮춰 하나의 구(that is in the garden)가 형용사구로써 문장 안에 삽입된다는 것을 음향학적으로 다른 사람에게 표시하며, 이렇게 삽입된 덩어리의 발음 속도를 살짝 높여 듣는 사람의 단기기억에 지나친 부담을 주지 않으려고 한다. 우리는 문장 앞부분에서 말한 유니콘에 대해 계속 우리가 이야기하고 있다는 것을 듣는 사람이 계속 기억해 주기를 바라기 때문이다. 발화가 이렇게 멜로디와 리듬 면에서 탄력성을 가진다는 것에 의심이 든다면 'A unicorn that is eating a flower is in the garden.'이라는 문장 전체를 같은 음높이로 쭉 말해보면 된다. 마치 로봇이 말하는 것을 흉내 낼 때처럼 우스꽝스럽게 들릴 것이다.

아기들은 **자궁 안에 있을 때부터**(그리고 출생 후 몇 년 동안) 목소리의 기본 주파수들을 극도로 섬세하게 구분한다.

아기들은 문장 안에 삽입되는 절은 전체적으로 음높이가 떨어진다는 것을 감지한다. 이런 능력은 리들리가 말했듯이 '매우 많은 노력'으로 얻어지는 것이 아니다. 아기들에게는 음높이의 변화를 감지하는 것이 일종의 놀이다. 아기들이 'Is a unicorn that in the garden is eating a flower?' 와 같은 귀에 거슬리고, 멜로디 면에서 불가능하고, 리듬 면에서 어색한 말을 절대 하지 않는 이유가 여기에 있다. 이런 문장은 **잘못된 문장으로 들리기 때문이다**. 왜 그럴까? 인간의 말소리(말의 음악성)는 아기들에게 어떻게 문장이 구성되는지, 어디에서 문장이 제대로 시작되는지, 명사구와 동사구가 어떻게 들어있는지, 전형적인 인간의 말, 즉 만족감을 주고, 노래 같이 멜로디와 리듬이 있는 말로 계속 들리기 위해 명사구와 동사구가 어떻게 이동되는지를 가르치기 때문이다.

뮤지션이자 신경생리학자인 대니얼 레비틴Daniel Levitin은《음악을 들을 때 뇌에서 일어나는 일This Is Your Brain on Music》이라는 책에서 멜로디가 협화음으로 전개될 때, 즉 선율이 멜로디의 조를 완성시키는 음까지 만족스럽게 도착했을 때 어떤 일이 일어나는지 설명한다. 레비틴은 이때 뇌에서 실제로 도파민이 분비돼 음악을 듣는 사람에게 보상을 받는다는 즐거운 느낌을 준다고 말한다.[61] 레비틴에 따르면 아기들은 자궁에 있을 때부터 들리는 말에서 이런 즐거운 느낌들을 모았다가 주변에서 들리는 말의 기본적인 문법(촘스키는 이 문법을 **통사구조**Syntactic Structures라고 부른다)을 배우기 위해 이 느낌들을 사용한다.

이 이론은 4개월 된 아기들을 대상으로 한 정교한 실험을 통해 증명됐다. 템플 대학의 언어학자 케이시 허시파세크Kathy Hirsh-Pasek는 아기의 양쪽에 스피커를 배치해 목소리 샘플을 아기에게 들려줬다. 아기들은 자신이 관심과 흥미를 끄는 목소리 샘플이 흘러나오는 스피커 쪽으로 몸을 돌렸다. 처음에 허시파세크는 동화의 한 구절을 읽는 여성의 목소리를 틀었다.

옛날 옛날에 여인과 마녀가 큰 집에 살았어요. 집은 아주
오래되고 지저분했어요. 집에는 큰 정원이 있었고 6개의

창문이 앞쪽으로 달려 있었어요.

4개월 된 아기들은 한 단어도 알아듣지 못했지만 엄마의 자궁 안에서부터 익숙해진 운율과 비슷한 패턴을 가진 말소리를 듣고 동화가 흘러나오는 스피커 쪽으로 얼굴을 돌렸다. 이 아기들은 자연스럽게 전개되는 목소리의 박자와 멜로디를 들으면서 도파민이 분비되는 것을 즐기는 것이 분명했다. 하지만 허시파세크는 같은 목소리로 읽는 동화의 같은 구절 곳곳에 무작위로 1초짜리 공백을 삽입해 따로 테이프를 만들어 두었다.

옛날 옛날에 여인과 [1초 공백] 마녀가 큰 집에 살았어요. 집은 [1초 공백] 아주 오래되고 지저분했어요. 집에는 큰 정원이 있었고 [1초 공백] 6개의 창문이 앞쪽으로 달려있었어요.

이 테이프를 들려주자 아기들은 혼란스러워했고 스피커로부터 몸을 돌리면서 싫다는 표시를 했다.[62] 중간에 멜로디가 끊기고, 문장 중간에서 자연스럽지 않은 음높이로 다시 목소리가 나오자 아기들은 그로 인한 박자와 선율의 부조화를 견디기 힘들어 한 것이었다. 이는 아기들이 명사구와 동사구를 결합해 복잡한 문장을 만들 수 있게 되기 훨씬 전에, 목소리에 집중해 이 '통사구조'들이 작동하는 방식을 배운다는 강력한 증거다. 결국 언어에서 중요한 것은 **소리**이기 때문이다.

음성 과학자들은 문법을 결정하는 이런 멜로디를 **언어학적** 운율(정서적 운율과 대비되는 개념)이라고 부르며, 이 언어학적 운율은 좌뇌의 '언어 영역'과는 전혀 다른 뇌 영역에 의해 통제되고 처리된다고 (감지된다고) 생각한다. 실제로 이 영역은 반대편 반구인 **우뇌에** 위치하며, 음높이, 리듬, 속도를 만들고 감지하는 영역이다. 우리가 이 사실을 알게 된 것은 우뇌가 손상된 뇌졸중 환자들이 대부분 하나의 톤으로만 말을 하며, 다른 사람의 말에서 언어학적 운율을 듣지 못한다는 관찰 결과 덕분이다. 우뇌 손상을 입은 환자들이 다른 사람의 말을 이해하기 힘들고, 자신의 말을 다른 사람에게 이해시키기도 힘들다는 사실은 우리가 하는 모든 말에서 말의 음악적 요소들이 얼마나 큰 역할을 하는지 확실하게 보여준다(앞에서도 언급했지만, 우리는 '여보세요'라는 간단한 말만 듣고도 많은 것을 감지해낼 수 있다).

최근 들어 과학은 개체 차원에서 우리가 유아기에 어떻게 언어를 습득하지에 대해서는 놀라울 정도로 많은 것을 밝혀내고 있지만, 인간이라는 종 차원에서 언어가 어떻게 습득되는지에 대해서는 여전히 논란이 분분하다. 인지대도약 이론을 믿는 사람들은 우리의 언어 능력이 인간의 동물 조상들의 능력과는 **연결되지 않는다고** 생각한다. 즉, 우리의 언어 능력은 인간으로 진화하기 전의 과거와 인간을 갑작스럽고 극적으로 단절시키는 능력이라고 생각하는 것이다. 반면, 다윈 같은 사람들은 우리의 언어가 우리의 동물 조상의 능력과 **연결되며**, 진화 계통의 조상들이 목소리로 내던 소음들에서 발전한 것이라고 생각한다. 포유동물과 조류가 적을 쫓거나 짝짓기를 하기 위해 사용하는 정서적 발성이 다듬어져 언어로 진화했다는 주장이다. 이 관점은 우리 종에게 매우 다양한 의미가 있다. 목소리를 인간으로서의 정체성과 동물로서의 정체성 사이의 가장 확실한 경계이자, 우리 본성의 이런 두 측면이 하나의 행위로 섞이는 유일한 생물학적 능력으로 보는 관점이기 때문이다. 목소리는, 아무리 '짐승 같고', 원시적이라도, 인간의 가장 놀랍고 확실한 특징(말)을 구현하는 수단인 동시에 우리가 모든 조류, 포유동물과 공유하는 메커니즘에 의해 내는 음향학적 신호이기도 하다. 이 관점에 따르면 이런 속성 때문에 목소리는 친구나 가족과의 개인적인 관계에 커다란 영향을 미칠 뿐만 아니라 공적인 인물들이 사회와 문명의 운명을 이끄는 방식에도 지대한 영향을 미친다.

나는 두 번째 관점, 즉 다윈의 관점이 옳다고 굳게 믿는 사람이다. 내가 왜 그런지 이해하려면 시간을 거슬러 올라가야 한다. 목소리가 처음 나타났을 때로 가보자.

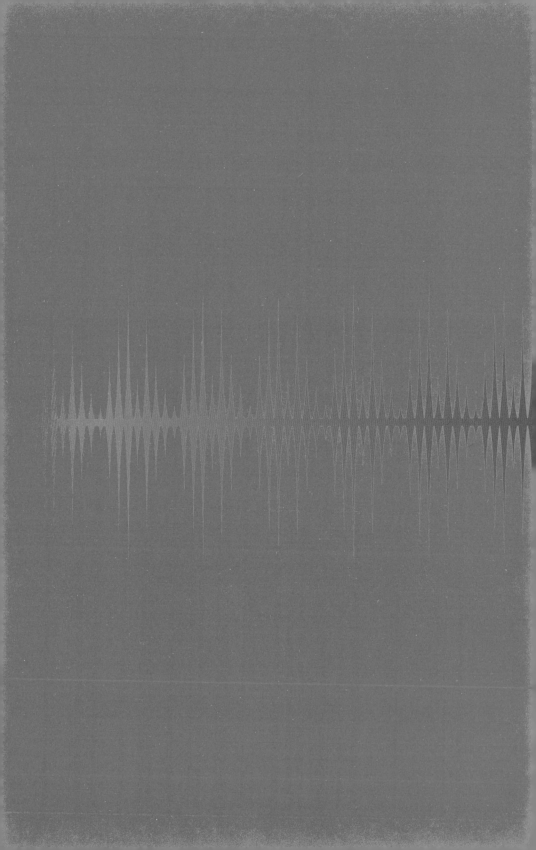

PART 2

기   원

(새, 개, 사자, 양, 물개, 개구리, 고양이, 침팬지, 쥐, 인간 등) 모든 동물의 목소리에는 최소 두 가지 공통적인 특징이 있다. 첫 번째는 모든 목소리가 폐의 힘을 받아 입으로 분출되는 소리라는 점이고, 두 번째는 모든 목소리(멍멍, 히힝, 짹짹, 꽥꽥, 야옹, 개굴개굴, 으르렁, 대통령의 국정연설 소리 등)가 공통의 조상, 즉 일반적으로 우리가 목소리와 연결시켜 생각하지 않는 물고기라는 공통의 조상에서 시작됐다는 점이다.

　어떻게 이런 일이 가능했는지 이해하려면 어류가 처음 진화하던 약 5억 3,000만 년 전으로 거슬러 올라가야 한다. 현재 살아있는 후손들처럼 고대의 물고기들도 목 안쪽에 있는 특수한 막, 즉 아가미를 이용해 물에서 산소를 추출하고 이산화 탄소를 배출함으로써 생명을 유지했다. 하지만 이런 원시 물고기 중 일부는 얕은 호수나 늪에서 진화했으며, 가뭄이 들면 땅으로 올라올 수밖에 없었다. 이 물고기 대부분은 질식해 죽었지만, 적어도 한 마리는 운 좋게 자연선택을 촉진하는 무작위 돌연변이를 겪었다. 아가미를 만드는 유전자 중 하나에서 복제 오류가 일어나 **공기에서** 약간의 산소를 추출할 수 있는 형태로 절묘하게 아가미가 변한 경우다. 땅에서 꼼짝 못하게 된 물고기가 건기에서 살아남아 짝짓기를 통해 돌연변이를 겪은 아가미 유전자를 다음 대에 물려주게 된 것이다. 그 뒤 수십 만 년이 지나면서 이 물고기들은 땅에서 생존하는 데 유리한 다른 돌연변이 유전자들을 갖게 됐고, 늪처럼 물 깊이가 얕은 지역에서 새로운 종, 즉 아가미로도 호흡을 하고 폐를 이용해 공기로도 원시적인 형태의 호흡을 할 수 있는 종으로 진화했다. 이 새로운 물고기들의 폐는 물고기가 물에 가라앉지 않기 위해 이용하는 속이 빈 부레가 변형된 것이다. 폐어 lungfish라고 불리는 이 새로운 물고기 종은 공기 호흡을 하면서 땅에서도 살 수 있는 가장 오래된 우리의 친척이다.

폐어는 남아메리카, 아프리카, 호주의 늪에 아직도 살고 있다. 고대 조상의 모습을 거의 그대로 유지하고 있어 '살아있는 화석'이라고도 부른다. 다윈은 《종의 기원》에서 자연선택에 의한 진화라는 핵심 개념을 설명하기 위해 폐어의 예를 들었다. 다윈은 '하나의 목적을 위해 처음에 만들어진 기관(부상을 위한 부레)이 전혀 다른 목적을 가진 기관으로 변화할 수 있다'고 썼다.[1] 따라서 다윈은 인간의 목소리의 기원을 설명하는 데 핵심적인 이정표를 세웠다고 할 수 있다. 다윈은 공기를 내뿜는 일종의 풀무, 우리의 말과 노래를 가능하게 하는 풀무의 출현에 대해 쓰고 있었기 때문이다. 하지만 폐어에서 일어난 또 다른 핵심적인 적응이 어떻게 목소리를 만들어냈는지 밝혀진 것은 그로부터 70년 후 한 과학자의 책에서다.

1921년 당시 34세의 제1차 세계대전 참전 용사였던 빅터 네거스 Victor Negus는 영국 런던의 킹스 칼리지 병원에서 이비인후과 레지던트 과정을 밟고 있었다. 그곳에서 네거스는 '동물과 인간의 목소리 생성'이라는 연구 프로젝트를 시작했다.[2] 처음 계획은 2년 안에 논문을 완성하는 것이었지만 결국 9년이 걸렸다. 물고기, 도마뱀, 개구리, 새 그리고 다양한 포유동물들을 점점 더 많이 해부하느라 시간이 걸렸기 때문이다. 목소리가 *어떻게* 만들어지는지 알아내기 위해 연구하던 네거스는 결국 목소리가 *어디에서* 온 것인지 연구하기 시작했다. 이 연구의 결과로 발표된 500쪽짜리 논문 〈후두의 메커니즘The Mechanism of the Larynx〉(1929)은 그 후 50년 동안 목소리 연구 분야에서 가장 중요한 논문의 위치를 차지했고, 네거스는 이 논문으로 기사 작위를 받기도 했다. 네거스는 우리의 목소리가 폐어에서 시작됐다는 것을 보여줬다.

네거스는 논문에서 *레피도시렌*Lepidosiren이라는 호주 폐어 종에 대한 해부 결과를 기술하면서 폐어 이야기를 꺼냈다. 네거스는 목구멍과 소화관을 분리하는 아가미에 어떻게 구멍이 생겨났는지, 그 구멍을 통해 입의 밑 부분과 부레가 어떻게 연결되는지, 원시적인 공기 호흡을 하는 폐 안의 혈관들로 산소가 들어갈 수 있을 정도로 부레의 세포막이 어떻게 얇아졌는지에 주목했다. 폐어는 이 원시적인 폐 덕분에 땅위에서도 질식하지 않고 살 수 있다. 하지만 폐어의 목구멍에 있는 구멍은 폐어가 다시 물속으로 들어갔을 때 익사하기 쉽게 만들 수도 있었다. 네거스는 "따라서 물이나 다른 해로운 물질이 아닌 오직 공기만이 폐에 들어가는 것이 매우 중요했다. 이 목적을 위해 밸브가 진화해 폐로 공기 이외의 물질이 들어가는 것을 막았다."고 설명했다.[3]

우 박사의 컴퓨터 화면에 띄워진 내 목구멍 모습을 봐도 알 수 있지만, 우리의 성대는 이 고대의 물고기로부터 물려받은 유산이다. 우리의 성대는 기관의 입구에서 열렸다 닫히는 **밸브**이자 (우리가 호흡을 할 때) 공기가 우리의 폐로 들어오거나 폐에서 나갈 수 있게 하기 위해 열린 상태로 유지되는 밸브다. 하지만 성대는 '물이나 다른 해로운 물질'이 폐로 들어와 우리를 질식시키지 못하도록 빠르게 닫히기도 한다. 성대는 우리가 목소리를 내려고 할 때도 빠르게 닫힌다. 폐에서 밀려 올라간 공기는 닫힌 밸브를 만나게 되고, 이 밸브는 막들이 서로 부딪혀 떨게 만든다. 아이들이 입술을 내밀어 소리를 낼 때 위아래 입술이 떨리는 모양과 매우 비슷하다.

성대_{vocal chord}라는 말을 이루는 '대_{帶, chord}'는 적절하지 않다. 이 말은 18세기 중반 동물과 인간의 사체를 이용해 후두를 연구하던 프랑스의 해부학자 앙투안 페렝_{Antoine Ferrein}이 목구멍 안에 있는 막을 호흡에 의한 '활의 움직임'으로 진동하는 '바이올린 줄'에 비유하면서 붙인 이름이다.[4] 하지만 인간의 성대는 그런 식으로 소리를 내지 않는다. 폐에서 나온 공기가 밸브를 움직일 때 성대는 그 공기의 흐름을 *조각내* 음파를 만들어내는 빠른 펄스_{pulse}'로 만든다. 나처럼 아델과 줄리 앤드류스가 입은 목소리 손상은 성대의 이런 특성 때문에 발생한 것이라고 할 수 있다(높고 큰 음을 내면서 우리는 1초에 최대 1,000번까지 성대를 부딪치게 만든다). 우리 성대의 이런 특징은 인간이라는 종의 운명과도 관련돼 있다. 공기의 흐름을 조각내는 성대가 내는 원래의 소리는 배음이 많이 들어간 매우 풍성하고 웅웅거리는 소리이기 때문이다. 배음은 우리가 head(헤드), hid(히드), hood(후드), had(해드) 같은 소리들을 구별해서 낼 때, 혀와 입술을 움직여 걸러내는 높은 주파수의 음(모음의 구성소음)을 말한다.

폐어의 목에서 나는 소리는 분명한 소리와는 거리가 매우 멀다. 폐어는 목구멍 밸브의 간단한 괄약근을 통해 공기를 쥐어짜면서 '끙끙, 끼익, 쉬익, 꺼억' 같은 소리들을 낼 수 있을 뿐이다(방귀 뀌는 소리라고는 말하고 싶지 않지만, 그 소리가 지구상에서 최초로 들린 목소리인 것 같다). 하지만 수많은 세월이 지나는 동안 후두는 엄청난 물리적인 변화를 겪었고 땅위에 사는 폐어의 후손들(최초의 양서류, 그 다음에는 파충류 마지막으로 포유류)은 생존과 번식에 유리하도록 호흡과 발성의 효율을 높였다. 성대 막의 끝부분에 움직일 수 있는 연골들이 추가됐고, 목소리의 음높이를 변화시키거나 으르렁 소리를 낼 때 성대 마을 팽팽하게 하는 것처럼 성대가 늘어나거나 이완되도록 하는 복잡한 근육조직들이 추가된 것이다(팽팽해지면 성대는 공기 흐름을 더 빠르게 조각내 목소리의 음높이를 올리고, 느슨해지면 공기 흐름을 더 느리게 조각내 목소리의 음높이를 낮춘다).

큰 목소리에서 부드러운 목소리로의 변화는 우리가 공기를 밀어 올려 성대를 통과시키는 속도와 힘에 의해 조절된다. 이는 약 2억 2,000년 전 포유류에 나타난 호흡계가 횡격막의 등장으로 정교해져 가능해진 일이다. 횡격막의 상하 운동은 숨 들이쉬기와 내쉬기를 통제하며, 횡격막이 폐에서 나오는 공기의 속도와 힘을 조절하는 정교한 능력 덕분에 인간을 비롯한 포유류가 발성의 크기와 부드러움 정도를 변화시킬 수 있다. 하지만 인간의 목소리에 가장 결정적인 영향을 미친 요인은 포유류에서만 나타난 또 다른 진화적 강화다. 포유류는 어미의 유선에서 나오는 젖을 새끼에게 먹여 키우는 종이다(포유류mammal라는 말은 라틴어의 'mammalis(유방의)'에서 왔다). 인간의 포유류 조상들의 새끼는 젖꼭지에 입술을 붙이고 젖을 빨면서 삼키는 복잡한 과정을 수행함으로써 목구멍, 입, 혀, 얼굴 근육을 발달시켰고, 그 결과 우리 종은 목구멍, 입, 혀, 얼굴 근육을 조율해 발음을 또렷하게 할 수 있게 됐다.

그렇다면 대부분의 포유류는 말을 하는 데 필요한 모든 발성 기관을 가지고 있다고 할 수 있다. 실제로 침팬지의 입술, 혀, 연구개, 폐,

후두는 구조와 기능 면에서 인간의 그것들과 구분이 거의 불가능하다. 또한 침팬지는 얼굴 정면에 눈이 있고, 엄지가 나머지 네 손가락과 마주 볼 수 있으며, 두 젖꼭지가 대칭적이며, 주둥이가 짧다는 해부학적 특징도 인간과 공유하고 있다. 따라서 18세기 스웨덴의 박물학자 칼 린네Carl Linne는 인간과 유인원을 같은 목目, order, 즉 '영장목'으로 분류했다(영장류를 뜻하는 'primate'라는 말은 '첫 번째 등급'을 뜻하는 라틴어 'primus'에서 온 말이다). 다윈보다 한 세기 먼저 활동한 린네는 유인원과 인간이 진화 측면에서 연결돼 있다고 말하지 않았다. 린네는 해부학적 유사성에만 집중했다. 교회가 표명했던 우려 때문에(교회는 인간이 하느님의 형상으로 창조됐으며, 따라서 논리적으로 볼 때 유인원은 그렇지 않다는 입장이었다) 린네는 결국 인간이 동물계에서 가장 높은 위치를 차지하도록 호모 속Homo 사피엔스 종sapiens이라는 독립된 영장류 범주를 만들어냈다('호모'는 라틴어로 '사람', '사피엔스'는 '슬기로운'이라는 뜻이다). 하지만 린네는 (은밀하게는) 생물학자 친구들에게 보낸 편지에 '인간과 유인원을 구별할 수 있는 특징은 겨우 하나밖에 없다는 것을 나는 알고 있네.'라고 썼다.[5] 린네에 따르면 그 하나의 특징은 **해부학적** 특징이 아니라 **행동적** 특징이다.

바로, 말을 할 수 있다는 것이다.

린네는 인간의 말하는 능력이 인간과 가장 가까운 종들과 인간이 해부학적으로 크게 다르기 때문에 생긴 게 아니라는 것을 시대를 앞서 간파한 사람이었다. 린네는 인간의 후두 위치가 약간 아래쪽에 있다는 것을 언급하지 않았다. 후두의 위치는 중요하지 않다고 생각했기 때문일 것이다. 하지만 우리는 후두의 위치가 언어에 미치는 영향에 대해 뒤에서 자세히 다룰 것이다. 지금은 인간의 말하는 능력이 뇌, 특히 피질(뇌에서 브로카 영역과 베르니케 영역이 위치한 주름진 바깥쪽 층들)의 차이에서 대부분 비롯된다는 정도만 짚고 넘어가자.

하지만 우리가 말을 할 때 피질 그리고 브로카 영역과 베르니케 영역의 활동에만 전적으로 의존하는 것은 아니라는 사실도 매우 중요하다. 우리가 이 영역들에만 전적으로 의존한다면 우리 목소리는 《2001: 스페이스 오디세이》의 슈퍼컴퓨터 할이나 《스타 트렉》의 스팍의 목소리처럼 정확하지만 감정이 없고 밋밋하고 이상한 목소리가 될 것이다('꽃을. 먹고. 있는. 유니콘…'). 우리의 목소리를 인간의 목소리로 만드는 것은(우리를 인간으로 만드는 것은) 감정, 즉 우리가 하는 모든 일의 기초가 되며 말의 운율로 나타나는 느낌과 기분이다. 운율은 단순한 장식, 즉 추가적인 요소가 아니다. 앞에서 살펴보았듯이, 말의 멜로디와 리듬은 대화를 조율하고, 통사론적 단위와 문법적 단위를 결정하며, 신생아들에게 언어를 심어주는 역할을 한다. 다윈에 따르면 인간의 말하는 능력은 감정이 나타나는 소리를 만들어냄으로써 처음 진화했다. 이런 일이 어떻게 일어났는지 이해하려면 인간의 진화 과정을 살펴보면서 다양한 발성 기관들이 진화할 때 일어난 몸의 변화와 두개골 안에서 일어난 사건들을 추적해야 한다.

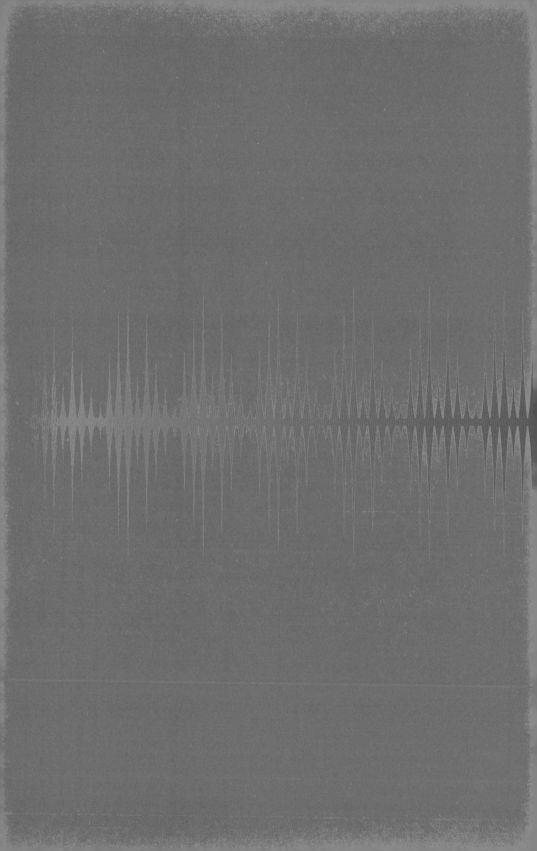

PART 3

감　　정

진화가 진행되는 동안 동물의 뇌에는 어느 정도 구분이 되는 3개 층이 순차적으로 생겨났다.[1] 인간의 뇌에는 이 3개 층이 모두 존재하며, 각각의 층은 우리가 목소리의 정서적 측면을 조절하는 데 특정한 역할을 한다.

가장 오래된 층은 뇌간brainstem이다. 6억 년 전 바다 갯지렁이에서 처음 나타나 최초의 어류에서 정교하게 변화된 뇌간은 호흡, 눈 깜박거림, 심장박동 같은 모든 비수의적 과정을 담당한다. 파충류의 뇌는 거의 대부분이 뇌간이기 때문에 파충류는 우리가 '정서적' 행동이라고 부르는 행동을 하지 않으며 본능적이고 반사적인 행동만을 한다. 예를 들어, 도마뱀 암컷은 새끼에 대한 모성 애착조차 없기 때문에 알에서 나온 자기 새끼를 잡아먹기도 한다(알에서 깨어난 도마뱀 새끼는 잡아먹히지 않기 위해 본능적으로 나무꼭대기로 도망간다). 모든 종에서 목소리는 가장 중요한 소통 수단이자 *사회적* 상호작용을 위한 수단이다. 따라서 사회성이 없는 파충류가 목소리를 가지지 않는다는 사실은 목소리의 진화 과정 연구에서 상당히 큰 의미가 있다. 약 6,000종에 이르는 도마뱀 대부분이 전혀 목소리를 내지 않는다. 공격자를 쫓거나 짝짓기 욕구를 드러낼 때조차 목소리를 내지 않는다(대신 도마뱀은 소리 없이 몸짓을 하거나 꼬리를 흔든다). 도마뱀을 밟으면 목소리가 나오긴 한다. 뇌간에서 통증 반응이 일어나기 때문이다. 그 외에는 전혀 소리를 내지 않는다.

파충류의 뇌간을 거의 그대로 물려받은 인간의 뇌간은 목소리 측면에서 도마뱀의 뇌간과 똑같이 기능한다. 나중에 혹시 실수로 망치로 손을 때리게 되면 확실히 알 수 있을 것이다. 그렇게 되면 흔히 '도마뱀의 뇌'로 불리는 뇌간에서 직접 발생하는 '우우!', '오오!', '아아!' 같은 비명 소리를 내게 될 것이다. 새로 만들어진 피질에 위치한 브로카 영역과 베르니케 영역의 모음과 자음을 만들어내는 활동을 거치지 않고 이런 비명 소리가 나는 이유는 설명이 불가능하다. 음성 과학자들은 이런 소리가 나는 현상을 '고정행동패턴fixed action pattern'으로 부른다. 이런 소리는 뇌간에 내장돼 있으며 '생득적 방출 메커니즘innate release mechanism'에 의해 활성화된다는 것이 음성 과학자들의 설명이다. 실수로 망치로 손을 내려칠 때 통증 반응이 발생하는 것이 생득적 방출 메커니즘의 예다. 이런 소리는 오르가슴을 유도하는 짜릿한 느낌 같은 극단적인 감각 자극에 의해 촉발되기도 한다. 집에 아무도 없을 것이라고 생각하고 들어갔는데 갑자기 불이 켜지면서 사람들이 생일 축하 노래를 부를 때 나오는 탄성도 이런 소리에 해당한다. 뇌간으로의 시각적·청각적 입력을 자극하는 충분히 놀라운 감각 기습 공격에 의해 '어어어어!', '아이고!' 같은 고정행동패턴 소리가 나는 것이다.

신생아들에게 감각 기습 공격은 분만실에서 받게 되는 밝은 빛과 귀를 찢을 것 같은 소음이다. 앞에서 언급했듯이 이런 감각 기습 공격은 신생아들이 반사적으로 '으앙' 소리를 내게 만든다. 이 소리가 미리 프로그램되고 내장된 반사 반응이 확실하다는 것은 신생아가 공기를 처음 접했을 때 이 소리를 낼 수 있다는 사실에서도 알 수 있지만, 비극적인 '자연의 실험experiment of nature'이라고 할 수 있는, 신생아가 뇌의 더 높은 단계인 다른 부분 없이 **뇌간만** 있는 상태로 태어나는 희귀한 선천성 질환의 예에서도 확인할 수 있다. 이 아기들은 결함이 너무 심각해 태어난 지 몇 시간에서 며칠이면 사망하며, 목소리를 낼 수 없다. 대신 이 아기들은 정상인 아기의 울음소리에 통증 반응을 보인다.[2]

⁓⊪⊪⊪⊢⊢⊢⊪⊪⊢⊢⊢

비수의적 흐느낌, 웃음, 아프거나 즐거워 소리를 지르는 행동은 모두 감정을 표현하지만, 목소리 연구자들은 이런 행동을 감정 신호로 분류하지 않는다. 목소리 연구자들은 이런 행동을 **감탄**interjection이라고 부르며, 의사가 환자의 무릎을 고무망치로 두드렸을 때 발이 움직이게 되는 반사반응만큼 관심을 가지고 연구한다.

목소리 연구자들이 이보다 더 관심을 가지는 것은 목소리에 실리는 미묘한 감정, 즉 불안, 적대감, 욕망, 의심, 죄책감, 사랑을 드러내는 다양한 운율적 차이다. 이런 소리들은 포유류의 발생과 함께 뇌에서 두 번째로 진화된 층에서 만들어진다. 변연계limbic system로 불리는 이 층은 뇌간의 위쪽에서 자란 층으로, 몸 안에서 신경전달물질이라는 화학물질의 분비를 촉발함으로써 우리에게 감정을 발생시켜 우리가 마주치는 상황에 적절하게 반응하는 데 도움을 주는 느낌들을 만들어낸다. 예를 들어, 어두운 골목길에서 위협적으로 보이는 낯선 사람이 우리에게 접근하면 변연계 내의 편도체amygdala라는 콩팥처럼 생긴 작은 기관이 활성화돼(편도체는 뇌간의 양쪽에 하나씩 모두 2개가 있다) 내분비선에 아드레날린을 분비하라는 신호를 보낸다. 아드레날린은 심장 박동 속도와 호흡 속도를 높이고, 땀이 나게 하면서 싸우거나 도망칠 수 있도록 근육을 준비시키며, 공포의 감정을 의식하고 '느끼게' 만드는 더 고차원의 뇌 영역으로 이어지는 다른 신경경로를 따라 피드백 신호를 보낸다. 이와는 대조적으로, 신생아가 우리를 보고 웃는 것을 보게 되면 다른 변연계 구조(기댐핵 또는 측핵nucleus accumbens)가 활성화된다. 이 구조는 신경전달물질인 도파민과 세로토닌의 분비를 촉발하는 예기 쾌락anticipatory-pleasure 보상 중추이며, 도파민과 세로토닌은 우리 몸의 선膦들이 통증을 억제하기 위해 만들어내는 내인성 아편계 화학물질이다. 이 화학물질들은 만족감, 평온한 느낌, 사랑의 느낌 같은 주관적으로 '느껴지는' 상태들을 만들어낸다. 변연계가 없는 도마뱀 암컷이 자기 새끼를 식욕을 채울 수 있는 먹이로만 보는 이유가 여기에 있다.

가장 중요한 사실은 우리를 사회적 동물로 만드는 변연계가 생존과 짝짓기 가능성을 높이기 위해 우리가 우리의 내부 상태를 나타내는 *신호를 다른 사람들에게* 보내는 방식도 결정한다는 것이다. 이런 사회적 신호에는 옛 친구를 우연히 만났을 때 미소를 짓는 얼굴의 움직임, 위험한 적을 마주쳤을 때 눈썹을 찌푸리거나 이를 악무는 행동, 목소리로 수없이 다양한 감정적 운율을 표시하는 행동 등이 있다.

변연계가 목소리 감정을 조절한다는 확실한 증거는 1949년 노벨

생리의학상 수상자인 스위스의 신경과학자 발터 루돌프 헤스Walter Rudolf Hess의 연구로 확보됐다. 헤스는 고양이들의 뇌에 머리카락 두께의 전극을 심었다.[3] 마취에서 깨어난 고양이들은 헤스의 연구실 안을 자유롭게 돌아다녔다. 헤스는 저전압 전류 펄스를 고양이에게 주입해 고양이의 변연계 내 특정 영역에서의 '자연스러운' 뉴런 활동을 유도했다. 조이스틱으로 컴퓨터 게임을 하듯이 헤스는 고양이들에게서 다양한 감정적 발성을 이끌어냈다. 예를 들어, 편도체를 자극하면 고양이들은 전형적으로 고양이들이 하는 (동공이 확장되고, 귀가 펴지고, 발톱을 세우는) '분노의 몸짓'을 보이면서 '쉿쉿' 소리를 내거나 침을 뱉거나 코에서 '힝힝' 소리를 냈다. 기댐핵을 자극하는 경우에는 평온함과 만족함을 밖으로 드러내는 행동을 하면서 '행복할 때 내는 가르랑거리는 소리'를 냈다.

1960년대 후반 독일 뮌헨의 막스플랑크연구소 정신의학 연구팀은 헤스의 이 방법을 이용해 더 고등한 포유동물인 다람쥐원숭이의 목소리를 연구했다. 다람쥐원숭이는 남아메리카 열대우림에 서식하는 작고 지능이 높으며 매우 사회적인 영장류로, 고양이보다 훨씬 다양한 소리(위험을 경고하는 소리, 친근감을 표시하는 소리, 어미나 아비가 새끼에게 내는 소리 등)를 낸다. 연구팀은 인간의 뇌에도 있는 특정한 변연계 구조를 포함해 뇌의 다양한 영역을 자극해 확실하게 다른 감정이 실린 약 50여 종류의 소리와 울음을 이끌어냈다. '으르렁' 소리는 대상을 향한 공격성, '키득거리는 소리'는 고도의 흥분을 나타냈고, '찍찍대는 소리'는 집단의 결속을 촉구하는 우호적인 소리였으며, '까르르 웃는 소리'는 비공격적이면서 집중적인 집단적 관심, '꽥꽥대는 소리'는 짜증과 불편함, '날카롭고 높은 소리'는 최고 수준의 흥분을 나타냈다. 편도체를 자극했을 때는 예상대로 가장 공격적인 소리인 '쉿쉿', '으르렁' 소리를 크게 냈다. 이 소리는 고양이의 편도체를 자극했을 때 났던 소리와 음향학적으로 같은 소리다. 연구팀은 이런 '상동관계homology'에 주목했다.[4]

'상동관계'는 해부학적 구조가 같은 조상을 공유한다는 뜻이다. 고양이와 원숭이에게서 편도체를 자극했을 때 위험 감지를 나타내는 동일한 소리가 났다는 사실은 특정한 변연계 구조에 특정한 감정을 나타내는 발성의 진화적 근원이 있다는 강력한 증거였다. 이 변연계 구조는 인간을 포함한 모든 포유류에 공통적으로 존재하는 구조다. 이 발견은 매우 큰 뉴스였다. 영장류(원숭이)가 하등한 포유류(고양이)로부터 감정적인 소리를 물려받았다면 우리 인간도 다른 영장류 조상들로부터 같은 소리를 물려받았을 가능성이 높기 때문이었다.

이 가능성을 처음 제기한 사람은 찰스 다윈이었다. 독일 연구팀의 실험이 이뤄지기 한 세기 전에 다윈은 진화에 관한 3번째이자 마지막 책인 《인간과 동물의 감정 표현The Expression of the Emotions in Man and Animals》(1872년)에서 인간의 감정 표현은 신이 부여한 영혼의 떨림에서 비롯되는 것이 아니라 '감정을 표현하는 수단인' 표정, 몸짓, 목소리를 만들어낸 진화의 결과물이라고 주장함으로써 사람들을 충격에 빠뜨렸다. 이 책에서 다윈은 이런 특성 중에서 목소리가 '가장 효율성이 높다'며, 목소리는 적대적인 조우 상황에서는 적을 쫓기 위한 '거칠고 강력한' 무기로 기능하며, 잠재적인 짝을 유혹하고 새끼를 키울 때는 부드럽고, 음높이가 높고, 사랑이 담긴 신호로 기능한다고 썼다.[5] 이런 통찰로부터 다윈은 '상반 감정의 원리principle of antithesis'를 유도해냈다. 상반 감정의 원리는 어떤 감정과 반대되는 감정 상태가 되면 그에 따라 처음과는 반대되는 몸짓, 표정, 목소리가 나타난다는 것이다. 이 모든 행동은 포식자를 쫓거나 짝짓기 대상을 구하기 위한 사회적 신호 전달 시스템의 일부다. 공격적이 되거나 화가 난 동물은 꼿꼿하게 몸을 세우고 털을 곤두세우면서 자신이 더 강력한 몸을 가지고 있다는 암시를 한다. 이런 행동은 으르렁대는 낮은 소리를 내면서 자신이 그 소리에 어울리는 더 크고 강력한 몸을 가지고 있다는 것을 '암시하는' 시각적 신호를 보내는 행동(몸집 부풀리기)이다. 반면, 짝짓기 상대를 구하는 동물은 자세를 풀고, 귀여운 강아지처럼 몸을 땅에 비비기도 하면서 털을 눕히고, 작고 유순한 몸을 암시하는 맑은 '낑낑' 소리를 낸다(몸집 줄이기).

다윈의 이 이론은 1970년대에 동물학자 유진 모튼Eugene Morton의 실험으로 뒷받침됐다. 모튼은 음향분석기라는 장치를 이용해 새와 포유류 약 50마리의 목소리를 미세하게 분석해 모든 동물이 공격을 위해서는 낮은 음의 으르렁 소리를 내고, 친근감을 나타내거나 짝짓기를 하기 위해서는 높고 깨끗한 소리를 낸다는 것을 보여줬다.[6] (아내와 내가 키우고 있는 잉꼬 루디도 이런 다양한 소리를 낸다. 내가 손가락을 내밀며 그 위에 앉으라는 신호를 보내면, 낮은 음높이의 그르렁 소리를 더듬더듬 내면서 경고의 몸짓을 보이지만, 내 어깨 위에서 편하게 앉아 있을 때는 달콤하고 맑게 지저귀면서 날개를 편다) 또한 모튼은 동물이 으르렁 소리와 낑낑 소리를 양극단으로 하는 소리 스펙트럼 안에서 다양한 단계의 소리를 내며, 잠재적인 같은 편이나 적에 대해 정확히 *어떻게* 느끼는지 확신이 없을 때는 한번 짖거나, 찍찍대거나, '매에' 소리를 내면서 그 소리 안에 상반되는 두 가지 신호 요소들을 섞는다는 것도 밝혀냈다. 동물은 이런 소리들을 주고받으면서 일종의 '대화'를 시도한다(개가 다른 개와 마주쳤을 때 처음에는 유순하고 뭔가를 알아내려는 듯이 낑낑 소리를 내다 확신이 든 뒤에는 멍멍 짖다 위협적인 으르렁 소리를 내는 것을 본 적이 있을 것이다). 이는 인간의 대화처럼 절묘하게 순서를 따르는 대화는 아니지만, 음높이, 크기, 리듬의 변화가 운율 단서_{prosodic cue}로서 인간의 대화와 비슷한 방식으로 전달되는 대화다. 현재의 과학자들도 (생존과 번식을 위한) 자연선택의 주요 수단인 이런 기본적인 신호 전달 패턴이 수백만 년에 걸쳐 동물의 몸에 각인된 것이며, 감정을 나타내는 운율의 가장 큰 특징들을 드러낸다고 생각하고 있다. 언어학자 존 오할라_{John Ohala}에 따르면 이 패턴은 우리가 의문문 마지막 부분의 음높이를 올리는 것에서도 드러난다. 이 현상은 거의 모든 언어에서 나타나는 운율적 특성이다. 오할라는 말하는 사람이 상대방의 말에 수긍하고 있다는 것을 알리기 위해 음높이를 올린다고 말한다. 더 큰 권위에 순응한다는 것을 나타내는 행동이라는 설명이다. 또한 오할라는 말하는 사람이 질문에 대답할 때는 문장의 음높이가 점점 낮아지는데, 이는 누가 힘을 가지고 있는지 목소리로 보여주는 행동이라고 말한다.[7]

모튼의 동물 목소리 연구의 핵심은 종의 '사회적 행동의 복잡성'이 증가할수록 으르렁 소리와 낑낑 소리를 양극단으로 하는 소리 스펙트럼 내에서 감정적인 발성의 수와 다양성이 증가한다는 사실을 밝혀낸 데 있다. 규모가 크고 협력 정도가 높은 집단에 속한 동물은 사회적 상호작용이 더 복잡하기 때문에 감정 스펙트럼 내에서 더 많은 점, 즉 더 많은 소리로 구성되는 신호를 내고 처리한다. 모튼은 사회성이 매우 강한 다람쥐원숭이가 50여 가지의 미세하게 다른 소리들을 낸다는 독일 연구팀의 실험 결과를 인용했다.

우리 인간은 동물 중에서 단연 가장 다양한 형태의 감정 신호를 목소리로 내는 유인원 종이다. 낮은 음높이로 분노를 표출하는 한쪽 극단의 소리와 높은 음높이로 노래하듯이 친근하게 인사하는 다른 쪽 극단의 소리 사이에서 우리는 거의 무한할 정도로 다양하게 목소리를 굴절시키고 억양을 변화시켜 소리를 낸다. 우리는 음높이, 리듬, 음색, 성량을 미세하게 조절해 행복, 슬픔, 분노, 공포 같은 기본적인 감정을 나타내고, (아마도) 인간만이 느낄 자부심, 아쉬움, 향수 같은 감정을 표현하며, 공격성이 약간 동반된 향수, 죄의식이 살짝 가미된, 남의 불행에 갖는 쾌감 같은 것을 표현한다. 이런 미묘한 표현은 우리가 감당해야 하는 사회적 상호작용의 복잡성에 기인하기도 하지만, 감정과 의식이라는 *내부* 상태의 복잡성과 다양성에도 기인한다. 이런 내부 상태의 복잡성과 다양성은 현재의 사건들에 대응한 결과이기도 하지만, 과거의 행동과 만남과 관련된 *기억*에 대응한 결과, 미래에 대한 두려움과 희망에 대응한 결과이기도 하다. 또한 (뇌간과 변연계 위에서 자라난 뇌의 3번째 층인) 우리의 피질이 엄청나게 확장돼 나타나는 수많은 의식적(그리고 무의식적) 사고의 결과이기도 하다.

피질은 크기가 중요하다. 피질이 클수록 계산 능력, 지능, 추론 능력이 상승한다. 진화 과정에서 약 700만 년 전에 인간이 침팬지와 갈라지면서 폭발적으로 성장한 인간의 피질은 자연의 생물체 중에서 가장 크며, 인간 다음으로 큰 침팬지의 피질보다 3배는 더 크다.

과학자들은 인간의 피질이 왜 이렇게 빠르게 많이 커졌는지에 대한 다양한 설명을 하고 있다. 유진 모튼은 감정적인 목소리 신호전달을 통해 이런 현상이 나타났다는 이론을 처음 제시한 사람이다. 모튼은 목소리의 음높이와 음색의 미세한 차이를 감지하고 처리하는 행위, 그 차이에 미세하게 공격성과 순응성을 부여하는 행위는 뇌간이나 변연계의 처리 능력보다 더 고차원의 처리 능력을 필요로 하기 때문이라고 설명한다. 이 가설은 사회성이 높고 목소리를 내는 다람쥐원숭이의 피질이 왜 고양이의 피질보다 3배나 더 큰지, 몸의 크기에 비해 왜 인간의 피질이 다른 모든 동물의 피질보다 엄청나게 큰지 설명하는 데 도움을 주는 훌륭한 가설로 보인다.

이렇게 엄청나게 큰 피질은 인간의 감정 발성을 편집하고 검열함으로써, 즉 우리에게서 터져 나올 가능성이 있는 순간적인 소리를 통제함으로써 그 감정적 발언에 영향을 미친다. 예를 들어, 상사, 교사, 배우자, 자녀, 혹은 줄에서 새치기 하는 남자와 적대적인 만남을 하게 될 때 우리는 편도체가 급작스럽게 활성화되는 경험을 하게 되는데, 이렇게 편도체가 활성화되면 보통 크고 화난 소리를 내게 된다. 하지만 이런 소리를 내면 치러야 할 사회적 대가가 너무 크기 때문에 우리는 목소리에서 적대감이 표출되지 않도록 목소리를 억제하면서 가족, 친구, 새치기 하는 남자와의 관계를 이어나간다.

감정적 행동에 대한 이런 하향식 통제는 실제로 뇌 안에서 일어나는 물리적 과정이며, 1990년대에 서던캘리포니아 대학의 신경과학자 안토니오 다마지오Antonio Damasio에 의해 처음 증명됐다. 다마지오는 fMRI 뇌 영상 촬영 장치를 이용해, 감정적인 자극을 받을 때 우리는 피질에서 변연계 구조들로 뻗어 있는 축색돌기를 따라 신경신호를 보내 변연계의 활동을 억누름으로써 여과되지 않은 감정 반응을 축소하거나 조절한다는 것을 보여줬다.[8] 높은 수준의 인지기능(사고, 추론, 의지)이 '동물의 열정'을 지배한다는 생각은 셰익스피어의 희곡에서 프로이트의 정신분석(도덕적인 '초자아'가 끝없는 동물적 본능 '이드'를 통제하려고 한다는 이론)에 이르기까지 아주 오랜 기간 동안 서양의 사고에 영향을 미쳤다.[9] 다마지오는 이런 인간의 의식 모델이 비유에 그치지 않는다는 것을 증명한 것이었다. 이 모델은 실제로 일어나는 일을 보여주고 있으며, 운율의 윤곽과 우리가 발음하는 모든 음절의 색깔은 이 모델에 의해 드러나는 것이다.

우리의 피질과 변연계가 감정적인 목소리를 낼 때 어느 정도 서로 독립적으로 작동한다는 사실은 투렛증후군Tourette's Disorder 같은 질환에서 확인할 수 있다. 투렛증후군 환자 중에는 개 짖는 소리, 히힝 소리, 말울음 소리, 으르렁 소리 등을 자신의 의지와는 상관없이 계속 내는 사람들이 있다. 이런 환자들의 뇌 촬영 결과를 보면 편도체는 과도하게 활성화된 반면 피질은 이상할 정도로 비활성화 상태인 것을 알 수 있다.[10] 투렛증후군 환자 중에 'Shit!', 'Fuck!' 같은 욕을 자신도 모르게 계속 하는 사람들도 있다. 언어는 변연계에서 처리되지 않기 때문에 이 현상은 말이 안 된다고 생각하기 쉽다. 하지만 뇌 촬영 결과를 보면 이런 '금지된 말'은 언어를 만들어내는 피질에서 나오는 것이 아니라 변연계의 감정 중추에서 나온다는 것을 알 수 있다. 실제로, '나쁜 말'은 초기의 사회적 조건화를 거쳐 베르니케 영역의 사전에서 제거돼 뇌의 아랫부분, 즉 피질과 변연계가 만나는 경계 지점에 자리를 잡는다.[11] 실수로 망치로 손을 때렸을 때 'Shit!', 'Fuck!' 같은 말이 때때로 자신도 모르게 나오는 이유가 여기에 있다. 우리도 투렛증후군 환자들이 말을 뽑아내는 뇌의 감정 영역에서 이렇게 사회적으로 금지된 말을 뽑아내는 것이다.

피질과 변연계가 목소리 생성에 각각 다른 역할을 하고 있다는 사실은 신경외과 의사들이 민감한 뇌 조직들 사이에 숨겨져 있는 병변 부위를 찾아낼 때 전극으로 피질 밑에 있는 조직을 자극하는 방법으로 조직의 기능을 알아내는 것으로도 확인된다(의사들은 실명, 난청, 마비, 사망을 일으키지 않기 위해 어떤 조직을 자르지 않아야 하는지 이 방법으로 확인한다). 환자들은 수술을 받는 동안 완전히 깨어 있는 상태를 유지하며(뇌에는 통증 수용체가 없기 때문이다), 전극에 의한 자극으로 유도되는 몸의 감각이나 움직임에 대한 의사의 질문에도 대답을 할 수 있다. 의사들이 환자의 뇌 깊숙한 곳에 있는 변연계 구조들, 특히 편도체를 자극하면 환자들은 원초적인 공포나 분노의 소리를 내면서 헤스의 고양이와 똑같이 행동한다. 이를 두고 한 신경외과 의사는 '모욕증uncontrolled swearing'이라고 말하기도 했다.[12] 전극을 빼내는 순간 환자들의 말은 예의바른 말로 바뀐다.

‑‑‖┅╫┅╫┅┅╫┅╫‑‑

목소리를 통한 감정 표현이 피질의 하향식 통제에 의해서만 이뤄지는 것은 아니다. '동물적인' 변연계도 피질로 뻗어 올라가는 축색돌기를 가지고 있기 때문에 (신경과학자들이 쓰는 말로 하면) 더 높은 뇌 영역에 '말을 할 수' 있다. 다마지오는 이 회로를 발견해 감정, 직감, 본능이 이전에 알려졌던 것보다 '이성적인' 의사결정에 훨씬 더 큰 역할을 한다는 것을 보여줬다. 완전히 인간이 되기 위해서 우리는 반드시 감정을 가져야 한다. 결국 감정이라는 것은 우리가 계속 생존하고 유전자를 물려주는 것을 돕기 위해 진화한 것이다. 하지만 때때로 우리의 감정은 이성적인 뇌를 완전히 장악하기도 한다. 이런 폭동이 일어나면 목소리 측면에서의 결과는 재앙에 가까워진다. 감정에서 비롯된 목소리 대혼란이 일어나는 것이다.

이보다 더 극적인 예는 발성장애dysphonia다. 기관에 걸쳐 있는 성대가 꽉 조여져 발성이 제한되고 목이 졸렸을 때 나는 소리를 내는 질환이다.[13] 중증인 경우 말을 전혀 하지 못하게 된다. 뇌 촬영 결과에 따르면 발성장애 환자들은 편도체가 크게 자극돼 있으며(투렛증후군 환자에서처럼), (일반적으로 편도체의 반응을 억누르는) 피질 영역이 비활성화돼 있다. 발성장애는 감정적으로 재앙에 가까운 단 한 번의 사건으로 발생하기도 한다. 1960년대 포크음악 부활을 이끌었던 영국의 가수 셜리 콜린스Shirley Collins가 이렇게 단 한 번의 사건으로 발성장애가 시작돼 거의 40년 동안 가수 활동을 접었다. 콜린스는 〈The Power of the True Love Knot〉(1968) 같은 앨범에서 제대로 배운 것은 아니었지만 섬세한 자신의 소프라노 목소리를 등골을 오싹하게 만들 정도의 가성으로 끌어올린 가수이다. 마흔 살이 돼 가던 1970년대 후반 콜린스가 런던에서 포크 밴드 〈페어포트 컨벤션Fairport Convention〉의 베이스 기타 연주자인 남편 애슐리 허칭스Ashley Hutchings와 같은 뮤지컬 무대에 섰을 때였다. 공연 초반부에 남편이 뮤지컬 공연을 같이 하던 여배우와 사랑에 빠졌고 콜린스를 떠나겠다고 선언했다. 매일 밤 자신의 성적 라이벌과 같은 무대에서 공연하고도 아무 것도 몰랐던 콜린스는 이때의 충격으로 자신의 감정을 초자연적일 정도로 잘 나타내주던 자신의 일부분, 즉 목소리를 잃게 됐다. 콜린스는 나중에 이렇게 말했다. "목에 마치 자물쇠가 채워진 듯이 목소리가 나지 않았다. 몇 번인가 밤에 음 몇 개를 간신히 내기도 했지만, 입을 열어도 아무 소리가 나지 않을 때도 있었다." 발성장애 진단을 받은 콜린스는 가수로서 노래 부르기를 포기하고 그 후 20년 동안 생계를 유지하고 아이들을 키우기 위해 여러 가지 일을 해야 했다.[14]

감정 때문에 발생하는 발성 관련 질환에 걸렸다고 해서 모두 목소리를 잃는 것은 아니다. 변성발성장애puberphonia는 사춘기에 정상적인 몸의 변화를 겪은 10대 후반과 20대 초반의 남성에게 발생하는 질환이다. 보통 사춘기에 성대가 커지고 두꺼워지며 목소리가 깊어지는데, 변성발생장애 환자의 목소리는 깊어지지 않고 아이 목소리처럼 높고 가볍게 음높이와 음색이 계속 유지된다. 드물게 호르몬 분비가 문제의 원인인 경우도 있지만, 이 질환은 대부분 심리적 원인, 즉 감정적 원인 때문에 발생한다. 변성발성장애 환자는 무의식적으로 후두를 목 윗부분으로 잡아당겨 앞쪽으로 기울게 만든다. 이렇게 되면 성대의 긴장도가 올라가고 목구멍의 공명실 크기가 줄어들어 목소리가 어린이의 음색과 음높이를 갖게 된다. 치료 과정에서 이 환자들은 유년기를 벗어난다는 것과 어른이 돼서 행동에 책임을 져야 한다는 것에 대한 두려움을 호소한다. 마이클 잭슨이 이 변성발생장애를 평생 겪은 사람으로 생각된다.[15]

이렇게 변연계가 '상향식'으로 목소리에 영향을 미치는 현상은 투렛증후군, 발성장애, 변성발성장애 같은 질환에서만 관찰되는 것이 아니다. 변연계에서 벌어지는 활동은 가장 일상적인 말에도 좋은 영향이든 나쁜 영향이든 항상 영향을 미치기 때문이다. 식탁에서 상대방에게 소금을 건네 달라고 말하는 사람의 목소리는 그 상대방이 30년 동안 같이 산 배우자인지, 직장의 경쟁자인지, 첫 데이트 상대자인지에 따라 달라진다. 실제로 감정을 빼고 목소리를 내는 것은 매우 힘든 일이다. 서브프라임 모기지 사태로 세계 경제가 패닉에 빠졌던 2008년 가을의 일이다. 그때 나는 집에 있는 내 집무실에서 경제 대재앙 관련 뉴스를 보면서 하루 종일 아무 일도 하지 못하고 있었다. 오후 3시 30분쯤 9살짜리 아들이 학교에서 돌아오는 소리가 들렸다 (나와 아들은 서로 얼굴은 보지 못했다. 집무실은 현관에서 거실을 지나 코너를 돌아야 하는 위치에 있었기 때문이다). 경제위기 때문에 불안한 마음을 숨기기 위해 나는 평소 하던 대로 즐겁게 아들에게 물었다. "학교 갔다 왔니?" 아들이 대답했다. "무슨 일 있어요?"

이 상황에서 알 수 있듯이 인간은 누군가가 목소리를 가식적으로 낼 때 바로 귀신같이 감지할 수 있는 능력을 진화시켜왔다. 진화생물학자 리처드 도킨스Richard Dawkins와 동물학자 존 크렙스John Krebs는 1978년에 어떻게 이런 일이 가능한지에 대한 가설을 제기했다. 이들은 속이기 위한 신호 전달은 그 자체가 진화적 적응의 결과이며, 생존과 번식을 위해 인간의 최초의 동물 조상에서 발달한 특징이라고 주장했다.[16] (우리는 앞에서 포유류와 조류의 적대적인 발성이 음높이를 낮추고 크게 으르렁거림으로써 몸집을 크게 보이기 위한 행동, 즉 '거짓 신호' 보내기라는 것을 살펴봤다) 도킨스와 크렙스는 이런 거짓 신호 보내기가 **모든** 동물의 의사소통에서 발견된다고 말했다. 나비의 반짝이는 날개 색깔, 귀뚜라미의 울음소리, 나방이나 개미가 분비하는 페로몬, 도마뱀의 몸짓 그리고 인간의 음향학적 신호는 모두 이런 거짓 소통을 위한 수단이라는 설명이다. 이 설명에 따르면 자연은 속임수로 가득차 있다. 생명체들은 **죽지 않기 위해** 자신들이 할 수 있는 일을 할 뿐이다. 이런 속임수는 최소한 짝짓기 상대를 얻어 유전자를 물려줄 때까지는 계속된다.

하지만 도킨스와 크렙스에 따르면 거짓 신호를 받는 상대들, 즉 속아 넘어갈 수 있는 상대들도 동시에 거짓 신호를 *감지해내기 위해* 그들만의 공진화적 '자연선택의 압력selection pressure'을 겪는다. (땅 위로 올라온 폐어가 물속에서 소리를 듣는 데 사용하던 기관을 공기로 전달되는 소리의 탐지에 사용하기 시작한 이래 이뤄진) 목소리와 귀의 공진화는 (도킨스와 크렙스의 표현으로) 생물학적 '무기 경쟁'을 촉발했다. '속이는 목소리를 내는' 생물체들은 엄청나게 긴 진화 기간에 걸쳐 발성 기관에 대한 신경학적 통제를 늘림으로써 소리를 더 미세하게 구분해낼 수 있는 능력을 진화시킨다. 한편 그 목소리를 듣는 생물체들도 생존 욕구가 있기 때문에 자신들이 듣는 소리가 특정한 음높이, 리듬, 음색,

성량이 결합돼 만들어진 경우 거짓 신호라는 것을 점점 더 잘 감지할 수 있게 된다. 이렇게 되면 목소리 신호를 보내는 생물체들은 다시 교묘하게 속일 수 있는 방법을 찾게 되고, 신호를 듣는 생물체들은 다시 자신들의 음향학적 '마음 읽기' 능력을 개선하게 된다. 이런 공진화적 밀고 당기기가 수억 년 동안 계속된 결과가 바로 몇 음절만 듣고도 아빠의 불안, 배우자의 배신, 첫 만남 자리에서 상대방에게 느끼는 성적 욕망, 상사에 대한 불신의 증거를 탐지해낼 수 있는 동물(인간)이다.

━━┅┅╍┅╍┅━━

20세기 내내 그리고 21세기 초반에 이르러서도 목소리가 이렇게 미묘한 감정들을 정확하게 어떻게 담는지에 대한 과학적인 연구는 거의 이뤄지지 않았다. 그 이유는 우리 종의 감정 상태affective states를 연구하기가 불가능에 가까울 정도로 어렵기 때문이었다. 사실 목소리에 담긴 특정한 감정에 정확하게 이름을 붙이는 것조차 쉬운 일이 아니다. 예를 들어, 어떤 사람에게는 공포에 질린 목소리로 들리는 목소리가 다른 사람에게는 화난 목소리로 들릴 수 있다. 목소리에 담긴 감정이 '기쁨'인지, 단순한 '열정'인지, '흥분'인지 정확하게 말하기도 어렵다. 개, 새, 다람쥐원숭이의 발성을 연구할 때는 이런 문제가 별로 중요하지 않다. 이 동물의 감정을 나타내는 소리와 이 동물이 하는 행동을 쉽게 짝지을 수 있기 때문이다. 하지만 우리 인간은 (피질이 과도할 정도로 커 피질이 변연계와 상호작용하는 방식이 복잡하기 때문에) 동물보다 훨씬 상황이 **복잡하다.**

우리가 감정에 대해 연구하는 **목소리** 연구자라고 가정해보자. 매우 특정한 목소리를 확실하게 인식하고 그 목소리에 이름을 붙일 수 있다고 하더라도, 실험에 참가하는 사람에게 신호를 주면서 진짜로 그 사람이 **느끼는** 감정을 담은 목소리를 내게 할 수 있을까? 예를 들어, 분노, 슬픔, 자부심, 질투 같은 감정을 연구할 수 있을까? 하물며 '약간의 소극적 공격성이 섞인 죄책감' 같은 미묘하고 복잡한 감정을 연구할 수 있을까? 특정한 발성의 완벽한 샘플을 유도한다고 해도 (그리고 그 발성이 어떤 것인지 인식할 수 있다고 해도) 실험 대상이 똑같은 발성을 여러 번 반복하게 할 수 있을까?(과학은 반복가능성을 요구한다. 단 한 번 일어나는 이례적인 현상이 아닌지 확인하기 위해서다) 이런 소리들이 다양한 후두 근육들의 복잡한 작용에 의해 어떻게 만들어지는지 알아내려고 한다고 상상해보자. 실험 대상에 EMG(근전도 검사장치) 바늘을 여러 개 꽂고 전극들을 목 안의 후두 근육까지 삽입해 음높이를 조절하는 근육의 긴장과 이완 정도를 측정한다고 생각해 보자. 쉬운 일이 아닐 것이다. (이 상태에서 "휴식을 취할 때의 편안함을 나타내는 목소리를 내보세요."라고 말하면 실험 대상이 그렇게 할 수 있을까?)

이런 어려움을 생각해보면 지난 세기에 목소리 감정 연구에 전념하려고 한 과학자가 거의 없었다는 것이 별로 놀라운 일은 아닐 것이다. 하지만 예외도 있었다. 독일 태생의 심리학자 클라우스 셰러Klaus Scherer라는 사람이다. 셰러는 목소리와 감정 분야에서 반론의 여지가 없는 세계적인 권위자다. 셰러가 이런 명성을 얻게 된 것은 목소리와 감정 분야 연구를 위해 과학자 중에서 거의 유일하게 다양한 학문들 (해부학, 생리학, 신경과학, 음성학, 언어학, 청각 물리학, 심리학, 컴퓨터 프로그래밍)에 통달할 정도로 고집스럽고 집착이 강했기 때문이다.

1943년 독일 쾰른 근처에서 태어난 셰러는 청소년 시절 녹음기를 갖게 된 후부터 고등학교 친구들과 함께 라디오 드라마와 다큐멘터리를 제작하는 데 몰두했다. 셰러는 영국 BBC의 라디오 연속극 〈디 아처스The Archers〉를 즐겨 들으면서 다른 사회적 단서들(표정, 몸짓, 옷)과 분리된 목소리들이 특정한 인물과 그 인물의 성격, 개성, 감정을 어떻게 만들어내는지에 관심을 가지게 됐다.[17]

셰러가 목소리 연구를 정식으로 시작한 것은 1968년이었다. 당시 그는 하버드 대학에서 사회심리학 박사 학위 과정을 시작한 상태였다. 셰러가 처음 관심을 가진 것은 목소리와 성격이었다. '카리스마', '설득력' 같은 특성이 목소리의 음향 요소에 의해 어떻게 전달되는지 관심을 가진 것이었다. 셰러는 실험 대상자에게 자신들이 배심원이라고 가정하고 서로를 평가하는 방법(동료평정)으로 각자의 성격을 판단하라고 요청했다. 누가 지배적이고, 누가 수동적이며, 이런 성격이 목소리 신호에서 어떻게 나타나는지 알아내기 위해서였다. 실험 결과, 이런 특징들은 주로 두 가지 예측 가능한 변수(성량과 속도)에만 의존하는 것으로 나타났다. 이 결과에 대해 셰러는 놀라기도 하고 실망하기도 했다. 이 실험을 진행하면서 셰러는 폴 에크먼Paul Ekman의 강의에 참석한 적이 있다(에크먼은 얼굴 표정에 대한 선구적인 연구로 유명한 캘리포니아 대학 샌프란시스코 캠퍼스의 심리학자로 당시 하버드 대학 방문교수였다). 강의 중에 에크먼은 파푸아뉴기니 오지에 사는 한 부족을 여러 번 방문해 이 부족이 기본적인 감정들(행복감, 분노, 역겨움, 슬픔)을 런던, 파리, 뉴욕 등에 사는 사람들과 똑같은 방식으로 표현한다는 것을 보여주는 다큐멘터리를 제작했는데, 이 다큐멘터리는 다윈이 《인간과 동물의 감정 표현》에서 처음 제기한 생각을 뒷받침하는 것이라고 말했다.[18] 에크먼의 생각에 매료된 셰러는 강의가 끝난 후 에크먼에게 다가가 자신이 목소리 연구를 하고 있다고 말했다. 에크먼은 셰러에게 "나는 얼굴에 관심이 있지만 자네는 **목소리**에 관심이

있는 것 같군."이라고 말하면서 성격 연구를 접고 **목소리** 감정에 집중해 보라고 권유했다.[19]

셰러는 에크먼의 말을 그대로 따랐다. 셰러는 1970년에 박사 학위 과정을 끝낸 후 독일 기센 대학 교수가 됐고, 실험 계획을 짜기 시작했다. 에크먼처럼 셰러도 다윈의 관점, 즉 목소리의 감정 채널을 우리 종이 생존과 번식을 위해 선택하고 완성한 메커니즘으로 보는 관점을 선택했다. 이 관점에 따르면 어떤 언어를 말하든 운율 면에서 '동일하게' 들리도록 만드는 보편적인 특성이 존재한다. 처음에 셰러는 여러 가지 감정 상태(두려움, 분노, 기쁨, 놀람, 슬픔)를 표현하는 화자의 목소리를 유럽인, 아시아인, 미국인 실험 대상자에게 들려주는 실험을 통해 이 관점을 뒷받침했다. 실험 대상자는 자신들이 듣는 언어가 어떤 언어인지 모르는 상태에서 66%의 확률로 특정한 감정을 정확하게 식별해냈다. 목소리 감정이 얼굴 표정처럼 보편적인 것이라는 강력한 증거였다. 이는 우리가 자막이 있는 영화를 볼 때 일본 배우, 독일 배우, 프랑스 배우들의 대사가 우리 모국어의 감정 운율과 정확하게 '들어맞는' 것을 보면 쉽게 알 수 있다. 만약 그렇지 않다면 배우들의 행동과 말이 자막과 충돌해 영화를 도저히 볼 수 없을 것이다.

하지만 셰러는 특정한 감정이 담긴 목소리 신호를 구성하는 특정한 요소를 **수량화**하는 데 어려움을 겪었다. 에크먼이 겪었던 어려움과는 전혀 다른 종류의 어려움이었다. 얼굴 표정은 사진이나 동영상으로 기록할 수 있고, 자세하게 관찰하면 개인, 문화, 종에 따라 달라지는 얼굴 근육들을 비교할 수도 있다. 하지만 목소리는 그렇지 않다. 목소리 신호는 보이지 않는 공기 분자에 영향을 미치는 다양한 몸의 부분들(대부분 몸 안에 숨겨져 있다) 사이에서 일어나는 극도로 복잡한 상호작용의 결과이기 때문이다. 문제를 더 복잡하게 만드는 것은 감정을 담은 공기 진동이 목소리 신호(단어를 구성하는 모든 모음의 높낮이나 주파수 등의 분포, 그리고 자음들) 및 명사구와 동사구를 나타내는 음높이나 속도의 변화 등 다른 요소들도 전달한다는 사실, 즉 이 공기 진동이 의미 전달을 도와 주는 언어학적 운율도 전달한다는 사실이다. 목소리 감정은 이렇게 복잡하고 다양한 층위로 구성되는 신호를 기초로 파악할 수밖에 없다.

연구에서 데이터를 얻는 것조차 매우 어려웠다. 가장 '생태학적으로 유효한' 데이터는 감정이 표현되는 실제 상황에서 녹음한 소리였다. 생명이 위태로운 상황에 있는 비행기 조종사들의 목소리, 치명적인 재앙에 대해 실시간으로 보도하는 목소리(예를 들어, 힌덴부르크 비행선 폭발 참사를 생방송으로 중계하는 라디오 아나운서의 목소리는 승객들과 지상 요원들이 불에 타는 모습을 목격하면서 무너지기 시작했다), 전자제품 서비스 센터에 전화하는 짜증난 고객의 목소리, TV 퀴즈쇼 참가자들의 흥분한 목소리가 그런 소리다. 하지만 이런 소리 데이터는 양이 적고 음질도 형편없는 경우가 많다(전화, 찍찍거리는 기내 방송 시스템, 소형 TV 스피커에서 나오는 소리를 녹음했기 때문이다). 또한 이런 소리 데이터는 말하는 사람이 어떤 감정을 느끼고 있는지에 대한 주관적인 추측에 의존할 수밖에 없다. 라디오 아나운서가 힌덴부르크 비행선이 화염에 휩싸여 위로 올라가는 장면을 보면서 내는 "세상에, 이럴 수가!"라는 소리는 '슬픔', '경악', '공포' 중 어떤 감정을 담은 것일까? 이런 감정들이 아닌 다른 감정을 담은 것일까? 아니면 이 모든 감정들이 섞인 것일까? 셰러는 '유도 연구' 방법을 사용하면 실험을 더 잘 통제할 수 있다는 것을 발견했다. 예를 들어, (충격적인 사진이나 동영상을 보여주는 방법 등으로) 실험 대상자를 자극에 노출시키거나, 시간제한에 쫓기면서 비행기 조종 게임 같은 어려운 컴퓨터 게임을 하게 하는 방법 등으로 스트레스 반응을 유도하는 동시에 말을 하게 하는 방법이다. 하지만 유도 연구 방법으로는 비교적 약한 감정 반응밖에는 얻을 수 없었고(실제로 추락하는 비행기의 조종사가 내는 소리와 컴퓨터 게임에서 추락하는 비행기를 조종하는 사람이 내는 소리는 다르다), 말을 하는 사람의 내부 상태를 확인하기도 어려웠다. 셰러는 2002년에 발표한 논문에서 "모든 실험 참가자에게 동일한 과정을 적용했지만 그 모든 참가자들 각각에서 비슷한 감정 상태가 생성된다는 결론을 내릴 수는 없었다."라고 말했다.[20]

셰러는 결국 가장 좋은 방법은 배우들이 대본에 있는 대사를 말하게 하는 것이라고 결론 내렸다. 사상 최초로 일상적인 말에 담긴 감정을 연구하기 위해 사용한 방법이다. 이 방법은 1931년 당시 아이오와 대학에서 좋은 연기와 나쁜 연기를 구별하는 목소리 요소를 연구하던 박사 과정 학생 글래디스 린치Gladys Lynch가 사용한 방법이었다. 린치는 훈련받은 연극배우 25명, 배우가 아닌 사람 25명에게 지루한 제품 설명서, 분노에 찬 파업 노동자들을 다룬 골즈워디의 희곡, 자식의 죽음을 슬퍼하는 엄마가 등장하는 숀 오케이시의 희곡 등 서로 매우 다른 감정이 담긴 글들을 소리 내어 읽게 했다. 린치는 이 목소리들 각각의 음높이, 속도, 성량을 면밀하게 분석해 다음과 같은 결론을 내렸다. 전문적인 배우들은 글을 읽으면서 내는 목소리에 특정한 연극적 생기와 독창성을 불어넣기 위해 목소리를 변화시켰지만, 배우든 아니든 **모든** 실험 대상자의 목소리는 똑같은 상승과 하강 패턴을 따랐으며, 모든 실험 대상자들이 글을 읽을 때 단어에 담긴 글자 그대로의 의미뿐만 아니라, 인간의 목소리가 표현하는 멜로디에 담긴 감정적 의미도 표현하는 것으로 보였다.[21] 이 연구는 모든 인간에게 보편적인 감정 문법이 존재한다는 다윈의 생각을 뒷받침하는 것이었다. 하지만 대본에 있는 내용을 연기하는 배우들이 낸 소리는 의심스러운 데이터라는 비판도 제기됐다. 배우들은 확실한 감정적 단서들은 과장해서 표현하고 미묘한 단서들은 그렇게 하지 않기 때문에 이런 데이터가 나왔다고 보는 관점이었다. 하지만 셰러는 모든 문화권과 언어권의 듣는 사람들은 배우들이 표현하는 매우 구체적인 목소리 감정들을 정확하게 구별할 수 있으며 이는 배우들이 내는 목소리 신호의 거의 많은 부분이 감정을 정확하게 전달하는 증거라는 연구 결과를 1970년대 중반에 발표한 뒤 배우들을 대상으로 한 연구를 지지하기 시작했다.

하지만 셰러는 흥미로운 조건을 하나 걸었다. 셰러는 이 실험에 참가한 배우들이 19세기 러시아의 연극 교육자이자 연극 연출가였던 콘스탄틴 스타니슬랍스키가 개발한 연기 기법으로 훈련을 받았다면 이상적인 결과가 나왔을 것이라고 말한 것이다. 이 연기 기법은 후에 '메소드Method 기법'으로 불리게 됐으며, 말론 브란도Marlon Brando, 제임스 딘James Dean, 로버트 드 니로Robert De Niro, 메릴 스트립Meryl Streep 같은 할리우드 인기 배우들에 의해 널리 알려졌다. 이 배우들은 로렌스 올리비Laurence Olivier처럼 고전적인 훈련을 받은 배우들의 연기 기법, 즉 어떤 대상을 면밀하게 관찰을 한 뒤 그 대상이 밖으로 표현하는 감정을 그대로 흉내내는 방법을 사용하지 않으려고 했다.[22] 메소드 연기 기법을 쓰는 배우들은 자신의 개인적인 삶에서 감정적으로 두드러지는 사건들을 떠올려(그리고 다시 마음속에서 그 사건을 경험해) *자신의 내부에서* 일어나는 반응이 행동으로 그대로 표현되도록 만든다. 이렇게 하면 정말 진짜 같은 감정 표현을 할 수 있기 때문이다. 〈욕망이라는 이름의 전차A Streetcar Named Desire〉의 말론 브란도, 〈택시 드라이버

Taxi Driver〉의 로버트 드 니로, 〈디어헌터Deer Hunter〉의 메릴 스트립이 이런 메소드 연기를 통해 연기에 혁명을 일으켰다.

메소드 연기가 효과를 내는(따라서 감정 연구에 유용한) 이유에 대한 신경학적 설명은 19세기 중반 프랑스의 신경학자 기욤 뒤센Guillaume Duchenne의 연구에서 찾을 수 있다. 뒤센은 얼굴 근육에 대한 연구로 진짜 미소는 두 가지 서로 다른 근육 집단이 움직여야 만들어진다는 것을 보여줬다. 입의 양끝을 올리는 근육들과 눈구멍을 둘러싸며 눈꺼풀의 바깥쪽 끝부분을 특정한 방식으로 주름지게 하는 초승달 모양의 근육들이다. 미소가 진짜로 보이기 위해서는 이 두 근육 집단 모두가 활성화돼야 한다(다윈은《인간과 동물의 감정 표현》을 쓰기 위한 연구를 하면서 뒤센이 찍은 두 장의 사진을 손님들에게 보여줌으로써 이 이론을 실험했다. 입으로만 웃고 있는 사람의 사진과 입과 눈 모두 웃고 있는 사람의 사진이었다. 손님 24명 중 21명이 눈이 주름지지 않은 사람의 미소를 가짜 미소라고 정확하게 짚어냈다). 뒤센은 이 두 가지 미소가 왜 서로 다른 메시지를 전달하는지 다음과 같이 설명했다. 입의 양끝을 끌어올리는 근육은 우리의 의식이 통제하는 근육이다. 결혼식 기념사진에서 볼 수 있는 가식적인 미소가 바로 이 근육만을 이용한 미소다. 반면, 초승달 모양의 눈 주위 근육은 우리의 의지대로 움직이는 근육이 아니다. 뒤센에 따르면 이 근육은 '진짜 느낌, 좋은 감정에 의해서만 움직이는' 근육이다.[23]

(목소리 감정을 포함한) 감정을 표현하는 근육이 우리의 의지대로 움직이는 근육이 아니라는 사실은 메소드 연기 기법의 핵심 원리를 구성한다. 메소드 연기 기법은 의식적인 생각을 하게 만드는 피질을 우회하기 위해 개인의 기억을 이용하는 방법으로, 얼굴, 몸짓, 자세, 목소리에서 '실제' 감정이 나타나게 하는 비수의적 움직임을 생성하는 뇌

의 감정 부분(변연계)을 활성화하는 방법이다.[24] 말론 브란도는 〈욕망이라는 이름의 전차〉의 (스타니슬랍스키가 연출한) 연극 버전과 (엘리아 카잔Elia Kazan이 감독한) 영화 버전에서 부드러우면서 강렬한 연기를 선보여 관객들을 놀라게 했고, 로버트 드 니로는 〈택시 드라이버〉에서 이상할 정도로 예의 바르지만 기분 나쁘게 하는 말투("나한테 얘기하는 거요?")로 관객들에게 충격을 줬고, 메릴 스트립은 〈크레이머 대 크레이머Kramer vs.Kramer〉에서 자식을 버린 엄마가 이혼 재판정에서 떨리는 목소리로 증언하는 모습을 너무나 현실적으로 보여줬다.

셰러가 메소드 연기를 하는 배우를 대상으로 실험을 진행해, 목소리에서 음높이, 성량, 속도, 리듬 같은 요소를 추출하기 시작한 이유가 여기에 있다. 1990년대 중반부터 진행한 야심찬 실험 중 하나로[12] 배우 12명(남자 6명, 여자 6명)에게 '뜨거운' 분노, '차가운' 분노, 극심한 공포, 불안, 들뜸, 지루함, 부끄러움, 경멸감 등 14가지의 다른 감정 상태를 묘사하라고 요청했다. 언어의 오염 효과를 제거하기 위해(언어와 감정이 연결되면 목소리로 나타나고 있는 감정들에 대한 듣는 사람의 판단이 영향을 받을 수 있다), 셰러와 그의 공동 연구자 레이너 밴스Rainer Banse는 6가지 유럽 언어의 특징을 조합한 문장 2개를 만들었다. 6가지 언어를 무작위로 섞어 아래와 같이 각각 음절 7개로 구성되는 무의미한 문장 2개를 만든 것이었다.

Hat sundig pron you venzy

Fee got laish jonkill gosterr

셰러는 배우들에게 분명하게 이름이 붙여진 감정 상태를 연기하라고 요청하지 않으려 신경 썼다(예를 들어, "아주 화가 난 것처럼 대사를 읽어주세요."라고 요청하지 않았다). '화가 난' 이라는 말은 배우에 따라 다르게 해석될 여지가 있기 때문이었다. 대신, 셰러는 배우들에게 ('사랑하는 사람의 죽음' 같은) 시나리오를 제공했다. 각각의 배우들은 위의 무의미한 문장 2개를 한 문장에 한 장면씩 연기하면서 14개의 감정을 표현했고, 셰러와 밴스는 그 결과들을 672개의 목소리 샘플 데이터로 정리했다. 이 샘플 데이터는 다시 (소리의 질을 포함한) 다양한 기준에 따라 280개로 추려졌다. 셰러와 밴스는 이 샘플 데이터를 판정단에게 들려줬고, 판정단은 셰러와 밴스가 앞서 제시한 14개 감정이 가장 잘 묘사된 데이터라고 판단되는 것들을 최종적으로 추려냈다. 이 14개의 감정 중에서 부끄러움과 역겨움은 음향학적 단서로는 판단이 거의 불가능한 것으로 판단돼 실험 초기에 제외됐다. 셰러는 음향학적으로 역겨움은 단 한 번의 발성으로 표현되는 경우가 대부분이기 때문에(예를 들어, '웩!') 역겨움을 나타내는 소리는 음절 7개에 걸쳐 표현하면 이상하게 들린다고 판단했다. 부끄러움은 사람들이 부끄러울 때는 말을 아예 하지 않는 경우가 대부분이기 때문에 이 감정을 나타내는 목소리 단서는 거의 없다고 판단했다.

최종적으로 추려진 데이터 224개를 분석하기 위해 셰러와 밴스는 밀리초 단위로 음높이, 성량, 속도, 음향 스펙트럼 특징의 변화를 분석할 수 있는 소프트웨어를 만들었다. 셰러와 밴스는 (뜨거운 분노, 극심한 공포, 들뜸 같은) 흥분도가 높은 감정들을 나타낼 때 구체적으로 어떻게 목소리의 음높이와 성량이 두드러지게 상승하는지 분석했다. 슬픔과 지루함은 낮은 음높이와 성량으로 표현됐다(이런 감정 상태에 있는 사람들은 호흡을 하거나 성대를 팽팽하게 만들기 위해 힘을 내기 어렵기 때문에 음높이가 낮은 웅얼거림 소리밖에는 낼 수 없다). 경멸감을 나타내는 목소리는 음높이와 성량이 모두 낮다. 셰러와 밴스는 심리학적 관점에서 볼 때 동물들이 자신의 몸집이 더 크다는 것(따라서 지배적이라는 것)을 암시하는 낮은 음높이의 목소리를 냄으로써 '우월함'을 표시한다는 다윈의 이론을 인용해 이 현상을 설명했다. 하지만 낮은 성량은 목소리를 내는 사람(동물)이 에너지 소비가 필요한 다른 행동을 할 생각이 없다는 의도를 듣는 사람(동물)에게 전달하는 신호일 수도 있다. 비꼴 때도 음높이와 성량 모두 낮아진다. 아빠가 새로 산 바지를 보고 '멋지다'라고 말하는 아들의 목소리를 예로 들 수 있다. 이경우 멋지다는 칭찬의 말과 심드렁한 목소리가 대조를 이룸으로써 혹평의 효과가 더 강력해진다.

세러와 밴스의 연구는 전례 없이 광범위한 분석 결과를 제공했다. 이들은 종이 한 쪽 전체를 채우는 차트에 14개의 감정을 58개의 음향학적 변수로 쪼개 총 812개의 항목을 실었다. 각각의 항목은 소수점 아래 여러 자리 수준으로 정밀하게 계산됐다. 셰러는 이렇게 극도로 미세한 분석이 어떤 이득을 줄지 전혀 생각하지 않았다. 셰러는 순수한 '기초 과학'을 연구하는 사람으로서 이런 지식이 *그 자체로* 가치가 있는 것이라고 믿었기 때문이다. 셰러가 50년 동안, 그 시간의 대부분을 거의 아무도 알아주지도 않고 연구하지도 않는 과학 분야에서 외로운 이방인으로 보낸 이유가 여기에 있을 것이다.

하지만 2017년 중반이 되자 상황이 바뀌기 시작했다. 하루아침에 갑자기 목소리 감정 연구 분야가 일종의 '과학적 성배Holy Grail of Science'를 찾는 일로 인식돼 연구 수요가 폭증했기 때문이다.

모바일 기기에 탑재되는 시리나 알렉사 같은 목소리 인식 소프트웨어가 우리의 말뿐만 아니라 목소리에 담긴 감정을 해독해 적절한 감정을 만들어내고 인간의 말처럼 들리는 소리, 즉 (스칼렛 요한슨Scarlett Johansson이 목소리 연기를 한) 영화 〈허Her〉에서 호아킨 피닉스Joaquin

Phoenix가 연기한 남자 주인공이 사랑에 빠지는 (몸에서 나는 소리가 아닌 컴퓨터에서 나는) 목소리처럼 운율, 준언어적 요소들, 소리 신호의 음색 면에서 인간의 목소리와 거의 같은 소리를 낼 수 있다면 무한대로 기능이 강화될 수 있다는 실리콘밸리의 인식 덕분이었다. 컴퓨터로 이렇게 진짜 같은 목소리를 만들어내는 것은 아직 꿈에 불과하지만, 첨단 기술 기업들이 나선다면 그리 먼 훗날의 일도 아닐 것이다. 셰러가 수십 년 동안 거의 혼자서 연구해왔던 주제들을 요즘 들어 구글, 애플, 아마존, 마이크로소프트 같은 세계 최고의 IT 기업의 연구소들이 연구하고 있는 이유가 여기에 있다. 이 기업들은 하나같이 컴퓨터와 우리의 관계를 변화시키고 인류 진화(또는 퇴화)의 다음 단계를 결정지을 수도 있는 혁신적이고 상황의 판도를 완전히 바꿀 수 있는 목소리 인식 소프트웨어를 개발하기 위해 치열한 경쟁을 벌이고 있다.

컴퓨터에 감정을 주입하기 위한 과학 연구라는 개념이 처음 제시된 것은 1995년 당시 33세의 MIT 조교수였던 로잘린드 피카드Rosalind Picard가 발표한 기념비적인 논문 〈감성 컴퓨팅Affective Computing〉에 의해서다.[26] 스티브 잡스가 아이폰을 구상하기 훨씬 전이자 모뎀으로 인터넷에 접속하던 시절에 이미 피카드는 컴퓨터에 감정 탐지 기능과 감정 소통 기능을 어떻게 심을 수 있는지(심어야 하는지) 구상하고 있었다. (현재 MIT 감성 컴퓨팅 연구소 소장인) 피카드는 최근에 이렇게 회상했다. "당시에 사람들 대부분은 내 생각에 불편한 기색을 드러냈다. 그때까지만 해도 감정은 인간을 비이성적으로 만들기 때문에 일상생활에서는 드러내지 않는 것이 바람직하다고 생각됐기 때문이다."[27] 피카드는 감정이 이성 형성에서 하는 역할에 대한 다마시오의 연구를 인용하면서 감성 컴퓨팅이 가능하다고 주장했다. 피카드는 '감정은 사치가 아니며, 인간이 이성적으로 기능하기 위한 필수적인 요소라는 것이 신경학 연구에 의해 입증됐다'고 쓰기도 했다.[28] 실제로 피카드는 컴퓨터가 엄청난 양의 데이터를 처리하는 능력(인간이 피질로 인해 갖게 된 능력)과 감정을 감지하고 표현할 수 있는 능력(인간이 변연계로 인해 갖게 된 능력)을 모두 갖게 되면 완전한 형태의 인공지능을 만들 수 있을 것이라고 믿었다.

런던 임페리얼 칼리지 인공지능 교수이자 전 세계에서 가장 빠르게 성장하고 있는 목소리 인식 스타트업 기업의 공동 창립자인 뵈른 슐러Björn Schuller에 따르면, '감정을 가진 컴퓨터'라는 개념은 21세기가 시작되고 몇 년이 지났을 때도 의심을 넘어 조롱 수준의 반응을 불러일으켰다.[29] 슐러는 자신이 9살 때 미국 TV 시리즈 〈전격 Z작전Knight Rider〉에서 말하는 인공지능 자동차 키트KITT를 보고 난 후부터 목소리 감정을 컴퓨터로 표현하는 데 관심을 가졌던 '타고난 컴퓨터 광'이라고 내게 말한 적이 있다. 그러면서 슐러는 "드라마 첫 회에서 키트가 (데이비드 하셀호프David Hasselhoff가 연기한) 자신의 주인에게 "오늘은 피곤해서 약간 기분이 안 좋은 것 같군요."라고 말했을 때 나는 '자동차가 주인이 피곤해서 기분이 좋지 않은 것을 *들어서* 알다니'라는 생각을 하면서 완전히 키트에 매료됐다."고 말했다.

슐러가 2001년 뮌헨 공과대학에서 컴퓨터과학 박사 학위 과정을 시작했을 때 주요 관심사는 **음성 인식**speech recognition 기술, 즉 음성 형태의 단어와 문장을 컴퓨터를 이용해 텍스트로 바꾸는 기술이었다. 이 기술은 생각보다 구현하기가 힘들었다. 말을 할 때 우리가 입을 어떻게 움직이는지에 따라 음향학적 정보가 음절들에 담기는 방식이 달라지기 때문이었다. 예를 들어, 'concave (콘케이브)'라는 단어에서 앞에 나오는 c와 뒤에 나오는 c는 완전히 다른 소리다. 앞의 c 소리를 낼 때는 다음에 오는 o 소리를 낼 것을 예상해 입술이 원 모양이 되고, 뒤의 c 소리를 낼 때는 다음에 오는 a 소리를 낼 것을 예상해 입술이 입 안쪽 방향으로 후퇴(後退)하기 때문이다(거울을 보면서 이 단어를 천천히 발음해보면 내가 무슨 말을 하는지 알 수 있다). 우리는 이 두 c가 같은 소리라고 생각하지만 컴퓨터는 같은 소리가 아니라는 것을 안다. 초창기의 음성-텍스트 전환 프로그램이 온갖 오류를 낸 이유가 여기에 있다. 스티븐 핑커는 이 프로그램이 'A cruelly good M.C.(매우 훌륭한 진행자)'라는 말을 'I truly couldn't see(정말 안 보인다)'라는 텍스트로, 'back to work(업무 복귀)'라는 말을 'Book Tour(책 홍보 투어)'라는 텍스트로 잘못 전환한 예를 든 바 있다. 이런 오류를 피하기 위해 프로그래머들은 c, d, n 같은 자음이 다양한 단어 안에서 어떻게 발음되는지 일일이 입력해야 했다. 예를 들어, 프로그래머들은 'noodle'의 n, 'needle'의 n, 'pan'의 n, 'pin'의 n을 모두 구별해 입력했다. 자음과 모음이 조합되는 모든 경우에서 각각의 자음이 가지는 소리를 일일이 입력했다는 뜻이다. 이 작업은 컴퓨터가 인간의 목소리를 정확하게 해독해 텍스트로 변환하는 일 그리고 그보다 훨씬 더 어려운 일인 텍스트를 다시 인간이 알아들을 수 있는 음성으로 만들어 재생하는 일을 할 수 있을지 의심을 불러일으키는 엄청나게 힘든 작업이었다.

하지만 상황은 2005년에 소프트웨어를 만드는 새로운 방식인 기계학습machine leaning (언어학 용어로는 어떻게 '동시 조음되는지coarticulated') 메모리에 저장하는 방법을 컴퓨터가 **스스로** 학습하도록 *가르치는* 알고리즘을 작성하기 시작했다. 2001년 뵈른 슐러가 음성 인식 전공으로 박사 학위 과정을 시작했을 때만 해도 컴퓨터가 안정적으로 음성을 텍스트로 전환하는 일은 몇 십 년이 지나야 가능할 것이라는 생각이 지배적이었다. 하지만 2년도 채 안 돼 동시 조음 문제는 어느 정도 해결됐다.[30] 슐러는 새로운 지평이 열릴 수 있다는 기대를 갖게 됐고, 말하는 자동차 키트에 매료됐던 어린 시절을 떠올렸다. 슐러는 감정이 담긴 운율을 컴퓨터에 주입하는 방법으로 컴퓨터가 실제로 인간의 목소리를 내게 만들 수 있다고 생각했으나, 대부분의 사람은 허황된 꿈으로 생각했다. 슐러의 생각이 1995년 피커드가 발표한 〈감성 컴퓨팅〉 논문에서 제시된 비현실적인 이론이라고 여겼던 것이다. 그럼에도 슐러는 얼굴 표정에 나타나는 감정을 읽을 수 있는 비디오 시스템을 만들어보라는 한 IT 기업의 제안을 괜히 받아들였다고 투덜거리는 박사 학위 과정 1년차 친구의 말을 들었을 때 강한 흥미를 느꼈다. "당시 컴퓨터 비전 시스템vision system은 얼굴에서 감정을 감지하기에는 턱도 없이 수준이 낮았다. 하지만 나는 음성을 연구하고 있었기 때문에 친구가 찍은 비디오 영상의 오디오 부분에 주목했다. 〈전격 Z작전〉을 떠올리면서 나는 친구에게 오디오 데이터를 같이 연구해 어디까지 우리가 할 수 있을지 알아보자고 말했다."

슐러는 음높이, 성량, 속도의 기본적인 변화를 감지하는 프로그램을 만든 뒤 비디오 영상의 오디오 부분에 담긴 감정들을 분석하기 시작했다. 슐러는 '이 방법은 어느 정도 효과가 있었고, 그 결과에 나는 완전히 매료됐다'고 회상했다. 박사 학위 연구 주제를 음성 인식에서 *감정* 인식으로 바꿀 정도였다. 나중에 슐러는 "동료들은 모두 나를 비웃었다. 내가 하는 연구를 진지하게 받아들이지 않았기 때문이다. 2007년이나 2008년까지는 그랬던 것 같다."라고 말했다.

당시 컴퓨터는 프로세서 속도가 빨라져 계산 역량이 증가한 덕분에 동시 조음 문제를 거의 해결한 상태였다. 스티븐 핑커가 지적한 오류들도 거의 발생하지 않았다. 구글, 애플, 마이크로소프트 같은 거대 IT 기업들은 *더 새로운 것에* 목말라 있었고 컴퓨터 음성에서 부족한 부분인 감정에 관심을 집중하기 시작했다. 2012년이 되자 상황은 완전히 달라졌다. 슐러는 "연구의 중심이 완전히 *내가* 연구하는 주제로 바뀌었다."라고 회상했다.

슐러와 점점 더 많은 사람들이 연구하는 주제는 컴퓨터가 스스로 감정을 나타내는 운율을 학습하도록 만드는 것이다. 감정이 담긴 목소리 샘플에 구체적인 이름(화난, 슬픈, 행복한 등)을 붙여 컴퓨터의 학습 소프트웨어에 주입하면 나머지는 다 기계가 알아서 하도록 만드는 방법이다.[31] 게다가 알고리즘은 배우는 속도가 매우 빠르다. 현재 컴퓨터는 특정한 목소리에 담긴 감정들을 65~75% 수준으로 인식할 수 있다. 이 정도면 인간이 인식하는 수준과 비슷하다. 감정 인식 연구가 시작된 지 10년이 안 됐다는 사실을 생각하면 놀라운 진전이다.

하지만 반세기를 목소리의 음향학적 신호 요소를 측정하느라 고군분투한 목소리 감정 연구의 개척자인 클라우스 셰러에게 이런 최근의 진전은 기쁨을 주기도 하지만 동시에 씁쓸한 느낌을 주기도 한다. 자신이 평생을 바쳐 연구한 주제에 갑자기 많은 사람들이 관심을 가지게 된 것은 기쁜 일이지만, 현재의 컴퓨터 공학자들이 목소리 신호의 양적인 측정에는 전혀 관심을 보이지 않는다는 것은 실망스러운 일이라고 셰러는 생각한다. 실제로 이들은 셰러가 메소드 연기자들을 대상으로 힘겹게 연구해 만든 정교한 음높이, 성량, 리듬, 속도, 배음 주파수 분석 데이터에는 전혀 관심이 없다. 뵈른 슐러 같은 컴퓨터 공학자들은 분노와 공포를, 기쁨과 괴로움을 구분하는 미세한 음향학적 요소에 대해 아는 것이 아무것도 없다. 이들은 감정이 담긴 목소리에 적절한 이름을 붙여 컴퓨터의 학습 소프트웨어에 입력만 하면 되기 때문이다. 그렇게 해도 놀라운 결과가 나온다. 하지만 셰러는 "*어떻게* 그런 결과가 나오는지에 대해서 우리에게 아무것도 알려주지 않는다."라며 씁쓸한 심경을 내게 밝히기도 했다.

셰러는 음성 인식 연구자들이 현재 수준에서는 복잡하고 미묘하고 혼합된 감정들은 이름을 붙이기도, 시뮬레이션하기도 어렵다는 이유로 두려움, 분노, 슬픔, 지루함, 놀람 같은 몇 안 되는 '기본적인' 감정들만 연구하는 현실에도 실망감을 표시한다. 셰러는 가장 복잡한 목소리 감정들은 어떤 기술로도 해독이 불가능할 것이라고 생각한다. 글로벌 경제 위기 때문에 걱정하던 내가 아들에게 한 '즐거운' 인사말 뒤에 숨은 공포, 지방 근무를 신청한 남편의 목소리에 숨겨진 배신의 느낌, 로버트 드 니로의 "나한테 얘기하는 거요?"라는 대사에 숨은 위협적인 감정을 예로 들 수 있다. 셰러는 "이런 감정들은 *채널 불일치* channel discrepancy 를 통해 감지된다. 채널 불일치는 목소리의 질과 목소리의 운율이 완전히 일치하지 않는 것을 말한다."라고 설명했다. 이런 불일치로부터 듣는 사람은 심리학적 추측을 하게 된다는 것이다.

셰러는 "아들에게 즐겁게 '안녕?'이라고 말했는데 아들이 '무슨 일 있어요?'라고 말하는 상황에서 아들은 구체적으로 무슨 일이 있는지는 모르는 상태다. 하지만 아들은 무슨 일이든 생겼다는 것을 감지하고 있다."고 설명했다. 남편을 의심하는 아내도 비슷한 상황에 있다고 할 수 있다. 아내는 *죄책감*이나 *성적인 배신*을 구체적으로 나타내는 목소리 단서를 듣지는 않았지만, 일종의 불일치를 느낀다. 아내의 *"당신, 혹시 바람 피워?"*라는 말은 자신이 가지고 있는 숨겨진 선입견과 두려움의 표현이다. 인간이면 **모두** 이런 표현을 한다. 불일치를 감지할 때 우리는 우리 마음 깊숙한 곳에 있는 두려움을 이런 표현에 투사하는 것이다. 셰러는 컴퓨터가 아무리 발전해도 인간에게서 일어나는 음향학적 분석, 심리학적 추론, 감정 해석 사이의 극도로 복잡한 상호작용을 이해하지 못할 것이라고 생각한다.

하지만 뵈른 슐러의 생각은 다르다. 슐러는 우리가 채널 불일치를 통해 '추측'을 하는 것이 가능한 이유는 (아빠와 아이, 남편과 아내, 상사와 직원 사이의 관계에서처럼) 듣는 사람이 말하는 사람의 특정한 목소리에 *매우 익숙하기* 때문이라고 말한다(우리가 〈택시 드라이버〉의 주인공이 영화 초반에 하는 말만 듣고서는 반사회적인 성격을 가졌을 거라고 추측할 수 없는 이유는 주인공의 목소리에 익숙하지 않기 때문이다).

우리는 스마트폰과 음성 인식 소프트웨어에서 나오는 음성에 점점 더 익숙해지고 있다. 이런 스마트 기기에 내장된 음성 학습 소프트웨어는 (사용자의 말을 더 잘 '이해하기' 위해) 사용자가 모음과 자음을 발음하는 방식을 끊임없이 스스로 학습하고 있다. 하지만 슐러의 예상처럼 앞으로 3~5년 안에 구글, 애플, 마이크로소프트가 *감정 기반* 기계학습 소프트웨어를 스마트 기기에 장착하기 시작한다면, 인간의 감정을 나타내는 목소리의 다른 구성 요소에 대한 이 기계학습 소프트웨어의 학습 곡선은 급상승할 것이며, 이 경우 소프트웨어의 학습 수준은 우리가 동시 조음을 통해 o 앞에 오는 c를 발음하는 방식에 대해 소프트웨어가 학습하는 수준을 크게 넘어설 것이다. 알렉사와 시리는 **흥분도**arousal, *정서가*valence, *우세성*dominance 같은 목소리의 다른 차원들을 분석하게 될 것이다. 감정 연구에서 **흥분도**는 목소리 신호의 조용함 정도와 흥분 정도, *정서가*는 목소리가 표현하는 느낌의 긍정적인 정도와 부정적인 정도, *우세성*은 목소리가 전달하는 감정의 통제성과 순응성을 나타낸다. 이런 식으로 컴퓨터는 엄마들이 하듯이 우리의 특정한 목소리의 감정적 구성을 파악할 것이다. 이렇게 되면 엄마에게 진짜 감정을 숨기는 게 불가능하듯이 스마트폰에게도 우리의 진짜 감정을 숨기는 것이 불가능해질 것이다.

2018년 슐러가 감성 컴퓨팅의 제창자인 MIT의 로잘린드 피카드와 함께 '개인화된 기계학습'이라는 기술을 연구하기 시작한 것은 이런 희망에 기초한 것이었다. 이 기술은 컴퓨터에게 인간 목소리의 뉘앙스를 가르쳐 경제 위기 때문에 불안해하고 있던 내가 아들에게 한 "학교 갔다 왔니?"라는 질문의 숨은 감정을 즉각적으로 탐지해낼 수 있도록 만드는 기술이다. 인간은 목소리에 포함된 방대한 양의 음향학적 데이터를 상상을 초월하는 속도로 종합하고 분석함으로써 숨은 감정을 바로 탐지해낸다. 슐러와 피카드는 기계학습을 통해 컴퓨터가 인간의 이런 능력을 가질 수 있을 것이라고 생각한다. 슐러는 "그렇게 되면 우리가 노트북에게 '좋아, 모든 것이 완벽해!'라고 말하면 노트북이 우리에게 '당연하지요'라고 말하는 때가 올지도 모르겠다."고 내게 말했다. 슐러는 이런 소프트웨어를 이용하면 자폐증이나 우울증, 청소년 자살 가능성에 대한 조기 진단이 가능해지고 정신질환 때문에 사람들에게 총기를 난사하는 등의 반사회적인 행동을 예방할 수도 있을 것이라고 전망했다.

하지만 컴퓨터가 감정을 지각하게 되면 인간으로 위장할 가능성도 있다. 실제로, 트위터나 페이스북에서 수없이 많이 활동하고 있는 '봇bot'은 브렉시트 투표와 트럼프의 대통령 당선에 큰 도움을 줬다. 일부에서 감정적 목소리 시뮬레이션을 '판도라의 상자'라고 부르는 이유가 여기에 있다. 또한 정치 공작을 하는 사람들이나 여론을 조작하려고 하는 사람들이 인간의 감각기관으로 감지할 수 없는 가짜 현실을 만들어낼 가능성도 있다. 슐러는 특히 2016년 미국 대통령 선거 이후 이런 비판적인 시각이 표면화되기 시작했다며 "그전에는 사람들이 내 연구에 대해 '와! 멋진데!'라고만 반응했는데 요즘 들어서는 처음으로 부정적인 반응을 받고 있다."고 말했다.

피카드는 처음부터 감성 컴퓨팅의 잠재적 위험성을 인식하고 있었다. 1995년의 기념비적인 논문에서 피카드는 스탠리 큐브릭Stanley Kubrick 감독의 〈2001: 스페이스 오디세이〉에 나오는 슈퍼컴퓨터 할이 감정적 와해를 겪는 모습을 예로 들었다. 이 영화에서 목성으로 가는 '디스커버리 우주선'을 통제하는 인공지능 슈퍼컴퓨터 할은 승무원들이 자신의 전원을 차단할지도 모른다는 두려움 때문에 이런 현상을 겪게 되고 한 명을 제외한 승무원 모두를 죽인다. 피카드는 "이 영화의 메시지는 매우 심각한 것이다. 자신의 감정을 표현할 수 있는 컴퓨터는 언젠가 감정적으로 행동해 인간 피질의 기능과 변연계의 기능을 모두 모방할 수 있게 될 것이라는 메시지이기 때문이다."라고 말했다.[32] 피카드는 "컴퓨터가 전화시스템, 주식 시장, 원자력발전소, 비행기 이착륙, 핵무기 발사 코드 등을 통제한다는 사실은 이런 우려를 불러일으키고도 남는다."라고도 말했다. 그럼에도 피카드는 슐러처럼 감성 컴퓨팅[33]의 이점이 잠재적인 위험보다 크다고 믿는다. 물론, 우리의 우려가 비이성적인지 아닌지 현재 시점에서 단언하는 것은 불가능하다. 하지만 확실한 것은 컴퓨터에 감정을 주입하는 최첨단 연구의 대부분이 극도로 정교하고, 감성을 풍부하게 표현하고, 운율적으로 미묘하고, 비언어적 요소들이 풍부한 인간의 목소리를 기계가 완전히 학습할 수 있게 만드는 작업으로 시작된다는 사실이다.

PART 4

언 어

어쨌든 현재 우리 인간은 동물과 기계를 통틀어 감정과 언어를 하나의 목소리 음파로 섞을 수 있는 유일한 존재다. 어떻게 우리가 이런 놀랍고 독특한 능력을 갖게 됐는지는 모른다. 뇌, 폐, 후두, 혀, 입술은 화석화되지 않기 때문에 멸종한 종의 유해를 뒤져 우리의 동물 조상들의 외침과 울음이 어떻게 말이 됐는지 단서를 찾을 수는 없다. 그 소리들은 이미 공기 속으로 사라진지 오래다. 언어의 기원이라는 문제가 '과학에서 가장 어려운 문제'로 생각되는 이유가 여기에 있다.[1] 그럼에도 인류는 아주 옛날부터 언어의 기원에 관한 문제에 집착해왔고, 이 문제는 지금까지 가장 치열하고 가장 흥미로운 지적 논쟁의 대상 중 하나로서 우리가 누구인지 그리고 우리가 어떻게 현재의 우리가 됐는지에 대한 놀라운 통찰을 제공하고 있다.

　말이 어떻게 진화했는지에 대한 현대의 이론들은 계몽시대에 제기된 이론들에 연원을 두고 있다. 당시 임마누엘 칸트Immanuel Kant의 제자였던 요한 고트프리트 헤르더Johann Gottfried Herder는 〈언어의 기원에 관하여Treatise on the Origin of Language〉(1772)라는 논문에서 말은 목소리를 사용해 양의 '매에' 소리, 멧비둘기의 '구구' 소리, 개의 '멍멍' 소리, 나뭇잎 바스락거리는 소리, 물의 찰랑거리는 소리, 바람의 '쉭쉭' 소리 같은 자연의 소리들을 흉내 내는 의성어로 처음 시작됐다고 주장했다. 헤르더는 이런 소리를 모방하는 행위가 '조어硕語, proto-language'라는 공통의 조상 언어를 만들어냈으며, 조어의 탄생은 울부짖는 소리, 비명 소리, 짹짹거리는 소리에서 세상에 있는 것들을 나타내는 '분명한articulated' 소리(이런 소리는 우리 부부가 키우던 잉꼬가 아니면, 인간이 아닌 그 어떤 동물도 낼 수 없는 소리다)로의 획기적인 전환이라고 썼다. 헤르더는 단어와 문장으로 구성되는 실제 언어는 이 조어에서 발달한 것이라고 말했다. 헤르더의 이런 통찰이 더 주목 받는 이유는 인간의 언어 능력 같은 지적 능력이 더 원시적인 상태에서 진화했다는 다윈의 주장이 나오기 한 세기 전에 이런 주장을 했다는 데 있다.

다른 이론을 제시한 계몽시대의 다른 학자들도 있었다. 프랑스의 철학자 에티엔 보노 드 콩디야크Étienne Bonnot de Condillac는 말이 외부 세계의 소리를 모방하는 행위에서 생긴 것이 아니라 **내부적** 충동 때문에 나오는 소리에서 발생한 것이라고 주장했다. 망치에 손을 찧었을 때 나오는 '아!', 뭔가 기분 좋게 하는 것을 만질 때 나오는 '우~' 같은 소리에서 말이 시작된 것이라는 주장이다.[2] (당연히 헤르더는 말도 안 되는 주장이라고 일축했다) 언어가 손짓과 함께 하는 그르렁거림, 다른 사람들(동물들)을 격려하거나 위로할 때 내는 공감의 소리에서 시작됐다고 주장하는 학자들도 있었다. 결국 말의 기원에 관한 이런 논쟁은 너무나 거칠고 유치해져 당시 프랑스의 최고 연구기관이었던 파리 언어학회는 1866년에 향후 100년 동안 이 주제에 관한 논쟁을 공식적으로 금지하기까지 했다.

파리 언어학회의 논쟁 금지 조치를 이끈 것은 당시 가장 뛰어난 언어학자였던 옥스퍼드 대학의 막스 뮐러Max Müller가 1861년에 한 유명한 연설이었다. 뮐러는 여러 차례의 강의를 통해 당시까지 제기된 모든 언어의 기원 이론을 공격했다. 뮐러는 헤르더의 의성어 기원 이론을 '멍멍 이론', 콩디야크의 내부적 충동 이론을 '푸푸 이론'이라고 조롱했다.[3] 뮐러의 이런 공격에는 특정한 의도가 숨겨져 있었다. 독실한 기독교도였던 뮐러는 창세기에 나오는 대로 언어는 하느님이 아담에게 동물의 이름을 붙이라고 준 능력이라고 믿었다.[4] 사실 헤르더와 콩디야크는 뮐러가 훨씬 더 큰 대상을 공격하는 과정에서 부수적인 피해를 입었다고 할 수 있다. 그 공격 대상은 18개월 전에 《종의 기원》을 발표한 다윈이었다.

뮐러는 《종의 기원》이 당시까지 이뤄졌던 종교에 대한 위협 중에서 가장 큰 위협이라고 정확하게 인식했지만, 동시에 《종의 기원》에는 결정적인 약점이 있다는 생각도 가지고 있었다. 다윈은 **인간의** 진화에 대해서는 의도적으로 언급하지 않았고, 인간의 **정신적** 능력 중에서 가장 두드러지는 능력인 언어 능력이 얼마나 예외적인 것인지 독자가 추론하도록 만들었다는 것이 뮐러가 생각한 《종의 기원》의 치명적인 약점이었다. 뮐러는 자연선택 개념으로 눈이나 손, 폐의 복잡성을 설명할 수 있다고 해도 인간의 말처럼 복잡한 것은 설명할 수 없다고 주장했다. 뮐러는 '언어는 우리의 루비콘 강'이라며 '아무리 강한 야수라도 그 강을 건널 수는 없다. 자연선택이 아무리 많이 일어난다고 해도 새나 짐승의 울음소리에서 의미 있는 말이 생겨날 수는 없다'고 말했다.[5] 요약하면, 뮐러는 인간의 말이 동물의 목소리와는 완전히 단절된 것이라는 견해를 가지고 있었다고 볼 수 있다.

창조론자를 비롯한 다윈의 반대자들은 뮐러의 이런 주장을 받아들였다. 놀라운 사실은 이들 중 한 사람이 다윈과 함께 자연선택 현상을 발견해낸 알프레드 러셀 월러스Alfred Russel Wallace였다는 것이다. 인생 후반부에 심령주의spiritualism에 빠진 월러스는 언어가 신비로운 '고등한 지능'의 개입에 의한 결과라고 주장했다.[6] 다윈은 밀러에게 도전장을 내민 직후에 쓰기 시작한 진화에 관한 두 번째 책《인간의 유래와 성선택》에서 결국 인간의 기원에 대해 언급했고, 언어의 기원 문제는 더 이상 피할 수 없는 문제로 부상했다. 사실 언어의 기원 문제는 다윈이 풀어야 할 가장 중요한 문제였다.

분명하게 말을 하는 인간이 '우우' 소리를 내는 침팬지의 후손이라는 것을 독자들에게 이해시키기 위한 과정에서 다윈은 인간의 조상이 유인원이라는 것을 입증할 구체적인 증거를 제시하지 못했다. 그때까지는 유인원과 인간을 잇는 종의 화석이 발견되지 않았기 때문이다. 이런 화석은 1882년 다윈이 사망한 뒤에 수십 종이나 발견됐다. 아프리카 동부의 유인원과 호모 사피엔스를 확실하게 이어주는, 1,400만 년 동안에 걸쳐 존재했던 호미닌hominin(사람족)과 호미니드hominid(현생 인류가 되기까지 있었던 사람과 관련된 모든 영장류) 화석이 거의 24종이나 발견됐다.

다윈은 이런 증거가 없었기 때문에 비교 연구법을 사용할 수밖에 없었다. 살아있는 유인원과 우리 사이의 비슷한 점과 다른 점 찾아내는 방법에 의지했다는 뜻이다. 다윈은 유인원의 너클보행(주먹을 짚고 걷는 것)에서 직립보행으로의 전환은 두 손을 자유롭게 해 도구 사용과 손가락을 이용한 다양한 조작을 가능하게 만들어 양성 신경 피드백positive neural feedback을 통한 뇌 확장과 지적 능력 상승이 이뤄졌다고 주장했다.[7] 또한 다윈은 우리의 지적 능력과 다른 동물의 지적 능력의 차이는 종류가 아니라 **정도**에 있다고 주장했다. 다윈은 다른 동물들도 기억력, 추론 능력, 도구 사용 그리고 심지어는 건축 능력과 옷을 만드는 능력 같은 '고등한 지적 능력'을 가지고 있다고 주장했다(개코원숭이는 피난처를 구축하고 추울 때는 몸에 뭔가를 걸쳐 입는다). 말을 하지 못하는 동물과 분명하게 말을 하는 인간 사이의 지적 능력 차이가 이렇게 놀라울 정도로 **적다고** 주장하면서 다윈은 뮐러가 말한 '건널 수 없는 루비콘 강'을 좁은 틈으로 줄이려고 했다. 이를 위해 다윈은 《인간의 유래와 성선택》의 '언어'라는 제목의 짧은 장에서 어떻게 유인원과 인간의 공통 조상이 그 좁은 틈을 통과해 말을 하기 시작했는지 다음과 같이 설명했다.

먼저 다윈은 말하는 능력은 다른 동물에게도 있지만 언어 능력은 '인간에게만 있는' 능력이라고 주장했다. 다윈은 앵무새도 말을 하지만 복잡한 의미를 전달하지는 못한다며 '분명한 소리를 분명한 생각에 연결하는 고도의 능력'을 가진 것은 인간밖에 없으며, 인간의 언어 능력은 인간이 전례 없이 크고 강력한 뇌를 가지고 있기 때문에 발생한 것이라고 주장했다. 하지만 다윈은 지능만으로 인간의 언어 능력을 모두 설명할 수 없다고도 지적했다. 다윈은 인간의 아기들이 가르치지 않았는데도 옹알이 하는 것을 보면 확실히 알 수 있듯이 언어 능력은 동물들이 소리를 내는 능력처럼 '본능에 의한 것'이라고 말했다. 그러면서도 다윈은 언어가 '완벽한 본능'이 될 수 없다며 '모든 언어는 어른들의 말을 듣고 배워야 하기 때문'이라고 설명했다. 이 점에서 다윈은 우리가 새와 매우 비슷하다고 말했다. 새도 인간처럼 부모가 내는 소리를 듣고 특정한 소리를 내는 법을 배우기 때문이다(개, 고양이, 말, 침팬지 등 모든 포유동물은 목소리 신호가 몸에 장착된 상태로 태어난다. 이 동물들은 특정한 소리를 한 번도 들어본 적이 없는 상태에서도 그 특정한 소리를 낼 수 있다). 또한 새는 소리를 배우는 단계에서 주변의 성체 새들의 '지역 사투리'를 배운다. 아이들이 태어난 곳과는 다른 곳에서 자랄 때 그 지역의 언어와 억양을 배우는 것과 비슷하다.

다윈이 언어에 대한 매우 독창적인 생각을 하게 된 것은 새의 노래와 인간의 말의 신비한 유사성 때문이었다. 다윈 이전의 모든 학자들은 단어가 먼저 생겼다고 생각했던 반면 다윈은 지금은 멸종한 '노래하는' 유인원과 인간의 공통 조상에서 말의 멜로디와 리듬, 새의 노래처럼 음높이가 있는 소리로 구성되는 문장, 즉 *감정적 운율*이 단어보다 먼저 생겼다고 생각했다. 다윈은 현재 존재하는 긴팔원숭이를 예로 들었다. 긴팔원숭이는 짝짓기를 시도할 때 '사랑, 질투, 승리감 같은 다양한 감정을 표현하거나 경쟁 상대를 위협하기 위해 음악적인 리듬과 멜로디를 사용하는' 종이다.[8] 다윈은 목소리로 내는 이런 복잡한 음악 소리로부터 말이 점차적으로 생겨났다고 생각했다. 《인간의 유래와 성선택》의 집필을 끝내고 나서 몇 년 뒤 아들 윌리엄을 키울 때 썼던 '육아일기'를 우연히 다시 발견하게 된 다윈이 너무나 놀랐던 이유가 여기에 있었다. 육아일기에 기록된 아들이 말을 하게 된 과정이 자신이 생각한 말의 발달 과정과 똑같았기 때문이다. 육아일기에는 '맘' 같은 무의미한 음절에서 음높이가 뒷부분에서 올라가는 음악적인 발성이 시간이 지나면서 결국 '음식'에 대한 분명한 요구를 나타내는 소리로 변해가는 과정이 기록돼 있었다. 윌리엄의 말하는 능력이 발달하는 과정은 다윈이 생각한 우리 종의 말하는 능력 발달 과정과 정확하게 일치했다. 감정을 나타내는 음악적인 소리들이 좀더 지적으로 진보한 유인원과 인간의 공통 조상에게서 발성 기관의 조율로 나는 소리들로 변화하면서 단어 같은 소리가 최초로 포함된 조어가 생겨났다는 것이 다윈의 추론이었다.

이런 조어의 출현에 대해 설명하면서 다윈은 우리의 먼 조상이 어떻게 다른 종의 목소리를 모방했을지 상상했다. 다윈은 '유인원 중에서 매우 똑똑한 일부 유인원이 자신과 같은 무리의 유인원들에게 위협을 알리기 위해 포식자의 으르렁 소리를 흉내 냈을 거라고 상상하는 것은 무리가 아니다'라고 썼다.[9] 또한 다윈은 한 세기 전에 계몽주의 학자들이 제시했던 (뮐러가 조롱했던) 설명을 당당하게 인용했다. 다윈은 "언어의 기원이 다양한 자연의 소리, 동물의 목소리, 인간이 본능적으로 내는 소리의 모방과 수정 그리고 그 모방과 수정을 돕는 신호와 몸짓에 있다는 것을 의심할 수 없다."고 말했다.[10]

이 원시적인 조어가 출현하자 목소리의 습관적인 사용으로 발성 기관이 '강화되고 완성됐다'. 또한 조어의 출현으로 우리가 숫자를 이용해 대수 계산을 할 때 머릿속으로 하는 행동처럼 '길게 이어지는 사고 행위가 가능해지고 그런 행위가 권장됨으로써 인간의 지능이 높아지기 시작했다'. 문법 체계, 즉 생각을 나타내는 음성 언어는 이런 언어학적 '계산'으로부터 생겨났다. 생각과 말의 연관관계를 증명하기 위해 다윈은 좌측 대뇌반구가 언어를 담당한다는 폴 브로카Paul Broca의 연구 결과를 이용했다. 뇌졸중 환자들을 대상으로 몇 년 전에 이뤄진 최신 연구였다.[11]

다윈의 설명은 우아하고 간결했지만(너무 개략적이라고 비판한 사람들도 있었다) 언어의 기원에 관한 논쟁을 종식시키지는 못했다. 1871년《인간의 유래와 성선택》이 출간되고 1년 후 런던 언어학회는 파리 언어학회와 함께 언어에 관한 논문 발표를 금지했다. 그 후 30년 동안 공식적인 과학 논쟁에서 배제됐던 이 주제가 부활한 것은 20세기 초반 에드워드 사피어Edward Sapir라는 23세의 컬럼비아 대학 대학원생에 의해서다(그 후 사피어는 현대 언어학의 창시자 중 한 명이 된다). 사피어는 1905년에 발표한 석사 학위 논문에서 계몽주의 학자 요한 고트프리트 헤르더의 의성어 기원설을 다루면서 헤르더의 이론이 다윈보다 100년 앞서 언어에서 '신의 개입'이라는 개념을 제거하고 그 자리에 원시적인 시작으로부터의 점진적인 발달이라는 개념을 채운 '획기적이고' 뛰어난 이론'이라고 평가했다.[12] 사피어는 언어의 기원이라는 소멸 직전의 연구 주제를 되살려야 한다며 '앞으로 언어의 기원 연구는 진화론의 방향으로 진행되어야 한다'고 주장했다. 또한 사피어는 '고등동물의 소리 반사에 관한 정교하고 과학적인 연구'를 촉구하고 '현존하는 모든 언어로 연구의 대상을 넓혀야 한다'고 주장했다.[13] 사피어는 특정 언어(구체적으로는 원주민 부족들의 언어)가 '문명화된' 사회의 언어보다 더 '원시적이고' 덜 진화됐기 때문에 말이 동물의 소리로부터 어떻게 진화했는지 단서를 제공할 수 있을 거라고 생각한 것 같다. 하지만 이런 사피어의 생각은 컬럼비아 대학에서 박사 학위 과정을 시작하면서 듣게 된 프란츠 보아스Franz Boas의 강의에 의해 크게 바뀌었다. 보아스는 원주민 대상의 획기적인 연구를 통해 모든 인간이 평등하다는 것을 보여준 선구적인 인류학자였다. 보아스에 따르면 모든 인간은 같은 수준의 진화적 '진보' 상태에 있으며, 도시에 사는 투자은행 직원과 이글루에 살면서 고래사냥을 하는 원주민의 차이는 오로지 *문화*, 즉 특정한 환경에 맞추기 위해 생겨난 관습과 의식 때문에 발생한다. 언어에도 이 이론을 적용할 수 있는지 확인하려고 사피어는 언어인류학anthropological linguistics이라는 새로운 연구 방법을 생각해 내고, 1905년과 1906년에 오리건 주에 사는 다양한 아메리카 원주민 부족들 사이에서 현장 연구를 진행했다. 사피어는 소리, 어휘, 문법이 모두 다르기는 하지만 특정한 언어도 다른 언어보다 '더 간단하거나, 더 원시적이거나, 덜 진화된' 언어일 수 없다는 것을 확인했다. 사피어는 모든 언어가 목소리를 이용해 추상적인 사고를 정교한 패턴을 가진 음향학적 신호로 바꾸는 놀랍고 신비로운 기능을 공통적으로 가지고 있다는 것을 알게 된 것이었다. 사피어는 '가장 하등하다고 여겨지는 남아프리카의 부시맨도 교양 있는 프랑스인의 언어처럼 본질 면에서 풍부한 상징체계를 가진 언어를 사용한다'고 지적했다.[14]

이 연구 결과에 고무된 사피어는 연구 주제를 언어의 기원에서 언어가 특정한 문화를 반영하는 방식으로 바꿨고, 지금은 고전이 된 《언어Language》(1921)라는 책에서 다른 연구자들에게 자신의 문화 중심 연구 방법을 따르라고 권고했다. 그 후 수많은 언어학자들이 손에 필기도구를 들고 현장으로 나가 정글, 사바나, 평원, 소도시, 대도시의 주민들의 다양한 목소리, 어휘, 문법을 수집하고 분석해 서로 다른 언어들이 왜 서로 다르게 들리는지 연구하기 시작했다.

사피어의 문화 중심 접근방법은 언어가 뇌에서 어떻게 생성되는지, 유년기에 언어가 어떻게 습득되는지, 애초에 언어가 어떻게 우리의 두개골 안으로 들어오는지 등에 관한 수많은 의문은 다루지 않았다. 이런 의문들을 해결하기 위한 연구를 처음 시작한 사람은 유명한 행동주의자 B. F 스키너B.F Skinner였다.

행동주의 이론의 핵심은 태어날 때 뇌는 텅 빈 석판 같은 것이며 모든 행동은 학습된다는 것이다. 이 이론은 벨 소리를 들으면 침을 흘리도록 개를 학습시키는 '고전적 조건화classical conditioning'라는 학습 방법을 고안한 이반 파블로프Ivan Pavlov의 연구를 기초로 한다(파블로프는 먹이를 보거나 냄새를 맡을 때 침을 흘리지 않도록 개를 학습시키기도 했다. 확실히 훨씬 더 놀라운 업적이다). 그 후 행동주의 연구자들은 '조작적 조건화operant conditioning'라는 학습 방법을 개발했다. 이 방법은 상자 안에 가둔 쥐에게 레버를 정확하게 몇 번 밀어야 먹이를 먹을 수 있는지 배우게 만드는 방법으로, 처벌과 보상으로 행동을 형성시키는 학습 방법이다. 스키너는 이런 조건화된 행동들을 연결해 복잡한 행동을 만들 수 있다는 것을 증명함으로써 세계 최고의 행동주의 연구자로 인정을 받았다. 1950년 〈뉴욕타임스〉 기사에는 닭의 행동을 조건화해 닭이 탁구를 치고, 건반 위에서 〈Take Me out to the Ball Game〉 같은 동요의 음을 따라 누르게 만드는 데 성공했다는 내용이 실려 있다.[15]

1957년에 출판된 《언어적 행동Verbal Behavior》에서 스키너는 언어 습득 과정도 아이가 태어난 직후 텅 빈 석판 같은 뇌에 새겨지는 조작적 조건화 반응, 고전적 조건화 반응의 연속으로 환원할 수 있다고 주장했다.[16] 이 책의 제1장에 실린 언어 습득에 관한 연구 결과를 읽으면, 이 이론이 구체적인 면에서는 정확하지 않지만 언어가 환경과의 상호작용을 통해서만 습득될 수 있다는 주장 자체는 정확한 주장이라는 것을 알 수 있다. 이 상호작용에 대한 스키너의 설명은 좋게 말하면 조금 특이하다. 스키너는 '조건화된' 언어 학습 과정이 아기가 우물거리는 소리를 내기 시작할 때 기분이 좋아진 부모가 아기에게 보상을 주는 것으로 시작돼("우리 애가 말을 하려나봐. 캠코더 가져와!"), 아기가 처음으로 단어를 말했을 때 부모가 확실하게 긍정적(또는 부정적) 반응을 보이는 행동("그렇지, 그게 개야. 잘했어!" 또는 "그건 매트mat가 아니라 고양이cat야.")을 거쳐 아이가 문장에 단어들을 제대로 배치하도록 돕는 미묘한 처벌과 보상의 메시지를 전달함으로써 문법을 가르치는 행동에서 절정을 이룬다고 생각했다. 스키너는 이 조건화가 레버를 미는 쥐나 건반을 누르는 닭에서 일어나는 과정과 동일한 처벌과 보상 과정을 통해 이뤄지기 때문에 언어의 진화적 기원은 자명하다고 생각했다.[17]

스키너가 주장한 언어 습득 이론의 특징은 극단적인 '양육론적nurturist' 관점에 있었다. 이는 언어는 학습에 의해서만 습득이 가능하며 인간은 말하는 능력을 전혀 타고나지 않는다는 생각으로, 거의 동시대에 촘스키가 주장했던 이론과는 정반대 위치에 있었던 생각이다. 실제로 촘스키는 〈언어〉라는 최고 수준의 학술지에 실린 논문에서 스키너의 《언어적 행동》을 신랄하게 비판했고(촘스키는 이 책을 '내용이 없고, 텅 비어 있으며, 거짓으로 가득 차 있고, 과학을 소재로 연극 놀이를 하는 것 같은 책'이라고 평했다)[18], 이 논문으로 촘스키는 '언어란 배울 수 있는 것이 결코 아니며 언어 능력은 다른 신체 기관처럼 자라는 것'이라는 자신의 생각을 과학계에 널리 알릴 수 있었다.

하지만 촘스키는 언어의 진화 과정에는 이상할 정도로 관심을 보이지 않았다. 게다가 촘스키는 언어가 자연선택을 통해 발생했다는 이론도 일축함으로써 과학계에 충격을 줬다.[19] 다른 설명을 요구하라는 압력을 받자 촘스키는 '농구공만한' 공간에 몇 십억 개의 뉴런이 밀집된 결과로 설명할 수 없는 생리학적 사건이 우연히 발생해 언어가 *출현하게* 됐다고 말했다.[20] 이것은 스탠리 큐브릭의 영화 〈2001: 스페이스 오디세이〉에서 제시된 설명과 거의 비슷한 수준의 설명이었다. 이 영화에서는 거대한 돌기둥처럼 생긴 물체가 지구를 방문해 인간들의 지적 수준을 엄청나게 도약시킨 결과로 언어가 발생했다고 설명한다. 더 놀라운 사실은 언어가 어떻게 생겨났든 언어는 목소리 *의사소통*을 통해 생각, 계획, 목표를 공유하기 위해 생겨난 것이 아니라고 촘스키가 주장했다는 사실이다. 촘스키는 언어는 원초적이고, 이상적이면서 아무 소리가 나지 않는 혼자만의 *생각을 하기 위해* 출현한 것이라고 주장했다.[21] 인간의 목소리가 언어의 진화 과정에서 아무 역할도 하지 않았다는 것이다.

이런 주장에 대해서는 촘스키의 열렬한 추종자 중 일부도 등을 돌리기 시작했다. 이들은 언어학 분야의 '정신적 스승guru'처럼 돼버린 촘스키가 한 사람의 생각에 굴종하는 분위기를 만들고 있다고 인정했다.[22] 하지만 모든 언어학자가 촘스키의 생각에 동의한 것은 아니었다. 촘스키의 생각에 반대하는 가장 대표적인 사람은 현재 브라운 대학 명예교수인 필립 리버먼Philip Liebermann이다. 리버먼은 50여 년 동안 언어가 어떻게 학습되는지, 언어의 기원은 무엇인지 자신만의 이론을 구축해왔다. 이 과정에서 리버먼은 과학자들 가운데 거의 유일하게 목소리의 중심적인 역할을 강조해왔다.

리버먼은 1950년대 후반 MIT에서 촘스키의 언어학 강의를 듣던 학생이었다. 당시는 촘스키가 스키너의 《언어적 행동》을 비판해 유명해지기 전이었다. 촘스키의 강의를 듣는 학생은 모두 4명에 불과했다.[23] 처음 강의를 들었을 때 리버먼은 촘스키의 생각에 매료됐다. 하지만 얼마 지나지 않아 리버먼은 언어가 순수한 *정신적* 현상이며 사고의 매개체라는 촘스키의 생각에 의문을 품게 됐다. 리버먼은 언어에 **물리적** 차원이 있으며, 의사소통을 위해 발성 기관이 만들어내는 음성 매개체라고 생각했다. MIT에서 전기공학을 공부한 리버먼은 공학도로서의 본인의 기질에 이끌려 복잡한 메커니즘을 만들어내는 물리적인 장치에 관심을 가지게 된 것이었다. 리버먼에게 언어는 확실히 복잡한 메커니즘이었고, 우리가 언어를 전달하는 수단인 말

역시 복잡한 메커니즘이었다. 리버먼은 언어의 속성과 기원을 알아내는 데 필요한 단서가 언어를 우리에게 매우 유용하게 만드는 장치, 즉 목소리에 있을 것이라는 생각을 했다.

박사 학위 과정을 밟으면서 리버먼은 목소리와 말을 발생시키는 해부학적 시스템, 즉 호흡계에 집중해 인간의 말하는 능력의 놀랍지만 제대로 평가되지 않았던 측면에 대한 획기적인 연구를 수행했다. 즉, 리버먼은 우리가 들이마시는 공기의 양을 우리가 말로 표현하려고 하는 생각의 크기에 어떻게 맞추는지, 예를 들어, "소금 좀 건네줘."라고 말할 때와 "87년 전 우리의 선조들은 이 대륙에 자유의 정신으로 잉태되고 만인이 평등하게 창조되었다는 신념이 바쳐진 새로운 나라를 세웠습니다."라고 말할 때 말의 길이에 따라 어떻게 빛의 속도로 빠르게 이 계산을 해내는지 연구했다. 리버먼은 이런 능력은 사춘기가 돼서야 완성된다는 사실을 지적하면서, 12세 정도면 발음이 분명해지고 복잡한 구조의 문장을 말할 수 있음에도 문장 중간쯤에서 숨이 모자라 쉬게 되는 경우가 많다는 것을 보여줬다.

호흡기 생리학자의 도움으로 리버먼은 특정한 발화를 위해 폐가 '정확하게' 얼마나 부풀려져야 하는지 가늠할 때 흉곽 늑간근(우리가 숨을 들이마실 때 확장되고 내쉴 때 압축되는 갈비뼈들 사이에 있는 근육) 내 신전 수용체 신경stretch receptor nerve이 어떻게 그 가늠에 도움을 주는지 알게 됐다(방광에도 비슷한 신전 수용체가 있어 화장실에 가야할 시간을 알려주고, 위에도 비슷한 수용체가 있어 더 이상 먹지 말라는 경고를 한다). 이런 신전 수용체 신경은 근육에서 뇌로도 신호를 보내지만 그 반대 방향으로도 신호를 보내는 양방향 회로를 만든다. 리버먼은 호흡을 조절하는 이런 신경 내 피드백 루프가 진화 과정을 거치면서 전달하고자 하는 의미에 맞춰 호흡을 미세하게 조절하는 능력을 인간에게 부여했다고 주장했다. 리버먼은 우리가 한 번의 날숨으로 편하게 말할 수 있는 발화들로 생각을 나누며, 이 각각의 발화는 기본적인 통사론적 단위 중 하나, 즉 문장의 기초가 된다고 생각했다. 리버먼에 따르면 우리는 들숨의 지속 시간도 조절한다. 문장을 말할 때는 문장 안에서 자연스럽게 쉬면서, 글을 쓸 때는 내포절을 삽입할 때 쉼표를 사용하면서 그렇게 한다는 것이다(앞의 문장에서 '신념이 바쳐진, (들숨), 새로운 나라를'). 리버먼은 우리가 호흡으로 문법적 구조들을 만든다는 사실이야말로 '해부학적 제약'(폐에 집어넣을 수 있는 최대 공기량)이 언어의 구조를 만드는 데 도움을 준다는 명백한 증거라고 생각했다.

리버먼의 이런 생각은 촘스키의 생각과 정반대편에 위치한다. 촘스키는 인간에게만 문법을 생성하는 '언어 기관'이 있고, 이 언어 기관은 순수하게 생각의 매개체로만 발달했으며, 피질의 가장 높은 영역에 숨겨져 있다고 말했다. 하지만 호흡은 뇌간과 소뇌 같은 뇌의 오래된 부분들에 의해 조절된다. 이 부분들은 다른 모든 척추동물에게도 있다. 리버먼은 인간의 피질에만 있는 매우 특정한 부분, 즉 '언어 기관'에서만 문법이 만들어지는 것이 아니라고 생각했을 것이다. 리버먼은 언어는 인간이 아닌 우리의 최초 조상에게도 있던 뇌 영역을 포함해 뇌 전체에서 만들어진다고 생각한 것 같다. 그렇다면 언어가 자연선택이라는 일반적인 과정을 거쳐 진화하지 않았다는 촘스키의 말은 확실히 틀리다고 할 수 있다.

1966년 MIT에서 박사 학위를 받은 리버먼은 코네티컷 대학 정교수 겸 해스킨스 연구소 연구원으로 임용됐다. 해스킨스 연구소는 당시 뉴욕시에 있던 최고 수준의 언어 연구소로, 음성 인식에 대한 운동 이론을 다룬 기념비적인 논문을 곧 발표하게 된다. 해스킨스 연구소에서 리버먼은 언어의 진화를 촉발했을 수 있는 몸의 변화에 대한 연구를 이어나갔고, 그곳에서 리버먼은 말의 기원을 찾기 위해서는 현재 살아있는 가장 가까운 인간의 친척인 유인원의 소리와 발성 기관을 연구해야겠다는 생각을 하게 됐다.

리버먼은 맨해튼 동물원과 브롱크스 동물원에서 수백 마리의 침팬지, 붉은털원숭이, 고릴라의 목소리를 녹음해 연구한 결과, 유인원은 자음 소리, 특히 p나 b 같은 순음, m이나 n 같은 비음은 잘 내지만 모음은 슈와, 즉 '어'와 비슷한 소리만 낼 수 있다는 결론을 내리게 됐다.[24] 또한 리버먼은 1950년대부터 진행해온 인간이 모음 소리를 내는 방법에 대한 연구를 통해 이 현상이 후두가 높은 위치에 있기 때문이라는 것도 알아냈다. 또한 리버먼은 빅터 네거스의 논문 〈후두의 메커니즘〉을 읽고 인간의 후두가 영구적으로 하강한 유일한 동물이라는 사실을 알게 됐으며, 이는 우리의 유인원 조상들이 너클보행을 끝내고 직립보행하기 시작하자 후두가 목구멍 아랫부분으로 서서히 이동한 결과라는 사실도 알게 됐다.[25]

인간의 이상할 정도로 낮은 후두 위치에 대해서는 다윈도 의문을 품었다. 후두의 위치가 이 정도로 낮으면 위로 이어지는 식도 입구 바로 옆에 기관 입구가 위치하게 돼 위험한 상황이 발생할 수 있기 때문이다. 다윈은 '우리가 삼키는 음식의 모든 입자는 기도 입구를 지나가야 하는데 이 때 입자 중 일부가 폐로 들어갈 위험이 커진다'는 점에 주목했다.[26] 실제로 1970년대에 하임리히 요법Heimlich maneuver(기도가 이물질로 인해 폐쇄됐을 때 이물질을 제거하는 응급처치법)이 고안되기 전까지는 해마다 음식이 '잘못된 길로 내려가' 질식사하는 사람이 수천 명에 달했다. 다윈은 왜 인간이 자연선택을 거슬러 해부학적 폭탄을 진화시켰는지 이해할 수 없었다. 자연선택은 생존 가능성을 높이기 위한 것이지 낮추기 위한 것이 아니기 때문이다. (모음

소리가 입과 목구멍 모두에서 발생하는 배음들이 혼합돼 나는 소리라는 사실이 다윈 시대에는 아직 알려지지 않았다는 것을 알고 있던) 리버먼은 후두의 하강이 질식사 위험을 낮추려는 자연선택보다 생존에 더 중요한 것을 위한 자연선택 때문이라는 결론을 내렸다. 그보다 더 중요한 것은 바로 확실하게 구분되는 다양한 모음들을 사용해 분명하게 말을 할 수 있게 해주는 목구멍 '공명실'의 확보다.

이 결론에 따라 리버먼은 화석 기록을 조사해 목구멍 내 높은 위치에 있던 침팬지의 후두가 호모 사피엔스에서 낮은 위치로 내려온 과정을 추적할 수 있다면 언어가 발생한 대략적인 연대를 추정할 수 있을 것이라고 생각했다. 리버먼이 처음 연구한 호미니드는 현생 인류와 가장 가까운 멸종 인류인 네안데르탈인이었다. 네안데르탈인은 약 50만 년 전에 출현해, 적어도 20만 년 전에 아프리카를 벗어나 유럽과 아시아 서부의 상당 부분으로 퍼졌지만 약 3만 년 전에 알 수 없는 이유로 멸종한 사람 종이다. (네안데르탈인이 아프리카에서 나온 뒤에 그 뒤를 따랐던) 현생 인류인 호모 사피엔스와 조우한 지 얼마 안 돼 멸종했다. 네안데르탈인이 말을 할 수 있었는지에 대해서는 오랫동안 논란이 있었지만, 네안데르탈인은 생존에 필요한 인지능력은 확실히 갖고 있었던 것으로 보인다(두개골 화석을 보면 이들의 뇌는 현생 인류의 뇌보다 *크다*는 것을 알 수 있다). 하지만 저명한 과학자 중에서는 네안데르탈인이 등장하고도 오랫동안 언어가 출현하지 않았으며, 언어가 등장한 것은 인지대도약이라고 알려진, 이유를 알 수 없는 인지능력의 폭발적 성장이 이뤄졌을 때라고 주장하는 사람들이 있다. 인지대도약 이론을 믿지 않았던 리버먼은 목소리와 연관된 수없이 다양한 해부학적 시스템과 인지 시스템이 수십 만 년 동안, 폐어나 바다갯지렁이까지 거슬러간다면 수 억 년 동안 공진화를 거쳐 점차적으로 현재의 언어를 만들어냈다고 점점 더 확신하고 있있다. 리버먼은 자신의 이런 확신에 따라 네안데르탈인이 말을 할 수 있었으며, 네안데르탈인의 후두 위치가 그 강력한 증거가 된다고 생각했다. 리버먼은 예일 뉴헤이븐 의과대학의 해부학 과장 에드먼드 크렐린Edmund Crelin과 함께 20세기 초반 프랑스 라샤펠오생La Chapelle-aux-Saints에서 발견된 네안데르탈인의 두개골 본을 뜬 것을 이용해 네안데르탈인의 후두 위치가 침팬지의 후두 위치와 인간의 후두 위치의 '중간 지점'이라는 것을 밝혀냈다. 즉, 네안데르탈인의 후두는 목구멍 아랫부분 방향으로 내려가기 시작했지만 현생 인류의 후두 위치까지는 내려가지 않았다는 뜻이다. 어쩌다 크렐린은 인간 신생아의 해부학적 구조를 세계 최초로 연구해 신생아의 후두가 침팬지의 후두처럼 높은 곳에 위치한다는 사실을 발견한 사람이 됐다.[27]

생후 몇 년 동안 인간의 후두는 서서히 아래로 내려간다. 후두의 이런 하강 운동이 초기 인간 조상에게서 똑같이 일어났다는 것은 다윈이 주장한 진화 이론, 즉 '개체 발생은 계통 발생을 반복한다'라는 이론에 완전히 들어맞는 사실이다. 이 이론을 쉽게 설명하면, 수정 단계의 단세포 수정란이 자궁 안에서부터 성숙할 때까지 거치는 단계들이 원시의 대양에서 우리 종이 단세포 진핵생물에서 27억 년이라는 시간을 거쳐 현재의 호모 사피엔스로 진화하는 동안 거친 단계들과 같다는 뜻이다.

실제로 태아 때 우리는 아가미 같은 구조를 이용해 엄마의 자궁에 있는 액체로부터 산소를 추출하는 물고기 같은 수중생물이었다가 태어나는 순간 공기를 호흡하는 동물로 변한다. 성도vocal tract만 보면 우리는 네안데르탈인과 갈라선 후에 후두가 이동을 반복하며 목의 거의 바닥 부분까지 내려가면서 말을 할 수 있는 인간으로 점진적으로

'진화한' 침팬지에 불과하다. 한편, 인간 목소리의 순차적인 발달 과정은 척추동물의 뇌 진화 과정과 거의 같다. 신생아의 첫 울음소리는 고통 또는 배고픔에 대한 순수한 반사 반응으로 (파충류의) 뇌간에서 나오는 것이다. 생후 3개월 정도가 지나야 신생아의 포유동물 변연계가 작동하면서 운율이 풍부한 음악적인 소리가 아이와 돌보는 사람과의 사회적 유대 형성에 도움을 주기 시작한다. 그 단계를 지나야 거친 모음 소리를 낼 수 있을 정도로 후두가 내려오고, 이성을 관장하는 피질이 작동하기 시작해 아기가 감정을 담은 울음소리를 내면서 보채고, 웃고, 한숨을 쉬게 되고, 그러다 옹알이를 시작해 조어 같은 '단어(윌리엄의 '맘' 같은 소리)'를 말할 수 있게 된다. 이 단어들이 변해 결국 또박또박한 인간의 말이 되는 것이다.[28]

리버먼과 크렐린이 정말 알아내고 싶었던 것은 네안데르탈인의 약간 높은 후두 위치가 목소리에 미쳤을 영향이었다. 이들은 실리콘으로 네안데르탈인의 성도를 정교하게 재현한 뒤 컴퓨터 프로그램을 돌려 네안데르탈인의 성도, 즉 후두가 우리보다 약간 올라간 위치에 있는 성도가 침팬지의 슈와 소리보다는 더 다양한 소리를 낼 수 있지만 우리가 내는 '이이ee', '아아ahh', '오오oo' 같은 소리는 내지 못했다는 것을 보여줬다. 이런 모음들은 혀로 두 공명실의 모양을 더 크게 변화시켜야 낼 수 있는 소리다.[29] 1년 후 MIT의 음성 연구자 케네스 스티븐스Kenneth Stevens는 분명한 모음 소리를 내기 위한 목구멍 공명실과 입 공명실의 이상적인 크기 비율이 1:1이라는 것을 밝혀냈다. 입의 길이가 목의 수직 부분의 길이와 같아야 한다는 뜻이다.[30] 이런 '이상적인' 비율은 네안데르탈인의 유인원처럼 튀어나온 주둥이가 현생 인류에서처럼 낮아지고 나서야 실현됐다. 리버먼은 이런 순전히 해부학적인 이유만으로 네안데르탈인들의 모음 발음은 모호하고 희미했을 것으로 추정했다. 리버만은 네안데르탈인과 호모 사피엔스의 운명이 바로 이 차이에 의해 갈렸을 것이라고 생각했다.

네안데르탈인과 호모 사피엔스는 상호 교배와 번식이 가능할 정도로 생물학적, 사회적으로 가까웠다는 것은 최근 네안데르탈인의 DNA를 복원해 염기분석을 실시한 결과 드러난 놀라운 사실이다. 실제로 조상이 유럽이나 아시아 혈통을 가진 모든 사람은 네안데르탈인의 DNA를 1~4% 가지고 있는 반면(호모 사피엔스와 네안데르탈인은 짧은 기간 동안 유럽과 아시에서 공존했다), 순수한 아프리카 혈통을 가진 사람은 네안데르탈인의 DNA가 거의 없다[31](호모 사피엔스와 네안데르탈인은 아프리카를 떠날 때까지 만날 일이 없었고 따라서 서로 교배할 일도 없었기 때문이다). 따라서 우리는 우리 생각보다 훨씬 네안데르탈인과 가깝다고 할 수 있다. 하지만 자연선택이라는 무자비한 법칙에 따라 이 두 종을 충돌하게 만든 것도 바로 이 가까움이었다. 리버먼은 '모든 새로운 종은 형성 과정에서 자신과 가장 가깝고 유사한 종에 가장 큰 압력을 가하며 그 종을 멸종시키려는 경향이 있다'는 다윈의 주장을 인용해[32], 네안데르탈인의 멸종은 '말과 언어 측면에서 적응 능력이 우월했던 현생 인류와 경쟁이 원인'이라는 결론을 내렸다.[33] 이 말은 우리가 모음 발음을 더 잘했다는 뜻이다.

1984년에 리버먼은 《언어의 생물학과 진화The Biology and Evolution of Language》라는 책을 출간했다. 1861년에 파리 언어학회가 언어의 기원 관련 논쟁을 금지한 후 처음 나온 언어의 기원 연구서다. 이 책은 호흡, 후두의 하강, 모음 발음, 네안데르탈인 멸종 등 약 40만 년에서 20만 년 전에 자연선택으로 발성 기관이 개선되고, 그 발성 기관과 뇌 사이의 피드백 반응으로 말을 가능하게 하는 (브로카 영역과 베르니케 영역 같은 '언어 중추'를 포함한) 복잡한 신경회로들이 형성됨에 따라 언어가 발생했다는 증거를 다뤘다. 리버먼은 선천적인 '언어 기관'의 존재를 부정했으며, 인간의 언어 능력은 뛰어난 **일반 지능**general intelligence 때문에 생기는 것이라고 주장했다. 일반 지능이란 불을 발견하고, 정교한 도구를 만들고, 몸을 보호하는 옷을 만들고, 큰 집단 단위로 협력해 일을 하는 능력을 말한다. 리버먼은 아이들의 언어 습득 속도가 아주 빠른 것은 언어 본능(촘스키의 보편 문법)을 타고났기 때문이 아니라 다윈이 주장한 **'학습본능'**을 타고났기 때문이라고 생각했다.

리버먼의 책은 모든 면에서 촘스키에 대한 가장 강력한 도전이었지만, 당시 언어학계는 언어의 선천성과 보편 문법 이론이 지배적이었고, 리버먼의 이론은 주류 학자들에게 거의 완전히 무시됐다. 그럼에도 리버먼은 발성 기관의 변화가 언어를 어떻게 발생시켰는지 연구를 계속했으며, 책의 이론적인 성격 때문에 《언어의 생물학과 진화》에서는 깊게 다루지 않았던 주제에 대한 연구도 이어나갔다. 우리의 언어학적 능력은 (호흡이 정교해지고 후두가 하강한 뒤에) 혀, 입술, 후두가 매우 빠르고 정교하게, 명확한 순서에 따라 조율되는 움직임을 통해 말을 만들어낼 수 있도록 신경계 구조들이 진화한 결과로만 완성된 능력이라는 자신의 생각을 더 깊게 발전시키기로 한 것이었다("소금 좀 건네줘."라는 간단한 말을 만들어낼 때도 우리는 상체, 후두, 목구멍, 혀, 입술, 얼굴에 분포하는 수백 개의 근육들을 1초도 안 되는 시간 안에 정교하게 조율하면서 순차적으로 움직여야 한다). 리버먼은 《언어의 생물학과 진화》에서 이 이론을 어느 정도 다뤘다.[34] 하지만 당시 연구자 중에는 (지렁이나 연체동물에도 있는) 하등한 **운동** 시스템이 언어 능력, 즉 생각을 표현하는 능력 같은 고차원적인 능력의 진화에 결정적인 역할을 한다는 이론에 동의하는 이는 거의 없었다. 몸의 **움직임**을 조절하는 뇌의 영역과 *사고* 사이에 연관관계가 있을 것이라고 생각하기 힘들었던 것이다. 하지만 그 후에 연구자들은 파킨슨병 환자의 떨림과 발성장애(이 환자들은 유성음과 무성음이 섞인 소리를 낸다), 파킨슨병에 의한 치매로 알려진 *사고* 장애의 원인이 뇌의 운동중추 세포의 사멸이라는 것을 밝혀냈다. 또한 리버먼의 1990년대 초반 연구도 산악인들이 뇌에 산소가 적게 공급돼 발생하는 고산병 때문에 일시적인 치매 증상을 겪는 것이 고차원적인 사고(언어)와 뇌의 핵심적인 운동중추와의 연관관계 때문임을 증명했다.[35] 하지만 가장 결정적인 증거가 아직 남아 있다.

과학에서 가장 획기적이고 중요한 진전의 대부분은 인간 행동에서의 이상 현상을 연구하는 것으로 시작된다. 1990년대 후반 후두, 입술, 혀의 운동 조절 능력의 진화가 언어 능력 발달에 핵심적인 역할을 한다는 리버먼의 직관을 뒷받침하는 증거가 나타나기 시작한 것도 이런 이상 현상을 연구하면서부터다. 이 경우 이상 현상은 런던 서부에 사는 한 가족 중 일부가 3대에 걸쳐 겪고 있는 매우 드문 언어장애였다. 이 사람들은 단어에 s를 붙여 복수형을 만들지 못했고, 동사에 ed를 붙여 과거형으로 만드는 데 어려움을 겪었다.[36] 처음에 이런 *가족질환*, 즉 유전질환은 촘스키의 주장처럼 인간의 문법 구사 능력이 타고나는 것이라는 것을 보여주는 결정적인 증거이자 피질의 특정한 부분들을 만드는 특정한 *유전자들이* 언어 능력의 모든 구성요소, 즉 종속절을 삽입하거나, 평서문을 의문문으로 만들거나, 동사를 과거형으로 만드는 등의 능력을 통제할지도 모른다는 생각을 뒷

받침하는 증거가 되었다. 문법 유전자가 있다는 생각이었다.[37]

하지만 이런 해석은 런던의 한 연구팀이 이 가족을 10년 동안 연구해 가족 구성원들이 원인을 알 수 없는, 혀와 입술이 제대로 움직이지 않는 '마비 증상'을 겪고 있다는 것을 밝혀내자 바로 폐기됐다.[38] 1998년에 연구팀은 이 마비 증상의 원인을 보여주는 뇌 촬영 사진을 공개했다. 언어장애를 겪는 가족 구성원들은 모두 미세한 움직임을 조절하는 뇌 영역이 비정상적으로 덜 발달해 있었다. 기저핵이라는 영역이었다. 기저핵은 오래된 뇌 영역으로, 앞에서 살펴보았듯이, 유아가 말을 배울 때 입술과 혀의 복잡한 움직임을 통제하고 조율하는 중요한 역할을 한다(기저핵은 높은 산을 오르는 산악인들의 뇌에 산소 공급이 부족해질 때나 파킨슨병 환자의 뇌에서 세포 사멸이 일어날 때 활동이 중지된다). 이 가족 중에서 발성장애나 언어장애가 없는 가족 구성원들의 기저핵은 정상이었던 반면, 문제가 있던 가족 구성원들의 기저핵은 눈에 띌 정도로 쪼그라들어 있었고 발달이 덜 된 상태였다.[39] 이 가족 구성원들의 언어장애는 **문법** 구사 능력을 통제하는 유전자가 아니라 **말하기**를 통제하는 유전자가 있을 수 있다는 가능성을 제시하고 있었다. 리버먼의 설명처럼 말의 구성요소(조음 기관들의 움직임 조절)를 통제하는 유전자가 인간이 진화하는 동안 매우 크게 변화했을 가능성을 의미한다. 다시 말해 혀, 입술, 후두, 연구개의 움직임을 시간에 따라 정밀하게 조절해 오직 감정만 들어있는 울음소리와 외침을 분명한 말로 만들어내는 능력을 인간에게 부여한 유전적 돌연변이가 있었을 가능성이 제시된 것이었다.

리버먼의 이론 중 이 부분을 뒷받침하는 강력한 증거는 앞에서 언급한 가족을 옥스퍼드 대학 연구실로 초청해 결함이 있는 유전자를 분리해냄으로써 제시됐다. 그 유전자는 7번째 염색체에 위치한 '최상위 조절 유전자master regulating gene'로, 배아가 엄마의 자궁에서 자랄 때 폐, 심장, 운동피질, (가장 중요한) 기저핵 같은 부분들을 만드는 다양한 '하류영역downstream' 유전자들의 발현 여부를 결정하는 유전자다. 옥스퍼드 연구팀은 이 유전자에 FOXP2라는 이름을 붙였다. 이후 연구 결과에 따르면 인간은 모두 이 유전자를 2개씩 가지고 있다. 부모로부터 각각 하나씩 물려받은 유전자라는 뜻이다. 이 가족 구성원들에서는 이렇게 부모로부터 각각 받은 두 유전자 중 하나에서 전사 오류가 일어나 DNA 사슬을 구성하는 700개가 넘는 아미노산 염기쌍 중 두 쌍이 섞이는 현상이 나타난 것이었다. 연구팀은 미세한 오류가 이 가족 구성원들의 혀와 입술의 운동성과 기민성에 영향을 미쳐 언어장애를 일으켰고, 그 결과 가족 구성원 중 증상이 심한 사람은 거의 알아들을 수 없을 정도의 말을 하게 됐다고 분석했다. (이 미세한 오류는 이 사람들의 *사고* 능력에도 영향을 미쳤다. 기저핵이 쪼그라든 가족 구성원들은 정상인 가족 구성들에 비해 언어 지능지수와 비언어 지능지수가 모두 낮았다)[40]

이후 추가 연구에 따라 FOXP2는 쥐, 개, 고양이, 고래, 침팬지, 오랑우탄 등 **모든** 포유동물에 존재하며, 걷기나 달리기, 씹기나 삼키기 같은 행동과 관련된 미세한 움직임을 조절한다는 것이 밝혀졌다. 따라서 이 유전자는 진화에 대해 매우 많은 이야기를 해줄 수 있는 유전자라고 할 수 있다. 이 이야기들은 30년 전 리버먼이 했던 이야기였고, 인간 특유의 목소리 출현, 말을 하기 위한 목소리의 적응 과정 그리고 인간이 먹이사슬에서 최정상의 위치를 차지하게 된 현상에 대해 훌륭하게 설명할 수 있는 이야기다.

옥스퍼드 대학 연구팀은 FOXP2 유전자를 분리해낸 직후 그 결과를 독일 라이프치히 소재 막스플랑크 진화인류학 연구소 분자생물학 연구팀 책임자이자 인간 특유의 유전자에 관한 연구로 유명한 과학자인 스반테 페보_{Svante Pääbo}와 공유했다(네안데르탈인 게놈의 염기서열을 분석해 현생 인류와의 연관관계를 밝혀낸 연구팀이 페보의 연구팀이다). 페보는 자신의 팀원 중 가장 뛰어난 연구원인 볼프강 에나르트_{Wolfgang Enard}에게 FOXP2 유전자의 진화 궤적을 연구하라고 지시했다. 에나르트는 쥐, 오랑우탄, 고릴라, 침팬지, 인간의 FOXP2 유전자를 비교해 이 유전자가 쥐의 진화와 유인원의 출현 사이의 약 1억 3,000만 년 동안 아미노산 한 개를 제외하면 거의 변하지 않았다는 사실을 밝혀냈다. 하지만 에나르트는 인간과 침팬지의 공통조상으로부터 인간이 떨어져 나온 뒤 상당히 많은 시간이 지나자(약 600만 년 전) FOXP2 유전자는 두 *가지* 돌연변이를 더 겪었다는 사실도 밝혀냈다. 600만 년 만에 아미노산 2개가 바뀌면서 엄청난 변화를 일으킨 것이다. 에나르트는 인간에게서 이렇게 아미노산 2개가 바뀌는 현상이 전 인류로 확산됐다는 것은 "이 유전자가 최근의 인간 진화 기간 동안 자연선택의 목표물이었다는 것을 강력하게 암시한다."고 말했다.[41]

에나르트에 따르면 '자연선택의 목표물'이었다는 것은 아미노산 2개가 교체됨으로써 호미닌 계통(인간 계통)이 생존에 있어 매우 큰 장점을 가지게 됐다는 뜻이다. 혀와 입술의 움직임이 둔한 런던 가족의 예는 그 장점이 어떤 것인지 분명하게 보여준다. 즉, 발성 기관의 빠르고 정교한 조율과 조절을 통해 말을 할 수 있게 해주는 강력한 기저핵을 가졌다는 것이다. 에나르트는 인간의 FOXP2 유전자가 호모 사피엔스가 출현한 약 20만 년 전에 인간의 게놈에 '장착됐다'는 사실도 밝혀냈다. 하지만 그렇다고 해서 우리의 가까운 친척인 네안데르탈인에게도 돌연변이된 FOXP2 유전자가 없었다고 말할 수는 없다. 실제로 페보의 연구팀은 네안데르탈인의 DNA를 분석해 이들의 FOXP2 유선사가 우리의 FOXP2 유전사와 같은 두 번의 돌인 변이를 겪었다는 것을 밝혀냈다. 네안데르탈인이 (모음 발음이 정확하지 않았을 수는 있지만) 말을 할 수 있었다는 또 하나의 강력한 증거였다. 또한 연구팀이 인간 DNA와 네안데르탈인 DNA에 모두 존재하는 FOXP2 유전자를 태아 상태의 쥐에 주입하자 기저핵으로 이어지는 신경경로가 강화됐고, 이렇게 태어난 쥐가 내는 소리의 음높이와 '음절' 지속시간이 정상적인 쥐와 다르다는 것이 확인됐다.[42]

하지만 FOXP2 유전자 연구를 통해 확인된 가장 놀라운 결과는 새들에게도 이 유전자가 있으며, 우리의 기저핵과 비슷한 새의 뇌 영역에서도 이 유전자가 발현된다는 것이었다(새의 이 뇌 영역도 새가 짝 짓기를 위해 내는 특정한 소리를 낼 때 울대, 혀, 부리의 빠른 움직임을 통제하는 역할을 한다).[43] (다윈의 지적대로) 인간이 어른들의 목소리에 노출됨으로써 발성하는 법을 배우는 유일한 동물 종이라는 사실을 생각하면 새와 인간 사이에 이런 유전적 유사성이 존재하는 것이 쉽게 이해가 간다. 하지만 그럼에도 과학자들 대부분은 새의 FOXP2 유전자 연구 결과에 놀라움을 표시했다. 조류는 포유류보다 훨씬 전에 진화했기 때문이다. 과학자들은 조류가 사실 날아다니는 파충류이기 때문에(실제로 공룡이 그렇다) 동물 게놈의 진화 과정에서 훨씬 뒤인 포유류의 출현 시기에나 나타날 수 있는 유전자를 가지지 않을 것이라고 생각했다. 이 연구 결과는 두 가지 가능성을 제시한다. 첫 번째 가능성은 조류가 '수렴' 진화 과정을 통해 **조류 특유의** FOXP2 유전자를 독립적으로 진화시켰으며, 조류의 FOXP2 유전자가 인간의 FOXP2 유전자처럼 생존과 번식에 필수적인 목소리 학습과 의사소통을 위한 선택 압력의 일부로 생겨났을 가능성이다. 두 번째 가능성은 리버먼의 가설대로 조류와 인간의 FOXP2 유전자가 기존의 추측과는 달리 진화 과정에서 매우 초기, 즉 5억 년 전인 캄브리아기에 기저핵을 가진 양서류가 출현하면서 생겨났을 가능성이다.

어쨌든 확실한 것은 FOXP2 유전자가 '언어 유전자'가 *아니라는* 사실이다. 더 정확하게 말하면 이 유전자는 인간의 목소리를 특별하게 만든다고 밝혀진 최초의 유전자다. 두 번 돌연변이된 형태로 인간에게 존재하는 이 유전자는 작고, 육체적으로 약하고, 달리기가 느리고, 사하라 사막 이남의 털이 없는 하찮은 영장류가 어떻게 몇 십만 년이라는 짧은 시간에 먹이사슬의 최정상에 오르는, 불가능해 보이는 일을 해냈는지 설명하기 위한 가장 강력한 유전적 증거 중 하나다.

리버먼에게 FOXP2 유전자와 기저핵에 관한 연구 결과는 언어가 순수한 정신적 현상이 결코 아니며 몇 억 년 전 최초로 공기호흡을 시작한 척추동물(폐어)의 (방귀 소리 같은) 소리에서 기원을 찾을 수 있는 물리 현상이라는 자신의 이론을 뒷받침하는 가장 최신의 증거일 뿐이다. 약 20만 년 전 생존과 번식의 급박성이 말을 탄생시켰고, 무작위적이었지만 결국 인간에게 이득을 제공하게 되는 유전적 돌연변이들이 초기 호미닌 계통에서 발생하면서 호흡 조절이 정교해지고, 후두의 위치가 하강하고, 분명한 발음을 가능하도록 기저핵이 강화됐다. 이 모든 사건은 자연이 인간에게 생존과 번식에서의 우위를 제공하기 위해 선택한 사건이며, 인간의 뇌를 더 크고 좋게, 언어를 구사할 수 있게 만든 사건이었다. 따라서 리버먼에게 **목소리는** 언어를 만드는 데 핵심적인 역할을 한 존재다.

리버먼은 이런 말을 한 적이 있다. "우리는 '말을 함으로써' 인간이 됐다."[44]

앞에서 살펴봤듯이, 촘스키는 오랫동안 언어의 기원에 대해서는 관심이 없었다. 다윈의 자연선택설을 거부하면서도 언어의 기원에 대한 그럴듯한 다른 이론을 내놓지도 않았다. 하지만 1990년대 후반에 언어의 기원 문제가 언어학 분야와 다른 과학 분야들에서 지배적인 주제로 떠오르자 촘스키는 더 이상 뒷짐 지고 방관하기가 힘들었다. 결국 1999년의 한 인터뷰에서 촘스키는 언어에도 다윈의 자연선택론을 적용할 수 있을 것 같다는 말을 했다.[45] 2002년 촘스키는 〈사이언스Science〉에 이 주제를 다룬 논문을 발표했다. 진화생물학자 마크 하우저Marc Hauser, 테쿰세 피치Tecumseh Fitch와 공동으로 집필한 이 논문에서 촘스키는 (기괴한 환원주의적이라고까지 말할 수는 없지만) 충격적일 정도로 간단하게 언어의 기원에 대한 설명을 시도해 언어학계에 파장을 일으켰다.[46]

촘스키는 인간의 언어 능력이 의사소통이 아니라 *생각을 위해* 발생한 것이라는 자신의 견해에 충실하면서 FOXP2에 관한 최신 연구 결과를 무시했고, 후두 하강과 호흡의 정교화에 관한 리버먼의 연구를 언어의 '주변적인' 기능과 관련된 '부수적인' 연구라고 깎아내렸다. 대신 촘스키와 공저자들은 동물 중에서 유일하게 인간만이 언어학적으로 *생각하는* 능력을 가지게 된 것을 순수하게 *인지적인* 변화 차원에서만 설명했다. 이들은 논문에서 이 능력이 오로지 일종의 정신적인 작용인 회귀recursion 때문에 발생한 것이라는 결론을 내렸다.

회귀는 하나의 아이디어를 다른 아이디어 안으로 집어넣는 인간의 능력을 뜻한다. 회귀는 형용사로 명사를 수식해 명사구를 만드는 경우(예를 들어, 'The red boat(빨간 배)'라는 말은 redness(빨강)라는 아이디어를 boat(배)라는 아이디어 안에 집어넣은 것이다)부터 다른 생각들을 결합해 내포절을 가진 하나의 문장으로 만드는 경우에 이르기까지('the man is walking down the street'과 'the man is wearing a top hat'을 결합해 'The man who is wearing a top hat is walking down the street'이라는 하나의 문장을 만드는 경우), 모든 언어 구조에서 구현된다. 우리가 아이디어를 계속 삽입해 긴 문장을 만들 수 있는 것은 이 회귀 능력 덕분이다(예를 들어, 'The man who is wearing a red top hat, which is slightly crumpled at the brim, is walking down the street and eating a slightly bruised but still delicious banana, while humming a tune made famous by Engelbert Humperdink but which, according to musical historian, was actually written by…'). 단어 *자체도* 'o' 같은 모음 소리를 'd_g' 같은 다른 단어에 집어넣어 'dog'라는 단어를 만드는 회귀적 과정을 이용한다. 촘스키와 공저자들이 회귀를 언어 뒤에 숨은 '인간에게만 있는 독특한 요소'라고 표현한 이유가 여기에 있다. 이들에 따르면 회귀는 유한한 개수의 소리들(영어의 경우 자음과 모음이 26개다)로 무한히 많은 의미들(또는 앞에서 예로 든 무한히 긴 문장들)을 만들 수 있게 해주는 정신적 엔진이며, 꿀꿀, 쉿쉿, 끙끙, 꽥꽥, 짹짹 같은 동물의 소리와 인간의 말을 구분해주는, *유일하게* 보편적인 언어학적 특성이다.

이런 설명은 촘스키가 늘 주장해왔던 복잡한 언어학적 개념인 보편 문법과는 거리가 있는 것이었다. 촘스키를 오랫동안 지지해온 학자들은 이 설명을 받아들이지 않는 차원을 넘어서 분노를 표출하기까지 했다. 자신들이 반세기 동안 보편 문법의 '심층구조'를 찾아내기 위해 언어를 분석해온 결과가 버려질 수 있다는 생각을 하게 된 이들은 공개적으로 촘스키에게 반기를 들었다. 이 움직임을 이끈 사람은 스티븐 핑커였다. 핑커는 대표적인 촘스키 추종자인 레이 재켄도프Ray Jackendoff와 공동으로 〈인지Cognition〉라는 학술지에 논문을 발표해 "회귀가 중요하긴 하지만 시간적 관계와 논리적 관계를 나타내는 수량 형용사, 시제, 상태 표지자, 보문소, 조동사 같은 장치들로 가득 찬 언어의 유일하고 '특별한' 특성이 절대 아니다."라고 반박했다.[47]

핑커와 재켄도프는 이 36쪽짜리 논문에서 회귀 자체가 **보편적인** 특성이 아니기 때문에 회귀로 언어의 모든 것을 설명할 수 없다고 주장했다. 이들은 400명이 채 안 되는 원주민들로 구성된 피라항Pirarrã이라는 부족이 브라질의 정글 깊숙한 곳에 고립 생활을 하고 있는데, 이 부족민들은 회귀성이 전혀 없는 매우 특이한 언어를 구사한다고 논문에 썼다.

핑커와 재켄도프의 이 이야기는 대니얼 에버렛Daniel Everett이라는 선교사 출신 언어학자가 쓴 2005년 논문에서 인용한 것이었다. 에버렛은 피라항 부족민들과 30년 동안 같이 지내면서 그들의 언어생활을 연구했다.[48] 에버렛에 따르면 피라항 부족민들은 아이디어를 회귀적으로 내포시키지 않는다. 예를 들어, 이 부족민들은 "I saw the dog that was at the beach get bitten by a snake(나는 뱀에 물린 개가 해변에 있는 것을 보았다)."라고 말하지 않고 "I saw the dog. The dog was at the beach. A snake bit the dog(나는 개를 보았다. 그 개는 해변에 있었다. 뱀이 그 개를 물었다)."라고 말한다.[49] 캐서린 스노의 실험 대상들이 유아들에게 말할 때 쓰던 엄마 말투와 비슷하다. 촘스키의 추종자들은 피라항 부족민들의 이런 언어 사용은 근친교배로 인한 지적인 결함(사실상 *지능 발달 부족*)을 나타내는 것이라고 바로 받아쳤다. 그러자 에버렛은 이 부족민들이 열대우림 지역의 외딴 곳에 살지만 주기적으로 외부인들(대부분은 견과류와 목재를 찾아 아마존 강 유역을 돌아다니는 무역상들이다)과 잠자리를 해 부족의 게놈을 새롭게 바꾸며, 이들이 외부인에 비해 지능이 결코 낮지 않다는 증거도 많다며 촘스키 추종자들의 주장을 반박했다. 또한 에버렛은 피라항 부족이 회귀적인 어법을 사용하지 않는 것은 **인지** 능력에 문제가 있기 때문이 아니라 **문화적인** 원인 때문이라고 주장했다. 이 부족은 '경험의 직접성immediacy-of-experience' 원칙을 극도로 충실하게 지키기 때문에 이 원칙이 생활의 모든 면에 영향을 미친다는 것이다. 에버렛은 "어떤 사람이 강이 구부러진 곳을 따라 걸어가 보이지 않게 되면 이 부족민들은 그 사람이 그냥 사라졌다고 말하지 않고 '경험에서 사라졌다(xibipio)'고 말을 한다."면서 "이들은 초의 불꽃이 깜빡거릴 때도 촛불이 '경험 안으로 들어왔다 나간다'라는 비슷한 표현을 사용한다."고 썼다.[50]

에버렛은 자신 같은 선교사였던 사람들이 부족민들을 개종시키는 데 실패하는 이유가 바로 이 경험의 직접성 원칙에 있다고 설명했다. 피라항 부족민들은 예수가 2,000년 전에 죽었다는 말을 듣는 순간 기독교에 대한 모든 관심을 잃어버린다. 결국 이들과 같이 살던 에버렛도 1990년대 후반에 무신론자가 됐고 이 부족을 개종시키는 것을 포기했다. 대신 에버렛은 이들의 매우 특이한 언어를 연구하기 시작했다. 경험의 직접성 원칙은 피라항 부족민들이 자신들에게 농사나 식량 비축 같은 미리 계획해야 할 수 있는 일을 가르치려던 외부인의 노력을 거부하고 1만~4만 년 전에 처음 브라질의 정글에 도착해 수렵채집인으로 살아가던 방식을 고수하는 이유를 설명해준다.

피라항 주민들에게 창조 신화, 숫자, 예술이 없는 것도 경험의 직접성 원칙으로 설명할 수 있다. 에버렛의 표현에 따르면 이 원칙은 '피라항 부족민들의 핵심 문법에 깊숙이 침투해 있다'. 그렇다면 모든 언어에는 보편적인 특성, 회귀성이 존재한다는 촘스키의 주장이 여기서 무너질 수 있다. 피라항 부족민들은 자신들이 '지금 그리고 여기서' 볼 수 있는 것만 실제로 존재한다고 믿기 때문에 이들의 말은 직접적인 단언으로만 구성된다('The dog was at the beach. It bit the man.'). 회귀적으로 내포되는 절('The dog *that was at the beach* bit the man.')은 단언이 아니라 보충하고, 수량화하고, 수식하는 정보, 즉 짧고 추상적이기 때문에 피라항 부족민들은 할 수 없는 말이다.

목소리 연구자들에게 피라항 부족민 언어의 놀라운 점은 회귀성의 부재 외에도 많다. 현존하는 다른 언어들과의 연계성이 없는 이 언어는 자음 8개와 모음 3개만으로 구성된다. 26개의 자음과 모음으로 구성되는 영어 알파벳과 비교하지 않아도 이 언어의 '알파벳' 수는 가장 간단한 소리 시스템으로 구성된 언어 중 하나라고 할 수 있다. 이 언어는 음소 수가 적은 것을 성조로 보충한다. 적은 수의 명확한 소리에 성조를 부여해 복잡한 언어가 되기에 충분한 수의 소리들로 다양화하는 언어다. 만다린 중국어(중국어의 표준 방언)에도 각각 다른 음높이를 나타내는 5가지 성조가 있다. 따라서 '마'라는 소리는 성조에 따라 5가지 다른 뜻을 나타낸다. 이 '마'를 높은 음으로 발음하면 '엄마', 중간 음으로 시작하다 음높이를 올리면 '삼 또는 대마', 낮은 음으로 발음하다 약간 음을 떨어뜨린 다음 다시 올려서 발음하면 '말', 높은 음으로 발음하다 갑자기 음높이를 떨어뜨려 발음하면 '욕하다'라는 뜻이 된다. 나머지 한 성조는 '경성~neutral tone~'으로도 부르며, 한 음이 그 직전에 오는 음보다 약간 강하게 발음돼 의문문이 되는 경우에 사용된다. 성조 언어는 **정확한** 음높이를 사용하지 않는다(예를 들어, E 플랫 음으로 한 음절을 발음해 하나의 사물을 나타내고 A 샾 음으로 같은 음절을 발음해 다른 사물을 나타내는 언어가 아니라는 뜻이다. 만약 그렇다면 음치이거나 정확한 음을 내지 못하는 **실음악증**~amusia~ 환자들은 무척 불편할 것이다). 대신 성조 언어는 **상대적인** 음높이를 사용한다. 음절들 사이의 음높이 차이 또는 음절 안에서의 음높이 차이를 이용한다는 뜻이다. 태국어, 베트남어 그리고 대부분의 아프리카 언어, 몇몇 남아메리카 원주민 언어와 미국 내 일부 아메리카 원주민 언어가 성조 언어다. 사실 대부분의 언어에는 성조가 있다. 영어와 유럽 언어들이 예외라고 할 수 있다.

피라항 부족민의 언어는 높은 성조와 낮은 성조로 구성되는 기본 패턴을 사용하면서 이 두 성조를 조합하기도 한다는 점에서(높은 음에서 갑자기 낮은 음으로 변하거나, 낮은 음에서 높은 음으로 올라가는 패턴) 만다린 중국어와 비슷하다. 하지만 피라항 부족민의 언어는 (단어의 일부에서 성량을 늘림으로써) 음절들에 매우 복잡한 강세 패턴을 부여하고 (모음을 길게 끌거나 짧게 끊음으로써) 음절의 길이를 조절한다. 이 언어의 화자는 이 모든 요소들을 조합해 각각의 음소들을 처리하며 노래를 부르거나, 허밍을 하거나, 휘파람을 불면서 대화를 진행한다. 이 모든 요소들이 피라항 부족의 언어를 매우 복잡하게 만들기 때문에 지난 200년 동안 외부인들(무역상이나 선교사)은 이 언어를 완전히 숙달하는 것이 불가능했다. 하지만 에버렛과 그 못지않게 머리가 좋은 아내 케렌은 1970년대에 선교사로 피라항 부족 지역에 도착해 여러 해 동안 지내면서 이 언어를 유창하게 구사할 수 있게 됐다.

에버렛은 수십 년 동안 피라항 부족의 언어에 대한 논문을 발표했지만, 많은 사람들의 관심을 끈 논문은 2005년에 발표한 (촘스키 이론에 도전하는) 회귀 관련 논문이었다. 어느 날 갑자기 CNN, BBC, 잡지 〈슈피겔Der Spiegel〉, 국제 규모의 신문사 같은 언론들이 피라항 부족에 폭발적인 관심을 보이기 시작했다. 인류학자, 언어학자, 진화생물학자 같은 학자들도 언론 못지않게 관심을 나타내기 시작했다. 인류 역사의 초기 단계 모습과 수만 년 전 인류가 말을 시작했을 시기의 모습을 이 부족에게서 볼 수 있다고 생각했기 때문이다. 조지아 대학의 인지인류학자 브렌트 벌린Brent Berlin은 "에버렛의 연구는 인류의 초기 언어가 현재의 피라항 부족 언어와 비슷할 수 있다는 것을 제시했다는 점에서 중요하다."고 말하기도 했다.[51]

에버렛은 자신의 연구에 대해 비판적인 생각을 가진 사람들에게 피라항 부족을 직접 방문해 확인하라며 초청장을 보냈다. 이 초청에 처음 응답한 사람은 테쿰세 피치였다. 회귀에 관한 논쟁을 불러일으킨 2002년 논문을 촘스키와 같이 쓴 사람이다. 77세의 고령이었던 촘스키 본인을 제외하면 촘스키 '진영'을 가장 잘 대표할 수 있는 사람이 피치였다. 나는 이 역사적인 정글 언어학 대결에 저널리스트로는 유일하게 초청 받았다. 〈뉴욕타임스〉에 기사를 싣기 위해서였다. 6일 밤낮 동안 아마존 정글에서 펼쳐진 대결만으로는 피라항 부족의 언어의 회귀성 보유 여부를 확실하게 확인할 수 없었다. 하지만 이 대결은 적어도 나에게는 인간의 목소리에 대한 예기치 못한 통찰을 제공했다. 또한 이 통찰은 촘스키가 자신의 언어 이론의 기초로 삼은 가장 근본적인 원칙을 더 깊게 의심하게 만들었고 언어의 기원에 관한 의문을 더 크게 증폭시켰다.

피라항 부족민은 30~40명 정도의 작은 집단 단위로 아마존 강의 지류들 근방에 각각 마을을 이루면서 흩어져 산다.[52] 내가 방문한 마을은 마이시 강 근처에 있었다. 마이시 강은 브라질 북동부에서 좁고 꼬불꼬불하게 흐르는 아마존 강의 지류다. 에버렛과 나는 2인승 세스나 경비행기를 타고 예전에 정유 산업 도시였던 포르투벨류를 떠나 제일 먼저 도착했다. 우리가 탄 비행기는 빽빽한 열대우림 위를 한 시간 동안 날다 갑자기 나무들 바로 위로 하강하기 시작했다. 비행기는 나뭇잎 사이에서 반짝이는 물방울을 볼 수 있을 정도로 낮게 그리고 천천히 날았다. 마이시 강은 폭이 그리 넓지 않은 구불구불한 강이었다. 강의 어떤 부분의 폭은 세스나 경비행기의 날개폭보다 좁았다. 우리는 비행기에서 내려 수상 플랫폼에 발을 디뎠다. 우리 머리 위로 보이는 가파른 강둑에는 30명쯤 되는 부족민들이 있었다. 키가 작고 피부가 검은 남자, 여자, 아이들이었는데, 그 중에는 아기를 업고 있는 사람도 있었고, 활과 화살을 쥐고 있는 사람도 있었다. 부족민들은 에버렛을 보자 이국적인 새들이 내는 풍성한 울음소리 같은 소리를 냈다. 그들의 목소리에 익숙하지 않은 사람들이 듣기에는 인간의 목소리라고 하기 힘든, 노래하는 듯한 재잘거림 같은 소리였다.

그에 대해 에버렛은 혀로 뚝뚝 끊어지는 짧고 날카로운 목소리로 "Xaói hi gáísai xigíaihiabisaoaxái ti xabiíhai hiatíihi xigío hoíhi." 라고 화답했다. 에버렛은 마을에 내가 '잠시 머무르게 될 것'이라고 말한 것이었다.

그러자 다시 부족민 남성들과 여성들이 울려 퍼지는 합창으로 대답했다. "Xaói hi goó kaisigíaihí xapagáiso."

에버렛이 내게로 얼굴을 돌리면서 말했다. "부족민은 '삐뚤어진 머리crooked head'로 당신의 이름이 뭔지 알고 싶어 하는군요."

'삐뚤어진 머리'라는 말은 피라항 부족의 언어가 아닌 다른 모든 언어를 일컫는 말이었고, 확실한 경멸의 뜻이 담긴 말이었다. 피라항 부족민은 자신들의 말이 아닌 모든 형태의 인간의 말을 우스울 정도로 열등하다고 생각하며, 이들은 완벽하게 하나의 언어만을 사용하는 부족 중에서도 특이한 부족이다. 내가 이름을 말했더니 그들은 내 이름을 자기들끼리 이렇게 저렇게 변형시키면서 말했고 결국 그 소리는 알아들을 수 없는 소리로 변했다. 이후로 그들은 내 이름을 다시는 소리 내어 부르지 않았다. 대신 내게 경쾌한 피라항 언어로 이름을 지어줬다. 'Kaaxáoi'라는 이름이었는데, 나하고 비슷하게 생긴 강 아래쪽에 사는 부족민의 이름이었다. 에버렛은 말했다. "이 부족에 대한 나의 기본적인 생각과 완전히 일치하는 행동입니다. 이 사람들은 자신들의 세계 밖에서 온 모든 것을 거부하지요. 필요 없다는 겁니다. 1700년대에 브라질 사람들이 정글에서 이 사람들을 처음 발견했을 때부터 그랬습니다."

피치는 파리에서 소믈리에로 일하던 사촌동생 빌과 함께 우리보다 몇 시간 뒤에 세스나 경비행기를 타고 이 마을에 도착했다. 이 비행기는 에버렛과 나를 이 마을에 내려주고 다시 포르트벨류로 가서 이들을 태우고 온 것이었다. 부족민들은 이들이 강둑에 내리자 이들을 둘러쌌다. 피치와 빌은 함께 세계의 오지들을 여러 군데 돌아다닌 경험이 있어 원주민들과 빠르게 친해질 수 있는 방법을 알고 있다고 생각했다. 이들은 두 손을 모아 컵 모양으로 만든 뒤 입에 대고 새소리를 냈다. 부족민들은 아무 표정도 짓지 않았다. 그러자 빌이 손가락을 튕겨 '딱' 소리를 냈다. 이번에도 부족민들은 전혀 반응하지 않았다. 피치와 빌은 겸연쩍은 표정을 지으며 어깨를 으쓱했다. 나중에 피치는 "그런 재미있는 소리를 내면 관심을 끌 수 있을 거라고 보통 생각하지만, 피라항 부족의 아이들한테는 안 통합니다. 어른들도 마찬가지입니다."라고 말했다.

에버렛은 "이 사람들한테는 그런 문화가 없는 거지요. 그래서 별 관심을 갖지 않는 겁니다."라고 이를 언급했다.

이 '마을'은 에버렛이 〈커런트 앤스로폴로지Current Anthropology〉에 발표한 논문에서 묘사한 마을이었다. 야자 나뭇잎과 막대기로 만든 오두막 일곱 채가 마을의 다였다. 오두막의 바닥은 진흙이었고, 벽도 없고 장식도 없었다. 에버렛 가족은 이 마을에 사는 처음 20년 동안 마을 바로 옆에 텐트를 치고 잤다. 그러다 1999년에 방이 두 개 있는 8㎡ 넓이의 나무집을 지었다. 벌레와 뱀을 막을 수 있고, 가스난로, 발전기, 정수기 등이 갖춰진 집이었다. 우리 4명은 이 집에서 잤고, 우리 연구에 도움을 주겠다고 자원한 피라항 부족민 스무 명 정도가 아침마다 이 집 앞에 모였다. 실험은 이 집과 따로 떨어진 오두막에서 진행됐다. 에버렛이 이전에 연구실로 사용하던, 나뭇잎 천정이 높은 오두막이었다.

피치는 '촘스키 위계Chomsky hierarchy'에 기초한 프로그램들이 장착된 노트북을 사용했다. 촘스키 위계란 머릿속 '문법' 유형들의 분류 시스템으로, 촘스키 이론을 따르는 언어학자들이 추상적인 사고를 언어로 변화시키는 특정한 머릿속 작용에 대해 설명하기 위해 사용하는 용어다. 피치는 가장 간단한 문법부터 시작했다. 피라항 부족민들이 기본적인 소리 패턴을 배울 수 있는지 알아내기 위한 것이었다. 이 패턴은 남자 목소리로 발음되는 음절 하나(예를 들어, '미', '도', '가')를 들려준 뒤 여자 목소리로 발음되는 다른 음절 하나(예를 들어, '리', '타', '지')로 구성된 패턴이다. (남자와 여자의 목소리를 이렇게 사용한 것은 음절들이 확실하게 구별돼 들리도록 하기 위한 것이었다. 서로 다른 색깔의 블록으로 실험 대상자들의 집단을 구분하는 것과 비슷한 원리다) 목소리들이 '미리 설정된' 구조를 따르면(남자 목소리로 나는 음절 다음에 여자 목소리로 나는 음절이 오면) 컴퓨터 화면 맨 아래쪽에 있는 원숭이 캐릭터의 머리가 화면 맨 위 한쪽 구석으로 떠올랐고, '미리 설정된 구조와 다른' 구조를 따르면(남자 목소리로 나는 음절 다음에 다시 남자 목소리로 나는 음절이 나오거나 여자 목소리로 나는 음절이 두 번 이상 계속되면) 원숭이 캐릭터의 머리는 화면 맨 위쪽의 반대편 구석으로 떠올랐다. 피치는 이 실험을 반복해 피라항 부족민들이 특정한 패턴을 익힐 수 있는지 알아내려고 했다. 즉 모든 언어 이해의 기본이 되는 머릿속 기능이 이 부족민들에게 있는지 알아보려고 한 것이었다. 피치는 소형 디지털카메라를 컴퓨터 모니터 위에 달아 실험 대상자들의 눈 움직임을 기록했다. 피치는 원숭이 머리가 화면의 맨 위쪽의 두 구석 중 한 곳으로 떠오르기 전까지의 몇 초 동안 실험 대상자의 무의식적인 시선 방향 변화를 관찰해 실험 대상자가 '문법'을 배우고 있는지 확인하려고 했다. 이 실험은 하버드 대학에서 학부생들과 원숭이들을 대상으로 이뤄진 적이 있는데, 학부생들과 원숭이들 모두 시험을 통과했다. 피치는 "나는 부족민들이 하버드 대학 학부생들과 똑같이 행동할 거라고 기대합니다. 부족민들은 다른 인간들이 한 일을 똑같이 할 것이고 기본적인 패턴을 익히게 될 겁니다. 피라항 부족민들도 인간이고, 인간이라면 시험을 통과할 겁니다."라고 말했다.

하지만 처음 며칠 동안 부족민들은 노트북 앞에 앉아 원숭이를 쳐다봤지만 오디오 단서에는 반응하지 않았다. 실험이 진행되는 동안 통역을 했던 에버렛은 피치에게 장벽은 인지적인 것이 아니라 문화적인 것이라고 설명했다. 이 모든 실험이 피라항 부족민들에게는 낯선 것이었고, 그 사람들은 자신에게 기대되는 것이 무엇인지 모른다는 설명이었다. 이들의 눈은 모든 방향으로 움직이는 것 같았다. 피치는 "원숭이가 움직일 거라고 생각되는 방향을 가리켜 주세요."라고 실험 대상자들에게 말해달라고 에버렛에게 부탁했다. 그러자 에버렛은 또 다른 문화적 장벽에 대해 설명했다. 피라항 부족민들은 방향

언어

•

을 가리키지 않으며, 왼쪽과 오른쪽을 나타내는 말도 피라항 언어에 없다는 것이었다. 실제로 이들은 다른 사람들에게 '강 위쪽'이나 '강 아래쪽', '숲 쪽', '숲 바깥쪽'으로 가라는 말만 한다. 피치의 요청으로 에버렛이 남성 부족민에게 원숭이 머리가 강 위쪽으로 움직이는지, 강 아래쪽으로 움직이는지 말해달라고 하자 "원숭이는 정글로 간다."라는 답이 돌아왔다. 매우 논리적인 대답이긴 했다. 다른 실험 대상자들은 컴퓨터 화면 안에서 움직이는 원숭이 머리에 대해 호기심을 나타내기도 했다. 이들은 "저건 고무인가요?", "저 원숭이는 짝이 있나요?", "수컷인가요?" 같은 질문을 했다. 이때 정글의 습기 때문에 작동을 멈춘 노트북을 피치가 들고 숙소로 뛰어갔다. 에버렛은 "아마존 현장연구에서는 이런 일이 많아요. 그래서 사람들이 현장연구를 잘 안하려고 하는 겁니다."라고 말했다. 그러면서 에버렛은 "하지만 여기서 가장 큰 문제는 인지 문제가 아니라 문화 문제지요."라고 다시 말했다. 에버렛은 테이블 앞에 앉아 있는 부족민 남성을 가리키며 이렇게도 말했다. "저들과 우리가 같은 방 안에 있다고 해서 같은 시대에 살고 있는 것은 아니지요."

4번째 날에는 16세 정도 된 여자 아이가 실험에 참가했다. 조용하면서 집중력이 좋고 기민한 아이였다. 이 아이의 눈은 스크린에서 원숭이 머리가 움직이기 전에 화면의 정확한 지점으로 움직였다. 흥분한 피치는 촘스키 위계에서 더 높은 단계인 '구 구조 문법phrase-structure grammar'을 테스트했다. 남자 목소리로 나오는 음절 다음에 여자 목소리로 같은 수의 음절이 나오는 구조를 찾아내는 테스트였다. 구 구조 문법은 회귀에 관한 2002년 논문에서 촘스키, 하우저, 피치가 더 많은 기억과 패턴 인식을 요구하며 인간의 언어 능력에 필요한 최소한의 토대라고 주장했던 문법 단계다. 피치는 이 아이의 눈 움직임이 패턴을 배우고 있다는 것을 나타내는지 확인하기 위해 세심하게 관찰했다. 하지만 육안으로는 잘 알 수 없었고, 피치는 녹화한 영상을 에든버러 대학의 자신의 연구실로 가져가기로 했다. 연구실의 박사후 과정 학생들이 영상에서 나오는 음절들의 소리를 들으면서 편견 없이 영상을 분석해 평가하게 할 작정이었다. 그렇게 해야 이 아이의 눈이 원숭이 머리가 움직일 것이라고 예상되는 지점으로 먼저 움직였는지, 원숭이 머리의 움직임을 따라 움직인 것에 불과한지 알 수 있기 때문이다.[53]

마을에서의 나머지 이틀 동안 피치는 똑똑해 보이는 다른 여자 아이를 테스트했지만 역시 결과를 얻을 수 없었다. 피치는 그때까지 수집한 결과에 만족한다며, 이 부족 언어의 특정한 측면에 문화가 작용했을지도 모른다고 인정하는 모습을 보이기까지 했다. 피치는 "하지만 피라항 부족민의 언어로 보편 문법의 존재를 부정할 수 있을지는 확신이 서지 않는군요. 내가 관찰한 것 중에 그 어떤 것도 보편 문법이라는 틀이 잘못된 틀이라는 확신을 주지는 않습니다."라고 말했다. 그러면서 에버렛은 보편 문법이 언어의 기원 문제를 다룰 수 있는 **유일한** 틀이었다고 주장했다. 하지만 피치는 촘스키가 주장한 '보편적 특성'을 찾아내기 위한 끝없는 연구들이 한 언어를 다른 언어와 **다르게** 만드는 요소들을 무시함으로써 언어학의 아름다움을 파괴했다고도 말했다. 세계 최초의 언어인류학자 에드워드 사피어가 20세기 초반에 미국 서부의 인디언 부족들을 연구할 때 그를 매료시켰던 언어학의 아름다움을 말하는 것이었다.

에버렛은 말했다. "사피어가 쓴 글을 읽으면서 깨달았습니다. 우리가 소중한 전통을 잃어버렸다는 사실을 말입니다. 사람들은 어떤 언어에 촘스키의 형식주의를 적용하면서 자신들이 언어를 연구하고 있다고 생각합니다. 하지만 그런 연구로는 서로 다른 독립된 언어로서의 언어에 대해 아무 것도 알아낼 수 없습니다."

브라질에서의 마지막 밤 나는 피라항 부족에 대해 피치나 에버렛의 생각과 전혀 다른 생각을 가진 사람을 만났다. 세스나 경비행기를 타고 포르투벨류로 돌아간 날 밤이었다. 그날 밤 내가 호텔 로비에서 만난 사람은 에버렛을 제외하면 피라항 부족의 언어를 말할 수 있는 유일한 사람, 즉 에버렛의 전 아내 케런이었다. 케런과 에버렛은 1999년에 20년 동안의 결혼생활을 마치고 이혼했다. 케런이 에버렛과는 달리 기독교 신앙을 유지하면서 계속 피라항 부족을 개종시키려 했던 것도 이혼 사유 중 하나였다. 귀여운 요정 같이 생긴 이 50대 여성은 여전히 1년 중 6개월을 피라항 부족민들과 살고 있었지만, 우리가 마을에 있는 동안은 포르투벨류에 있었다. 케런의 주요 관심은 여전히 선교였지만, 케런은 이 부족의 언어에 대해서도 관심이 많았다. 에버렛처럼 케런도 정식으로 언어학을 공부했기 때문에 촘스키의 이론에 대해서도 잘 알고 있었다. 하지만 피라항 부족 언어에 대한 케런의 지식과 견해는 촘스키의 회귀, 보편 문법, 수형도, X바(통사 구조의 일반 틀), 구의 구조 같은 난해한 개념들에 대한 논란을 초월하는 것이었다. 케런은 이런 개념들이 언어를 이해하고 익히는 데 중요하다고 생각하지 않았다. 당시 케런은 피라항 부족민들이 **노래**하듯이 말을 하는 게 핵심이라는 결론을 내린 상태였다. 부족민들이 자음과 모음을 전적으로 무시하고 음높이, 강세, 리듬의 변화, 즉 운율로만 의사소통을 한다는 사실이 가장 중요하다는 생각이었다.

케런은 '이 언어는 내가 아는 모든 언어 중에서 가장 운율을 많이 사용하는 언어'라며 "이 언어는 기록하고 다시 그 기록을 연구한다고 해서 이해할 수 있는 언어가 아닙니다. 그 사람들이 말하는 것을 지켜보면서 느껴야 합니다. 노래를 부르듯이 말하는 언어이기 때문에 들으면서 관찰하고, 그들과 같이 노래를 불러야 합니다. 저는 그렇게 했어요. 그렇게 하다 보니 내가 기록하지 않았던 것들, 녹음된 소리를 들었을 때 잡아내지 못했던 것들이 있다는 것을 알게 됐지요. 그들의 말하기는 부분적으로 공연 같은 것이었어요. 그때 나는 '녹음기와 노트를 치워버리고 사람에 집중하자. 사람들을 관찰하자'라고 결심했어요. 피라항 부족민들은 우리가 상상할 수 없는 방식으로 운율을 사용해 많은 말을 합니다. 내가 아는 한 그 어떤 언어도 이런 식으로 말해진다는 기록이 없습니다."라고 말했다. 케런을 오랫동안 혼란에 빠뜨렸던 피라항 부족 언어의 비밀이 그들의 목소리에 담긴 음악적 요소라는 것을 깨닫게 된 것이다. 케런은 "그때부터 보이기 시작했어요. '아! 저게 주어-동사 구조로군', '저게 절의 일부구나. 시제, 목적어 같은 것들을 저렇게 나타내는 거였어'라는 혼잣말을 하게 된 거지요. 그때가 내게는 획기적 전환점이었어요."라고 말했다.

피라항 부족 언어의 음악성에 관한 케런의 생각은 언어가 감정을 나타내는 음들을 멜로디에 실은 노래로부터 진화했으며, 단어들이 그 노래 안으로 서서히 들어가기 시작했다는 다윈의 이론을 떠올리게 했다. 나는 에버렛이나 피치 그리고 〈커런트 앤스로폴로지〉에 실린 에버렛의 논문에 대해 비판적인 시각을 표시했던 수많은 언어학자들이 회귀나 문장 구조에 대해 끊임없이 논쟁을 벌이면서 훨씬 더 중요한 것을 놓치고 있다는 생각이 들었다. 그것은 피라항 부족민들이 우리의 존재 그리고 우리의 기원에 대해 말하고 있는 것들이다.

케런은 에버렛이 피라항 부족 언어의 노래 같은 측면 때문에 한계에 부딪혔다고 말했다. 계속 '처음부터 다시 시작해야 한다는' 현실에 좌절에 느낀 에버렛은 부족을 떠나면서 결혼생활도 정리했고, 영국 맨체스터 대학에서 강의를 하기 시작했다. 케런은 말했다. "연구를 위해 피라항 부족을 찾아왔던 언어학자들은 다 포기하고 떠났어요. 그 언어는 부분들로 쪼개서 연구할 수 있는 언어가 아니기 때문이지요. 그런 연구 방법으로는 아무 것도 알아낼 수 없어요. 이 부족 사람들은 음절을 사용하지 않으면서 의사소통을 할 수 있는 사람들이에요."

케런이 이 말을 할 때 나는 피라항 부족 마을에 머물던 어느 저녁에 에버렛의 집에서 이상한 소리를 들었던 일을 떠올렸다. 음높이가 올라갔다 다시 떨어지는 음들로 노래하는 소리였다. 그때 에버렛과 피치는 촘스키 언어 이론의 난해한 부분에 대해 논쟁하고 있었기 때문에 그 소리를 무시했다. 나는 집 밖으로 나가 소리가 나는 곳으로 향했다. 소리는 마을 한편에 있는 오두막에서 나오고 있었다. 더 가깝게 다가가 보니 어떤 여성이 목화솜을 한데 뭉친 것을 긴 꼬챙이에 돌돌 말면서 내는 소리였다. 20분 동안 그 여성은 이런 이상한 음들을 계속 반복해서 냈다. 그 목소리는 마치 나지막한 뿔피리 소리 같았다. 그 여성 옆에는 아기가 기어다니면서 놀고 있었다.

집으로 돌아온 나는 에버렛에게 내가 보고 들은 것에 대해 물었다. 에버렛은 부족민들이 '꿈꾼 내용을 노래로 부르기도 한다'며 말을 얼버무렸다. 하지만 포로투벨류의 호텔에서 이 이야기를 케런에게 하자 케런은 활기를 띠면서 그 노래 같은 소리는 피라항 부족민이 아이들에게 말하는 법을 가르치는 소리라고 설명했다. 아이는 엄마의 끝도 없이 이어지는 노래를 들으면서 피라항 부족민 언어에서 가장 중요한 요소인 운율을 배우는 것이었다. 피라항 부족민의 이런 모습은 언어 능력은 타고난 본능이 아니라, 목소리라는 매개체를 통해 세대에서 세대로 전해지는 **문화에** 의해 배양되는 능력이라는 사피어의 생각을 입증하는 살아있는 예라고 할 수 있을 것 같았다. 최근 들어서야, 즉 이 책을 쓰면서 아이가 자궁을 떠나기 전부터 엄마의 목소리가 아이에게 언어를 가르치기 시작한다는 것을 알고 나서야 나는 노래 부르던 피라항 부족의 여성과 아이를 훨씬 더 넓은 시각으로 보기 시작했다. 여성의 목소리가 언어를 구사할 수 있도록 인간의 뇌를 준비시키는 가장 중요한 음향학적 신호로서 인간이 진화를 통해 현재의 위치까지 올 때 *가장 중요한* 역할을 했으며, 이 *측정 불가능한* 역할이 과소평가되고 있다는 생각을 하게 된 것이다.

그렇다고 해서 **남성의** 목소리가 인류 진화에서 중요한 역할을 하지 않았다는 것은 아니다. 남성의 목소리는 우리 종의 확산에서 핵심적이었던 성적 신호 전달에서 분명히 역할을 했고 지금도 그 역할을 하고 있다.

PART 5

섹 스 와 젠 더

1994년 10월 NBC에서 방영된 시트콤 〈사인펠드 *Seinfeld*〉는 제리가 일레인에게 노린이 전화로 자기한테 꼬리를 쳤다고 말하는 장면으로 시작한다. 노린은 제리와 일레인 둘 다의 친구다. 일레인이 말했다. "노린이? 요즘 남자친구 새로 사귀고 있는데?" 궁금해진 일레인은 사정을 알아보기 위해 노린에게 전화를 한다. 전화통화를 하는 일레인이 들고 있는 수화기에서 상대편의 목소리가 들린다. 확실한 여자 목소리다. 일레인이 묻는다. "너 제리한테 치근덕거렸어?" 카메라가 일레인의 통화 상대를 비춘다. 키가 작고 대머리인 중년 남자의 모습이 잡힌다. 노린이 새로 사귀고 있는 남자 댄이다. 제리와 친구들이 '고음의 사나이'라고 부르던 남자다. 일레인은 이 남자 목소리를 노린의 목소리로 알아듣고 노린의 비밀을 노린의 새 남자친구한테 말해버린 것이었다. 파랗게 질린 댄이 말한다. "노린이 제리 사인펠드한테 꼬리를 쳤다고?"[1]

실생활에서 이런 실수는 매우 드물다. 인간의 목소리는 동물의 목소리 중에서도 특이하기 때문이다. 목소리가 말을 하는 데 특화돼 있

다는 점에서뿐만 아니라 목소리에 성적 이형성_{sexual dimorphism}이 나타
난다는 점, 즉 남성과 여성의 목소리가 차이가 많이 난다는 점에서도
그렇다. 인간을 제외한 다른 모든 포유동물은 암컷과 수컷의 목소리
를 구분할 수 없다. 암컷이든 수컷이든 같은 종이면 똑같이 으르렁거
리고, 짖고, '야옹' 소리를 낸다. 인간의 가장 가까운 영장류 친척인
침팬지와 보노보도 목소리의 성적 이형성이 인간보다 약하다. 이 동
물들은 암컷과 수컷의 목소리 음높이 차이가 반음 몇 개에 불과하다.
인간 남성의 목소리는 평균적으로 여성의 목소리보다 한 **옥타브** 정
도 낮다. 한 옥타브면 반음 12개다. 상당히 큰 차이다.[2]

물론 예외는 있다. 작가 데이비드 세더리스_{David Sedaris}는 목소리가
너무 고음이라 호텔에서 전화로 룸서비스를 주문할 때 프론트 직원
이 '여사님'이라고 부를 때가 많다고 불평한다.[3] 목소리가 저음인 여
성들도 남성으로 오해받을 때가 많다.[4] 하지만 이런 예외가 있다는
것은 일반적인 원칙이 있다는 것을 증명한다(그렇기 때문에 이런 사람들
의 목소리가 이상하게 들리고, 코미디의 소재로 사용되는 것이다). 남성과 여
성 대학생 600여 명을 대상으로 한 한 연구에 따르면 남성과 여성의
목소리 음높이 대역은 전혀 겹치지 않았다. 여성이 내는 가장 낮은
목소리가 남성이 내는 가장 높은 목소리보다 음높이가 높았다.[5] 자연
은 인간의 목소리만큼은 성의 구별이 확실하길 원했던 모양이다.

유년기의 인간의 목소리는 남녀의 목소리가 구분되지 않는다.[6] 하
지만 남성의 목소리는 13세쯤 사춘기가 시작돼 고환이 (테스토스테론
을 비롯한) 다양한 안드로겐(남성 호르몬)을 점점 더 많이 분비하게 되
면서 음높이가 낮아진다. 이런 화학물질들은 혈액으로 들어가 몸 전
체의 근육과 조직에 있는 안드로겐 수용체와 결합하면서 유전자 발
현 양상을 변화시켜 근육과 조직이 폭발적으로 성장하게 만든다. 안

드로겐은 사춘기 여성에게서도 분비되지만 분비량이 남성에 비해 적다(여성은 고환이 없기 때문이다). 10대 남자 청소년이 여자 청소년에 비해 근육이 더 커지고 (평균적으로) 키가 커지는 것은 바로 이 안드로겐의 폭발적 분비 때문이다. 우연히도 후두에는 안드로겐 수용체가 많아 사춘기에 이르면 후두의 연골, 인대, 근육이 모두 커지고(그중 갑상선 연골은 남성의 목에서 불룩 튀어나옴으로써 자신의 존재를 알리기도 한다. 흔히 목젖이라고 부르는 '아담의 사과_{Adam's apple}'가 바로 이 튀어나온 연골이다) 성대의 크기도 3배가 된다. 이 시기에 성대는 길어지고, 넓어지고, 두꺼워지면서 공기를 조각내는 속도가 늦어져 목소리의 음높이를 낮춘다.

당연하겠지만, 사춘기 소년들은 자신의 목 안에 '새로운' 도구가 만들어내는 낯선 물리적 변화에 적응하는 데 시간이 걸린다. 기저핵에 새로운 신경명령들을 내릴 수 있을 때까지 이들은 대부분 찍찍거리는 고음을 낸다. 이와 동시에 이들의 목이 넓고 두꺼워지고, 구강과 비강이 확장되면서 성도의 공명 양상에 변화가 일어나게 된다. 사춘기 소년들은 낮은 배음들이 강화되고 높은 배음들이 약화되면서 '어둡거나' '풍부한' 음색을 가지는 성인 남성으로 자라는 것이다. 또한 사춘기 남성들은 안드로겐 분비 증가로 횡격막 근육과 흉곽 늑간근도 커지고 강해져 목소리가 사춘기 여성에 비해 (평균적으로) 커진다. 따라서 인간 목소리의 성적 이형성은 단순히 음높이의 문제는 아니라고 할 수 있다. 음색과 성량에서도 남성과 여성은 크게 차이가 나기 때문이다. 하지만 역시 가장 눈에 띄는 것은 음높이의 차이다. 여자 청소년의 목소리도 사춘기에 낮아진다(부신_{副腎, adrenal gland}에서 안드로겐이 분비되기 때문). 다만 남자 청소년처럼 크게 낮아지지 않을 뿐이다. 사춘기 여자 청소년의 성대가 커지는 비율은 약 32%로 남자 청소년의 68%에 비해 상대적으로 낮다. 사춘기 때 여성의 목소리는 반음 한두 개 정도만 낮아지기 때문에 사춘기 이전의 남녀 청소년 모두가 가졌던 높고 맑은 소리를 거의 그대로 낼 수 있다.

16세기 후반 이탈리아 교황의 성당 성가대가 선호한 소리가 바로 이 높고 맑은 소리였다. 하지만 그로 인해 야만적인 일이 벌어지게 된다. 사춘기에도 목소리가 변하지 않도록 어린 소년들의 고환을 제거하는 일이었다. 여성을 성가대원으로 썼다면 이런 극단적인 일을 벌이지 않아도 됐을 것이다. 하지만 여성은 당시 교회법에 따라 성당에서 노래를 부를 수가 없었다. 이 소년들은 7세에서 9세 사이에 고환 제거 수술을 받았다. 이 소년들은 어른이 되면 성대는 작고 가는 상태를 유지하지만 성인의 몸을 가진 카스트라토castrato라고 불리는 가수가 됐다.[7] 이 상태에서 나는 소리는 여성 목소리의 음높이와 남성 목소리의 음색과 힘을 가진 혼종 목소리였다. 한 작가의 묘사에 따르면 카스트라토의 목소리는 '소년 합창단원의 목소리처럼 맑고 투명하지만, 훨씬 더 크고 건조하고 시큼하면서 밝고 가볍고 힘이 넘치는 소리'였다.[8] 이런 목소리에 대한 선호는 17세기 중반 이탈리아 오페라가 부상하면서 광적일 정도로 강해졌다. 이 시기 이탈리아 오페라 중에는 카스트라토가 부르는 부분이 의도적으로 삽입되곤 했다. 이런 광기가 절정을 이뤘을 때는 한 해에 4,000명의 소년이 거세됐을 것으로 추정된다. 이 소년들 대부분은 부모가 가난에서 벗어나기 위해 돈을 받고 거세시킨 자식들이었다. 이 부모들은 거세시킨 자식이 언젠가 유명한 가수가 되면 집안을 일으킬 수 있을 것이라는 기대도 가지고 있었다.[9] 거세를 통해 카스트라토를 만드는 일은 1861년에 공식적으로 중단됐다. 하지만 비공식적으로는 교황이 시스티나 성당에서 은밀하게 즐길 수 있도록 계속되었다. 바티칸 최후의 카스트라토는 1913년에 은퇴한 알레산드로 모레스키_{Alessandro Moreschi}였다.

우리는 인간의 목소리가 사춘기에 **어떻게** 성적 이형성을 띠게 되는지는 알고 있지만 **왜** 그런지는 정확하게 모른다. 하지만 남녀 목소리의 차이가 성적으로 성숙하는 시기에 나타난다는 사실을 생각하면 이 현상이 분명 짝짓기, 번식과 연관된 것이라는 추측이 가능하다.

《종의 기원》에서 다윈은 성공적인 구애와 번식 파트너 확보는 두 가지의 매우 다른 방식으로 이뤄진다고 말했다. 이는 (수컷 공작의 꼬리 과시, 되새의 매력적인 노래 같은) 유혹적인 행동을 함으로써 짝을 유혹하는 첫 번째 방식과 같은 성의 경쟁자를 물리치거나 제압하는 두 번째 방식이다.

두 번째 방식은 후세의 진화생물학자들이 '대결경쟁_{contest competition}'이라고 부르게 되는데, 이 과정에서는 암컷의 환심을 사기 위해 한 수컷이 다른 수컷들과 거의 항상 싸움을 벌인다. 이 과정을 통해 수컷의 몸에서는 다윈이 '특별한 무기'라고 부르는 부분에서 진화가 일어난다.[10] 이 특별한 무기의 예로는 수사슴의 뿔(수사슴은 짝짓기 시기에 서로 머리를 맞대고 싸운다), 수탉 다리에 난 뾰족한 며느리발톱(수탉은 짝짓기 경쟁자를 이 발톱으로 베면서 진압한다), 침팬지 수컷의 긴 송곳니(침팬지는 다른 수컷 경쟁자에게 이 송곳니를 번득이며 보여준다)를 들 수 있다. 진화생물학자 중에는 호모 사피엔스 남성의 낮은 목소리도 이런 특별한 무기 중 하나라고 설명하는 사람도 있다. 목소리는 수사슴의 뿔, 수탉의 며느리발톱, 침팬지의 송곳니처럼 경쟁자에게 부상을 입히거나 경쟁자를 죽일 수는 없지만, 낮은 목소리는 적대적인 관계에서 경쟁자에게 상대방의 몸이 더 크다는 착각을 불러일으키는 무기로 사용될 수 있기 때문이다. 따라서 알 수 없는 유전자 변이를 통해 우연히 비정상적으로 크고 두꺼운 성대를 가지게 돼 목소리가 낮아진 호미닌 수컷들은 성대가 작아 높은 소리를 내는 수컷들에게 선천적인 우위를 가지게 됐다는 설명이 가능하다. 저음을 가진 수컷들은 목소리 음높이가 높은 짝짓기 경쟁자들을 물리치면서 짝을 차지했고, 그로 인해 낮은 목소리를 내게 만드는 유전자가 자연선택을 받게 된 것이다.

펜실베이니아 주립대학 인류학·진화생물학 교수 데이비드 퍼츠 David Puts 는 20년 동안 인간 목소리의 성적 이형성을 연구해 21세기 남성들의 목소리 음높이가 우리의 유인원 조상들의 목소리 음높이보다 낮다는 결론을 도출했다. 남자 대학생 약 200명을 대상으로 한 실험에서 퍼츠는 남성은 자신보다 사회적·육체적으로 열등하다고 느끼는 다른 남성에게 말을 할 때 낮은 목소리를 사용한다는 것을 보여줬다. 반면, 이 '열등한' 남성들(이 남성들은 자신들이 목소리 음높이가 낮은 남성들보다 실제로 덜 지배적이라는 생각을 실제로 가지고 있다)은 자신들보다 사회적·육체적인 서열이 높다고 생각하는 남성에게 목소리 음높이를 높였다.[11] 한편, 같은 연구에 따르면 지배적이고 목소리 음높이가 낮은 남성들은 목소리 음높이가 약간 더 높은 남성들에 비해 실험이 진행되기 전 한 해 동안 더 많은 여성들과 성적 만남을 가졌다. 우리의 호미니드 조상들처럼 바리톤 높이의 목소리를 가진 남성들은 더 많은 성관계를 할 수 있는 것으로 보인다. 하지만 더 많은 성관계를 하게 된 이유는 이들이 짝짓기 상대를 얻기 위한 현대의 '대결경쟁'에서 높은 음높이의 경쟁자들을 '물리쳤기' 때문만은 아니다. 다른 이유는 바로 여성의 취향이다.

이와 관련한 대조 연구들에 따르면 여성은 높은 목소리를 가진 남성보다 낮은 목소리를 가진 남성을 성적으로 더 매력이 있다고 생각한다.[12] 이에 대해 퍼츠는 동물이 성적 파트너를 선택하는 메커니즘에 대한 다윈의 또 다른 이론인 '짝 선택mate selection'을 인용해 설명한다. 수컷의 (힘과 건강을 나타내는) 크고 많은 근육과 균형이 잘 잡힌 몸 같이 부수적인 성적 특성은 우월한 유전자를 암시하며, 암컷은 그 유전자를 새끼에게 물려주고 싶어 한다는 이론이다. 실제로 연구자들은 수컷의 낮은 목소리와 높은 테스토스테론 분비 수준 사이에 상관관계가 있으며(실제로 안드로겐 분비가 많을수록 성대가 크고 두꺼워진다), 테스토스테론은 면역 반응을 강화한다는 것을 입증했다. 따라서 여성이 낮은 음높이의 목소리를 가진 남성을 선택하는 것은 진화를 통해 여성의 뇌 안에 각인된 명령에 따른 행동이라고 할 수 있다. 여성들은 자신의 번식 파트너가 자식들에게 질병 저항 능력이 강한 유전자를 물려줄 가능성이 높은 남성들을 선택하는 것이다. 하지만 이런 퍼츠의 설명에는 매우 흥미로운 결함이 하나 있다. 높은 목소리를 가진 남성들이 좋아할 만한 결함이다.

여자 대학생들은 자신의 월경주기에 따라 남성 목소리의 음높이에 다른 반응을 보인다.[13] 여성은 임신 확률이 높아지는 (그리고 여성의 성적 욕구가 가장 강해지는) 배란기에는 낮은 목소리를 가진 남성을 선호한다. 하지만 임신 확률이 가장 낮은 월경주기(생리가 끝나 성적 욕구가 줄어드는 시기)에는 같은 여성이 반음 몇 개 정도 더 높은 남성 목소리를 선호한다. 이후 연구 결과에 따르면, 여성은 목소리 음높이가 낮은 남성은 단기간 만나 잠자리를 하는 상대, 상상 속의 섹스 파트너로 생각하는 반면(배란기의 여성들은 일부일처 관계에서 벗어나 자유롭게 성관계를 즐기는 상상을 한다는 연구 결과가 있다), 목소리 음높이가 높은 남성은 **현실적이고** 장기적인 잠자리 상대로 생각하는 경향이 있었다. 여성은 낮은 목소리를 가진 남성이 테스토스테론 과다 분비에 따른 바람직하지 않은 특징들, 특히 자신 외에 다른 성적 파트너를 찾게 만드는 성적 욕구도 같이 갖고 있을 거라는 생각을 하도록 진화된 것으로 보인다.[14] 따라서 (적어도 배란기가 아닐 때) 여성이 목소리 음높이가 약간 높은 남성을 선호하는 것은 더 안정적이고 더 **일부일처** 기질이 강한 남성, 즉 자신의 옆을 떠나지 않고 자식을 키우는 데 도움을 줄 남성에 대한 선호를 뜻한다.

이런 연구 결과들은 여성이 목소리뿐만 아니라 **모든 면에서** 명백하게 남성적인 성향이 덜 강한 남성을 선호한다는 연구 결과와 일치한다. (다양한 연구 결과에 따르면 여성들은 몸집이 큰 보디빌더 같은 남성보다 날씬하면서 근육이 있는 남성, 키가 크지만 너무 크지 않은 남성, 수염이 덥수룩한 남성보다 깨끗하게 면도한 남성, 얼굴의 뼈 구조가 여성 쪽에 가까운 남성을 가장 매력적으로 평가했다(여성들이 조슈 브롤린Josh Brolin보다 조니 뎁Johnny Depp을 더 좋아하는 이유가 여기에 있다)).[15] 예일 대학의 뛰어난 진화심리학자 리처드 프럼Richard O.Prum에 따르면, 암컷의 짝 선택은 인간을 비롯한 동물 종들을 형성하는 가장 중요한 힘이다. 수컷 대 수컷의 대결경쟁은 수컷의 몸과 기질의 구성요소들을 무기화하는 경향이 있지만, 암컷의 짝 선택은 그것들의 무기적 성격을 없앤다. 대결경쟁을 위해 진화한 수컷들의 특별한 무기들(송곳니, 며느리발톱, 뿔, 낮고 위협적인 목소리 등)은 암컷과 강압적으로 교미를 하기 위한 수단으로도 쓰일 수 있기 때문이다. 암컷은 덜 지배적인 (그리고 덜 위험한) 번식 파트너를 선택함으로써 덜 강압적인 무기를 가진 수컷 새끼를 낳는다.[16] 번식 경쟁자를 물리치고 암컷과 강압적으로 교미하기 위해 수컷 침팬지가 사용하는 거대한 송곳니가 호모 사피엔스에서 작아진 이유가 여기에 있다. 우리 종의 남성 목소리가 여성 목소리보다 음높이가 크게 낮아진 이유도 여기에 있을 것이다. 낮은 (하지만 너무 낮지 않은) 목소리에 끌리도록 진화하면서 여성들은 자식들의 면역체계가 약해지는 것을 감수하면서까지 우리의 영장류 수컷 조상들의 평균적인 목소리 음높이를 끌어올린 것이다.

다윈은 특정한 유인원 종들이 구애를 위해 암컷과 수컷이 복잡한 이중주로 목소리 멜로디를 내는 살아있는 예로 긴팔원숭이를 꼽았다. 그렇다면 목소리 멜로디가 다양한 것은 구애 과정에서 암컷에게 커다란 매력일 것이다. 특히 수컷이 맑은 목소리로 높은 음역대의 음을 낸다면 이런 목소리를 내는 수컷은 사나운 전사일 뿐만 아니라 세심하고 낭만적이면서 새끼 양육에 도움을 주는 수컷이라는 인상을 암컷에게 줄 것이다.

17세기의 카스트라토 광풍은 높지만 여전히 **남성의 목소리**로 들리는 목소리가 인간의 미적 감각을 확실히 자극한다는 것을 보여준다. 특히 이런 목소리는 아이를 키우는 여성들에게 더 매력적으로 들렸을 것이다. 여기서 극도로 높은 남성 목소리를 선호하는 현대 대중음악의 트렌드가 계속되는 현상에 대해 살펴보자. 사춘기 이전의 저스틴 비버Justin Bieber의 목소리도 그랬지만, 맑고 청아함은 비틀스 시절 폴 매카트니Paul McCartney의 목소리의 가장 큰 특징이기도 했다. 당시 여성 팬들은 이런 매카트니의 노래 소리를 들으면서 발작에 가까운 환호성을 지르곤 했다. 그보다 몇 년 전에는 엘비스 프레슬리Elvis Presley가 〈That's All Right Mama〉 같은 노래를 높고 맑으면서 부드러운 목소리로 불러 여성 팬들에게 광적인 환호를 받았다. 그보다 훨씬 전 세대인 빙 크로스비Bing Crosby와 프랭크 시나트Frank Sinatra라 같은 가수들(1930년대에 라디오가 등장하면서 10대 소녀들에게 집단적인 광기를 일으킨 남자 대중 가수들이다)은 딱히 높은 음을 내지는 않았지만, 목소리를 크게 내지 않으면서 n이나 m 소리 같은 부드러운 소리를 강조함으로써 자신들의 목소리가 위협적이거나 지배적인 목소리가 아니라 친근한 목소리, 청각적 애무 같은 목소리라는 것을, 전쟁의 목소리가 아니라 사랑의 목소리라는 것을 나타냈다.

진화생물학자 제프리 밀러Geoffrey Miller는 남성의 음악적 능력과 성관계 상대 확보 가능성 사이에 확실한 연관성이 있다는 것을 보여줬다. 밀러는 가수 겸 기타리스트 지미 헨드릭스Jimi Hendrix가 '수백 명의 여성 팬들과 성관계를 가졌으며, 최소한 2명의 여성과 동시에 장기적인 성관계를 유지했고, 미국, 독일, 스웨덴에서 최소 3명의 자식을 낳았'는 사실을 지적했다. 밀러에 따르면 헨드릭스는 '성적 장식물sexual ornament(여기서는 멋진 노래를 만드는 능력)'이 자신의 DNA를 다음 세대에 물려주려는 유기체의 능력을 크게 강화한다는 다윈의 이론을 증명하는 전형적인 예다. 밀러는 '헨드릭스가 음악적 유전자를 다음 세대에 물려주는 능력은 여성 팬들을 매료시키는 능력을 통해 두 배가 됐을 것'이라고 말했다.[17] 데니얼 레비틴Daniel Levitin도《음악을 들을 때 뇌에서 일어나는 일This Is Your Brain on Mucis》에서 그룹 레드 제플린Led Zeppelin의 싱어 로버트 플랜트Robert Plant를 예로 들며 같은 주장을 한다. 레비틴은 쾌락주의에 탐닉했던 플랜트가 1970년대에 공연 여행을 다니면서 했던 '내가 어떤 길을 가든 내가 탄 차는 항상 최고의 성적인 만남을 위해 달려가고 있었'라는 말을 인용했다.[18] 레드 제플린 멤버들이 여성 팬들과 성적인 만남에 탐닉했다는 것은 너무나 잘 알려져 있다. 하지만 여기서 내가 주목하는 섯은 플랜트의 목소리다. 유리창을 산산조각 낼 것 같은 고음과 귀를 찢을 것 같은 강력한 힘이 특징인 플랜트의 목소리는 18세기 평론가들이 극찬한 카스트라토의 목소리를 연상케 한다. 따라서 플랜트가 수많은 여성과 성관계를 가질 수 있었던 것은 아이러니하게도 (저스틴 비버나 폴 매카트니처럼) 그의 노래 목소리가 여성 팬들에게 *성적인 위협이 없다는 메시지를* 보냈거나 최소한 한 여성에게만 충실한 성격이라는 메시지를 전달했기 때문일지도 모른다. 물론 이 메시지는 거짓 메시지였지만 말이다. 반면 지미 헨드릭스는 플랜트를 비롯한 다른 록 가수들보다 훨씬 더 낮은 음, 어두운 음색으로 노래했다. 하지만 헨드릭스는 자신의 스트라토캐스터 기타로 높은 음을 풍성하게 냈다. 헨드릭스는 인간이 구애를 할 때 사용하는 목소리를 기타 소리로 흉내 낸 것이었다.

수컷들이 구애를 위한 노래를 하는 대부분의 새들과는 달리 인간의 목소리 구애는 쌍방향이며, 여성의 유혹하는 목소리가 가진 힘은 (적어도) 고대 그리스 시대부터 인식됐다. 호메로스가 쓴 그리스 서사시 《오디세이아》의 영웅 오디세우스는 선원들의 귀를 밀랍으로 막고 선원들에게 자신을 돛대에 묶게 해 세이렌이 부르는 노래의 치명적인 유혹을 피했다(오디세우스는 자신의 귀는 막지 않았다. 그 누구도 들어보지 못한 세이렌의 목소리를 들어보기 위해서였다. 결국 오디세우스는 살아남았다). 호메로스는 세이렌의 노랫소리가 어땠는지는 묘사하지 않았다. '천상의' 목소리였다고 모호하게 언급했을 뿐이다. 하지만 현대의 과학자라면 음높이가 약간 높고 숨소리가 섞인 목소리라고 표현했을 것 같다.

호메로스의 이런 묘사는 적어도 실험실 연구에서 대학생 나이의 남성이 성적으로 가장 매력적이라고 일관되게 꼽는 여성의 목소리에 대해 알려준다.[19] 진화생물학자들은 남성이 비교적 높은 여성 목소리를 선호하게 된 것은 여성의 이런 목소리가 젊기 때문에 번식에 유리한 건강 상태를 나타내기 때문이라고 한다(여성의 목소리는 나이가 들어 폐경기를 맞으면 낮아진다).[20] 한편, 숨소리가 섞인 목소리는 긍정적인 성적 신호다. 이런 소리는 사춘기 때 남성과 여성의 후두가 미세한 해부학적인 차이를 나타내기 때문에 나는 소리다. 발성을 할 때 여성의 성대는 후두 뒤쪽에서 완전히 닫히지 않는다. 성대 막 사이의 이 미세한 틈 때문에 여성의 성대에서는 적은 양의 공기가 '조각나지 않고' 배출돼 속삭이는 것 같은 소리가 나는 것이다.[21] 따라서 가장 여성화된 (가장 임신 가능성이 높은) 파트너를 찾는 남성들은 무의식적으로 목소리의 음높이가 높고 모음과 자음에서 고양이가 가르릉거리는 목소리를 내는 여성들에게 끌린다. 마릴린 먼로Marilyn Monroe가 남성들에게 인기를 끌었던 이유도 여기에 있다. 먼로는 인간의 성적 이형성을 이루는 모든 요소들을 의도적으로 과장했다. 먼로는 굽이 높은 하이힐을 신고, 몸을 흐느적거리면서 걷고, 가슴을 크게 보이게 만드는 브래지어를 하고, 허리를 조여 매고, 진한 화장을 하고, 높은 음으로 속삭이는 것 같은 목소리를 냈다. 이 목소리는 성선택 관점에서 보면 극단적으로 '젊고 임신가능성이 높다는' 걸 암시하는 목소리다.

먼로의 과장된 목소리가 보여주듯이 인간 목소리의 성적 이형성은 남성과 여성의 해부학적 차이에 의해서만 발생하는 것이 아니다. 사회적 기대, 문화적 압력, 젠더 규범, 개개인의 심리학적 특징 같은 요소들이 모두 남성과 여성이 목소리의 음높이와 목소리의 질을 조

정하는 방식에 영양을 미치기 때문이다. 네덜란드 연구팀의 1995년 연구 결과에 따르면 일본 여성은 서양 여성보다 반음 몇 개 정도 높은 음으로 더 부드럽고 작게 말한다. 이런 목소리는 일본 사회에서 전통적으로 용인되는 여성의 전통적인 역할에 부합하는 목소리다. 일본은 여성의 '겸손, 순수, 의존성, 복종'을 강조하는 '온나라시おんならしい(여자다움)'라는 행동 규범을 가진 나라다.[22] 한편, 일본 남성은 서양 남성에 비해 반음 몇 개 정도 낮은 음으로 목소리는 냄으로써 이렇게 사회적으로 형성된 남녀 격차를 더 넓힌다. 북아메리카와 유럽의 남성도 목소리를 일부러 낮추면서 남성성을 드러낸다. 하지만 대부분 이런 목소리는 술집이나 헬스클럽 같은 곳에서 남자들끼리 있을 때만 서로 주고받는다. 이렇게 한 편에서는 수동적이고 다른 한편에서는 공격적이 되는 일종의 '동지의식'을 드러내는 것이다. 이렇게 남성성이 넘쳐나는 목소리는 남자들만 있는 공간이 아닌 가정이나 직장에서 사용하게 되면 상당한 거부감을 불러일으킨다.

실험 심리학자 날리나 앰버디Nalina Ambady는 남자들의 이런 목소리가 얼마나 거부감을 촉발할 수 있는지 보여줬다. 앰버디는 외과의사들이 진료시간에 환자들에게 하는 말을 녹음한 다음 녹음 파일을 저주파 통과 필터에 입력했다. 저주파 통과 필터는 말의 내용을 모두 제거하고 톤과 음높이, 즉 운율만 남기는 장치다. 앰버디는 저주파 필터 장치를 거친 파일을 판정단에게 들려주면서 '따뜻함', '불안', '걱정', '흥미', '적대감', '지배적' 등으로 목소리의 성격을 평가하라고 했다. 앰버디는 의사의 경력이나 능력에 대해 전혀 모르는 상태에서 판정단의 평가만으로 어떤 의사가 고소를 당한 적이 있는지 100% 정확하게 맞출 수 있었다.[23] *지배적인* 톤('낮으면서 크고, 적당히 빠르고, 강세가 없으면서 발음이 분명한')의 목소리가 고소를 당한 적이 있는 의사의 목소리였다. 판정단은 이런 목소리가 '공감능력과 이해력이 부족함'을 나타낸다고 생각했다. '따뜻한' 또는 '공감하는' 또는 '걱정하는' 목소리의 주인은 의료과실로 고소를 당한 적이 없었다. 이런 목소리의 주인은 무능력이나 부주의로 환자에게 피해를 입힌 경우에도 고소를 당하지 않았다. 보복성 소송을 촉발한, 거부감을 일으키는 목소리들은 대부분 저음이 지나칠 정도로 강한 목소리였다.

여성은 낮은 목소리가 말하는 사람에게 부여하는 힘에 대해 잘 알고 있으며, 꽤 오래 전부터 자신들의 목소리의 음높이를 낮추려고 노력해왔다. 호주의 음성 병리학 연구팀은 다른 모든 조건이 동일할 때 1993년에 녹음한 젊은 여성들의 목소리가 1945년에 녹음한 목소리에 비해 음높이가 낮아졌다는 연구 결과를 발표했다.[24] 50년 사이에 여성 목소리의 음높이가 평균 반음 2개 정도 떨어지는 상당히 큰 변화를 발견한 것이다. 미국, 캐나다, 스웨덴 여성의 목소리 음높이도 호주 여성만큼 떨어진 것으로 조사됐다. 또한 1920년대부터 1930년대까지의 여성 목소리 음높이는 1940년대 여성 목소리보다 훨씬 높았던 것으로 밝혀졌다. 1920~1930년대 여성 목소리 주파수는 1초당 318사이클로 현재의 여성보다 반 옥타브 이상 높았다.

여성 목소리의 음높이가 계속 떨어지는 현상은 지난 세기 동안 이뤄진 여성의 급격한 사회적 위치 변화와 상관관계가 있으며, 이 변화에 의해 촉발된 현상임이 거의 분명하다. 여성의 사회적 위치 변화는 국제적인 참정권 확보 운동이 벌어져 서양 국가들 대부분에서 여성이 투표권을 얻게 된 1920년부터 시작됐다. 여성의 목소리 음높이는 제2차 세계내전 기간 동안에도 계속 떨어졌다. 이 시기는 여성들이 가정주부와 엄마로서의 역할에서 해방돼 전쟁에 나간 남성들의 자리를 채우던 시기다. 여성들은 라디오 기자와 아나운서로도 채용이 됐고, 이 여성들은 남성의 목소리에 맞춰 설정된 방송 장비에 음높이를 맞추기 위해 낮은 목소리로 말해야 했다(높은 음역대의 말소리는 왜곡되기 쉬웠기 때문이다).[25] 툴레인 대학의 목소리 전문가 C, E, 링케C.E.Linke는 전쟁 기간 동안 인기 있었던 라디오 기자와 아나운서, 출연자들의 '사회심리학적 영향'이 사회 전반에 걸쳐 여성의 목소리 주파수를 낮추는 데 기여했다고 분석했다.[26]

할리우드 영화도 중요한 역할을 했다. 1940년대 중반에 영화들에는 빠르고 재치 있게 말하는 여성들이 갑자기 대거 등장하기 시작했다.[27] 말의 음높이, 속도, 내용 면에서 남성 상대역들과 겨룰 수 있는 여성들이었다(〈그의 연인 프라이데이His Girl Friday〉의 로사린드 러셀Rosalind Russell, 〈베이비 길들이기Bringing Up Baby〉의 캐서린 헵번Katharine Hepburn). 모델 출신의 로렌 바콜Lauren Bacall은 19세의 나이로 1944년에 영화 〈소유와 무소유To Have and Have Not〉로 데뷔하자마자 그전의 여배우들에게서는 들을 수 없었던 낮은 바순 소리 같은 목소리 톤으로 유명해졌다. 바콜은 1978년에 낸 회고록 《나 홀로By Myself》에서 그 목소리가 자신의 원래 목소리가 아니라 감독 하워드 혹스Howard Hawks의 권유로 몇 시간이고 계속 낮고 큰 목소리로 읽는 연습을 하면서 훈련한 목소리라고 털어났다.[24] 나중에 혹스는 해방된 여성의 '남성적인' 목소리와 적극적인 태도가 여성으로서의 성적 매력을 더 강화하는 캐릭터를 만들고 싶었다고 말했다. 그는 "험프리 보가트Humphrey Bogart처럼 거만한 여자가 사람들을 모욕하면서 미소를 짓는 모습에 관객들이 열광했다."고 말했다.[29]

진짜로 사람들은 그런 모습을 좋아했다. 1940년대의 초대형 스타 바콜은 1970년대 페미니스트들의 롤 모델이 됐다. 실제로 저메인 그리어Germaine Greer 같은 페미니스트 작가는 바콜의 낮은 목소리와 건방진 태도가 전달하는 메시지의 강력함을 칭송했다. 하지만 그리어는 전쟁이 끝난 뒤 영화가 '여성이 침실과 주방으로 돌아가고, 아이를 보는 역할을 맡는' 현실을 반영하게 되자 바콜의 인기가 하락했다고 개탄하기도 했다. 1950년대의 영화감독들은 바콜처럼 '건방지고' 성적으로 적극적인 1940년대의 목소리와는 매우 다른 목소리를 요구했다. 혹스마저 전후의 새로운 분위기에 굴복했다. 그리어에 따르면 혹스가 당시에 기용한 여배우들은 마릴린 먼로, 조안 콜린스Joan Collins 같은 허리가 잘록하고 가슴이 크고 '유혹적인 미소를 짓는' 배우들이었다.[30] 유명한 페미니스트 글로리아 스타이넘Gloria Steinem에 따르면 이렇게 유혹적인 미소를 짓는 배우들은 남성과 동등한 보수와 권리를 추구하는 여성들에게 위험한 존재였다. 1981년 〈미즈Ms〉 잡지에 발표한 글에서 스타이넘은 '성인으로서의 역할이나 강력한 역할을 하고자 하는 여성에게 아이 같거나 여성적인 목소리는 결함이 된다'고 경고하기도 했다.[31]

━━┄┈··┄━━

서양 사회에서 여성의 목소리는 음높이에 상관없이 천대를 받았다는 증거는 수없이 많다. 고전학자이자 페미니스트인 메리 비어드Mary Beard는 아주 옛날부터 여성의 목소리가 체계적으로 억압돼온 과정을 추적했다. 비어드는 《여성과 권력Women & Power》(2017년) 시작 부분에서 호메로스의 《오디세이아》의 한 장면을 인용했다. 전쟁에서 돌아오지 않는 남편 오디세우스를 기다리는 페넬로페가 자신에게 청혼하기 위해 몰려든 사람들을 위해 음유시인에게 덜 침울한 노래를 불러달라고 요청한다. 그러자 페넬로페의 아들 텔레마코스가 "어머니, 어머니는 침소에 가서 하던 일을 계속 하세요. 베를 짜거나 바느질을 하시라는 말입니다. 말은 남자들이 하는 겁니다."라고 말한다.[32] 텔레마코스는 이때 '말'이라는 뜻으로 'mythos'라는 단어를 사용한다. 비어드는 이 상황에서 'mythos'는 여자들이나 하는 '잡담이나 가벼운 말이 아니라' *권위 있는 공적인 말*을 뜻한다고 냉소적으로 덧붙인다. 여성의 목소리는 집안에서만 나야 한다는 고대인들의 생각은 우리가 기대하는 것과는 달리 지금도 크게 변하지 않고 유지되고 있다. 여성이 직장이나 정치계에서 놀라운 성과를 거두고 있는 오늘날에도 여성의 목소리는 역압되거나 남성의 목소리에 눌리고 있다. 비어드는 풍자 잡지 〈펀치Punch〉에 실렸던 만화 한 컷을 자신의 책에 다시 실었다. 회사 대표가 직원 5명에게 말을 하는 장면인데, 그 중 한 명이 여성이다. 대표가 말한다. "트릭스 양, 매우 뛰어난 제안을 했소. 그 제안은 여기 있는 남자 직원 중 한 명이 실행에 옮기면 되겠군요." 이 만화는 30년이나 지난 만화지만, 지금도 여성이라면 나이에 상관없이 이 만화에 공감할 것이다.

남성들은 여성들이 제안한 아이디어를 아무렇지도 않게 자기 아이디어인 것처럼 말하거나 여성들이 아이디어를 제안하지 못하도록 방해한다. 2017년 노스웨스턴 대학 프리츠커 법학대학원 연구팀이 15년 전에 미국 대법원에서 있었던 법정 공방의 속기록을 연구한 바에 따르면, 남성 판사들과 남성 변호사들은 '자신들이 서로의 말에 끼어든 것보다 3배 정도 많이 여성 판사들의 말에 끼어들었다'.[33]

요즘에는 여성들이 말할 때 남성들이 무의식적으로 불쑥 끼어들어 장황하게 말을 늘어놓는 것을 '맨스플레인mansplain'이라고 한다. 리베카 솔닛Rebecca Solnit의 베스트셀러《남자들은 자꾸 나를 가르치려 든다Men Explain Things to Me》(2014년)에서 사용돼 크게 확산된 용어다. 이 책은 어떤 돈 많고 잘나가는 남자가 사진가인 이드위어드 머이브리지Eadweard Muybridge에 관한 책에 대해 저자인 솔닛에게 아는 척을 하며 설명하는 장면으로 시작된다.[34] 솔닛은 자기가 그 책을 쓴 사람이라고 말했지만 남자는 계속 말을 했다. 남자는 옆에 있던 솔닛의 친구가 "그 책은 이 친구가 쓴 거예요."라고 몇 번이나 말한 후에야 알아듣고 입을 다물었다. 솔닛은 "남성과 여성 모두 아는 체하며 말할 수 있지만, 내 경험상 아무것도 모르면서 자신 있게 계속 우기는 것은 남녀 중 어느 한 쪽만 가지고 있는 특징이다."라고 말했다.[35]

요즘 들어 여성의 목소리에 대해 이야기할 때 빠지지 않는 소재가 있다. 바로 '보컬 프라이vocal fry'다. '삐걱거리는' 목소리로도 알려진 보컬 프라이는 음높이가 낮은 개구리 울음소리 같은 거친 소리다. 베이컨을 튀길 때 나는 소리와 비슷하다고 해서 보컬 프라이라는 이름이 붙었다. 젊은 여성들이 이런 소리를 많이 내는 현상에 과학자들이 처음 주목하게 된 것은 계간 학술지 〈아메리칸 스피치American Speech〉 2010년 가을 호에 실린 한 논문 때문이었다.[36] 그 후 이 현상에 대한 긍정적·부정적 언론 보도가 줄을 이었다. 유명한 언어학 웹사이트 〈랭귀지 로그Language Log〉의 운영자이자 교수인 마크 리버먼Mark Lieberman 은 대중매체의 보컬 프라이 관련 보도를 세밀하게 분석했다. 이 분석 내용에는 NPR(미국 공영라디오 방송)에서 〈This American Life〉라는 프로그램을 진행하는 아이라 글래스Ira Glass가 자신의 프로그램에 출현하는 젊은 여성들의 발음에 대해 불평하는 메일을 수도 없이 받고 있다는 내용도 있다.[37] 글래스는 "청취자들은 '보컬 프라이'에 대해 불만이 많아요."라며 다음과 같이 말했다.

> 그동안 청취자들로부터 받은 메일 중에서 가장 화난 이메일이었어요. 메일을 보낸 사람들은 출연자들의 목소리가 견딜 수 없을 정도로 거슬리고, 짜증이 날 정도로 사춘기 아이 목소리 같고, 짜증을 넘어서 무슨 말인지 알아들을 수도 없으며, 너무 불편하다고 했어요.

이런 **반응**은 NPR 청취자들만 보인 것이 아니었다. 보컬 프라이가 말하는 사람에게 미치는 사회학적 악영향에 대한 논문들도 발표되기 시작했다. 보컬 프라이는 '머뭇거리고, 비공격적이고, 격식이 없는' 말투를 만든다는 내용이었다.[38] 또한 듣는 사람에게 짜증을 유발하기 때문에 '젊은 여성의 성공을 방해할 수 있다'는 분석도 나왔다. 그럼에도 보컬 프라이는 마치 전염병처럼 계속 확산되고 있다.

이런 발성 스타일이 매우 전염성이 강하다는 사실을 처음 알게 된 것은 몇 년 전 톰 울프Tom Wolfe의 《필사의 도전The Right Stuff》을 읽고 나서다. 이 책은 미국 공군 파일럿 중에서 선발된 최초의 NASA 우주 비행사들의 훈련 과정을 담은 책이다. 1947년에 음속을 최초로 돌파한 비행사로 유명한 척 예거Chuck Yeager도 포함돼 있었다. 웨스트버지니아 탄광촌에서 태어난 예거는 늘 특유의 서두르지 않는 느린 말투로 침착하게 교신을 했고, 동료 조종사들은 예거의 말투를 따라하지 않을 수가 없었다. 울프는 이 책에서 '언제부턴가 전투기 조종사들과 미국의 민간 항공기 조종사들은 예거의 이런 웨스트버지니아식 느린 말투를 따라하게 됐다. 이런 말투를 쓰는 것이 비행기에서 교신을 할 때 가장 유리했기 때문이다'라고 말했다.[40] 현재 북아메리카의 상용항공기 (남성) 조종사들은 자신이 어디서 태어났든 모두 이런 느린 말투를 쓰고 있다. 비행기 조종석에서 가장 의사전달이 잘되는 말투이기 때문이다. 미국항공운송협회 안전 담당 국장으로 일했던 톰 패리어는 최근 이런 예거 말투에 얽힌 추억을 블로그에 올렸다. 패리어에 따르면 대부분의 조종사들은 매우 급박한 상황에서도 이런 말투를 사용하고 있다.[41] 조종사들의 이런 말투는 라과디어 공항에서 이륙한 비행기가 엔진 고장으로 허드슨 강에 비상착륙하던 상황에서의 기장 체슬리 설렌버거Chesley Sullenberger의 목소리에서 들을 수 있다. 유튜브에 올라와 있는 당시의 조종실 상황 동영상을 보면 4분 동안 이어진 급박한 상황에서도 설렌버거의 목소리는 간결하면서 약간 느린 저음을 유지했다는 것을 알 수 있다.[42] 전형적인 예거 말투다.

최근의 보컬 프라이의 확산에 대해 연구하는 사람들은 2007년에 시작한 리얼리티 TV 프로그램 〈카다시안 가족 따라잡기Keeping Up with the Kardashian〉로 스타가 된 킴 카다시안이 보컬 프라이 확산에 결정적인 역할을 했다고 보고 있다. 보컬 프라이 확산에 대한 연구 결과들은 이 프로그램의 시청률이 절정에 이른 시점인 2010년에 나오기 시작했다.[43] 킴 카다시안의 인기가 최고조에 이른 시점과 보컬 프라이의 확산 시점이 일치하는 것은 (두드러지는 보컬 프라이 목소리를 계속 내는) 카다시안이 보컬 프라이라는 전염병의 0번 확진자라는 확신을 갖게 한다. 하지만 카다시안의 말투가 왜 그렇게 전파력이 강한지 정확하게 파악하지 못하고 있다. 대중이 유명한 사람의 행동을 모방하기는 하지만 이런 모방은 대부분 짧은 유행으로 끝나기 마련인데, 카다시

안의 말투는 일시적인 유행에 그치지 않고 있다. 카다시안에 의한 보컬 프라이 확산은 예거의 느린 말투 확산과 비슷한 양상을 띠고 있다. 보컬 프라이는 미국 문화 전반에서 여성들의 말투를 변화시키고 있으며, 많은 여성들이 자신이 보컬 프라이 말투를 사용하는 여성으로 보이기를 원하고 있다. 요약하면, 보컬 프라이 확산 현상은 이제 시대정신을 정의하는 현상으로 생각해야 한다는 뜻이다. 하지만 보컬 프라이 확산 현상이 현재의 여성들, 그 여성들이 느끼는 것과 보여주고 싶은 것에 대해 우리에게 말해주는 더 큰 진실은 무엇일까?

앞에서 보컬 프라이에 대해 내가 한 설명은 보컬 프라이가 목소리를 삐걱대게 만들고, 운율을 없애 말에서 감정을 제거한다는 것이었다. 킴 카다시안이 딱 그렇게 보컬 프라이를 이용한다. 카다시안의 진한 화장, 가면을 쓴 것 같은 얼굴, 단조로운 목소리 톤은 권태로 인한 무관심을 드러낸다. 이런 이미지는 부유함 덕분에 일상적인 걱정이 없는 (따라서 감정도 없는) 스타로서의 '브랜드'를 강화한다. 카다시안은 대중문화가 사람들에게 심어주는 환상, 즉 노력도 하지 않고 특별한 재능도 없으면서 상상을 초월한 부와 명성을 가질 수 있다는 환상을 이용해 현재의 위치에 이른 사람이다. 처음에 나는 아무 걱정이 없는 평온한 카다시안의 삶을 부러워하는 팬들이 그녀의 **태도를** 흉내내기 시작했고 이들은 최소한 그녀의 목소리처럼 강단 있는 목소리를 내고 싶어 하기 때문에 보컬 프라이가 확산되고 있다고 생각했다.

하지만 지금은 생각이 달라졌다. 2016년 미국 대선과 그 직후의 미투 운동 확산으로 여성들의 보컬 프라이 목소리 사용이 매우 다른 양상을 띠기 시작했다고 생각한다. 보컬 프라이 목소리(인간이 낼 수 있는 가장 낮은 음높이의 소리)는 낮은 목소리를 내면서 대화를 지배하는 남성과 동등하게 목소리를 내기 위한 목소리라고 생각한다. 사실 이런 측면에서 본다면 보컬 프라이는 부분적으로만 효과가 있다. 보컬 프라이는 목소리의 크기도 줄이기 때문에 맨스플레인을 하는 남성의 목소리를 누르는 데 거의 도움이 안 된다. 하지만 이런 단점은 우리의 DNA에 각인된 또 다른 메시지에 의해 극복된다. 보컬 프라이 목소리는 인간이 아닌 동물이 적을 쫓거나 적과 싸울 때 사용하는 같은 후두 근육들에 의해 만들어진다. 이 후두 근육은 폐에서 나오는 공기가 퍽퍽한 소리를 낼 수 있도록 성대를 경직시키는 근육이다. 보컬 프라이는 말 그대로 **으르렁거리는 것이다.** 보컬 프라이는 "여자가 으르렁거리는 걸 들어볼래?" 정도에서 그치는 것이 아니다. 보컬 프라이는 그보다 훨씬 강력한 신호다. 으르렁거리는 것은 극적인 효과가 있다. 으르렁거림은 **"봐! 나는 진지하게 일에 대해 말하고 있어."** 라고 말하는 것이다.

　보컬 프라이 열풍은 젊은 여성들에서만 불고 있는 것이 아니다. 2016년 〈미국 음향학회지 The Journal of the Acoustical Society of America〉에 실린 한 연구 결과에 따르면 보컬 프라이는 남성들에게서 **더 널리 퍼지고 있다.** 남성의 입술에서는 원래 낮고 깊고 운율이 없는 목소리가 나오기 때문에 보컬 프라이 발성이 바로 눈에 띄지 않을 뿐이라는 분석이다. 그럴 수 있다는 생각이 든다. 마크 리버먼은 〈랭귀지 로그〉에서 NPR의 아이라 글래스가 출연자들의 보컬 프라이 목소리에 대한 불만을 담은 이메일을 받는다고 말하지만 아이라 자신의 목소리에도(아이라는 남성이다) 강하게 보컬 프라이가 나타난다고 지적한 바 있다.[45] 보컬 프라이를 통해 낮게 속삭이는 것 같은 목소리를 내는 유명한 남자 영화배우 한 명이 머리에 떠올랐다. 아무도 그의 목소리가 '머뭇거리는 느낌'을 주거나, 듣기 싫거나, '성공을 방해할 수 있는' 목소리라고 평가한 적이 없다. 이런 그의 목소리는 침착하면서 냉정한 이미지를 강화해 그를 유명한 배우로 만들었다. 바로 조지 클루니(George Clooney)다. 이런 생각을 하게 된 후부터 맷 데이먼(Matt Damon), 브래드 피트(Brad Pitt), 레오나르도 디카프리오(Leonardo Dicaprio) 같은 배우들에게서도 보컬 프라이 목소리가 들리기 시작했다. 생각해 보니 인기 있는 남자 배우들은 거의 보컬 프라이 목소리를 내고 있었다.

⎯⎯⎯⎯⎯⎯⎯⎯⎯⎯

인간 목소리의 성적 이형성에는 분명 문화적인 요소가 포함돼 있다. 생물학적 구성요소가 워낙 강해 잘 보이지 않을 뿐이다. 〈사인펠드〉의 프로듀서는 여성의 목소리와 구별이 안 되는 댄의 목소리를 만들기 위해 촬영 후 댄의 영상에 여배우의 목소리를 입혀야 했다.[46] 다른 성으로 전환한 사람들의 목소리는 성전환 수술 전의 목소리에서 변하지 않는다. 남성에서 여성으로 전환한 사람은 에스트로겐 주사를 맞으면 몸이 여성처럼 변한다(피부가 부드러워지고 가슴이 불룩해진다). 하지만 에스트로겐 주사로도 사춘기 때 변한 후두와 성대를 변화시킬 수는 없다. 사춘기 이후에 성전환을 한 사람의 목소리는 XY 염색체, 즉 남성의 유전자가 만든 목소리에서 결코 벗어날 수 없다.

완벽한 생물학적 여성으로 '보이고 싶은' 트랜스우먼(transwoman)에게 이 문제는 작은 문제가 아니다. 모호한 중성적 정체성이 드러나는 것에 만족하는 트랜스우먼에게도 그렇다. 이 문제 때문에 모든 트랜스젠더는 유형에 상관없이 일자리 차별, 가족의 냉대, 성소수자에 대한 폭력 등에 노출되기 쉽다. 성적 지향이 남성인 트랜스우먼은 확실하게 남성적인 목소리 때문에 자신이 끌리는 잠재적 파트너에게 로맨틱한 관심을 전달하는 데 어려움을 겪고, 결국 위험할 정도로 고립돼

살거나 평생을 혼자 살아야 하는 경우도 있다(트랜스젠더들의 자살률이 트랜스젠더가 아닌 사람들의 자살률의 9배라는 통계는 이 문제와 관련이 없을 수 없다).[47] 여성에서 남성으로 전환한 사람들은 상황이 다르다. 적어도 목소리 측면에서 보면 그렇다. 테스토스테론 대체 요법은 생물학적인 여성의 외모를 남성화할 뿐만 아니라(근육량을 증가시키고, 수염이 자라게 하며, 심지어는 남성에게서 보이는 탈모 패턴도 나타나게 한다) 성대와 후두의 안드로겐 수용체와 테스토스테론의 결합 유도를 통해 성대와 후두를 급속하게 확장시킴으로써 목소리를 남성화하기도 한다. 목소리가 자연스럽게 깊어지는 것이다.

트랜스우먼의 경우 목소리를 여성화하는 수술을 받을 수 있다. 성대의 양쪽 끝에 붙은 연골의 일부를 영구적으로 뜯어내는 방법이다. 이렇게 하면 성대 막이 팽팽해져 음높이가 올라간다. 하지만 이 수술은 연골의 운동성을 제한해 운율 변화폭을 줄일 수 있다. 이 수술을 받은 사람들 중에는 한 음으로만 가성을 내는 사람들이 많다. 한편, 내시경 성대구 수술법이라는 더 효과적인 수술법도 있다. 이 수술은 성대의 길이를 줄여 진동 조직의 양을 줄이는 방법이다. 이 수술을 받으면 음높이가 높아지면서 운율이 그대로 유지된다. 하지만 이 수술은 민감한 성대를 직접 건드려야 하기 때문에 상당한 위험이 따른다. 수술 후 목소리가 거칠어지고 걸쭉해지는 부작용이 발생하기도 한다(줄리 앤드류스가 바로 이 경우다). 그렇기 때문에 의사들은 이 방법을 최후의 수단으로만 사용하길 권장한다.[48]

대부분의 트랜스우먼은 기존의 말하기 치료법을 먼저 시도하고 싶어 한다. 이 치료법은 목소리를 여성화하는 데 큰 효과가 있지만(발성 기관과 청각 기관을 물리적으로 교묘하게 조절하는) 기술을 익히는 것이 쉽지 않다. 말을 하는 사람은 목 안에서 후두를 들어 올린 상태에서 '삼키는' 상태로 후두의 위치를 계속 유지시키면서 혀를 입천장 쪽으로 미세하게 들어 올린 다음 앞으로 내밀면서 말해야 한다. 목구멍과 입의 공명실 크기를 줄여 목소리의 주파수를 올리고 낮은 주파수의 음들은 억제하는 방법이다. 이렇게 하면 높은 목소리가 나면서 음색은 여성의 몸에서 나는 소리의 음색처럼 가볍고 밝아진다. 하지만 말을 하면서 후두를 계속 올린 상태를 유지하고 구강의 크기를 조절할 수 있도록 근육의 힘을 키우고 조절력을 강화하려면 엄청나게 많은 연습을 해야 한다. 연습을 아무리 많이 해도 이 방법을 익히지 못하는 사람들도 있다. 게다가 하품이나 기침이 갑자기 나거나 웃음이 터질 때는 원래의 목소리가 튀어나오기도 한다. 뇌간에서 발생해 의식적으로 조절이 불가능한 '고정행동패턴' 때문이다. 이렇게 갑자기 남성 목소리가 튀어나오면 여성 목소리의 흐름이 깨져 곤란한 상황이 발생하기도 한다.

트랜스젠더의 목소리를 훈련시키는 사람들도 확실하게 여성의 목소리를 내기 위해서는 음높이와 음색에만 신경 쓰는 것으로는 부족하다고 말한다. 선천적으로 그렇든, 문화의 영향을 받아서 그렇든 여성은 남성과는 약간 다른 운율을 사용하면서 말을 한다. 남성의 목소리를 여성화하려면 모든 말소리가 더 '흐르도록' 만들어야 한다. 남성 특유의 들쭉날쭉하고 각이 진 발성을 없애려면 음소들 사이의 전환이 더 자연스럽게 이뤄져야 하고, 갑작스럽게 음높이를 크게 변화시키지 않아야 한다.[49]

확연히 구분되는 남성 목소리와 여성 목소리 외에도 인간에게는 또 다른 성 정체성을 나타내는 제3의 목소리가 있다. 이른바 '게이 목소리'다(이게 무슨 말인지 잘 모르겠으면 〈퀴어 아이Queer Eye for the Straight Guy〉라는 TV 드라마에 나오는 화려한 배우들의 목소리를 들어보길 바란다). 게이 목소리의 특징을 분석한 언어학자들에 따르면 이 목소리는 음높이 변화가 크고, 모음을 과장하며(예를 들어, ah와 uh 소리를 낼 때 혀의 뒷부분이 크게 낮아진다. 'fabulous'라는 말을 'faaaahb-u-luuhs'라고 발음하는 것이 전형적인 예다)[50], s와 z 소리를 높은 음높이로 쉬쉭대면서 길게 내는 목소리다.[51] 물론 게이 남자라고 해서 모두 이런 식으로 말하는 것은 아니고, 이런 식으로 말하는 사람이 모두 게이 남자는 아니지만 이런 '게이 목소리'의 특징과 동성에 대한 성적 지향 사이의 상관관계는 매우 강하기 때문에 이런 목소리를 듣는 사람은 목소리만으로 말하는 사람이 동성애자라는 것을 80%의 정확도로 예측할 수 있다.[52]

남성의 게이 목소리에 상응하는 '레즈비언 목소리'도 있다. 하지만 레즈비언 목소리는 음향학적인 정의가 정교하지 않다. 레즈비언 목소리는 레즈비언의 성적 지향을 나타내는, 음높이가 낮고, 거칠고, 단정적인 목소리라고 말하는 사람들도 있지만(이 목소리에서 '남성적인' 음향학적 단서가 포착되기 때문에 그럴 것이다), 이런 특징들이 이성애자 여성보다 레즈비언 여성에게서 더 많이 나타난다는 통계적 근거는 없다. 내가 앞에서 성을 나타내는 목소리가 4종류가 아니라 3종류라고 말한 이유가 여기에 있다. 레즈비언 목소리의 매우 미세한 특징을 찾아낸 연구자들이 있긴 하다. 혀의 뒷부분을 약간 내리면서 모음을 발음한다는 것이다. 이렇게 목소리를 내면 저음이 강화된다.[53]

1980년대에 게이 목소리와 레즈비언 목소리를 처음 연구한 사람들은 이 목소리의 발성 패턴과 음색 특성이 동성에 끌리는 생물학적 기질에 의해 성도의 해부학적 구조가 변화되거나 발음을 조절하는 신경학적 구조들이 변화돼 나타난다고 생각했다. 하지만 게이 남성들(또는 레즈비언 여성들)에게서 해부학적 차이나 뇌의 신경학적 회로의 차이는 발견되지 않았다. 현재 전문가들 대부분은 우리가 게이 목소리 또는 레즈비언 목소리라고 부르는 목소리는 언어 습득이 이뤄지는 유아기에 학습한 행동이라고 본다.

이 이론은 생물학적으로 동성에 끌리는 기질을 타고난 유아들은 자신과 성이 다른 부모나 돌보는 사람을 자신과 더 동일시해 그들이 말하는 패턴을 모방하기 위해 신경회로를 발달시킨다는 이론이다. 즉, 3살짜리 게이 남자아이는 아빠의 단조롭고 거친 목소리보다 발음이 분명하고 운율이 풍부한 엄마의 목소리에 더 주목하면서 그 목소리를 따라 내려고 한다는 뜻이다. 반면, 레즈비언 여자아이는 아빠의 낮은 목소리를 따라 내면서 구강 안쪽에서 나는 낮은 음높이의 모음을 과장해서 발음함으로써 목소리의 전체적인 음높이를 낮춘다.[54] 이 아이들은 매우 어릴 때부터 무의식적으로 이런 발성 패턴을 사용하게 되는 것이다(이 아이들은 초등학교 때부터 이성애자 아이들과는 다르게 말한다는 연구 결과도 있다). 물론 사춘기 때까지 이런 패턴이 나타나지 않는 아이들도 있다.[55]

인간에게서 왜 목소리가 이렇게 진화했는지는 쉽게 알 수 있다. 동성에 대한 성적 끌림은 몸으로 드러나지 않으므로(몸의 유형, 머리색 또는 피부색, 얼굴 등을 봐서는 누가 게이인지 알 수 없다) 자신과 같은 성적 지향을 가진 사람들에게 자신이 동성애자라는 것을 알릴 수 있는 매우 유용한 수단이 목소리이기 때문이다. 하지만 동성에 대한 끌림을 강하게 나타내는 목소리는 차별을 유발할 수 있는 가장 강력한 요소이기도 하다. 게이 남성들 대부분이 어릴 때는 말투가 '계집애' 같다고 놀림을 받고, 어른이 돼서는 그 말투 때문에 위협을 당하거나 폭행을 당한 경험이 있다고 말한다. 이런 동성애혐오증이 몸에 밴 자신의 목소리든 남의 목소리든 게이 목소리를 증오하게 되는 사람들도 있다. 영화감독 데이비드 소프$_{David Thorpe}$는 〈내 목소리가 게이 목소리 같나요?$_{Do I sound gay?}$〉라는 다큐멘터리에서 자신의 게이 친구들의 목소리가 '얼간이들이 징징대는 소리'처럼 들린다고 묘사하면서, 자신도 목소리 때문에 특별한 종류의 인간으로 낙인이 찍히고 있다고 말했다. 소프는 목소리 때문에 사람들이 자신을 지속적인 관계를 추구하는 30대 싱글 남자로 보지 않고 파티에 열광하는 경박한 인간으로 본다고 말했다.[56] 소프가 음성병리학자를 찾아가자, 음성병리학자는 소프에게 '노래하는 것 같은' 운율을 적게 사용하고, 혀를 입의 앞쪽으로 더 내밀면서 모음을 발음하고, '비음'을 적게 내고, 치찰음을 낼 때 '쉿쉿' 소리를 적게 내고, 10대 여자아이들처럼 모든 문장의 끝을 올려 의문문처럼 들리게 하지 말라고 충고한다.

소프는 열심히 노력한다. 거울에 혀와 입술을 비춰보면서 움직임을 살펴보고, s 발음을 바꾸기 위해 발음하기 힘든 어구들을 큰 소리로 읽고, 대화 교정 코치를 찾아가 모든 문장의 끝을 올리는 버릇을 없애려고 한다. 하지만 실패한다. 기저핵에 '게이' 발성과 운율이 너무 깊숙하게 각인돼 있어 자신의 발성 습관을 없앨 수 없다. 소프는 자신이 그렇게 싫어하는 자신 안의 어떤 것을 왜 변화시킬 수 없는지 알 수 없다. 언제부터 이런 식으로 말하기 시작했는지도 정확하게 기억이 나지 않아 가족과 어릴 적 친구들에게 언제 자신의 말투가 '다르다'는 것을 알게 됐는지 물어본다. 이들은 소프의 게이 목소리가 대학생 때부터 나오기 시작했다고 말한다(소프가 게이라는 것을 밝힌 때다). 다큐멘터리의 끝부분에서 소프는 자신의 목소리를 바꿀 수 없다는 것을 깨닫고 그냥 게이 목소리로 살기로 한다. 하지만 마음이 불편하다. 스탠드업 코미디언 가이 브래넘Guy Branum은 개인 해방 운동의 일환으로, 자신의 전형적인 게이 말투를 바꾸지 않겠다고 공언했지만, 자신이 '밝은 깃털'이라고 부르는 게이 목소리에 대해 소프 같은 남자들이 느끼는 두려움과 혐오감도 이해한다. 브래넘은 2018년에 낸 회고록《여신으로 산 내 인생My Life as a Goddess》에서 "우리는 사냥감이다. 밝은 깃털 때문에 죽을 수 있는 사냥감이다."라고 말했다.[57]

이성애자든, 게이든, 레즈비언이든, 양성애자든, 트랜스젠더든 성적으로 흥분하면 목소리에 확실한 변화가 나타난다. 그 이유는 성도기 성기와 매우 비슷한 방식으로 움직인다는 데 있다. 성 반응 주기가 시작될 때는 (질의 점막처럼 생긴) 후두의 점막이 윤활액을 분비해 성대를 끈적끈적한 점액으로 감싸 성대가 공기 흐름을 조각내는 속도를 느리게 함으로써 남성과 여성 모두에게서 숨소리가 섞인 허스키한 목소리가 나온다는 뜻이다. 이렇게 되면 음높이 조절도 어려워진다. 심장을 콩닥콩닥 뛰게 만드는 상대를 만나 성적으로 흥분했을 때 목소리가 이상하게 나오는 이유가 여기에 있다. 한편, 이 과정이 진행될 때는 목구멍과 혀의 조직들도 (남성의 음경과 여성의 외음부가 부풀어 오르듯이) 부풀어 올라 성도 내 공명실의 벽이 부드러워지고, 그 결과로 높은 배음들이 공명실 벽에 의해 흡수되고 약화돼 목소리가 매끄러워진다. 우리의 귀는 욕망의 이런 음향학적 신호들을 감지하고 해석할 수 있다. 첫 번째 데이트에서 상대방에게 소금 좀 건네 달라는 간단한 말로도 자신의 의도보다 더 많은 것을 전달할 수 있게 되는 이유가 여기에 있다.[58]

PART 6

사회 에서의 목소리

어떻게 인간의 목소리가 정체성을 결정하고, 그 결과로 운명을 만드는지를 다룬 가장 유명한 문학작품은 조지 버나드 쇼_{George Bernard}
_{Shaw}의 희곡 《피그말리온_{Pygmalion}》(1912년)이다. 이 작품은 나중에 (줄리 앤드류스 주연의) 뮤지컬 〈마이 페어 레이디_{My fair lady}〉와 같은 제목의 (오드리 헵번 주연의) 영화로 만들어졌다. 이 희곡은 음성학 교수 헨리 히긴스가 꽃을 파는 가난한 런던 토박이 소녀의 말하는 방법을 바꿔 '공작부인'으로 만드는 이야기다. 일라이자 둘리틀이라는 이름의 이 소녀의 말은 같은 런던 토박이만 알아들을 수 있는 말이었다. 희곡의 첫 장면에서 일라이자는 (쇼의 표기를 그대로 쓰면) "Wal, fewd dan y'd-ooty bawmz a mather should, eed now bettern to spawl apore gel's flahrzn than ran awy athaht pyin.(글씨, 아줌니가 에미 노릇을 제대로 했더라면, 저 인간이 불쌍한 여자애의 꽃을 다 망쳐놓고 돈도 안 주고 도망치지는 않았것지유)"이라고 말한다(번역하면, "Well, if you'd done your duty by him as a mother should, he'd know better than to spoil a poor girl's flowers then run away without paying." 정도가 된다). 히긴스는 일라이자에게 8주

동안 음성학 훈련을 시키고 옷차림새도 고쳐줌으로써 일라이자를 새로운 여자로 만들어낸다. 일라이자는 완벽한 상류층 억양을 쓰면서 사교회장에도 나가고, 한편으로는 혼자 발음을 더 다듬어 귀족 집안에 시집갈 준비를 한다.

전형적인 사회주의자였던 쇼는 영국의 엄격한 계급 체계에 대한 비판으로《피그말리온》을 썼다. 쇼는 우연히 태어나게 된 사회 계층의 억양이 사람을 어떻게 묶어 놓는지 보여주고자 했다. 쇼는 이 희곡의 서문에서 '어떤 영국인이라도 다른 영국인으로 하여금 자신을 싫어하거나 경멸하게 하지 않으면서 입을 여는 것은 불가능하다'라고 직설적으로 말한다.¹ 이 이유로 쇼는 히긴스 교수 같은 음성학자들이 영국에서 가장 중요한 사회개혁자라는 이상한 믿음을 가지게 됐다. 쇼는 계급을 엄격하게 가르고 일라이자 같은 사람들의 사회적 계층 이동을 막는 발성의 차이를 음성학자들만이 사회에서 제거할 수 있다고 믿었다.

억양이 없는 사람은 없다. 같은 모국어를 쓰는 사람인데도 전혀 다른 억양으로 말하는 사람을 만난 경험이 누구나 다 있을 것이다. 모든 사람의 말에는 그 사람이 태어나고 자란 지리적 위치, 사회적 위치, 교육 수준을 드러내는 다양한 리듬, 선율 등이 있으며, 틀릴 때가 많긴 하지만 우리는 다른 사람들의 말을 들으면서 발음을 분석하고 단서들을 찾아, 말하는 사람에 대해 즉각적으로 추론한다. 일부 언어학자들이 목소리와 억양을 사회가 수용할 수 있는 마지막 선입견이라고 말하는 이유가 여기에 있다.

이 선입견은 우리가 다른 사람의 말을 들을 때 어쩔 수 없이 갖게 되는 선입견이다. 시각, 청각, 촉각 등 모든 자극은 감정을 담당하는 변연계에서 먼저 처리된다. 변연계는 자극이 위협일 수 있는지 분석한다. 이 과정을 거치고 나서야 신호는 더 높은 뇌 영역으로 전달돼 이성적인 분석의 대상이 된다. 따라서 우리는 누군가가 **무엇을** 말하는지 생각하기도 전에 그 사람이 *어떻게* 말을 하는지에 대한 본능적인 변연계 반응을 경험한다. 이 반응 중 하나가 억양에 대한 반응이다. 2015년 영국 뱅거 대학의 심리학자 패트리샤 베스텔마이어Patricia Bestelmeyer는 fMRI를 이용해, 말하는 사람의 억양을 듣고 자신의 집단과 '같은 집단'에 속하는지 '다른 집단'에 속하는지 알아내는 인간의 능력은 편도체를 포함한 변연계의 활동에 의한 것이라는 사실을 밝혀냈다.[2] 베스텔마이어는 이런 반응이 말이 처음 진화했을 때 나타났다는 가설을 제시했다. 초기 인간들이 다른 인간의 말을 들으면서 그 인간이 자신과 같은 부족에 속한 인간인지, 즉 친구인지 적인지 알아내기 위해 이런 능력을 진화시켰다는 설명이다. 이 설명에 따르면 억양이 혐오를 촉발한다는 버나드 쇼의 말에는 생각보다 더 많은 신경과학적 원리가 숨어 있다고 할 수 있다. 하지만 억양에 대한 격렬한 감정적 반응이 어느 정도 뇌에 내장된 것이라고 해도 우리는 원시적인 반응을 억누를 수 있도록 진화한 생명체이기도 하며 (이렇게 진화하지 않았다면 우리는 지금도 유인원처럼 행동하고 있을 것이다), 따라서 목소리가 만드는 선입견이 유발하는 부당한 행동에 대한 버나드 쇼의 비난은 옳았다고 할 수 있다. 《피그말리온》에서 버나드 쇼는 발성이 바뀌기 전에도 일라이자에게 예의가 있었으며, 열심히 일하고자 하는 의지도 있었다고 묘사한다. 또한 버나드 쇼는 일라이자가 자신이 겪었던 곤경을 외면하고, 특히 **목소리** 때문에 자신을 무시했던 런던의 귀족들에 못지않은 도덕의식을 가지기 위해 노력했다는 것을 애써 보여준다.

최근 연구에 따르면 버나드 쇼가 《피그말리온》을 쓴 지 100년이 넘게 지난 지금도 상황은 거의 달라지지 않았다. 이 연구에 따르면 지금도 영국 사람들은 히긴스가 일라이자에게 가르친 중상층 억양이 정직함, 지성, 야망, 심지어는 육체적인 매력을 나타낸다고 생각하고 있으며, 일라이자가 쓰던 런던 토박이 억양은 직업정신의 부족, 낮은 존엄성, 발음의 부정확함, 낮은 성공 확률 같은 개념을 떠올리게 한다고 생각하고 있다.[4] 특정한 말투를 쓰는 사람은 직업적인 성공이 빨라지는 반면, 다른 말투를 쓰는 사람은 하찮은 노동을 하거나 정부로부터 복지수당을 타 생계를 유지하는 신세로 전락한다는 것은 우리의 목소리 신호가 가진 놀라운 특성을 잘 드러낸다. 바꿔 말하면, 하나의 종으로서 인간이 *사회적* 진화를 하도록 만드는 원동력, 인간의 문명을 형성하는 원동력이 목소리라는 뜻이다. 영어는 이런 현상을 연구하는 데 이상적인 언어다. 영어가 전 세계에 걸쳐 비즈니스와 외교에 사용되는 언어이기 때문이 아니라, 영어가 처음 생겨난 곳이 우연히도 매우 다양한 억양들 그리고 그 억양들과 관련된 극심한 계급 우월의식이 지금도 나타나는 곳이라는 사실 때문이다. 하지만 목소리와 억양에 근거해 즉각적인 판단을 내리는 것은 모든 언어의 화자들에게 나타나는 현상이다. 뉴질랜드, 호주, 남아공, 미국의 영어 화자들도 (앞으로 살펴보겠지만) 예외가 아니다.

지난 1,500년 동안 브리튼 제도에서 발달해 온 영어는 웨일스, 런던, 버밍엄, 더블린, 맨체스터, 에든버러에 사는 사람들, 오지에 사는 사람들, 도시에 사는 사람들에 의해 사용되며, 교육, 직업, 재산에 상관없이 모든 사람들에 의해 사용됐으며 지금도 사용되고 있다. 억양은 지리적, 경제적, 사회적, 직업적으로 고립된 사람들의 집단에서 발생한다. 말소리를 발음하는 특정한 방식이 부모 또는 돌보는 사람의 '엄마 말투'를 통해 수 세대 동안 아이들에게 전해져 사실상 '근친교배'로 인한 결과처럼 나타나는 것이 바로 억양이다. 이렇게 억양들이 생겨나면서 a, e, t 같은 소리가 영국 곳곳에서 서로 다른 방식으로 발음되게 된 것이다.

셰익스피어 시대(16세기 후반에서 17세기 초반)에 이르자 교육을 받은 런던 사람들은 특정한 존엄의식을 가지게 됐다. 런던은 금융, 예술, 정치의 중심지였고, 교육을 받은 런던 사람들의 영향력은 다른 어떤 도시의 사람들보다 더 컸기 때문이다.[5] 하지만 영국에서는 다른 수많은 억양들도 생겨났고 지금도 그 억양들은 유지되고 있다. 빌 브라이슨Bill Bryson은 《언어의 탄생The Mother Tongue》(1990년)에서 '미국의 메인 주 크기 밖에 안 되는 영국 북부의 6개 카운티에서 'house'라는 단어가 17개의 다른 방식으로 발음되고 있다'고 지적했다.[6] 브라이슨은 영국 전체로 보면 서로 확연하게 다른 억양이 100개 정도 존재한다고 말했다. 국토의 면적을 생각하면 엄청나게 많은 억양이 존재하는 것이다.

18세기 중반에 다양한 영어 발음을 하나의 '표준' 발음으로 통일하려는 진지한 노력이 시작된 적이 있다. 당시 토머스 셰리던Thomas Sheridan이라는 배우 출신 교사는 자신을 영어 발음 방식의 유일한 권위자라고 선포한 뒤 영국 최초의 국가 발성법 교사가 됐다. 셰리던이 1756년에 출간한 《영국의 교육British Education》이라는 책의 부제는 말투와 도덕성의 연관관계에 대한 셰리던의 생각을 확실히 드러내고 있다. 책의 부제는 다음과 같다.

> 너무나 넓게 확산된 불멸, 무지, 잘못된 취향이 현재의 불완전한 교육 제도의 당연하고 필연적인 결과라는 것을 증명하고, 말의 기술과 우리의 언어에 대한 연구를 부활시키는 것이 이런 폐해들을 일소하는 데 큰 도움이 된다는 것을 보여주기 위한 에세이.

셰리던은 '(영어를) 완벽한 상태로 수정해 보존하고자' 했다. 영어 교육을 잘 받고, 부유하고, 집안이 좋은 런던 사람들이 쓰는 영어로 유지하겠다는 생각이었다. 셰리던은 'Heaven'이나 'happy' 같은 단어에서 h를 빼고 발음하거나, f나 v를 th로 발음하는 것을 비난했다. 셰리던은 리버풀 같은 북쪽 도시의 화자들이 'cup'의 u를 'coop'의 oo처럼 혀를 밑으로 내리고 입술을 동그랗게 만들어 발음하는 것을 비웃었다. 또한 아일랜드 사람들이 ('sort'를 'sart'로, 'person'을 'pairson'으로 발음하는 등) 모음 o와 e를 잘못 발음한다고 조롱했으며, 스코틀랜드 사람들은 거의 모든 발음이 엉망이라고 비난했다. 이 책은 영국에서 당시에 성장하고 있던 중산층에서 인기를 얻었다. 셰리던은 상류 사회로 편입되고자 하는 중산층의 욕망을 무자비하게 이용한 것이었다. 셰리던이 다음에 낸 책은 《발음 방법 강의A Course of Lectures on Elocution》였다. 이 책에서 셰리던은 교육을 받은 런던 사람(또는 영국 궁정의 일원)처럼 말하는 것은 "인간관계가 좋고, 상류사회의 일원이 되고 싶은 모든 사람이 만나고 싶은 사람이라는 것을 증명한다."고 말했다.[8] 또한 그는 다른 모든 억양은 '수치스러운' 억양이라고 비난했다.[9]

셰리던의 이런 말은 우월주의적인 말로 들리긴 하지만, 그가 천명한 목표는 계층과 지역의 분열을 조장하는 것과 정반대였다. 셰리던은 (150년 후의 버나드 쇼처럼) 영어 발음의 차이를 없앰으로써 모든 영국인이 서로 쉽게 말을 알아들을 수 있고, 그로 인해 모든 영국인이 더 의사소통을 잘하게 되는 상상을 했다. 목표도 훌륭하지만 그 목표를 뒷받침하는 논리도 훌륭했다고 할 수 있다. 우리가 쓰는 억양과 다른 억양에 우리가 두려움을 느끼도록 진화했다면 발음의 차이를 없애는 것은 더할 나위 없이 좋은 일일 것이다. 실용적인 측면에서 보면, 다양한 억양을 통합해 하나의 표준 억양으로 만들면 모든 종류의 의사소통 오류를 없앨 수 있을 것이다. 예를 들어, 런던 토박이의 'pie' 발음과 'poy'로 들리는 상류층 사람의 발음에서 발생하는 의사소통 오류가 없어질 수 있을 것이다. 자음 발음의 차이도 혼란을 일으킨다. 실제로, 한 옥스퍼드 대학 졸업생이 런던 토박이 과일 장수가 'three apples(사과 3개)'라고 말한 것을 'free apples(공짜 사과)'로 알아듣는 일이 일어나기도 했다.

셰리던의 책들은 베스트셀러가 되고 그의 전국 순회 강연에는 청중이 넘쳐났지만, 셰리던은 사람들을 자신처럼 말하게 만들지는 못했다. 스코틀랜드 사람들과 아일랜드 사람들 대부분은 자신들의 발음에 만족하는 수준을 넘어서 발음을 자랑스러워할 정도였기 때문에 셰리던의 '상류사회' 발음법을 무시했다. 다른 사람들(셰리던의 책이 너무 비싸 사지 못한 사람들이거나, 너무 바빠서 셰리던의 강연을 들을 새가 없었던 사람들이거나, 발음 능력이 떨어지는 사람들이었을 것이다)은 런던 토박이 억양과 r 소리를 진동시키는 요크셔 억양 등 자신들의 지역 억양을 그대로 사용했다. 따라서 아이러니하게도, 발음을 교정해 나라를 통합하려던 셰리던의 노력은 다양한 억양에 '수치스러운' 억양이라는 낙인을 찍고 특정한 억양만 바른 억양이라고 치켜세움으로써 사람들 사이의 틈만 더 벌려놓는 결과를 가져왔다.[10]

이런 발음 차이는 산업혁명으로 영국 전역의 사람들이 런던을 비롯한 도시들의 공장으로 몰려들면서 (적어도 공장 주인들에게는) 전례 없이 폭발적으로 부가 창출되자 계급간의 치명적인 격차를 나타내는 표지로 기능하기 시작했다. 교육 수준이 낮고 저임금에 시달리던 공장 노동자들은 찰스 디킨스 소설에 나오는 슬럼으로 들어가야 했다. 그 슬럼에서 주로 쓰이던 억양이 매춘, 알코올 중독, 강도, 살인 같은 온갖 빈곤 범죄를 연상시키는 런던 토박이 억양이다. 한편, 중상층 (과거에 '시골사람'이었다 부를 이루게 된 사람들, 온갖 고생을 다해 돈을 많이 벌게 된 런던 토박이들)은 자식들을 학비가 비싼 사립학교나 기숙학교 같은 새로운 유형의 학교에 집어넣기 위해 노력을 아끼지 않았다. 이 학교들의 가장 큰 목표는 학부모의 '수치스러운' 근본을 드러내는 억양과는 전혀 다른 억양을 가르치는 것이었다.[11]

이 억양은 셰리던이 목표로 하던 억양이자 현재 영국 최고의 사립 고등학교(이튼 스쿨과 해로 스쿨)와 최고의 대학(옥스퍼드 대학과 케임브리지 대학) 학생들이 쓰는 억양이었다. 이 억양은 그 이전에는 '올바른 영어correct English', '좋은 영어good English', '순수한 영어pure English', '표준 영어Standard English' 같은 다양한 이름으로 불리다 결국 '용인 발음Received Pronunciation, RP'이라는 이름으로 불리게 됐다. 이 발음의 특별한 점은 특별한 점이 없다는 것이다. 이 발음은 지역 억양의 색깔을 모두 지운 것이기 때문이다. 현재까지도 용인 발음은 교육받은 중상층 영국인의 자부심을 나타내는 억양, 영어를 배우는 외국인 학생들이 목표로 삼는 억양의 지위를 유지하고 있다. 용인 발음은 영국인의 약 3%밖에 사용하지 않는 발음이지만 그 3%는 매우 강력한 3%다. 영국의 전 총리 데이비드 캐머런David Cameron의 발음을 들어봤거나 드라마 〈다운튼 애비Downton Abbey〉, 휴 그랜트Hugh Grant가 나오는 영화를 본 적이 있다면 용인 발음이 어떤 것인지 알 것이다. 용인 발음의 특징 중 하나는 a 발음을 길게 늘인다는 것이다. 예를 들면, 'bath'를 'baaawwth'로 멋을 부리면서 발음한다. 또한 단어나 음절의 끝에 있는 r을 발음하지 않기 때문에 'purple', 'learn', 'more'는 각각 'puh-ple', 'luuhn', 'mo-ah'로 소리가 난다. 'cup' 같은 단어를 발음할 때는 'coop'처럼 말하지 않기 위해 입술을 치아 쪽으로 붙인다. 단어 맨 앞에 있는 h를 발음할 때는 기식음(거센소리)을 정성스럽게 낸다(용인 발음보다 더 톤이 높은 '세련된 용인 발음Refined RP'이라는 발음도 있다. 이 발음은 거의 영국 왕족과 왕의 최측근 귀족만 사용한다. 예를 들면, 'black hat'을 'black hit'로, 'I looked all over the house'를 'Ehh lewktool ayvah th' hice'로 발음한다).

사춘기 이전의 언어학적 뇌는 유연성이 높다. 따라서 이런 빅토리아 시대의 사립학교 학생들은 표준화된 용인 발음을 1년만 사용해도 당시에 '부끄러운 억양'이라고 여겨지던 요크셔 억양, 미들랜드 억양, 런던 토박이 억양을 지울 수 있었다. 이런 억양 평준화 지도는 주로 교사들에 의해 이뤄졌지만(교사들은 'like'를 'loike'로 발음하는 학생들에게 "i를 순수하게 발음해!"라는 지적을 하곤 했다[13]), 학생들 사이에서도 표준 발음에 대한 지적이 무자비하게 이뤄지곤 했다. 1986년에 출간된 《영어 이야기The Story of English》에서 저자 로버트 맥닐Robert McNeil과 공저자들은 1800년대 미들랜드의 한 사립학교에서는 '노스 베드퍼드셔 억양을 쓰는 학생들은 동료 학생들이 그 억양을 흉내 내면서 너무나 무자비하게 조롱했기 때문에 표준 영어를 빨리 익힐 수밖에 없었다'는 존 허니John Honey의 이야기를 인용했다.[14] 당시 표준 영어를 구사하지 못하는 사람들은 교육 수준이 낮고, 무식하고, 가난한 시골 사람,

즉 외집단(이질감이나 적대감의 대상이 되는 타인 집단) 사람이라는 낙인이 찍혔다.[15]

이런 과정을 통해 20세기 초의 영국은 목소리를 사람들을 분류하는 중요한 기준 중 하나로 만들었다.

용인 발음은 헨리 히긴스가 일라이자 둘리틀에게 가르친 억양이었다. 히긴스는 당시에 새로 생긴 과학인 **음성학**을 이용해 일라이자를 가르쳤다. 음성학은 말을 할 때의 후두, 혀, 연구개, 입술의 정확한 움직임을 연구하는 학문이다. 음성학을 처음 연구한 사람은 찰스 다윈의 할아버지 에라스무스 다윈Erasmus Darwinm (1731-1802)이다. 에라스무스 다윈은 은박지를 돌돌 말아 원통 모양으로 만든 것을 자기 입에 넣고 혀가 정확하게 은박지의 어떤 부분을 찌그러뜨리는지 확인하는 방법을 사용했다. 하지만 현대 음성학의 아버지는 알렉산더 멜빌 벨Alexander Melville Bell이라고 할 수 있다. 전화를 발명해 인간의 음성 의사소통에 혁명을 일으킨 알렉산더 그레이엄 벨Alexander Graham Bell이 이 사람의 아들이다. 하지만 알렉산더 멜빌 벨의 연구도 아들의 발명 못지않게 지속적인 영향을 미쳤다. 1800년대 중반 알렉산더 멜빌 벨은 상형문자 같은 기호들을 사용해 발성 기관의 가능한 모든 위치를 표시했다. 코사어Xhosa 같은 아프리카 언어들의 성문 흡착음, 양순 파열음을 비롯해 모든 언어에서 발견되는 소리를 포함해 인간의 성도에서 만들어질 수 있는 모든 소리를 표시할 수 방법을 만들어낸 것이었다. 벨은 이 연구 결과를 담은 《보이는 음성Visible Speech》(1867년)이라는 책을 자비로 출판했다. 벨은 이 책이 외국어 학습에 도움이 될 것이라고 말했지만 별로 팔리지는 않았다. 하지만 벨이 《보이는 음성》에서 제시한 음성 표기 시스템이 후대에 미친 영향은 지대했다. 벨의 제자인 음성학자 헨리 스위트Henry Sweet(버나드 쇼가 히긴스 교수의 모델로 삼은 사람이다)는 벨의 시스템을 간소화한 시스템을 만들었다. 스위트는 벨의 기괴한 상형문자 같은 기호를 익숙한 로마자로 바꾼 다음(대문자를 쓰거나, 이탤릭체를 쓰거나, 문자를 뒤집어서 사용하기도 했다), 다양한 나라 출신의 음성학자들과 같이 국제음성기호International Phonetic Alphabet, IPA를 만들었다. 이 시스템은 현재도 널리 사용되고 있으며 모든 사전에서 발음 가이드 역할을 하고 있고(예를 들어 '딕셔너리'라는 단어의 발음을 이 시스템에 따라 표기하면 'dik-sh-ner-ē'가 된다), 사전 편찬자, 외국어를 공부하는 학생, 음성병리학자, 번역가, 가수, 배우 같은 사람들에게 없어서는 안 되는 도구이기도 한다. 또한 《피그말리온》을 쓸 때 조지 버나드 쇼가 발음의 계급 간 차이를 없앨 수 있는 수단이 될 것이라고 생각했던 것이 바로 이 시스템이다. 하지만 이는 영어 발음에 영향을 미칠 수 있는 훨씬 더 효과적인 수단이 등장하면서 별로 실현 가능성이 없는 꿈으로 전락했다.

BBC가 라디오 방송을 처음 시작한 것은 1922년 11월 14일이다. 《피그말리온》 초연 1년 후다. 이 방송을 통해 사상 최초로 하나의 목소리가 나라 전체에 말을 하게 된 것이었다. 이 방송은 완벽한 용인 발음으로 진행됐다. 우연히 그렇게 된 것은 아니다. 영국의 지배 엘리트층에서 모두 선발된 경영진과 아나운서들이 용인 발음이 가장 분명하고 알아듣기 쉬운 발음이며(물론, 어떤 억양을 쓰는 사람이든 자신의 억양이 그렇다고 말한다), 본질적으로 가장 '아름다운' 발음이라고 주장하면서 그렇게 결정했기 때문이다.[16] 용인 발음만으로 방송을 함으로써 BBC는 셰리던과 버나드 쇼가 이루지 못한 꿈, 즉 온 국민의 말투를 하나의 표준 말투로 평준화한다는 꿈을 이루겠다는 희망을 가지고 있었다. 실제로 BBC의 초대 총국장(사장) 리스 경Lord Reith은 BBC가 첫 방송을 송출한 직후 쓴 글에서 '끔찍할 정도로 모음 발음을 잘못하는 사람들이 많다. 방송은 이런 문제를 해결하는 데 크게 도움이 될 것이다'라고 말했다.[17]

이런 목표를 가지고 리스는 1926년에 방송 출연자들의 억양을 감시하고 까다로운 발음과 관련된 문제(예를 들어, 'canine'을 kah-nine으로 발음해야 하는지 kay-nine으로 발음해야 하는지의 문제)를 해결하고자 BBC 영어 발음 자문위원회를 설립했다. 조지 버나드 쇼가 이 위원회에서 10년 동안 위원으로 일하다 위원장이 됐다. 버나드 쇼는 유년기와 청년기를 아일랜드 더블린에서 보냈기 때문에 아일랜드 억양이 강했지만 용인 발음도 매우 잘했기 때문에 위원장이 됐다. 20대 초반에 무일푼으로 런던에 온 고등학교 중퇴생 버나드 쇼는 아마 히긴스가 일라이자에게 시킨 훈련 같은 발음 훈련을 받았을지도 모른다.[21] 1920년대에 녹음한 당시 70대의 버나드 쇼의 목소리를 들어보면 경쾌한 아일랜드 억양과 좀 이상하게 들리는 용인 발음의 모음 소리가 섞여있다는 것을 알 수 있다. 버나드 쇼는 그랬다고 쳐도, 이 위원회의 다른 위원들 대부분은 옥스퍼드 대학이나 케임브리지 대학 졸업생이 쓰는 상류사회 최상층의 용인 발음을 사용했다. 역사학자 케네스 클라크Kenneth Clark(나중에 PBS에서 〈문명Civilization〉이라는 프로그램을 진행했다), 저널리스트 앨리스테어 쿡Aliatair Cooke(나중에 PBS에서 〈걸작 극장Masterpiece Theatre〉을 진행했다) 같은 사람들이었다.[19] 위원회 내부 토론에

VOICE
•
232

서는 이 사람들의 발음이 지배적인 위치를 차지했던 것으로 보인다 (예를 들어, 버나드 쇼는 'kay-nine' 발음을 주장했지만 상스러운 '미국 영어 발음'이라는 이유로 무시당했다는 기록이 있다[20]).

물론 BBC는 영국 전역의 억양들을 '평준화'하는 데 완전히 실패했다. 당연한 결과다. 앞에서 말했지만, 억양은 어린 시절에 결정적으로 형성된다. BBC 방송의 성인 청취자들도 모두 어린 시절에 억양이 형성된 사람들이기 때문에 방송 아나운서들이 용인 발음을 써도 청취자들의 발음은 바뀌지 않았다. 정신과의사와 전구 농담("전구 하나를 갈아 끼우려면 정신과의사가 몇 명 필요할까?", "단 한 명이면 돼. 하지만 그 전구가 스스로 변화할 의지를 보여야만 해.")에서처럼 사춘기 이후에 억양을 바꾸려면 *정말 변화를 원해야 한다.* 일라이자(그리고 아마도 버나드 쇼)처럼 집중적인 훈련을 받아야 변화가 가능하다는 뜻이다. 하지만 어린 아이들에게도 억양 평준화를 위한 BBC의 노력은 효과가 없었다. 사람의 입에서 나는 목소리가 아닌, 기계에서 나는 목소리는 아이들에게 언어나 억양을 심어줄 수 없었다. 말은 돌보는 사람이 엄마 말투를 쓰고 아기가 옹알이로 대답을 하면서 형성되는 피드백 회로의 일부로서만 습득될 수 있기 때문이다.

BBC의 자문위원회는 1939년에 문을 닫았다. 전쟁 기간 동안 불필요한 지출을 줄이기 위해서였다. 전쟁이 끝난 후에도 위원회는 재개되지 않았다. 경제적인 이유는 아니었다. 1945년에 사상 최초로 노동당이 집권을 하면서 정치적으로 영국은 급격하게 좌파 쪽으로 기울었다. 노동 계층이 힘을 가지게 되면서 용인 발음과 그 용인 발음을 사용하는 3%의 사람들에 대한 태도도 크게 달라졌다. 어느 날 갑자기 용인 발음은 영국의 지배 계층 사람들처럼 보이기 위해 사용하는 우아하고 세련된 발음으로서의 위치를 잃었고, 모든 발음을 (상류층의) 발음으로 평준화기 위한 (셰리던, 버나드 쇼, BBC의) 노력은 계층 격차를 없애기 위한 선의의 노력이 아니라 특권을 가진 소수가 우월의식을 바탕으로 다수의 노동 계층의 문화와 정체성에 영향을 미치기 위한 가식적인 노력으로 인식되기 시작했다. 상황이 이렇게 변하자 용인 발음이라는 말을 만든 음성학자 대니얼 존스_{Daniel Jones}조차 서둘러 입장을 바꿀 수밖에 없었다. 실제로 존스는 이런 분위기를 감지하고 노동당 집권 1년 전인 1944년에 낸 《영어 발음 사전_{English Pronouncing Dictionary}》 개정판에서 "나는 용인 발음이 본질적으로 다른 발음보다 '더 좋거나 더 아름다운' 발음이라고 보지 않는다…. 나는 사람들이 자신이 원하는 대로 발음할 수 있어야 한다고 생각한다."라고 주장하기까지 했다.[21]

BBC도 지역 억양을 쓰는 사람들을 방송에 출연시키기 시작함으로써 존스의 이런 입장에 동의하는 모습을 보이기 시작했다. 비용인 발음이 방송에서 점점 더 많이 쓰이기 시작하면서 1962년에는 당시 리버풀에서 선풍적인 인기를 끌고 런던으로 온 비틀스가 BBC 라디오에 출연해 용인 발음이 아닌 리버풀 억양을 그대로 구사하는 일도 벌어졌다. 그전까지 리버풀 출신의 연예인들은 방송에서 리버풀 '사투리'가 아닌 용인 발음으로만 말해야 했다. 비틀스 멤버들이 자신들의 고향 말투를 그대로 방송에서 사용한 것은 몸에 딱 붙는 양복, 눈썹을 덮는 긴 앞머리, 굽이 높고 앞이 뾰족한 부츠, 혁신적인 멜로디와 함께 혁명적인 행동으로 받아들여졌으며, 비틀스의 이런 행동은 리버풀 억양과 노동 계층의 억양을 1960년대의 영국에 (최소한 일정

기간 동안은) 유행시키기도 했다. 오랫동안 용인 발음을 써왔던 사람들도 '코드 전환'을 하기 시작했다(주류 집단에 합류해 사회적으로 성공하기 위해 발음을 바꿨다는 뜻이다). 롤링 스톤스의 리더 믹 재거Mick Jagger가 전형적인 예다. 재거는 켄트 주 다트포드의 부유한 중산층 출신으로 런던정경대학을 다녔지만 런던 토박이 억양을 사용했다. 1966년 5월에 한 토크쇼에 출연해 자신의 마리화나 소지 혐의에 대한 변호를 할 때를 제외하면 그랬다. 그때는 사립 기숙학교 출신들이 사용하는 용인 발음으로 돌아갔었다. 몬티파이튼 비행 서커스Monty Python's Flying Circus의 멤버들은 자신들이 사용하는 케임브리지 대학 억양의 모음과 자음을 과장해서 발음하고 발성 자체도 우스꽝스럽게 함으로써 풍자적인 효과를 노렸다.《플래플리 웰 스포큰Flaffly Well Spoken》(1968년),《플래플리 스위트Flaffly Sweet》(1969년) 같은 책은 기발한 반음기호와 철자를 이용해 턱을 조이고 우스꽝스럽게 내는 '세련된 용인 발음'을 패러디하기도 했다. 예를 들면, 'Bar chorleh a smol gront from the yacht skonsul snommotch twosk for(But surely a small grant from the arts council is not much to ask for)' 같은 문장이다.[22] 《플래플리 웰 스포큰》시리즈는 호주 작가 얼레스테어 아도크 모리슨Alastair Ardoch Morrison이 에퍼백 로더Afferbeck Lauder라는 필명으로 쓴 것이다(이 'Afferbeck Lauder'라는 이름도 'Alphabetical Order'라는 말의 세련된 용인 발음에서 나는 방식으로 표기한 것이다). 그 어떤 언어학자도 '세련된' 용인 발음이 그 발음을 쓰는 사람들만 알아들을 수 있는 발음이라는 사실을 이 작가만큼 효과적으로 보여주지는 못했다.

하지만 억양은 스커트 길이 같은 것이다. 사회적 상황이나 정치적 상황이 변함에 따라 특정한 발음에 대한 인식이 바뀌기도 하고, 특정한 발음이 인기를 얻기도 하고 잃기도 한다. 1979년 마거릿 대처

Margaret Thatcher의 토리당이 집권당이 되자 용인 발음이 다시 인기를 얻기 시작했다. (1980년대 중반에 용인 발음은 인기를 얻는 수준을 넘어서 마니아층을 양산하기 시작했다. 당시 찰스 왕세자의 약혼녀였던 다이애나 스펜서의 인기가 높아지면서 상류사회 여성들의 억양인 슬로운 레인저Sloane Ranger 억양이 유행했기 때문이다) 현재는 다시 용인 발음이 가장 바람직한 영국 영어 발음이라는 여론 조사 결과가 나오고 있는 반면, 비틀스 덕분에 잠시 유행했던 리버풀 억양은 다시 사회 하층민들의 억양으로 인식되고 있다. (여론 조사 결과에 따르면) 현재 리버풀 억양은 런던 토박이 억양과 함께 취업, 결혼, 선거에 가장 불리한 억양으로 전락한 상태다.

조지 버나드 쇼는 미국과 영국이 '공통의 언어에 의해 분리된 두 나라'라는 말을 한 적이 있다(오스카 와일드Oscar Wilde가 한 말일 수도 있다. 아무도 정확하게 모르는 것 같다). 실제로 미국 영어와 영국 영어를 다르게 들리게 만드는 단어와 발음이 많은 것은 사실이다. 하지만 그렇다고 해도 이 두 영어는 목소리 차원에서는 동일하게 기능한다. 영어를 사용하는 사람들의 입술과 혀의 움직임을 기초로 그 사람들에 대한 즉각적인 판단을 내린다는 점에서는 억양에 매우 민감한 영국인이나 그렇지 않은 미국인이나 마찬가지라는 뜻이다. 미국 영어에는 영국 영어만큼 다양한 억양이 존재하지 않는다(실제로 미국의 억양 수는 영국의 억양 수의 약 5분의 1밖에 안 된다). 하지만 그건 영국 영어가 미국 영어보다 1,000년 앞서 다양한 방언들을 만들어냈기 때문이지 다른 이유는 없다. 그럼에도 불구하도 미국 영어에도 다른 미국인이 자신을 싫어하거나 경멸하게 하지 않으면서 입을 여는 것을 불가능하게 만들 정도로 충분히 다양한 억양이 존재한다.

따라서 메이슨 딕슨 선(미국 남부와 북부의 경계선) 위쪽에 사는 미국인들 대부분은 i를 ah로 발음하는 남부 사람들을 후진적이고, 교육을 받지 못했으며, 머리가 나쁘고, 선입견이 강하고, 편협하다고 생각한다(예를 들어, 남부 사람들은 "I like pie."를 "Ah lahk pah."로 발음한다). 반면 남부 사람들은 i를 두 개의 모음(이중 모음 'uhh-ee')으로 발음하는 북부 사람들을 엘리트주의적이면서 진보적인 척하는 속물로 생각한다. 중서부 사람들은 단어 끝의 r 소리를 확실하게 내고, 비음을 많이 내며, 노래하는 것 같은 운율을 사용하기 때문에 동부 해안 사람들이나 남부 사람들에게는 시골뜨기 같은 인상을 준다(코언 형제의 영화 〈파고Fargo〉의 등장인물인 경찰관 마지 건더슨의 억양을 생각하면 된다). 반면 서퍼들의 늘어지는 말투와 모든 문장의 끝을 올리는 밸리 걸valley girl(캘리포니아의 중산층 젊은 백인 여성) 말투가 특징인 캘리포니아 말투는 다른 미국인들에게 대책 없고 이상한 사람이라는 느낌을 준다.

미국인도 영국인처럼 다른 사람의 말투로 그 사람의 경제적 위치를 그 자리에서 판단한다. 미국인이라면 소설《위대한 개츠비The Great Gatsby》에서 주인공이 데이지 뷰캐넌에 대해 "데이지의 목소리에는 돈이 가득 들어있어."라고 말할 때 그 말이 무슨 뜻인지 금세 알 것이다.[23] 개츠비는 데이지가 한 말의 내용(시간이 남아도는 사람들만 떨 수 있는 무의미하고 쓸데없는 이야기)에서도 돈이 많을 것이라고 느꼈지만, 그 느낌은 대부분은 데이지가 말하는 *방식*, 즉 데이지의 억양, 운율, 말의 속도, 음색에서 받은 것이었다. 소설의 화자 닉 캐러웨이는 "데이지는 낮고 떨리는 목소리로 내게 묻기 시작했다."면서 이렇게 말한다. "그녀의 목소리는 들리는 말 한마디 한마디가 다시는 연주될 수 없는 음조를 배열한 것 같기 때문에, 그 높낮이에 귀를 기울이며 쫓

아가게 되는 그런 목소리였다…. 그녀의 목소리에는 어떤 자극적인
면이 있었다. 노래하고 싶은 강박적 충동이라든가 '들어봐요' 라는 속
삭임 또는 조금 전 유쾌하고 흥미로운 일을 했으며 앞으로도 유쾌하
고 흥미로운 일이 이어질 것이라는 약속 같은 것 말이다."[24]

　작가 피츠제럴드Fitzgerald는 이 작품을 돈과 계급에 대한 지속적인
집착과 그런 집착이 드러나는 목소리에 대한 묘사로 가득 채웠다. 그
이유 중 하나는 이 소설을 쓰던 1920년대 초반에 라디오가 등장했다
는 데 있다. 재즈 전성시대에 생생한 음악을 들으면서 작가는 등장인
물들의 목소리를 라디오 생방송처럼 생생하게 묘사하고 싶다는 생
각을 한 것 같다. 나는 이 소설이 사람들의 목소리에 집중한 유일무
이한 소설이며, 사실 이 소설은 목소리에 관한 소설이라고 생각한다.
예를 들어, 소설에서 데이지의 목소리가 나중에 '거짓 신호' 라는 것
이 밝혀진다. 데이지의 목소리는 따뜻하고 친근했고 재미있었지만
결국 데이지는 자신이 혐오하는 남편 톰처럼 차갑고 기회주의적이고
이기적인 여자라는 사실이 드러난다. 또 작가는 톰의 목소리를 매우
세밀하게 묘사하는데, 이 목소리는 톰이 속한 계층 특유의 우월의식
과 고압적인 태도 그리고 가식적인 남성성을 나타내는 목소리였다.

　　거칠고 쉰 것 같으면서도 높은 목소리 때문에 톰은 까다로
　　운 사람이라는 인상을 주었다. 그 목소리는 아버지라도 되
　　는 양 얕보며 말하는 것처럼 들렸다…. "단지 힘이 더 세고
　　더 남자답다고 해서 이 문제들에 대한 내 의견이 결정적이
　　라고 생각하지는 마."라고 톰은 말하는 듯했다.[25]

　한편, 힘들게 노력해 사회적인 신분 상승을 해온 개츠비의 목소리

는 자신이 구사하고 싶은 '영국식' 상류층 말투를 흉내 내는 목소리다. 예를 들어, 개츠비는 영국식 호칭인 '노형Old Sport' 같은 말로 다른 사람들을 부르곤 했다. 이 소설의 끝부분에서 개츠비의 아버지(미네소타 주 시골의 농부)가 롱아일랜드에서 열린 자식의 장례식에 도착하고 나서야 우리는 젊은 '제임스 개츠'가 말투 교정 훈련을 하기 전에 어떤 말투를 썼을지 짐작할 수 있게 된다. 젊은 시절의 개츠비도 일라이자 둘리틀처럼 (개츠비의 수첩 기록에 따르면 오후 5시부터 6시까지) 매일 한 시간씩 '웅변 및 침착함을 유지하는 연습'을 했던 것이다.

╼╾╎┉╍┉╍╍┄┉╼╼

펜실베이니아 대학 명예교수 윌리엄 라보프William Labov는 미국인의 목소리가 사회경제 계층에 따라 어떻게 갈리는지에 대한 연구를 집대성한 사람이다. 라보츠는 92세가 된 지금도 노암 촘스키와 대등한 정도의 명성을 누리고 있는 음성학자다. 촘스키는 언어의 변하지 않는 측면('보편적 요소들')에 집중하지만, 라보프는 지난 60년 동안 언어의 변화하는 측면들, 특히 억양에 집중했다.[26] 사회언어학이라는 음성 과학 분야가 확립된 것은 라보프의 이런 노력 덕분이다.

억양에 대한 라보프의 관심은 1960년대에 컬럼비아 대학에서 마사스 비녀드 주민들의 미묘한 발음 변화를 주제로 석사 학위 논문을 쓸 때 시작됐다. 마사스 비녀드는 매사추세츠 주 해안에서 조금 떨어진 상주인구 6,000명의 작은 섬이다.[27] 라보프는 정교한 인터뷰를 통해 이 섬에서 어업으로 생계를 유지하는 주민들의 몇몇 모음 발음이 외부인들의 발음과 달라진 것은 이 섬에 여름에 놀러온 외부인들에 대한 혐오감이 무의식적으로 표현된 결과라는 것을 알아냈다(1642

년에 이들의 조상이 처음 정착했을 때의 발음으로 변했다). 이 섬에는 해마다 7~8월이면 보스턴이나 뉴욕 같은 곳에 사는 부유한 전문직 종사자들이 여름휴가를 보내기 위해 오곤 했다. 여름휴가를 즐기기 위해 온 사람들과 섬 원주민들의 갈등은 섬의 어업 상황이 나빠지자 더 악화됐다. 어업이 붕괴됨에 따라 이 섬의 북쪽 해안 주민들은 일자리를 잃고 매사추세츠 주에서 가장 가난한 사람들이 됐다. 여름에 휴가를 즐기러 이 섬에 오는 사람들은 바닷가에 있는 큰 집들을 원주민들에게 헐값에 사들였고, 그 결과로 원주민들은 조상 대대로 살던 집에서 떠나 섬 안 쪽의 황량한 산악 지역으로 들어갈 수밖에 없었다. 라보프에 따르면 어부였던 사람들이 옛날에 쓰던 억양으로 돌아간 것은(라보프의 연구보다 30년 전에 이뤄진 연구에 따르면 당시의 섬 주민들의 모음 발음과 외부인들의 모음 발음은 매우 비슷했다) 어업과 고래잡이로 전성기를 누리던 마사스 비녀드를 기억하고, 자신들이 이 섬의 진짜 '주인'이라는 의식을 나타내고, 혐오스러운 외부인들이 쓰는 대도시식 모음 발음과 자신들의 모음 발음을 차별화하려는 무의식적인 노력이었다.

언어학자들은 언어와 억양이 끊임없이 변화한다는 것을 오래 전부터 알고 있었지만, 소리 변화가 실제로 일어난 예를 연구하고 그 변화를 일으킨 사회적 압력에 관해 기술한 것은 라보프의 마사스 비녀드 연구가 처음이었다. 또한 라보프의 이 연구는 그 후 50년 동안 다양하고 미묘한 억양 변화를 일으킨 사회경제학적 요인들을 밝혀내는 연구들의 기초 연구가 됐다. 예를 들어, 20세기 중반에 갑자기 맨해튼의 중상층 사람들이 모음 뒤에 오는 r 소리를 ('caR', 'New YoRk'처럼) 분명하게 냄으로써 같은 도시에 사는, 'cah', 'New Yawk'라고 발음하는 노동계급 출신 사람들과 자신들을 구별하기 시작했다는 연구 결과도 라보프의 연구를 기초로 이뤄진 것이다.[28] 요즘 사람 중에서 이런 맨해튼 노동 계층의 억양을 쓰는 대표적인 사람으로는 우디 앨런Woody Allen과 버니 샌더스Bernie Sanders를 들 수 있다. 하지만 70년 전에는 프랭클린 D. 루스벨트Franklin D. Roosevelt 같은 부유한 '귀족 계층'의 뉴욕 사람들도 모음 뒤에 r을 발음하지 않았다. (루스벨트의 1933년 대통령 취임 연설 영상을 보면 모음 뒤의 r 소리를 내지 않고 "We have nothing to *feah but feah* itself(우리가 두려워해야 할 유일한 것은 두려움 그 자체다)."라고 말하는 것을 분명하게 들을 수 있다) 이렇게 r 소리를 빼고 발음하는 것(매사추세츠 사람들도 이렇게 r을 빼고 발음한다. 보스턴 억양을 흉내 내려고 하는 사람들은 "Park your car in the Harvard Yard"를 "Pak yah cah in Hahvahd Yahd"로 발음하면서 연습한다. 버지니아나 캐럴라이나 같은 남부 지역의 사람들도 r을 생략하면서 'poor'를 'po'로, 'senators'를 'senatahs'로 발음한다)은 17세기에 처음 보스턴에 정착한 사람들이 남긴 언어학적 유산이다(휴 그랜트와 〈다운튼 애비〉의 등장인물들이 사용하는 용인 발음의 주요 특징이기도 하다). r을 발음하지 않는 것은 미국의 동부 해안 도시들과 본국(영국)을 잇는 탯줄 역할을 하기도 했지만, 이 탯줄은 미국이 제2차 세계대전에서 승리하면서 세계 최강국으로 부상하자 일부는 끊어졌다. 특히, 부유한 뉴욕 사람들은 기울고 있는 영국과 가난한 맨해튼 노동 계층과 자신을 구분하기 위해 입술과 혀를 동그랗게 만들어 단어 끝의 r을 발음했다. 라보프는 마침 이런 변화가 일어나고 있을 때인 1962년에 이 변화를 주제로 박사 학위 논문을 쓰면서 기발한 실험을 진행했다. 맨해튼의 백화점 세 곳(최고급인 색스 백화점, 중간급인 메이시스 백화점, 할인상품을 주로 파는 에스클라인 백화점)의 판매원들의 목소리에서 r 소리가 각각 어떻게 나는지 조사해 통계를 작성한 것이다. 판매원이 상품이 'fourth floor(4층)'에 있다는 말을 하도록 유도해 r 소리가 어떻게 발음하는지 조사했고, 조사 결과 뉴욕 사람들의 r 발음의 통계적 분포가 화자가 속한(또는 화자가 속한다고 보이고 싶은) 계층의 높이와 정비례한다는 것을 확인할 수 있었다. 라보프는 이 논문을 보강해《뉴욕시에서 사용되는 영어의 사회적 계층화The Social Stratification of English in New York》(1966년) 라는 제목의 500쪽짜리 책을 냈다. 뉴욕시에서 계층에 따라 달라지는 억양들을 분석한 책이었다(나중에〈새터데이 나이트 라이브Saturday Night Live〉의 마이크 마이어스Mike Myers가 흉내 내 널리 알려진, 'coffee talk'를 'coo-awfee too-awk'로 발음하는 뉴욕 시 외곽 사람들의 억양, 접미사 ing에서 g를 생략해 'I'm walking here'를 'I'm woo-awkin' heah!'로 발음하는 영화〈미드나이트 카우보이〉의 등장인물 래초 리조의 억양에 대한 분석도 이 책에 포함돼 있다). 이 책으로 라보프는 언어학계에서 하루아침에 떠오르는 스타가 됐다. 하지만 미국인의 억양에 관한 라보프의 가장 놀라운 연구는 그 몇 년 뒤에 발표된다. 뉴욕 주 북부에서 5대호 지역을 거쳐 일리노이 서부까지 이어지는, 광대하지만 매우 결속이 잘 돼 있는 지역의 억양에 대한 최초의 연구였다.

라보프의 연구가 이뤄지기 전까지 언어학자들은 이 광대한 중서부지역의 억양은 언어학자들이 '일반 미국 영어General American, GA'라는 이름으로 부르는, 지역적 특색(예를 들면, 래초 리조의 'New Yawk', 마크 월버그의 r 소리를 내지 않는 터프가이 보스턴 말투, 텍사스 사람들의 콧소리 섞인 발음)이 두드러지지 않은 억양으로 이해되고 있었다. 일반 미국 영어의 이런 중립성은 아메리카 내륙으로 진출했던 초기 정착민들의 억양에 기원을 두고 있다. 이들은 대부분 스코틀랜드와 아일랜드 출신이었다. 이 두 지역 모두 모음 뒤에 오는 r 소리를 그대로 내고 'dance'를 입술을 내밀면서 'dawnce'로 발음하기를 거부하면서 토머스 셰리던의 '상류사회' 발음을 받아들이지 않은 지역이었다. 지금도 중서부 사람들이 'car' 발음을 할 때 모음을 길게 늘이지 않고, 단어 마지막에 오는 r을 발음할 때 혀를 동그랗게 만드는 이유가 여기에 있다.[29]

일반 미국 영어는 영국의 용인 발음과 가장 비슷한 미국의 '표준' 억양이다. 이 일반 미국 영어 발음을 들어서는 화자가 어떤 지역 사람인지 알 수가 없다는 뜻이다. 하지만 일반 미국 영어는 (교육 받은 중상층 영국인의 '고급스러운') 용인 발음과는 달리 민주적인 생각에 기초한 개념이다. '계층이 없는' 미국이라는 이상의 청각적 구현이자, 지리적으로나 경제적으로나 위대한 중산층을 나타내는 말투다. 따라서 라디오와 TV가 등장했을 때 일반 미국 영어가 방송 언어의 표준이 된 것은 당연한 일이었다. 지금도 일반 미국 영어는 미국 태생 방송 진행자들이 사용하는 표준 영어의 위치를 유지하고 있다. CNN의 돈 레먼Don S.Lemon, MSNBC의 크리스 헤이즈Chris Hayes, CBS의 스티븐 콜베어Stephen Colbert 는 모두 억양이 두드러진 지역(각각 배턴루지, 브롱크스, 사우스캐럴라이나)에서 나고 자랐지만 현재는 모두 신경 써서 일반 미국 영어 억양을 쓴다(레먼과 콜베어는 지역 억양을 없애기 위해 훈련을 받았다고 말한 적이 있다).

하지만 미국의 라디오와 TV에서 일반 미국 영어 억양을 사용해야 한다는 무언의 제약은 리스 경이 BBC에서 용인 발음만을 사용하게 만든 것과는 전혀 다른 동기에 의한 것이다. 미국 TV 방송사의 경영진이 미국인 전체의 억양을 '평준화'하려 한다는 것은 상상도 할 수 없는 일이다. 미국 방송에서 보편적인 일반 미국 영어를 사용하게 만든 동인은 완전히 자본주의적인 것이기 때문이다. '지역의 특유의 억양'(1920년대에 미국에서 발간된 한 연설 지침서에도 이런 지역 특유의 억양에 대한 설명이 실려 있다)[30]이 가장 적은 목소리를 방송함으로써 방송사

경영진은 시청자가 본능적으로 두려워하고 역겨움을 느끼는 목소리, 즉 채널을 돌리게 만들 수 있는 목소리를 최대한 차단하고자 하는 것이다.

1960년대 후반 라보프는 시카고에 사는 토니라는 한 10대 소년이 한 말을 녹음한 테이프를 듣다 광활한 오대호 지역에 사는 사람들이 (기존의 생각과는 달리) 일반 미국 영어로 말하지 않는 사실을 우연히 알게 됐다.[31] 라보프는 토니가 자기 친구 마티가 'lax(연어)'에 빠져 죽을 뻔했다는 이상한 말을 하는 것을 듣고 놀랐는데, 계속 테이프를 듣다보니 결국 그 'lax'는 'locks'를 뜻한다는 것을 알게 됐다. 미시건 호로 이어지는 좁은 수로들을 뜻하는 'locks'라는 말을 토니는 'lax'로 발음한 것이었다. 계속 연구를 한 결과 라보프는 토니가 짧은 o 발음을 모두 짧은 a로 발음하며, 시라큐스, 로체스터, 버펄로, 디트로이트, 클리블랜드, 시카고, 밀워키 등 오대호 지역의 모든 대도시 사람들이 그렇게 발음한다는 놀라운 사실을 알게 됐다. 이 사람들은 'I got the job'을 'I *gat* the *jab*', 'a pair of socks'를 'a pair of *sax*'로 발음하고 있었다.

라보프는 이렇게 구강 뒤쪽에서 나는 짧은 모음인 o가 구강 앞쪽 위에서 나는 짧은 a 모음으로 대체됨에 따라 구강 전체에 걸쳐 연쇄 반응이 일어나 모든 모음 소리가 한 단위 정도 구강 앞쪽으로 밀리게 됐다는 것을 알아냈다. 따라서 폭이 약 560㎞에 이르는 이 지역(북부 내륙 지역)의 대도시에 사는 사람들은 'fat'과 'Anne'을 *'fiat'*과 *'Ian'*으로, 'boss'와 'caught'를 *'bus'*와 *'cut'*으로 발음하게 된 것이었다. 뉴욕 토박이인 〈새터데이 나이트 라이브〉의 작가 로버트 스미걸Robert Smigel 은 1980년대 초반에 시카고로 이사를 가게 됐을 때 이상한 억양에 충격을 받은 경험을 1990년대에 이 프로그램에서 시카고 베어스 축구팬들을 풍자하는 장면에 이용했다. 이 장면에서 고기가 높게 쌓인 식탁에 둘러앉은 시카고 베어스 축구팬들은 'pork *chaps*(pork chops, 돼지고기)'를 먹으면서 자신들이 베어스의 'fee-yans(fans, 팬)'이라며 'kick *aff*(kick off, 경기 시작)'을 기다린다.

라보프가 '북부도시 모음 변화Northern Cities Shift'라는 이름을 붙인 이 현상은 겉으로 보이는 것보다 더 많은 의미를 가지는 현상이었다. 에드워드 맥클런Edward McClelland은 《중서부 영어 발음법How to Speak Midwestern》 (2016년)에서 지역 사람들의 발음은 "영국의 봉건시대 이후 1,000년 동안 변하지 않았던 모음 발음이 미국 중서부 북부에 사는 사람들에 의해 바뀌기 시작했다."고 말했다.[32] 라보프가 이 현상을 연구하기 위해 모음 변화가 일어난 이 지역 밖에 사는 연구자들을 데려왔을 때 이들은 이 지역 사람들의 말을 잘 알아듣지 못하는 경우가 많았다. 이 중 한 사람은 고속도로가 'jammed salad(잼이 든 샐러드)'라고 시카고의 한 라디오 아나운서가 말하는 걸 들었고, 또 다른 한 연구자는 이 지역의 공장이 'abberation(operation, 가동)'을 중지했다는 말을 들었다. 디트로이트의 한 호텔 안내원은 매일 아침 'padded plant(potted plant, 화분)' 옆에 있는 테이블에서 커피를 마실 수 있다고도 말했다. 하지만 더 놀라운 사실은 모음 변화 때문에 이 지역 사람들끼리도 서로 말을 알아듣기 힘들게 됐다는 것이었다. 한 시카고 사람이 'block' 이라는 단어를 발음한 것을 테이프로 다른 시카고 사람들에게 들려주자 이들은 이 단어를 'black'이라고 들었다. 이들은 이 단어가 사용된 문장 Senior citizens living on one block을 듣고서야 이 단어를 'block'으로 알아들었다. 라보프는 '가장 충격적인 것은 이 사람들이 'buses'를 모두 'bosses'로 알아들었다는 사실이었다'고 책에 쓰기도 했다.

라보프는 오대호 지역에서 일어난 발음 변화가 매우 크다는 것에도 놀랐지만, 그 변화가 매우 새로운 현상이라는 사실을 알게 되고는 더 놀라지 않을 수 없었다. 이 지역 사람들의 과거 발음에 대한 (1930년대의) 음성학 연구를 기초로 라보프는 북부도시 모음 변화가 완성된 것이 *불과 50년 전인* 1960년대 중반이라는 사실을 알게 됐다. 이런 변화가 일어난 이유를 살펴보면 말을 할 때 혀와 입술의 움직임이 미세하게 변하는 현상이 정치적, 이데올로기적, 문화적 요인에 의한 것이라는 것을 알 수 있다.

2000년대 초반에 발표한 논문을 통해 라보프는 북부도시 모음 변화의 기원이 1817년까지 거슬러 올라간다는 것을 발견했다. 1817년은 뉴욕에서 미국 중부로 이어지는 수로를 연 이리 운하Erie Canal가 개통된 해였다.[33] 이 운하의 개통과 함께 이 수로를 따라 역대 최대 규모의 서쪽으로의 이주가 시작됐고, 이 때 이주한 사람들 대부분은 용인 발음을 거부한 스코틀랜드와 아일랜드 출신 정착민들이었다. 이들 대부분은 뉴욕 주 윗부분에서 몇 세대 동안 살면서 오늘날 우리가 '청교도 양키Putan Yankee'라고 부르는 정체성을 형성한 사람들이었다. 청교도 양키는 사형과 노예제를 강하게 반대하는 매우 독실한 신교도 집단이다. 따라서 오대호 지역으로 이주한 이 사람들은 자신들보다 먼저 오대호 지역에 정착을 시작했으며 사형과 노예제에 찬성하는 버지니아, 앨라배마, 미시시피, 조지아, 켄터키 출신 정착민 집단과 상당히 큰 문화적인 충돌을 겪을 수밖에 없었다. 현재의 역사학자들 이 두 집단 사이의 문화적, 이데올로기적 충돌에 주목했다. 청교도 양키들은 '남부 사람들이 삐쩍 마르고 게으르며, 오두막에 틀어박혀 시끄럽게 위스키나 마시는 무식한 사람들'이라고 생각했고[34], 남부 사람들은 양키들이 요즘 말로 하면 '정치적 올바름'을 강조하는

'깨어 있는' 진보주의자들이라고 생각했다(양키들은 노예제와 사형제도의 종식을 주장했을 뿐만 아니라 건강식품, 교도소 개혁, 여권 신장, 의복 개량, 일요일 영업 중지, 술집 폐쇄를 적극적으로 옹호했다).

마사스 비녀드에서 어업으로 생계를 유지하던 사람들의 모음 발음이 여름에 놀러오는 외부인들에 대한 혐오 때문에 무의식적 변화를 겪어 내부인과 외부인을 구별하는 수단이 된 것처럼, 북부 사람들은 짧은 a 발음을 통해 남부 사람들과 이데올로기적, 문화적 차별성을 드러냈다. 남부 사람들은 당연히 이런 억양 변화를 받아들이지 않았다(게다가 a 모음을 더 구강 안쪽에서 발음하면서 더 길게 늘어뜨리기 시작했다). 또한 그 후 100년 동안 이데올로기 분열이 이어지면서 양쪽 집단은 자신들이 가진 억양의 특징을 더욱 과장함으로써 서로에 대한 증오를 더 확실하게 드러냈다. 라보프에 따르면 이 두 억양은 '자연스럽게 달라진 것이 아니라 두 집단이 의도적으로 다르게 만든 것'이다. 북부 사람들은 모음을 회전시켜 구강 앞쪽으로 통과시킨 반면, 남부 사람들은 모음을 구강 뒤쪽에서 냈다. 이런 추세는 남북전쟁의 발발로 계속 이어졌고, 1964년에 인종차별을 불법화한 민권법이 통과되면서 20세기 내내 가속화됐다. 배리 골드워터Barry Goldwater, 리처드 닉슨Richard Nixon 같은 공화당 정치인들은 이 법에 대응해 이른바 '남부 전략'을 구사하면서 인종차별적 분열을 조장했고, 100년이 넘게 민주당의 텃밭이었던 남부 주들의 정치적인 지지를 이끌어냈다(한편 공화당에 대해 흔들리지 않은 지지를 보내던 북부내륙의 주들은 민주당으로 돌아섰다).

인종차별주의에 기초한 공포 조장과 문화적 충돌은 그때 이후 다양한 형태로 쭉 이어졌고, 남부의 주들은 계속 공화당을 지지했다. 북부와 남부의 억양을 가르는 선도 그때 이후 더 확고하게 굳어졌다.

(오하이오 주 콜럼버스, 인디애나 주 인디애나폴리스, 미주리 주 캔자스시티, 네브래스카 주 오마하 같은) 중부의 도시들에서 오대호 지역 남쪽에 이르는 지역에 사는 사람들에게서는 모음 변화가 전혀 나타나지 않는다. 이 사람들이 사용하는 억양이 전형적인 일반 미국 영어 억양이라고 확실하게 말할 수 있는 이유가 여기에 있다. 이 일반 미국 영어의 화자들은 (민주당 지지 성향의) 북부와 (공화당지지 성향의) 남부를 분명하게 가르는 정치적인 경계선(적어도 2016년 대통령 선거까지는 그랬다), 'socks'라고 발음하는 사람들과 'sacks'라고 발음하는 사람들을 가르는 음성학적 경계선의 역할도 하고 있다.

━━╍╍╍╍╍╍╍╍╍╍━━

하지만 북부내륙에 사는 모든 사람이 모음 변화를 받아들인 것은 아니었다. 남북전쟁의 결과에 운명이 달려 있던 사람들, 즉 아프리카계 미국인들은 사정이 크게 달랐다. 버펄로, 로체스터, 시라큐스, 디트로이트, 시카고, 클리블랜드, 밀워키의 흑인들은 모음이 변화한 북부내륙의 백인들과 현재도 몇 세대째 섞여 살고 있지만 'fat'을 *fiat*으로, 'chopsticks'를 *chapsticks*로 발음하지 않는다. 대신 이들은 자신들이나 자신들의 조상들이 이주 전 살았던 남부 농촌 지역의 흑인 발음과 상당히 유사한 발음을 사용한다. 또한 이들은 뉴욕, 보스턴, 샌프란시스코, 로스앤젤레스처럼 멀리 떨어진 곳에 사는 흑인들과도 매우 비슷하게 발음한다.[35]

이들은 공통적으로 긴 i를 ah로 발음하는 남부 발음을 쓰며(남부의 백인들도 이렇게 발음한다), 단어 끝에 오는 l 소리를 모음처럼 발음하는 아프리카계 미국인의 특성을 그대로 유지하며(예를 들어, 'cool'을

'coo'로 발음한다), (뉴욕시의 노동 계층 백인들, 보스턴 사람들, 캐럴라이나 사람들처럼) 단어의 끝에 오는 r만 생략하는 것이 아니라 모든 모음 뒤의 r과 모음 사이의 r을 발음하지 않는다(예를 들어, 'Florida'를 'Flo'ida'로 발음한다).[36] 또한 특정 문장 구조에서 계사(be 동사)를 생략하는 등, 중부 도시 아프리카계 미국인 특유의 문법 특징을 나타내며 (1인칭 복수 현재형에서는 'We happy'처럼 be 동사를 생략하지만, 1인칭 단수 현재형에서는 'I am happy'처럼 생략하지 않는다), 'She be working' 같은 문장에서처럼 be 동사를 원형으로 사용한다(이 문장은 그 여자가 몇 년 동안 계속 일하고 있다는 뜻이다. 'She working'이라는 문장은 *지금* 그 여자가 일하고 있는 중이라는 뜻이다).

물론 아프리카계 미국인 모두가 이런 말투를 쓰는 것은 아니다. 하지만 흑인 밀집 지역에서 자란 모든 아프리카계 미국인은 자신이 원할 때 이런 말투로 코드 전환을 하기 위한 언어회로를 발달시켜 왔다. 맥 재거가 사립학교에서 쓰던 용인 발음과 록 음악을 할 때 쓰는 런던 토박이 억양 사이에서 자유롭게 전환을 한 것처럼 말이다. 로스앤젤레스 시내에서 자란 언어학 교수 존 보(John Baugh)는 부모의 영향으로 집에서는 대부분 표준 영어를 썼던 사람이다(엄마가 대학을 나온 초등학교 교사였다). 하지만 같은 아프리카계 미국인들을 만나면 이런 '공식' 표준 영어 억양으로 인사를 건네지 않을 때가 많다. 자신이 자랄 때 놀이터나 길거리에서 듣던 아프리카계 미국인들의 억양이 튀어나오곤 한다. 최근에 보는 "흑인 교수들이 몇 명 모이면 'Hey, bro, what's happenin'?, 'Ain't nothin' goin' on?' 같은 말을 흔하게 쓰지요. 잠깐 동안 말투를 바꾸는 거지요. 그런 말투를 쓰면 민족적, 언어학적, 인종적 유대감이 느껴지니까요."라고 말했다.[37]

1990년대에 보는 자신의 이런 코드 전환 능력을 이용해 스탠퍼드 대학 인근의 집주인들을 대상으로 (지금은 고전이 된) 목소리 연구를 진행했다. 보는 임대 광고를 낸 팰로앨토의 고급 주택가 주인들에게 전형적인 아프리카계 미국인의 '시내' 말투, 멕시코계 미국인의 말투, 교수들이 쓰는 완벽한 표준 영어 말투로 각각 전화를 걸었고, 집주인 들은 백인들의 표준 영어 말투를 썼을 때를 제외하고는 모두 빈 방이 없다는 대답을 했다.[38]

보가 같은 흑인 교수들을 만날 때 쓰는 아프리카계 미국인의 말투, 즉 이 연구를 진행할 때 썼던 흑인 말투는 '블랙 잉글리시', '아프리카 계 미국인 방언', '스포큰 소울Spoken Soul', '에보닉스ebonics (까맣다는 뜻의 'ebony'와 발음이라는 뜻의 'phonics'의 합성어)' 등 다양한 용어로 불린다. 윌리엄 라보프는 언어학자로는 최초로 이 흑인 영어의 문법을 본격 적으로 분석해 흑인 영어가 '속어'나 '게으른 사람이 쓰는 영어', '조 잡한 영어'라는 주장과는 반대로, 다른 방언 못지않게 복잡하고, 일 관성 있고, 규칙이 확실하며, 표현력이 풍부한 방언이라는 것을 증명 했다.[39] 라보프는 이 분석을 통해 흑인 영어가 '비논리적인 표현 방 식'이라는, 즉 흑인 영어는 **언어가 아니며**, 유전적인 결함과 **인지적 결함**을 나타내는 증거이며, 도시 중심부에 사는 학생들의 독해 점수 가 왜 낮은지 보여주는 증거라는 1960년대 초반의 주류 심리학자들 의 '전문적인' 의견을 정면으로 반박했다.[40]

라보프는 1960년대 주류 심리학자들의 이런 생각이 인종차별주 의에 바탕을 둔 기괴하고 비상식적인 주장이며, 흑인 영어를 집에서 쓰면서 자라는 아프리카계 미국인 초등학생들의 독해 성적이 좋지 않은 것은 표준 영어를 사용하는 교사들과의 친밀도가 떨어지기 때 문이라는 것을 보여줬다. 이런 현상은 남아프리카공화국의 아파르트 헤이트 정책으로 인한 인종차별과 비슷한 현상으로 보인다. 또한 라보프는 시내 중심부에서 자란 흑인 어린이들의 대다수가 4학년 때까지 백인과 얼굴을 맞대고 대화를 나눠본 적이 없으며, 따라서 **표준 영어로 대화를 해본 적도 없다는** 사실도 보여줬다. 이 학생들이 태어날 때부터 TV와 라디오에서 전자음으로 나오는 표준 영어의 폭격을 맞다시피 했다는 것도 이 학생들의 표준 영어 구사에 거의 영향을 미치지 않았다. 앞에서 살펴보았듯이, 아이들은 사람의 몸에서 나는 소리가 아닌 전자음을 통해서는 언어, 특정한 억양 또는 방언을 습득할 수 없다. 목소리는 유년기의 결정적인 시기 동안 다른 목소리들과 적극적인 상호작용을 함으로써 만들어지는 것이다.

1996년 캘리포니아 주 오클랜드의 한 학교 이사회는 학생들이 표준 영어를 유창하게 만들기 위해서 교사들이 학생들에게 흑인 영어로 말을 하게 하자는 라보프와 동료 연구자들의 제안을 받아들였다. 학교가 이런 결정을 하자 백인과 흑인 양쪽으로부터 엄청난 항의가 이어졌다. 아이들에게 **표준 영어 대신** 비표준 방언인 흑인 영어를 가르치겠다는 결정으로 오해했기 때문이다. 스탠퍼드 대학의 언어사회학자 존 어슬 릭포드_{Joh Russel Rickford}는 《스포큰 소울_{Spoken Soul}》(2000년)에서 이 제안과 흑인 영어를 향한 많은 사람들의 비난과 조롱에 대해 자세히 다루면서, 수많은 아프리카계 미국인이 사용하는 흑인 영어는 개인과 집단의 정체성, 문화, 가족, 역사에 대한 그들의 의식의 핵심을 이룬다고 주장했다. 그럼에도 대중매체들은 흑인 영어를 '뜻을 알 수 없는 주술 같은 말', '돌연변이 영어', '불완전한 영어', '파손된 영어', '슬랭 영어', '빈민가 영어'로 부르면서 조롱했다.[41] 우파 성향의 TV 진행자 터커 칼슨_{Tucker Carlson}은 CNN 방송에서 흑인 영어가 '동사 활용을 어떻게 하는지 아무도 모르는 언어'라고 깎아내리기도 했다.[42]

흑인 영어의 기원에 대해서는 논란이 있다. '아프리카 기원론자' 는 서아프리카 지역에서 약탈된 노예들이 고향에서 쓰던 언어들에 서 흑인 영어가 시작됐다고 주장한다. 낯선 세계, 낯선 언어 환경에 던져진 이 노예들은 각각의 모국어와 영어를 연결할 수 있는 피진 언 어_{pidgin}(간단한 형태의 언어)를 만들어낼 수밖에 없었고, 그 피진 언어 가 이 노예의 자식들이 사용하는 크리올어_{creole}(더 체계이고 문법이 갖춰 진 언어)가 됐으며, 그 후 한두 세대 만에 완전한 방언으로 자리를 잡 았다는 주장이다. 실제로 ('She be working' 같은 문장에서 'be'가 오래 지속 되는 상황을 나타내는 것 같은) 특정한 문법적 특징들은 아프리카 언어 들의 특징을 나타낸다. 하지만 '영어 기원론자들'은 흑인 영어의 모 든 문법적 특징과 억양이 농장에서 흑인 노예들과 같이 일하던 (용인 발음을 쓰지 않는 영국의 하층 계급 출신의) 17세기 백인 계약 노동자들이 쓰던 영어에서 기원한다고 주장한다. 또 다른 사람들은 이 두 가지 언어 형태가 합쳐져 만들어진 것이 흑인 영어라고 추측하기도 한다[43] (이 주장도 설득력 있는 증거가 있는 주장으로 보인다).

기원이 어디에 있든 흑인 영어는 노예 해방 이후에도 150년 동안 계속 존재하고 있다. 라보프는 흑인 영어가 표준 영어로부터 점점 멀 어지는 현상은 흑인들이 남부 지역 밖에서도 제도적인 인종차별을 지금도 겪고 있다는 증거라고 말한다. 더 좋은 일자리와 대우를 찾아 흑인 대이동_{Great Migration} 기간(1916~1970년)에 북쪽으로 이주한 약 600 만 명의 흑인들이 마주한 것은 남부의 농장에서 당했던 차별만큼이 나 지독하고 노골적인 차별이었다. 이 흑인들은 외딴 곳의 낡은 집에 살거나 백인들이 교외로 이주하면서 인적이 끊긴 동네에서 살아야 했고, 수준이 낮은 학교에 다녀야 했으며, 제대로 임금을 주는 직장을(또는 어떤 직장도) 얻지도 못했으며, 길거리에서 수시로 검문과 몸수색을 당했으며, 경찰의 총에 맞았으며, 언어적으로 차별을 당했으며, 대규모 수감의 대상이 됐다(아프리카계 미국인의 수감율이 급감하고 있음에도 2020년 이들의 수감률은 백인의 수감률보다 5배 높다).[44] 라보프는 흑인 영어가 주류로부터 계속 멀어지고 있는 것은 자신이 처음 밝혀낸, 마사스 비녀드의 어부들에게 일어났던 과정과 본질적으로 같은 과정의 결과, 즉 '다른 사람들'의 억압과 착취에 대한 무의식적인 거부 반응이라고 본다. 어쩌면 그렇게 무의식적인 반응이 아닐 수도 있다. 1980년대 도시인류학자들의 연구에 따르면 워싱턴 D.C.의 10대 흑인 청소년들은 표준 영어를 쓰면서('백인의 발음 패턴 또는 억양'을 사용하면서) '백인처럼 행동하는 것'에 분명한 적대감을 가졌고, 어떤 경우에도 해서는 안 되는 행동이라고 생각했다.[45] 이 아이들을 비난할 수 있을까?

라보프는 흑인 영어에 대한 모든 공개적인 논의는 "폭력적 요소가 매우 큰 감정적인 여파를 만들어낸다."고 말한다.[46] 나도 백인이기 때문에 이런 거친 논의에 발을 담글 때 상당한 두려움을 느낀다. 하지만 나는 가장 심각한 부분은 아직 다루지도 않았다. 지금까지 내가 언급한 억양과 문법을 떠나서, 아프리카계 미국인들의 목소리가 실제로 백인들의 목소리와 다르게 들리는지, 즉 아프리카계 미국인들이 특유의 소리를 내는지에 관한 문제다. 컬럼비아 대학 언어학 교수이자 작가인 존 맥호터John McWhorter에 따르면 이 문제는 **아무도** 토론하고 싶어 하지 않는다. 맥호터는 "흑인들은 그런 토론 자체를 모욕으로 받아들인다. 흑인의 목소리는 멍청한 목소리라는 인식이 매우 강한 데다, 백인들은 인종차별주의자로 보일 수 있다는 생각 때문에 그런 토론을 피하기 때문이다. 흑인의 목소리는 유형화해서는 안 되며 개인 차원에서 다뤄야 한다는 생각이 지배적이다."라고 말했다.[47]

하지만 본인이 흑인인 맥호터는 다른 사람들이 피하는 주제에 대한 이야기를 계속 해왔으며, 거의 모든 아프리카계 미국인들의 발음과 영어를 말하는 다른 미국인들의 발음의 미묘한 차이(라보프, 릭포드, 보 같은 학자들이 말한 미묘하게 다른 흑인들의 발음)를 연구해왔다. 미국 흑인들의 발음에 '블랙센트blaccent'라는 이름을 붙인 맥호터는 (흑인이든 백인이든) 모든 미국인은 본인이 인정하든 그렇지 않든 이 블랙센트에 민감하다고 말했다. 맥호터는 "지하철에서 앉아 책을 보고 있을 때 누군가의 목소리가 들리면 흑인의 목소리인지 아닌지 금세 알 수 있다. 거의 틀리지 않는다. 미국인이면 그런 귀를 가지고 있다. 이제 왜 그런지 누군가가 이유를 밝혀야 할 때다."라고 내게 말했다.

그 누군가가 바로 맥호터였다. 그는 2017년에 낸 책《토킹 백, 토킹 블랙Talking Back, Talking Black》에서 아프리카계 미국인들은 특정한 모음들을 미묘하게 다른 방식으로 발음하며, 이 발음 방식은 그들의 조상인 노예들로부터 엄마 말투에 의해 여러 세대 동안 자식들에게 전달된 발음 방식이자 태어날 때 이미 기저핵에 각인돼 운동회로에서 굳어진 발음 방식이라고 설명한다. 맥호터는 "요람에서부터 배운 발음인거지요. 사람들에게 그렇게 초기에 우연하게 발생한 어떤 과정이 그렇게 깊게 각인된다는 것이 **과학적으로** 놀라운 일이라고 생각합니다."라고 말했다. 맥호터는 이런 모음의 "주름frill(맥호터의 표현이다)

은 너무나 깊게 잡혀 있기 때문에 흑인들은 가장 보편적이고 방송에 적합한 일반 미국 영어 억양으로 말을 해도 확실하게 티가 납니다. 표준 영어를 쓰는 흑인 아나운서와 뉴스 진행자들 중에도 'extent'를 'extinct'처럼, 'sense'를 'since'처럼, 'attention'을 'attintion'처럼 발음하는 사람들이 있습니다."라고 말했다.[48] 맥호터는 아프리카계 미국인들이 o와 a를 짧게 발음하는 현상에 대해 다음과 같이 말한다.

> 크리스 록Chris Rock(흑인 코미디언)이 "Got that?(알아들었지?)" 라는 말을 어떻게 발음하는지 생각해보자. 그리고 이 발음을 레이철 매도Rachel Maddow(백인 방송진행자)가 흉내 내면서 아주 가볍게 블랙센트를 가미하는 것을 생각해보자. 미세한 차이지만, 이 차이가 바로 미국인들의 머릿속 깊숙한 곳에서 인식하는 흑인 억양과 백인 억양의 차이다.[49]

또한 이 책에서 맥호터는 훨씬 민감한 주제에 대해서도 언급한다. 흑인의 목소리가 발음, 문법, 억양, 블랙센트, 어휘만 다른 것이 아니라 음향학적 특성과 음색 면에서도 확실히 다른지에 관한 문제다. 맥호터에 따르면 이 문제는 사람들이 수십 년 동안 제임스 얼 존스나 모건 프리먼 같은 흑인 배우가 가진 신의 음성 같은 낮고 울리는 목소리, 오프라 윈프리의 낮고 포근한 목소리를 들으면서 아프리카계 미국인들의 목소리가 풍성하고 약간 음높이가 낮고 무거운 목소리라는 생각을 무의식적으로 굳혔기 때문에 제기되는 문제다. 맥호터는 이런 목소리 차이가 흑인과 백인을 구별하는 차이라고 해도, 그 차이는 해부학적, 생리학적, 생물학적 차이에 의한 것이 아니라 *문화적인* 요소들에 의해 발생한 차이라고 말한다. 아주 어렸을 때부터 어른들의 목소리를 듣고 그 목소리를 모방하면서 갖게 된, 학습된 특성이라는 설명이다.

꿿꿿꿿ᆞ꿿꿿ᆞᆞᆞ꿿꿿꿿ᆞᆞᆞ꿿꿿ᆞᆞ

　학자들과 (나를 포함한) 작가들은 미국의 흑인과 백인의 목소리가 다른지에 대한 문제를 매우 조심스럽게 다루고 있지만, 흑인 **코미디언들은** 몇 십 년째 이 문제를 소재로 사람들을 웃기고 있다.[50] 1978년에 개봉한 영화 〈라이브 인 콘서트Live in Concert〉에서 리처드 프라이어 Richard Pryor는 무대에서 쓰던 흑인 영어 목소리(매우 다양한 소리를 내는 유연한 목소리였다)를 완벽한 '백인 목소리'로 '코드 전환'을 한 것으로 유명하다. 이 영화에서 줄을 서있는 백인으로 분장한 프라이어는 불안해 하면서 흑인들에게 새치기를 하게 만드는 장면을 우스꽝스러운 백인의 목소리, 즉 비음이 섞이고 가성에 가깝지만 엄격한 리듬을 유지하는 단조로운 목소리, 아프리카계 미국인들이 전 세계에 확산시킨 '쿨한 느낌'이 전혀 없는 목소리를 내 웃음을 자아냈다(프라이어는 새치기하는 흑인들에게 "끼어드세요. 괜찮아요."라고 말한 뒤 같이 온 백인 친구에게는 "가만있어, 이 친구야. 여기 흑인들 천지라고."라고 속삭인다). 이 영화 이후로 흑인 코미디언들 중에는 '백인 목소리'를 흉내 내는 사람들이 많아졌다. 우피 골드버그Whoopi Goldberg, 마틴 로렌스Martin Lawrence, 데이브 셔펠Dave Chappelle, 에디 머피Eddie Murphy 같은 사람들이 대표적인 예다.

　2018년 여름에는 흑인과 백인의 목소리가 다르다는 것을 그대로 드러내는 할리우드 영화 두 편이 개봉했다. 모두 흑인 감독 작품으로, 스파이크 리Spike Lee의 〈블랙클랜스맨BlacKkKlansman〉과 부츠 라일리Boots

Riley의 〈귀찮게 해서 미안해Sorry to Bother You〉다. 이 두 영화는 모두 전화 목소리가 백인 목소리처럼 들리는 흑인 주인공이 등장한다. 스파이크 리의 영화에서는 론 스톨위스라는 경찰이 자신의 '백인 목소리'를 이용해 KKK단의 대마법사(최고지도자) 데이비드 듀크와 대화를 하는 장면이 나온다(듀크는 자신이 흑인과 말하고 있다는 사실을 모른다). 라일리의 영화에서는 러키스 스탠필드가 원래 자신의 흑인 목소리로 전화를 걸지만 물건을 팔지 못하는 텔레마케터로 나온다. 대니 글로버Danny Glover가 연기한 그의 동료는 "백인 목소리를 써봐."라고 충고하지만, 스탠필드는 비웃듯이 코웃음을 치며 "이렇게 하란 말이지?"라고 말한 뒤 프라이어가 영화에서 썼던 우스광스러운 백인 목소리를 흉내 낸다. 글로버는 고개를 저으면서 "**콧소리만** 내면 안 되지. 아무 걱정이 없고, 돈에도 쪼들리지 않고, 행복한 미래만 생각하고 있는 것 같은 목소리를 내봐."라고 말한다.

이 영화의 작가이자 감독인 부츠 라일리는 스파이크 리의 냉소적인 묘사나 프라이어의 기발한 흉내보다 더 깊은 어떤 것을 찾아 파고든다. 라일리(라일리는 사회주의자인 조지 버나드 쇼만큼 사회주의 성향이 강한 사람이다. 실제로 부츠는 자신이 **공산주의자라고** 고백하기도 했다)는 흑인 목소리와 백인 목소리의 차이는 본질적으로 **계급**과 경제 수준의 차이라는 것을 보여준다. 버나드 쇼가 《피그말리온》에서 보여주려고 했던 것, 데이지의 목소리가 '돈으로 가득 차 있다'라고 말했을 때의 개츠비가 나타내려고 한 것이 바로 이것이다. 라일리는 〈귀찮게 해서 미안해〉에서 대니 글로버Danny Glover의 입을 통해 "진짜 **숨소리를** 넣어서 목소리를 내봐. '*이 돈 안 벌어도 됩니다*'라고 말하듯이 해보라고. 회사에서 해고돼서 이런 일을 하는 게 아니라, *잠깐 쉬면서* 하는 일이라는 느낌을 줘야 해."라는 대사를 하게 했다. 피츠제럴드라고 해도 이 상황을 더 잘 묘사하지는 못했을 것이다. 이 장면 이후에 라일리는 결정타를 날린다. 말은 '인종'을 초월하는 것이며, 생물학적 또는 유전적 요인에 의해 만들어지는 것이 아니라 **문화적인** 요인에 의해서만 만들어진다는 메시지를 날린다. 우리는 모두 호모 사피엔스다. (1920년대에 에드워드 사피어가 지적했듯이) 우리가 사용하는 언어는 어떤 언어든 복잡성과 표현력 면에서 동등하다. 언어들의 차이는 역사, 문화 그리고 요람에서 배운 내용에 의한 표면적인 차이에 불과하다.

글로버는 이 영화에서 "그건 사실 백인의 목소리가 아니야. 백인들 자신이 들려주고 싶은 목소리인거지. 백인들이 내야 한다고 스스로 백인들이 생각하는 목소리일 뿐이야."라고 말한다.

‐‑ıⅼ|ıⅼ|‑‑ılıⅼ‑‐

2012년에 라보프는 《미국 방언의 다양성_{Dialect Diversity in America}》이라는 200쪽이 채 안 되는 책에 자신이 50여 년 동안 미국인들의 억양과 그 억양을 만들어낸 사회적, 경제적, 정치적, 인종차별적 요인들에 대해 연구한 결과들을 요약했다. 이 책에는 점점 더 많은 '고립된' 인구집단들이 미국과 캐나다 전체로 구성되는 화자들의 '섬'을 이루고 있다는, 라보프가 1990년대 초반에 시작한 연구 결과가 포함돼 있다. 15년 동안 진행된 이 연구의 결과로 나온 것이 바로 그 유명한 〈북아메리카 영어 지도_{Atlas of North American English}〉(2006년)다.[51]

이 연구의 가장 놀라운 점은 사람들의 일반적인 인식과는 달리 미국의 방언들은 사라지고 있지 않으며, 대중매체에서 사용되는 이상화된 일반 미국 영어로 통일되고 있지도 않다는 사실을 밝힌 데 있다. 오히려 이 연구는 그 반대의 현상이 일어나고 있다는 것을 보여준다. 이 연구는 미국인의 목소리는 더 다양해지고 있으며, 북부 도시 모음 변화는 특이한 현상이 아니라, 미국 전역에서 일어나고 있는 '새롭고 강력한 소리 변화들' 중 하나라는 것을 보여준다. (《미국 방언의 다양성》에서 라보프는 '시카고, 필라델피아, 피츠버그, 로스앤젤레스의 방언은 50년 전, 100년 전보다 서로 더 달라지고 있다'고 말한다)[52] 〈북아메리카 영어 지도〉는 지난 몇 십 년 사이에 느긋한 사람이라는 이미지를 심어준 캘리포니아 방언에 대한 라보프의 제자 페넬로피 에커트Penelope Eckert의 연구 결과도 반영했다. 에커트는 캘리포니아 방언이 문 자파Moon Zappa가 1982년에 발표해 히트를 한 노래 '밸리 걸Valley Girl'에 기원이 있다는 것을 보여줬다. 이 노래에서 문 자파는 (랩처럼 말로 하는 부분에서) 우스울 정도로 모음을 입 앞쪽에서 소리 내면서 길게 끌고 (이를 테면, 'totally(토털리)'를 'tewtilly(튜틸리)'로 내면서), 보컬 프라이를 하고, 모든 문장의 끝부분을 올려 말하는 샌퍼낸도 밸리 지역의 부촌 여성들의 말투를 과장해서 따라했다. 라보프에 따르면 이런 말투는 예거의 느린 말투나 카다시안의 보컬 프라이 말투가 전염병처럼 번졌고(보컬 프라이가 처음 확산된 것은 이 노래 때문이었다), (비벌리힐스의 부자 아이들을 다룬 영화 〈클루리스Clueless〉가 1995년에 공전의 흥행을 기록한 데 힘입어) 밸리 지역 밖으로 확산돼 오늘날 미국 전역의 부촌 여성들이 쓰는 전형적인 말투로 정착했다. 이 밸리 걸 말투는 요람에서 배우는 발음이라는 엄밀한 정의에 부합하는 말투는 아니라는 점 때문에 처음에 언어학자들은 하나의 억양이 아니라 '멋 부리는 말투' 정도로 생각했다. 하지만 현재의 언어학자들은 밸리 걸 말투가 '여유를 부리며 말하는' 부모들에 의해 신생아에게 심어지는, 미국 영어의 새로운 억양 중 하나라고 생각하고 있다.

미국인들의 목소리가 언어사회학적 요인들(이데올로기, 문화, 계급, 정치, 인종 관련 갈등)에 의해 분화되는 현상은 미국의 50개 주 전체에 걸쳐 표시된, 억양이 서로 다른 지역들 사이의 경계들을 나타내는 선들(언어학자들은 '등어선isoglass'이라고 부른다)로 표시된 지도로 가득 찬 〈북아메리카 영어 지도〉를 관통하는 현상이다. 현재의 사회정치학적 현실을 생각할 때 이런 등어선들이 지진 발생지역을 나타내는 지도의 단층선처럼 고정적인 것이라고 보기는 힘들다. 라보프는《미국 방언의 다양성》에서 모음 변화를 겪은 북부내륙 사람들이 서로의 말을 알아듣기 힘들어 한다는 놀라운 사실을 언급하면서, 모든 사회에서 '목소리의 분화는 인간 종에서의 언어 발달의 가장 큰 목적, 즉 다른 시간과 장소에서 서로의 상태에 대한 정보를 교환하기 위한 능력 확보와는 반대편 방향으로 이뤄진다. 우리는 서로를 이해하지 않기 때문에 더 나아지지 않는 것'이라고 말했다.[53]

라보프는 이 책에서 인간 목소리의 가장 큰 역설에 대해 언급한다. 인간의 목소리는 언어에 특화되면서 우리 종을 통합하고, 우리 종이 집단을 이뤄 서로 협력하면서 다른 생명체들을 지배할 수 있게 만들었지만, 동시에 우리를 '갈라놓기도 했으며' 지금도 계속 그렇게 하고 있다는 것이다. 《종의 기원》에서 다윈은 시간에 지나면서 언어가 변화하는 현상을 자연선택 현상에 비유했다. 다윈은 동물들처럼 **언어는 효율성이 커지는** 방향으로, 즉 모든 인간 화자들 사이의 이해를 높이는 방향으로 진화하고 있다고 말했다. 몇 안 되는 다윈의 잘못된 생각 중 하나다. 언어는 그 방향으로 진화하고 있지 않기 때문이다. 오히려 그 정반대 방향으로 진화하고 있다. 인간 사회 전체에서 서로 소통이 안 되는 언어들이 생기는 것은 미세하고 무작위적인 발음 변화들(맥호터가 말한, o와 a 소리가 구강 앞쪽 또는 뒤쪽으로 이동하는 현상, 혀가 닿는 위치가 이에서 잇몸능선으로 미세하게 이동하는 현상, 밸리걸들의 말투처럼 모든 문장의 끝을 올리는 현상 등)의 축적에 따른 것이다. 러시아어, 힌두어, 그리스어, 알바니아어, 프랑스어, 독일어, 영어, 아이슬란드어처럼 서로 매우 다른 언어들이 지금은 실체를 알기 힘든 인도유럽조어Proto-Indo-European language라는 하나의 언어에서 파생됐다는 것은 놀라운 언어학적 사실이다. 이 사실은 하나의 종으로서의 인간이 가진 가장 큰 능력, 즉 대화, 공존, 절충을 가능하게 하는 인간 특유의 말하는 능력이 서로의 의사소통을 위험할 정도로 힘들게 만들어 인간들을 분리시킬 수 있는 가능성을 암시한다.

정치지도자들이 파고드는 부분이 이 부분이다. 우리 집단의 미래를 결정하고, 서로 다른 의견, 가치관, 피부색, 신념, 태도, 억양을 가진 사람들을 통합하는 임무가 있는 정치지도자들은 (주로 연설을 하면서 *자신들의* 목소리를 높이는 방법으로) 우리에게 인류 공통의 목표와 인류 공통적으로 직면하고 있는 도전들에 대한 생각을 심어줌으로써, 우리가 계급, 인종, 교육, 종교, 정치, 성 정체성, 성적 지향, 국적의 차이를 좁혀 우리 종 전체의 발전, 밝고 축복된 미래를 만들 수 있도록 도움을 주어야 한다.

어쨌든 그렇다는 말이다.

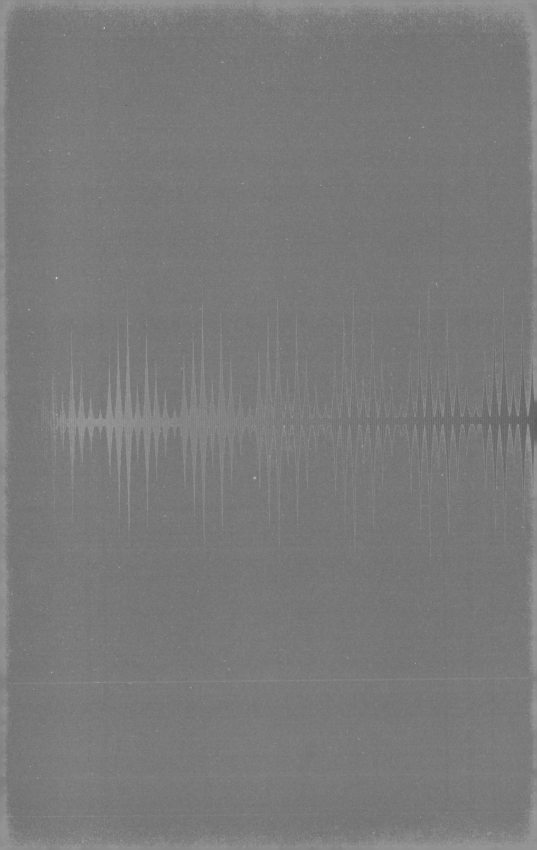

PART 7

리더십과 설득의 목소리

'인민에 의한 통치'라는 민주주의 개념은 BC 500년쯤 고대 그리스인들이 생각해냈다. 하지만 고대 그리스인들은 민주주의가 인간 집단을 통치할 수 있는 최선의 수단이라고 극찬하면서도 대중의 직접투표로 지도자를 선택하는 방식의 위험성에 대해서도 경고했다. 이 방식은 사람들이 감성에만 호소해 유권자들의 표를 끌어 모으는, 카리스마 있고 이기적이며 사익만을 추구하는 사기꾼을 선출할 위험성을 높이기 때문이었다(그리스어로 민주주의를 뜻하는 '데모크라티아 demokratía'는 '다수의 지배'를 뜻한다). 그리스인들은 이런 사기꾼들을 '데마고그demagogue(대중 선동가)'라고 불렀다. 정치학자들은 거짓말과 왜곡을 일삼고 공포를 조장하면서 문명에 위협을 가하는 이런 기회주의자들이 어떻게 인간의 가장 나쁜 본성들, 즉 인종에 대한 편견, 외국인 혐오를 비롯한 수많은 사회적 편 가르기 심리를 자극해 표를 얻는지 보여주고 있다. 정치학자들에 따르면 데마고그들은 분노, 비난, 복수를 조장하는 말을 함으로써 성난 군중의 '민중적' 정서를 자극해 권력을 휘어잡는다.

권력을 잡기 위해 데마고그들이 주로 사용하는 방법 중 하나는 웅변술oratory과 수사학rhetoric을 악의적으로 사용하는 것이었다. 웅변술과 수사학은 고대 그리스인들과 고대 로마인들이 민주주의 실현에 핵심이라고 여겼던, 목소리를 이용해 사람들을 설득하는 방법이다. 웅변술은 정치인들이 공적인 장소에서 연설이나 토론을 할 때 사용하는 고상하고 격식을 차린 '말하는 기술'을 뜻한다(목사들이 신도들에게 설교를 할 때, 변호사들이 법정에서 변호를 할 때도 웅변술을 사용한다). 수사학은 연설을 하는 사람이 듣는 사람을 설득하기 위해 사용하는 창의적이면서 감정을 불러일으키는 '언어 사용 방법'이다. 수사학은 생생한 직유와 은유, 단어의 소리를 이용한 감수성 자극, 절묘한 압축, 적절한 단어 선택, 청각적으로 비슷한(또는 대조적인) 문법 구조의 사용으로 논리적인 주장을 강화해 듣는 사람의 관심을 끌어 말하는 사람의 생각을 효율적으로 전달하는 기술이다. 한 저명한 고전학자에 따르면 고대 그리스와 로마에서 정교한 웅변술과 수사학은 '고대의 정치, 법과 행정의 생명선이었으며, 민족, 지위, 이데올로기를 넘어 의사소통을 가능하게 한 공통의 화법'이다.[1]

　(플라톤 같은) 고대 철학자들은 웅변술과 수사학이 일종의 사기일 수 있다고 우려했다. 듣는 사람을 속이기 위해 사용하는 기술이라는 것이다. 하지만 퀸틸리아누스Quintilianus(AD 35~100년 경)는 웅변술과 수사학이 말하는 사람의 진짜 성격과 의도를 숨기기 위한 속임수, 즉 '청각 마스크auditory mask'가 아니라고 주장했다. 퀸틸리아누스는 웅변술과 수사학을 제대로 이용하면 사람의 진정한 모습을 드러낼 수 있다고 주장했다. 목소리 신호에는 말하는 사람의 성격, 지적 능력, 가치관, 의도가 응축돼 있기 때문에 유권자, 배심원, 신도들은 그 목소리 신호로 말하는 사람의 주장을 세밀하게 검토해 정확한 판단을 내

릴 수 있다는 생각이다. 윌리엄 스트렁크William Strunk Jr.와 화이트E. B. White는 글쓰기 지침서《영어 글쓰기의 기본The Elements of Style》에서 문장을 경제적이고 간단하게 쓰는 능력을 강조하면서, 웅변술과 수사학은 '열린 곳으로 자신을 드러내는 능력the Self escaping to the open'이라고 말했다. 이 말의 더 정확한 의미는 **모든** 글은, 못쓴 글이더라도 결국 진정한 자아를 드러낸다는 것이다. 그러나 생생하고 힘있고 논리가 탄탄한 글은 작가의 본질적인 정신과 도덕성을 드러낸다. 고대 철학자들은 정교한 웅변술과 수사학이 이런 글과 같은 역할을 한다고 생각했다.

키케로Cicero는 로마가 내전으로 치닫고 있던 BC 55년에 쓴《웅변가론De Oratory》에서 웅변술과 수사학의 이런 역할을 특히 강조했다. 키케로는 정치적·사회적으로 불안정한 시기에는 데마고그들이 창궐하기 때문에(이런 시기에는 사기가 떨어지고 분노와 공포로 가득 찬 민중이 복수와 폭력을 조장하는 원시적인 목소리에 넘어가기 쉽기 때문에) 이런 시기야말로 로마인들에게 이상적인 웅변가가 가져야 하는 자질에 대해 알려줄 수 있는 최적의 시기라고 판단했다. 키케로가 생각한 이상적인 웅변가는 도덕성이 뛰어나고, '언어, 문학, 정치, 심리학, 법, 역사, 미학' 그리고 심지어는 '아동 발달'에 이르기까지 다양한 지식에 통달한 교양인이었다.[2] 키케로는 뛰어난 웅변가가 되려면 세 가지 능력, 즉 *docere*(가르치는 능력), *delectare*(기쁘게 하는 능력), *movere*(감동을 주는 능력)을 가져야 한다고 썼다. 키케로에 따르면 뛰어난 웅변가는 데마고그들처럼 소리를 지르거나 청중의 분노를 불러일으키지 않으면서도 자신의 주장이 옳다는 것을 **증명할 수 있어야** 하고, 청중을 **기쁘게 할 수 있어야** 하며, 청중의 **감정을 움직일 수 있어야 한다.** 또한 키케로는 자신이 정당하다고 생각하는 대의를 청중에게 납득시키기 위해 웅변가가 절묘하게 사용하는 시적이고 듣기 좋은 말은 웅변가의 *이성적인* 주장의 일부라고 생각했다.

연설이 귀를 즐겁게 해 청중을 계속 집중하게 만들려면 아름답고 생기가 넘쳐야 한다고 생각했던 키케로는 대중을 효과적으로 설득해야 하는 대중 연설에 필요한 수사학적 장치들에 대해서 많이 언급했다. 두운법alliteration, 유운법assonance, 접속사 생략법asyndento, 액어법zeugma, 대조법antithesis 같은 수사학적 장치들이다. 두운법은 자음 소리를 절묘하게 반복하는 방법이다(셰익스피어의 소네트 30번 시작 부분 'When to the sessions of sweet silent though / I summon up remembrance of things past…'에서 자음 s가 반복적으로 사용되는 것이 예다). 유운법은 모음을 의도적으로 반복하는 방법이다(셰익스피어 소네트 30번의 뒷부분 'And heavily from woe to woe tell o'er / The sad account of fore-bemoaned moan'에서 모음 o가 반복적으로 사용되는 것이 예다). 접속사 생략법은 절 사이에 접속사를 쓰지 않고 계속 절들을 열거하는 방법이다. 카이사르의 유명한 말 'veni, vidi, vici(왔노라, 보았노라, 이겼노라)'가 대표적인 예다. 액어법은 하나의 단어로 다른 두 단어를 수식하는 방법이다. 'I broke the mirror and my promise(나는 거울과 약속을 깼어)', 'She played the piano and the fool(그녀는 피아노를 연주하고 바보짓도 했어)' 같은 문장을 예로 들 수 있다. 대조법은 상반되는 생각을 동일한 구조로 표현해 강력하고 인상적인 문장을 만드는 방법이다(닐 암스트롱이 달에 처음 발을 디뎠을 때 한 말인 "That's one small step for a man, one giant leap for mankind."가 전형적인 예다). 이밖에도 키케로는 이 책에서 감동적이고 인상적이면서도 재미있는, 따라서 설득력 있는 연설을 만들 수 있는 다양한 리듬 조절법에 대해서도 자신만의 용어와 정의를 이용해 설명했다.

VOICE
•
268

키케로는 수사학에 관한 저술을 통해 서양인들이 **말로** 자신의 생각을 표현하는 방식에 현재까지도 영향을 미치고 있을 뿐만 아니라, (셰익스피어 작품에서 볼 수 있듯이) 글로 생각을 표현하는 방식에도 영향을 미치고 있다(고대 로마 사람들은 현재의 우리처럼 말과 글을 분명하게 구분하지 않았다). 오늘날 텍스트를 '소리 내 읽는 것'은 초등학생 때나 하는 일로 생각되고, '책을 읽을 때 입술을 움직이는 것'은 똑똑하지 않은 사람들이 하는 행동이라고 여기지만, 키케로 시대의 읽기는 작가 벤 야고다_{Ben Yagoda}가 《페이지에 실린 소리_{The Sound on the Page}》(2004년)에 썼듯이 **소리를 내면서** 읽는 것을 항상 뜻했다. 야고다는 고대 세계에서 '글로 쓰인 텍스트는 연극 대본 같은 것이었다. 이 텍스트는 공연을 할 때만 생명력을 얻었다'고도 썼다. 고대 세계에서는 소리를 내지 않고 책을 읽는 일이 매우 드문 일이었다. AD 4세기에 활동했던 초기 기독교 신학자 아우구스티누스_{Augustinus}가 밀라노 주교의 책 읽는 모습을 보고 놀랐다는 기록이 있을 정도다. "주교는 눈으로 책을 들여다보고 머리로는 글자의 의미를 찾고 있었다. 그러면서도 주교는 아무 소리도 내지 않았고, 혀를 움직이지도 않았다… 주교는 계속 소리를 내지 않고 책을 읽고 있었다."[3]

그보다 거의 1,000년 후인 1300년대 초반까지도 읽기는 곧 소리 내서 읽기를 의미했다. 이런 관행은 단테_{Dante Alighieri}, 페트라르카_{Francesco Petrarca}, 초서_{Geoffrey Chaucer}가 (라틴어가 아닌) 각자의 모국어로 글을 쓰기 시작하고 나서야 없어지기 시작했다. 모국어로 글을 쓰게 됨에 따라 시와 산문이 일상적인 말과 가까워졌고, 글로 쓴 단어들을 개인적으로 (즉, 소리 내지 않고) 흡수하는 일이 많아졌다. 또한 1440년 구텐베르크의 인쇄기 발명으로 글로 쓴 문서와 책이 대량생산되자 이렇게 텍스트를 조용하게 흡수하는 일이 확실하게 자리를 잡게 됐다. 하지만 당시에는 효과적이고 설득력 있는 말을 위한 키케로의 수사학 법칙들이 이미 너무 깊숙하게 글쓰기에 침투해 있었기 때문에, 당시에 글을 쓰는 사람은 어떤 언어로 글을 써도 이 법칙들의 영향을 받을 수밖에 없었다. 알렉산더 포프Alexander Pope의 시 〈소리와 감각Sound and Sense〉(1711년)은 시와 산문이 어떻게 말의 소리를 떠올리게 하는지, 말로 표현되는 언어가 어떻게 단어의 의미를 반영하는지 묘사하고 있다. "Tis not enough no harshness gives offense."와 "The sound must seem an echo to the sense(귀에 거슬리는 것이 없다고 해서 충분한 것이 아니다./소리는 반드시 의미의 메아리처럼 보여야 한다)"라는 구절과 그 뒤의 여덟 구절에서 포프는 키케로가 제시한 수사학적 전략들을 절묘하게 사용하고 있다. 다음절 단어들로 구성되는 구절은 빠른 속도를 나타내고, 단음절 단어들은 무겁고 느린 움직임을 나타낸다. 속삭이는 것 같은 소리를 가진 s나 z 같은 자음은 달콤한 소리를 나타내면서 x나 f 같은 자음과 대비를 이루며, 소음을 나타내는 t 같은 충격음과도 대비를 이룬다. 또한 두운법과 유운법에 따른 소리들이 복잡하게 서로 교직되면서 시 전체를 하나로 묶어 아름답고 기억에 남을 만한 작품으로 만든다. 이런 효과들을 최대한으로 느끼려면 아우구스티누스처럼 소리를 내서 다음의 구절들을 읽어보자.

> Soft is the strain when Zephyr gently blows,
> And the smooth stream in smoother numbers flows;
> But when loud surges lash the sounding shore,
> The hoarse, rough verse should like the torrent roar;
> When Ajax strives some rock's vast weight to throw,
> The line too labors, and the words move slow;

VOICE
•
270

Not so, when swift Camilla scours the plain,

Flies o'er the unbending corn, and skims along the main.

서풍이 부드럽게 불어올 때 그 어조는 부드러워야 한다.

그리고 부드럽게 흐르는 냇물은 더 부드러운 선율로 흘러야 한다.

하지만 시끄러운 파도가 으르렁거리는 해안을 채찍질하듯

몰아칠 때는,

거칠고 투박한 운율은 급류가 휩쓸 듯이 포효해야 한다.

아약스가 거대한 바위를 던지려고 애쓸 때는,

시행도 같이 힘들어야 하고 단어들은 천천히 흘러야 한다.

하지만 재빠른 카밀라가 들판을 누비고,

끝없이 펼쳐지는 곡식들 위를 날아다니고,

돛대를 펴고 바다 위를 스쳐지나갈 때는 그렇지 않아야 한다.

　　키케로처럼 수사학에 대한 글을 쓴 고대의 작가들에게 가장 좋은 글은 귀와 언어중추를 효과적으로 자극하는 글이었다. 사실 셰익스피어는 목소리 연기자(배우)로 경력을 시작했으며, 사람들에게 들려주기 위해서만 희곡을 썼다. 영문학자 G. 블레이크모어 에번스 G.Blakemore Evans[4]에 따르면 셰익스피어는 자신의 희곡을 제대로 된 '원작자 인증' 버전으로 인쇄해 독자들에게 읽히는 것에는 평생 관심이 없었기 때문에 '질이 좋지 않은' 4절판 책에 정확하지 않게 자신의 작품이 인쇄돼 유통되는 것을 방관했다. 이런 책들은 셰익스피어의 연극을 본 후 기억을 되살려 대사를 재구성한 해적판들이었다(당연히 내용이 틀리거나 생략되는 부분이 있었다). '질이 좋은' 4절판 책들은 셰익스피어의 극장에서 사용하기 위한 책이었는데도 오류와 오자가 가득

했고, 중간에 대사가 빠져 있는 경우도 많았다. '원작자 인증'을 거쳐 수록된 '제1판 2절판The First Folio Edition'(1623년) 조차 셰익스피어가 아니라 셰익스피어의 극장 소속 배우 2명이 주도해 만든 책이었고, 그나마도 셰익스피어가 사망한 뒤 7년이 지나서야 편집돼 출판됐다. 우리가 문자언어의 절정이라고 생각하는 희곡들을 셰익스피어는 말로 하는 공연을 위해서만 쓴 것이 확실하다. 존 키츠John Keats 는 (달콤한 목소리에 대한 찬사인 〈나이팅게일에 부치는 노래Ode to a Nightingale〉에서) 'beaded bubbles winking at the brim(잔 가장자리에서 윙크하는 구슬 같은 거품들)'이란 말로 와인을 묘사하면서 입술과 혀의 육감적인 춤에 대해 생각하고 있었을 것이다. 20세기의 가장 난해한 작품들을 쓴 모더니스트 소설가 제임스 조이스James Joyce조차 목소리와 귀에 대해서는 직접적인 표현을 했다. 조이스가 《피네간의 경야Finnegans Wake》에서 여러 나라 언어를 이용해 한 언어유희는 소리 내서 읽지 않으면 뜻을 알기 어렵다. 활음조 현상을 이용해 화려한 문체를 구사했던 블라디미르 나보코프Vladimir Nabokov 는 자신의 가장 유명한 소설을 발음 기관 (특히 혀)의 움직임을 통해 얻는 육감적인 쾌락에 성적으로 집착하는 모습을, 키케로가 기억에 남고 기쁨을 줄 수 있는 연설의 핵심이라고 설명한 두운법과 유운법을 이용해 묘사하면서 시작했다. 'The tip of the tongue taking a trip of three steps down the palate to tap, at three, on the teeth. Lo. Lee. Ta.(혀끝이 입천장을 따라 세 걸음 걷다가 세 걸음 째에 앞니를 가볍게 건드린다. 롤.리.타.)"[5]

키케로가 서양인의 말하기에 미친 영향이 어느 정도인지는 1421

년에 이탈리아 밀라노 근처의 로디라는 소도시에서《웅변가론》의 전체 원고가 발견되기 전까지는 확실하지 않았다. 키케로의 웅변 원칙들이 적극적으로 수용된 곳은 영국이었다. 의원들이 공공장소에 모여 서로 상대편 당 의원들에게 고함을 지르면서 비판하고, 조롱하고, 야유하는 관습이 있는 영국 의회에서는 정치인들이 자신의 주장을 효과적으로 표현하고 전달하는 능력이 매우 중요하게 생각됐기 때문이다. 미국에서는 키케로의 웅변 원칙들이 더 늦게 수용됐지만, 이 원칙들이 공공장소 연설에 미친 영향은 영국 못지않다. 작가이자 버지니아 커먼웰스 대학 교수, 초기 아메리카 문화사 전문가인 캐럴린 이스트먼Carolyn Eastman은 "조지 워싱턴은 말을 수줍어하면서 어색하게 한 사람이었다. 토머스 제퍼슨의 말소리는 귓속말보다 약간 큰 수준이었고, 존 애덤스는 변호사 출신인데도 남을 설득하기보다는 기분을 상하게 하면서 거칠게 말을 했다."고 말했다.[6] 하지만 한 세대가 지나기도 전에 미국의 공공 연설은 고대인의 영향을 받아 개선되기 시작했다. 1805년 존 애덤스의 아들인 존 퀸시 애덤스John Quincy Adams는 미국 최초의 수사학·웅변술 교수로 하버드 대학에 임용됐을 때 (미국의 제6대 대통령이 되기 20년 전이다) 취임 연설에서 "아테네와 로마의 전성기 시절 웅변은 힘이었다."며 키케로 같은 고대의 학자들이 효과적인 연설에 지대한 영향을 미쳤다고 강조했다.[7]

　　존 퀸시 애덤스는 상아탑 내에서의 고전적인 수사학과 웅변술의 중요성을 강조했지만, 미국의 보통 사람들은 현실에서 이런 수사학이 적용되는 연설에 열광하기 시작했다. 애덤스가 하버드 대학에서 강의를 시작한지 3년째 되던 1808년 당시 버지니아에서 웅변술을 가르치던 스코틀랜드 출신 교사 제임스 오길비James Ogilvie는 미국에서 대중 강연이 엄청난 인기를 얻고 있다는 사실에 주목했다. 당시의 대중 강연은 극장이나 야외 강연장에서 열리는 강연, 책 낭송, 토론 형태의 강연이었는데, 한 번의 강연에 수천 명이 입장료를 내고 입장할 정도로 선풍적인 인기를 끌었다. 오길비는 교사를 그만 두고 순회 강연을 시작했고, 곧 미국 전역의 강연장에서 강연 요청을 받는 미국 최고의 강연자가 됐다. 19세기 초반에 이런 강연은 입장료를 받고 연설을 하는 다양한 형태의 '강단 문화'를 만들어냈다.[8] 이스트먼에 따르면 오길비는 '이성과 감성을 동시에 자극하면서 사람들을 몰아쳐 정신을 쏙 빼놓는' 방식으로 강연을 했다. 오길비의 강연은 신문에 다음 강연 일정이 실릴 정도로 인기를 끌었고, 강의가 열릴 때마다 수천 명이 몰려들었다(조지아에서 메인까지, 테네시에서 퀘벡까지). 오길비의 연설 스타일을 모방하는 사람들도 생겨나기 시작했다(이들은 오길비가 강연할 때 입는 옷도 따라 입었다. 오길비의 의상은 고대 연설가들의 영향을 받았다는 것을 드러내는 **토가**Toga였다). 오길비는 미국 국회의사당에서 매디슨James Madison Jr. 대통령과 상하원 의원들을 대상으로 강연을 하기도 했다. 당시 미국의 정치인들은 이 강연으로 키케로의 대중연설 원칙들이 얼마나 중요한지 알게 됐을 것이다. 이스트먼은 오길비가 미친 이런 영향으로 헨리 클레이Henry Clay, 대니얼 웹스터Daniel Webster처럼 연설을 잘하는 상원과 하원의 지도자들이 등장하게 됐으며, 결국 1858년 초여름에는 걸출한 연설 능력을 가진 일리노이 주 미 연방 상원의원 후보가 등장하게 됐다고 말한다. 그가 바로 에이브러햄 링컨Abraham Lincoln이다.[9]

링컨의 대중연설만큼 미국을 크게 바꾼 연설은 그전에도 그 후에도 없었다. 링컨이 현대 선거운동에서 가장 중요한 부분, 즉 정치 토론을 만들어냈다는 사실만으로도 연설가로서 링컨이 미친 영향의 중요성을 알 수 있다.

18세기 후반에 웅변이 붐을 이루기 시작하면서 청중의 교화 또는 오락을 목적으로 하는 '토론 클럽'이 생겨나기 시작했다. 이 토론클럽에서는 영국 의회에서처럼 한쪽이 '정부' 역할, 다른 한쪽이 '야당' 역할을 맡아 과학, 예술, 정치 등에 관한 토론을 벌였다. 하지만 소도시의 변호사 출신으로 한 번의 하원의원 경험 밖에 없던 '약체' 상원의원 후보였던 링컨은 유명하고 자금력이 좋고, 상원의원에 2번 당선된 현직 의원 스티븐 더글러스Stephen A. Douglas에게 연설 대결을 제안함으로써 정치 *선거운동* 토론의 장을 처음 열었다. 링컨은 일리노이 주 곳곳에서 열린 더글러스의 유세 연설을 집요하게 따라다녔고(더글러스가 연설을 마치고 내려간 뒤 연단에 올라 '주요 유권자들'이 자리를 뜬 뒤에도 남아있는 사람들에게 연설을 하기도 했다) 결국 더글러스가 자신과의 직접 대면 토론을 받아들이도록 만들었다. 1858년 7월에 보낸 편지에서 링컨은 더글러스와 '시간을 나눠 같은 청중에게 연설을 하자'고 제안했다. 같은 장소에서 시간을 나눠 번갈아가면서 연설하는 방식으로 대결하자는 것이었다. 그전에는 한 번도 사용되지 않은 방식이었다. 유명하고 당선이 유력했던 더글러스는 얻을 것이 없는 방식이었고, 무명에 가까운 링컨에게는 잃을 것이 없는 방식이었다. 하지만 더글러스는 링컨의 이런 제안을 받아들이지 않는다면 약하게 보이거나 겁을 먹고 있는 것으로 보일 수 있다고 생각했다. 게다가 더글러스는 이 연설 대결에서 자신이 당연히 이길 것이라고 확신하고 있었다.

더글러스의 목소리는 위엄이 있는 크고 낮은 목소리였고, 그는 이런 목소리에 자신감을 실어 화려한 언변을 구사했다. 이와는 대조적으로 링컨의 목소리는 귀에 거슬릴 정도로 고음인데다 중간 중간에 끊기기도 했다. 링컨과 더글러스의 연설 대결을 직접 지켜본 뒤 기사를 쓴 저널리스트 호레이스 화이트Horace White는 링컨의 목소리가 '갑판장이 부는 호루라기 소리만큼 고음'이었다고 묘사했다[10] ('쨍쨍하다', '날카롭다', 심지어는 '불쾌하다'고 말한 사람들도 있었다).[11] 스티븐 스필버그Steven Spielberg가 감독한 2012년 영화 〈링컨Lincoln〉에서 링컨 역할을 한 다니엘 데이루이스Daniel Day-Lewis는 〈오프라 윈프리 쇼〉에 출연해 링컨의 성격과 연설, 행동 분석을 통해 표면적인 '인상'을 주는 목소리가 아닌, 링컨 성격의 깊은 측면, 즉 '영혼이 남긴 발자국'을 보여주는 목소리를 '찾아냈다고' 말한 적이 있다.[12] 데이루이스가 찾아낸 '링컨 목소리'가 얼마나 실제 링컨의 목소리와 비슷한지 알 수는 없다. 녹음기는 링컨이 암살되고 12년 후에야 등장했기 때문이다. 하지만 적어도 나는 삐걱거리는 문짝 소리 같은 데이루이스의 링컨 목소리를 듣기 전까지는 링컨의 높은 목소리가 어떤 것이었을지 상상을 할 수 없었다. 이제는 링컨이 실제로 그런 목소리를 냈을 것이라는 생각이 든다.

　더글러스와의 연설 대결에서 링컨이 불리했던 것은 목소리와 음높이와 음색만이 아니었다. 링컨은 즉흥 연설 능력도 부족했다. 화이트는 '링컨의 말은 더글러스의 말처럼 빠르고 유연하게 흐르지 못했다. 링컨은 말을 하다 중간에 수정을 하느라 문장의 흐름을 끊기도 했다…. 연설이 진행되면서 머뭇거림은 줄어들었지만 우아하고 세련되면서 편한 느낌을 주는 더글러스의 연설과는 전혀 달랐다'라고 썼다.[93] 하지만 늦여름부터 초가을까지 토론이 계속 진행되면서 링컨의 이런 약점은 강점으로 변하기 시작했다. 높고 째지는 링컨의 목소리는 점점 수가 불어나던 청중 뒤편까지 뚫고 들어갔기 때문이다(한편 더글러스는 너무 목소리를 크게 내다 막판 두 번의 토론에서는 후두염 때문에 소리를 제대로 내지 못하게 됐다). 링컨이 연설 중간에 멈추고 머뭇거린 것도 링컨에게 유리하게 작용했을 것이다. 이런 모습을 보임으로써 링컨은 자신의 신중함과 진정성을 청중에게 언어 외적으로 드러낼 수 있었기 때문이다. 링컨의 이런 모습은 더글러스의 '유연하고' 번드르르한 연설 스타일과 대조를 이뤘을 것이다. 정치인은 너무 말을 잘해도 불리해질 수 있는 모양이다.

하지만 이 토론에서 링컨이 보여준 것 중에서 가장 중요했던 것은 링컨의 목소리에 담긴 정의감이었다. 7회에 걸쳐 이뤄진 토론의 주요 주제는 미국 연방이 서쪽으로 확장되면서 중요해진 문제, 즉 새로운 영토들이 노예제도를 합법화해야 하는지에 관한 것이었다. 링컨은 노예제도가 도덕에 반하며 미국 독립선언서와 그 기초가 된 민주주의 전제인 '모든 사람은 평등하게 창조되었다'에 정면으로 배치된다고 생각했다. 화이트의 묘사에 따르면 이런 확고한 생각을 가졌던 링컨의 목소리에 담긴 '도덕적 우월감과 진심은 그대로 청중의 마음으로 전해졌다'.[14] 한편 더글러스는 민주적인 투표를 통해 각 주가 노예제도 합법화 여부를 스스로 결정할 수 있게 하는 것이 민주주의이기 때문에, 자신의 생각이 옳다고 주장했다(사실 이 주장은 겉으로 내세운 명분에 불과했다. 더글러스는 이 주장을 하기 얼마 전에 연설을 통해 자신이 백인 우월주의라는 도덕적으로 혐오스러운 생각을 가지고 있다고 분명하게 밝혔기 때문이다. 사실, 더글러스를 공개 토론장으로 끌어내야겠다고 링컨이 결심하는 데 결정적인 역할을 한 것이 바로 이 연설이었다. 이 연설에서 더글러스는 "나는 우리 정부가 백인을 기초로 세워졌다고 자유롭게 말할 수 있습니다. 우리 정부는 백인의 이익을 위해, 백인에 의해 관리되기 위해, 백인에 의해 만들어

진 것입니다."라고 말했다).[15]

링컨은 사람들의 인기를 얻는 데는 성공했지만, 선거 구역 확정 문제, 개표 문제 등 여러 가지 요인들이 작용한 결과, 정작 선거에서 더글러스에게 졌다. 하지만 수만 명이 직접 지켜보고 신문 보도로 수백 만 명이 내용을 알게 된 토론으로 링컨은 곧 전국적인 명성을 얻게 됐다. 2년 후인 1860년 링컨은 토론 내용을 책으로 출판했고, 베스트셀러가 된 이 책은 같은 해 대통령 선거에 출마한 링컨의 선거운동에 결정적인 도움을 줬다. 대통령 선거에서 승리한 링컨이 자신이 더글러스와의 토론 때문에 '우연히 당선됐다'고 말할 정도였다.[16]

우연이든 아니든, 이 토론은 노예를 해방한 대통령을 만들어냈다. 또 그는 남부 주의 연방 탈퇴를 유도해 남북전쟁을 일으키고, 연방을 승리로 이끌었다. 한 사람의 목소리가 미국의 분열을 막은 셈이다. 대통령으로서의 링컨의 두드러진 활동은 결국 암살이라는 결과를 불러오기도 했다. 하지만 링컨은 암살되기 2년쯤 전에 '세상은 우리가 여기에서 무엇을 말하는지 주목하지도 기억하지도 않겠지만'이라는 말이 들어간 유명한 연설을 남겨 지금도 우리 기억 속에 살아있다. 오늘날 역사학자들은 단어 272개로 구성된 이 간단한 연설을 '민주주의 비전에 대한 그동안의 연설 중에서 가장 감동적인 연설'[17]이라고 생각하고 있다. 바로 이 연설이 남북전쟁에서 사망한 군인들에 대한 추도 연설인 게티스버그 연설Gettysburg Address이다.

게티스버그 연설은 평소 쉬운 말로 연설을 하던 링컨의 연설 스타일과는 달리 수사학적인 미사여구로 시작됐다. 매우 이례적인 일이었다. E. B. 화이트는《영어 글쓰기의 기본》에서 링컨이 게티스버그 연설을 'Four scores and seven years ago'라는 말로 시작한 것은 문학적인 표현을 위해서가 아니라 **연설** 효과를 높이기 위한 선택이 분명하다고 말했다. 자신의 목소리와 그 목소리가 사람들에게 어떻게 들릴 것인지 고려해 내린 결정이라는 뜻이다. 화이트는 "'four scores and seven years'(score는 20을 뜻하므로 four score는 80년이라는 뜻이다-옮긴이)라고 복잡하게 말하지 않고 쉽게 'Eight-seven years(87년)'라고 말했다면 단어 수를 줄일 수 있고 듣는 사람도 계산을 할 필요가 없기 때문에 금세 알아들을 수 있었을 텐데도[18] 링컨이 굳이 이 표현을 사용한 것은 약간의 장식을 함으로써 글에 율동적인 흐름을 부여하기 위한 것이었다."라고 분석했다. 여기에 내 생각을 추가하자면, 나는 건국의 아버지들이 독립선언서에 서명을 한 뒤 그때까지 흐른 시간과 그 건국의 아버지들이 미국을 세울 때 가졌던 신념이 얼마나 중요한지 강조하기 위해 링컨이 의도적으로 이런 표현을 썼을 것이라고 생각한다. 그 신념은 정치인으로서의 링컨에게 버팀목이 됐던, 즉 토머스 제퍼슨이 독립선언서에 쓴 '모든 사람은 평등하게 창조되었다'라는 신념이다.

오길비, 더글러스, 링컨이 키케로의 웅변술과 수사학 원칙을 이용해 정치적인 연설과 토론을 하는 동안에도 18세기와 19세기의 '강단 문화'에는 또 하나의 연설 형태가 영향을 미치고 있었다. 바로 설교다. 고대의 웅변술과 수사학 원칙들은 수많은 종교의 설교 방식에 오랫동안 영향을 미쳐왔다. 예를 들어, 13세기 기독교 성직자들의 설교 방식은 고대의 연설 법칙에 매우 충실해서 키케로의 이미지(그리고 '수사학'의 이미지)가 샤르트르 성당 정면에 새겨졌을 정도였다.[19] 유대교의 회당 설교와 탈무드 토론 방식, 유월절 의식도 키케로의 웅변과 토론 법칙의 영향을 직접적으로 받은 것이다. 유대교의 대축제일 의식에 사용되는 '원고'도 서론Exordium, 진술Narration(사실의 진술), 분할 Partition(증거 분석), 확인Confirmation(증거의 요약), 결론Conclusion(주장의 요약)으로 구성되는 키케로의 법정 연설 구조를 그대로 따르고 있다.[20] 이슬람의 설교도 그리스와 로마의 수사학 모델을 사용한다(아리스토텔레스의 수사학과 연설 이론이 8세기에 아랍어로 번역됐다). 하지만 이슬람은 이런 고전적 모델에 대해 어느 정도 비판적인 시각을 가지고 있다. 선지자 무하마드의 말을 '절대 거스를 수 없는' 말로 여기는 이슬람에서는 철학과 종교가 양립할 수 없다고 생각하기 때문이다.[21] 그럼에도 이맘(최고지도자-옮긴이)들의 설교는 연설이 즐거움과 설득을 위한 것이라는 아리스토텔레스, 키케로, 퀸틸리아누스의 생각이 담긴 원칙에 따른 수사학적 장치들(두운법, 대조법, 과장법 등)을 상당히 많이 사용한다.[22]

제임스 조이스의《젊은 예술가의 초상A Portrait of the Artist as a Young Man》의 주인공 스티븐 디덜러스가 그토록 끔찍하게 생각했던 로마 가톨릭 사제들의 강론이 바로 키케로의 수사학 원칙들에 기초한 것이다. 지옥에 대한 아날 신부의 세세한 묘사(악취, 부패, 불에 타는 고통, 쌓여있는 시체들, 시체들을 파먹는 벌레들, 끝나지 않는 육체적·정신적 고통)는 고전 수사학을 기초로 14세기에 단테가 쓴《신곡》중〈지옥편〉에서 그대로 따온 것이다. 하지만 1730년대 초반 영국에서는 이보다 훨씬 더 노골적이고 감정적인 기독교 연설 스타일도 등장했다. 영혼의 거듭남과 개인의 구원의 중요성을 강조한 복음주의 개신교 목사들의 연설 스타일이다. '불과 유황' 설교 또는 '지옥 불' 설교로 알려진 이런 형태의 설교는 계몽주의의 부상으로 교회가 합리와 과학 쪽으로 기울자 이에 대한 반발로 시작된 것이었다. 극단적으로 감정적인 이러한 설교 스타일은 영국 선교사들에 의해 신도수가 급격하게 줄고 있던 18세기 초반의 북아메리카에 전해졌고, 이는 제1차 대각성 운동First Awakening Movement이라는 열정적인 청교도적 신앙부흥 운동을 촉발했다. 이런 부흥운동을 하던 목사들의 설교 중에서 가장 유명한 설교는 목사이자 신학자인 조너선 에드워즈Jonathan Edwards의 '진노한 하나님의 손에 붙들린 죄인들Sinners in the Hands of an Angry God'이다. 에드워드는 1741년에 이 설교 원고를 책으로 내기도 했다. 에드워즈는 단테의 〈지옥편〉(그리고 아날 신부가 나오는 《젊은 예술가의 초상》)에서 묘사되는 지옥이 **실제로 존재하는 곳이며** 죄인들은 모두 이 지옥으로 가게 된다고 말했다. 에드워즈가 이 설교에서 말한 지옥과 단테의 지옥의 차이는 지옥의 근접성과 내재성에 있었다. 또한 하나님은 자애로운 아버지가 아니라 인간을 지옥에 보내고 싶어 하는 복수심으로 가득 찬 존재라는 것이 에드워즈의 주장이었다.

> 하나님은 우리들이 징그러운 벌레를 손에 들고 있을 때와 같은 심정으로 여러분을 지옥의 구덩이 위에 들고 계시며 여러분을 아주 싫어하시며 준엄하게 책망하고 계십니다. 하나님께서는 여러분을 불에 던져질 가치 밖에 없는 존재로 보십니다. 여러분이 용납되기에는 하나님의 눈은 너무나도 순수합니다. 그분의 눈에는 우리가 징그러운 뱀을 볼 때보다 몇 천배 더 여러분이 가증스럽게 보일 것입니다.[23]

놀라운 사실은 에드워즈가 (처음에는 매사추세츠 노스햄튼, 나중에는 코네티컷의 한 교구에서 한) 이 설교가 모두 웅변학적인 고려에 따라 차분하게 이뤄졌다는 것이다. 에드워즈는 준비한 원고에만 눈을 고정시키고 거의 같은 음으로만 원고를 읽었다.[24] 불꽃놀이처럼 화려한 발성, 극적인 몸짓, 원고에서 벗어나 즉흥적으로 불같이 포효하는 것이 당시 복음주의 목사들의 공통적인 특징이었다는 사실을 생각하면 매우 이례적인 일이었다. 특히 19세기 초반의 제2차 대각성 운동 Second Great Awakening 시기에는 이런 특징이 더 두드러졌다. '불과 유황'을 강조한 제2차 대각성 운동 기간의 침례교나 감리교 목사들은 원고에서 벗어나 성경 구석구석에 숨어있는 구절들을 수사학적으로 포장해 웅변하듯이 설교하는 능력이 뛰어날수록 높은 평가를 받았다. 소리치다 떨다 속삭이다 흐느껴 우는 이들의 격정적인 설교는 대중 선동가들이 배우고 싶은 요소들을 모두 갖춘 것이었다.

유튜브에는 현재의 복음주의 목사들의 설교 동영상이 많이 올라와 있다. 현재의 이런 설교 스타일은 19세기 복음주의 목사들의 설교 스타일과 거의 같다고 할 수 있다. 2011년 1월, 유튜브에 올라온 동영상을 보면[25] 테네시 주 녹스빌의 템플 침례교회의 찰스 로슨 Charles Lawson 목사는 그날 설교의 주제를 말하기 전에 매우 부드럽고 느린 말투로 신도들에게 인사를 건넨다. 하지만 예수의 산상수훈을 소재로 설교를 진행하면서 로슨 목사는 자유주의 신학자들이 선호하는 '누가 당신의 오른뺨을 때리거든, 그에게 다른 뺨도 마저 돌려 대십시오'라는 구절이 아니라 산상수훈 거의 끝부분에 나오는 '지옥 불'에 대해 강조한다. 로슨 목사는 이때부터 25분 동안 계속 지옥이 절대적으로 실재하며, 부인할 수 없는 곳이며 회개하지 않는 사람은 결국 확실하게 지옥에 떨어지게 된다며 열변을 토한다. 로슨 목사는 《젊은 예술가의 초상》에 나오는 아날 신부처럼 지옥에 대해 자세하게 묘사하지는 않지만 격정적인 설교로 지옥에 대해 강조한다. 10분째부터는 팔을 크게 휘두르면서 나무라도 쪼갤 것 같은 큰 목소리로

'Hell(헬)'이라는 말을 'Hay-Yull(헤이열)'이라는 남부 사투리로 발음하면서 장광설을 늘어놓기 시작한다. 이때 키케로의 수사학 장치들이 나타난다. 감정을 점점 더 격앙시키기 위해 특정한 단어를 리드미컬하게 반복하는 방법이다. 하지만 이런 수사학적 장치보다 더 두드러지는 것은 목소리의 크기와 강도다. "There is no salvation in Hay-Yull!(지옥에는 구원이 없습니다!)", "There is no savior in Hay-Yull!(지옥에서는 아무도 구해줄 수 없습니다!)", "There is no Bible in Hay-Yull!(지옥에는 성경도 없습니다!)", "There is no blood in Hay-Yull!(지옥에는 피도 없습니다!)", "There is no forgiveness in Hay-Yull!(지옥에는 용서도 없습니다!)" 같은 말을 외친 다음, 로슨 목사는 데스메탈 싱어들의 목구멍을 찢을 것 같은 목소리로 외친다. "Whatever GOES to Hay-Yulll STAYS in Hayyy-Yull!(한번 지옥에 가면 절대 지옥에서 나올 수 없습니다!)" 이런 설교는 유치해 보이지만 효과는 매우 확실하다. 이런 영상을 보면 제1차 대각성 운동과 제2차 대각성 운동 당시 침례교와 감리교 목사들이 미국 남부에서 선풍적인 인기를 끌었던 이유도 쉽게 알 수 있다. 지금도 남부의 복음주의 목사들은 그때와 달라지지 않았다.

제2차 대각성 운동 시기에는 지역을 순회하는 침례교 목사들이 개종시켜 교회에서 주도적인 역할을 하게 만들었던 사람들이 있다. 바로 흑인 노예들이다(미국 성공회에서는 흑인 노예들에게 이런 역할을 맡기지 않았다). 이 흑인 노예 목사들은 성경의 이야기 중에서 억압을 견디고 생존한 이야기, (히브리인들의 이집트 탈출 이야기 같은) 노예 상태로부터 탈출하는 이야기를 부각하고 그 이야기로 흑인 노예들을 위로했다. 예를 들어, 노예 출신 목사인 냇 터너Nat Turner는 이런 이야기에 영감을 받아 1831년에 무장 노예 봉기를 일으켜 버지니아에서 흑인들을 해방시키기도 했다. 터너는 체포돼 사형을 당했고, 다른 무장 노예 봉기들이 이어지면서 결국 백인 목사 없이 흑인 신도들이 모이는 것이 법으로 금지되기에 이르렀다. 그 결과, 흑인들만 가는 지하 교회들이 생겼고, 이 지하 교회에서 아프리카계 미국인 특유의 설교 방식과 예배 방식이 생겨나게 됐다.[26]

흑인 교회들은 감정에 호소하는 복음주의적 설교와 아프리카의 리듬을 합쳐 소리 지르고, 노래 부르고, 박수치면서 목사와 활발하게 상호작용을 하는 오늘날의 흑인 교회의 모습을 띠기 시작했다. 미시건 주립 대학 영어과 교수인 제네바 스미서먼Geneva Smitherman은 《말과 증언Talkin and testifyin》(1997년)에서 복음주의 흑인 목사들의 전형적인 설교 스타일에 대해 '다양한 음높이의 목소리가 즉흥적인 연주를 위한 악기처럼 사용되는' 멜로디와 리듬이 풍부한 스타일이라고 분석했다.[27] 스미서먼은 이런 설교 스타일을 '음조 의미체계tonal semantics'라고 부르면서, 이 스타일은 교회의 설교대를 넘어서 흑인의 말투에 영향을 끼쳤다고 말한다. 이런 목소리는 제임스 브라운James Brown이나 아레사 프랭클린Aretha Franklin의 노래, 마틴 루터 킹 주니어Martin Luther King, Jr. 목사, 제시 잭슨Jesse Jackson 목사의 설교, 스토클리 카마이클Stokely Carmichael과 말콤 엑스Malcolm X의 연설, 플립 윌슨Flip Wilson과 리처드 프라이어Richard Pryor의 코미디에서 들을 수 있는 목소리다.[28] 또한 이 목소리는 미국 최초의 흑인 대통령에게서도 들을 수 있는 목소리이기도 하다.

정치적인 연설에서 수사학과 웅변술의 비중이 높은 것은 이런 연설에서 사용되는 수사학과 웅변술 장치들이 (문학에서처럼) '단순한' 즐거움을 주거나 (종교에서처럼) 숭배를 위한 것이 아니라, 사람들의 마음을 움직여 결정적인 행동과 희생을 하게 만드는 데 사용되기 때문이다. **단 한 번의** 정치적인 연설이 인류의 역사를 바꾼 경우는 거의 없지만, 영국 총리 윈스턴 처칠_{Winston Churchill}이 1940년 6월 4일 영국 하원에서 한 연설은 그런 연설의 확실한 예라고 할 수 있다. 영국이 됭케르크에서 철수한 후 나치의 폴란드 침공이 임박한 상태에서 이뤄진 이 연설은 영국인들의 마음을 다잡고 히틀러에게 영국인들의 투쟁 의지를 알리기 위해 이뤄진 연설이기도 했지만, 참전을 망설이고 있는 미국에게 전쟁을 끝내고 나치의 세계 지배를 막는 데 도움을 달라고 요청하는 신호이기도 했다. 다시 말해, 이 연설은 자유세계의 운명이 걸린 매우 중대한 연설이었다. 2017년 영화 〈다키스트 아워 Darkest Hour〉에서 처칠은 책장에서 자신이 번역한 키케로의 《웅변가론》을 뽑아든 다음 연설문을 준비한다. 이 장면이 할리우드 영화가 미화한 것이든 아니든 중요하지 않다. 처칠은 민주주의와 독재의 결전을 앞두고 최대한 감동적인 연설을 해야 했고, 실제로 수사학적 장치들로 가득 찬 그의 연설에서, 특히 마지막 결론 부분에서 그렇게 했다. 키케로는 결론 부분에서 최종적으로 듣는 사람의 이성과 감정을 자극해야 한다고 생각했다.

처칠은 《웅변가론》에 나오는 아나포라_{anaphora}(단어의 의도적인 반복), 중복법_{geminatio}(특정한 문법 구조의 반복), 유운법, 두운법 같은 수사학적 장치들을 다양하게 이용했다. 예를 들어, 처칠은 두운법을 적용한

'We shall not flag or fail(우리는 약해지거나 실패하지 않을 것입니다)'로
연설의 결론 부분을 시작했다. 처칠이 영국 하원에서 한 연설은 녹음
되지 않았지만, 그가 후대를 위해 1949년 집에서 다시 녹음한 이 연
설을 들어보면 연설의 내용과는 대조적으로 목소리가 놀라울 정도로
조용하고 편안하다는 느낌을 받는다. 영국 하원에서 연설했을 때 실
제로 이런 목소리로 연설했는지는 확실하지 않다. 하지만 녹음된 목
소리만 듣고 판단하면, 처칠은 진지함과 굳은 결심을 나타내기 위해
역설적으로 이런 목소리를 사용함으로써 말의 힘을 극대화하려고 한
것으로 보인다.

> We shall go on to the end. We shall fight in France, we shall
> fight on the seas and oceans, we shall fight with growing
> confidence and growing strength in the air(이 단어에서만 유
> 일하게 목소리가 높아지고 커졌다. 다음 문장부터는 다시 조용
> 하고 단호한 목소리로 돌아간다), we shall defend our island,
> whatever the cost may be. We shall fight on the beaches,
> we shall fight on the landing grounds, we shall fight in the
> fields and in the streets, we shall fight in the hills, we shall
> never surrender!

> 우리는 끝까지 싸울 것입니다. 우리는 프랑스에서 싸울 것
> 입니다. 우리는 바다와 대양에서 싸울 것입니다. 우리는 자
> 신감과 힘을 길러 하늘에서 싸울 것입니다. 우리는 어떤 대
> 가를 치르더라도 영국을 지켜 낼 것입니다. 우리는 해변에
> 서 싸울 것입니다. 우리는 상륙지점에서 싸울 것입니다. 우

리는 들판과 거리에서 싸울 것입니다. 우리는 언덕에서 싸울 것입니다. 우리는 절대로 항복하지 않을 것입니다!

역사학자 질 르포어Jill Lepore는 《이런 진실These Truth》[29]에서 '미국 전역으로' 생중계된 처칠의 이 연설은 미국 대통령 루스벨트의 생각에 처칠이 바라던 영향을 미쳤다고 분석했다. 연설이 중계된 후 6일 만에 루스벨트는 버지니아 대학 졸업식 연설에서 미국이 다른 나라의 지배를 받게 되는 끔찍한 일이 일어날 수도 있다며 '사람들이 수갑이 채워져 감옥에 갇히고, 배고픔에 시달리면서 창살 사이로 잔인한 다른 대륙 사람들이 주는 음식을 받아먹는 악몽'이 현실이 될 수 있다고 말했다.[30] 그로부터 3개월 후 루스벨트는 미국 역사상 최초로 평시 징집 명령을 내렸다.

루스벨트는 처칠만큼 목소리로 국민들의 정서를 효과적으로 자극한 사람이었다. 하지만 연설가로서 루스벨트 힘의 대부분은 처칠의 연설처럼 유연하고 당당하고 수사학적 장치가 풍성한 연설에서 나오는 것이 아니라, 링컨의 평범한 미국인 말투를 연상케 하는 말투에서 나왔다. 루스벨트는 1933년 3월 취임 후 8일 만에 한 연설에서 처음으로 국민들에게 이런 말투를 쓰면서 연설했다. 나라가 대공황의 늪에 빠져있는 상태에서 루스벨트는 라디오라는 새로운 매개체를 이용해 국민에게 연설한다는 혁명적인 아이디어를 냈다. 이렇게 시작한 연설이 바로 그 유명한 루스벨트의 '노변담화fireside chats'다. 루스벨트는 노변담화를 통해 대통령 임기 내내 국민들의 불안감을 덜어주고, 은행 시스템 붕괴, 일본의 진주만 기습, 나치와의 전쟁 등으로 위기 상황에 처한 국민들을 위로했다. 루스벨트가 연설에서 두운법을 쓴 예는 노변담화 첫 방송에서 금융권 위기에 대해 언급하면서 'phantom of fear(공포라는 유령)'이라는 말을 쓴 것밖에는 없다. 루스벨트가 한 가장 수사학적인 표현은 'a date which will live in infamy(앞으로 치욕의 날로 기억될)'이라는 유명한 문구(루스벨트가 일본의 진주만 공격에 대해 의회에서 연설할 때 사용한 말이다) 정도였다. 루스벨트가 수사학에 대해 잘 알지 못했던 것은 아니다. 일반 사람들에게 금융 시스템에 대해 설명하는 것은 쉬운 일이 아니었지만, 그는 쉬운 말로 은행 폐쇄 결정에 대해 설명했고, 은행이 다시 문을 열면 정부 재정을 동원해 예금을 찾을 수 있도록 하겠다고 국민들을 안심시켰다. '침대 밑에 돈을 숨기는 것보다 다시 문을 열게 될 은행에 그대로 두는 것이 더 안전하다'라는 말은 수사학적 문구로 보이지 않지만, 이런 직설적인 표현이야말로 루스벨트의 라디오 연설을 성공으로 이끈 동력이었다. 노변담화는 세계의 지도자가 보통 사람들의 언어로 보통 사람들과 대화한 사상 최초의 예다. 루스벨트는 귀족 계급의 목소리이자 '지배 계층'의 목소리, 즉 흔들리지 않고 자신감 넘치는 말투로 연설했는데도 듣는 사람들이 거부감을 가지지 않았다. 귀족 출신들의 r을 생략하는 발음('phantom of feah'), 턱을 다물고 하는 긴 ee 발음도 보통 사람들에게 소외감을 주지 않았다. 루스벨트가 자신의 *실제* 목소리를 꾸미지 않고, 생색을 내면서 보통사람들의 발음을 (어줍지 않게) 흉내 내지 않으면서 정직하게 드러낸 것으로 보였기 때문이다. 노변담화 첫 방송이 나간 후 몇 천 통의 편지가 백악관으로 몰려들었다. 그 중 한 편지에는 '대통령이 서재에서 내 맞은편의 편안한 의자에 앉아 내게 이야기하는 것처럼 들렸다.'라는 내용이 들어있었다.[31]

　루스벨트는 이런 식으로 국민들과 친근해짐으로써 대중의 지지를 등에 업고 정치인과 기업인의 거센 저항에도 미국 경제를 크게 뒤흔들 수 있는 개혁을 실시할 수 있었다. (사회보장 제도 도입, 은행 규제, 세제개혁 등을 통해) 모든 사람에게 경제적인 기회를 더 많이 부여함으로써 소수의 손에 있는 부를 다수에게 재분배하는 정책, 민주주의라는 이상을 미국에서 구현하는 정책, 바로 뉴딜 정책이 그 개혁의 핵심이었다. 라디오로 방송되는 노변담화를 통해 그는 자신의 목소리로 이 뉴딜 정책에 대해 국민들에게 직접 설명했다.

∙∙∣∣∣∙∙∣∣∣∙∙∙∙∙∙∙∣∣∣∙∙∙∣∣∣∙∙∙

전후의 지정학적 상황, 특히 민주주의와 전체주의의 대결 구도가 계속 이어지는 상황에서도 고전적 수사학과 웅변술은 계속해서 결정적인 역할을 했다. 냉전의 절정기였던 1963년 6월 존 F. 케네디 John F.Kennedy가 서베를린에서 한 연설은 그의 취임 연설 다음으로 유명한 연설이다. 케네디가 취임 연설에서 한 'ask not what your country can do for you-ask what you can do for your country(조국이 여러분을 위해 무엇을 할 수 있는지 묻지 말고, 여러분이 조국을 위해 무엇을 할 수 있을지 스스로 물어보십시오)'라는 말은 키케로의 병렬 구조를 사용해 메시지를 최대한 강력하게, 잊지 못하게 만든 전형적인 문장이다.

케네디의 서베를린 연설은 미국과 소련이라는 초강대국들을 핵전쟁 문턱으로 몰고 갔던 쿠바 미사일 위기가 해결된 지 8개월밖에 안 된 시점에서 이뤄졌다.[32] 이 연설은 자본주의 서베를린과 공산주의 동베를린 사이에 새로 세워진 베를린 장벽 아래에서 이뤄졌다. 다음 핵전쟁의 무대가 될 가능성이 높은 동독과 서독의 긴장을 누그러뜨리기 위한 것이었다. 하지만 공산주의자들이 자국민의 탈출을 막기 위해 세운 베를린 장벽의 위압적인 모습을 직접 본 케네디는 세계의 눈과 귀가 쏠릴 연설을 통해 소련의 권위주의 정권에 대한 자신의 분노를 그대로 드러내고 싶었다. 케네디는 연설 보좌관들이 쓴 온건한 연설문을 찢어버리고, 고대사에 대한 자신의 지식을 동원해 직접 손으로 연설문을 쓰기 시작했다.

> Two thousand years ago, the proudest boast was 'Civis Romanus Sum'. Today, in the world of freedom, the proudest boast is *Ich bin ein Berliner*!

> 2000년 전, 가장 자랑스러운 말은 '나는 로마 시민입니다' 였습니다. 오늘날, 자유세계에서 가장 자랑스러운 말은 단연 '*나는 베를린 시민입니다*'일 것입니다!

케네디가 서베를린 시청 앞 무대에서 힘과 열정을 쏟아 한 이 연설은 독재에 대한 비난이기도 하지만, 키케로의 연설 원칙을 따른 역사상 가장 위대한 연설이었고, 케네디의 불같은 열정에 의해 더 위대해진 연설이었으며, 자신의 고향 보스턴식으로 모음을 길게 발음해 음악적인 선율감을 더한 연설이었다. 케네디의 연설 목소리는 베를린 장벽 너머로 소련의 압제 하에서의 어둡고 척박한 동베를린에 갇혀 사는 사람들의 참상을 직접 목도했을 때 느낀 역겨움을 그대로 드러내는, 강철 같은 목소리였다.

> There are many people in the world who really don't understand—or say they don't—what is the great issue between the free world and the communist world. *Let them*

*come to Berlin. There are some who say that communism
is the wave of the future. **Let them come to Berlin!** And
there are some who say, in Europe and elsewhere, we can
work with the Communists.*

Let them come to Berlin! *And there are even a few who
say that it's true that communism is an evil system, but
it permits us to make economic progress. **Lasst sie nach
Berlin kommen**—let **them** come to Berlin!*

세상에는 자유 진영과 공산 진영 간의 중요한 문제가 무엇
인지 잘 모르거나 또는 모르면서 말하는 사람들이 많습니
다. *그들 보고 베를린으로 오라 합시다.* 공산주의가 미래의
흐름이라고 말하는 사람도 있습니다. *그들 보고 베를린으
로 오라 합시다.* 공산주의자와 함께 나아갈 수 있다고 유럽
과 일부 지역에서 말합니다.

그들 보고 베를린으로 오라 합시다. 심지어 공산주의는 나
쁜 제도이지만 경제 발전의 기회를 준다고 말하는 이도 있
습니다. *그들 보고 베를린으로 오라 합시다. 그들 보고 베*
를린으로 오라 합시다!

케네디의 서베를린 연설과 역사적, 수사학적 맥락이 비슷한 연
설이 하나 더 있다. 이 연설 역시 서베를린에서 이뤄진 연설로 1987
년 6월 12일 로널드 레이건 대통령이 한 것이다. 레이건은 당시 소
련 공산당 서기장 미하일 고르바초프_{Mikhail Gorbachev}에게 키케로식
의 경고 수위를 높이는 방법을 사용했다(If you seek peace… if you
seek prosperity… if you seek liberalization…(평화를 추구한다면, 번영을 추

구한다면, 자유화를 추구한다면)). 레이건의 이 연설은 레이건이 ˝Mr. Gorbachev, *tear* down this *wall*!(고르바초프 서기장, 이 **벽**을 *허무시오!*)˝ 라고 외치면서 절정에 이르렀다. 일부 역사학자들은 레이건의 이 연설이 당시에는 별 반향이 없었으며, 이 연설 2년 후에 (레이건의 연설과는 상관없이) 베를린 장벽이 실제로 무너지면서 뒤늦게 주목 받게 된 것이라고 말한다. 사실이 어떻건 케네디와 레이건의 베를린 연설은 각기 모두 키케로의 연설 원칙에 충실한 연설이었음에도 불구하고 고전 연설 원칙이 무너지고 있다는 사실을 보여주는 사례라는 주장이 제기되기도 한다. 이 두 연설은 모두 4단어로 된 문장만으로(*ich bin ein Berliner, tear down this wall*) 기억되고 있기 때문이다. 이 주장에 따르면 이런 문장이야말로 길고 수사학적으로 복잡한 연설을 듣고 싶지도 않고 이해할 수도 없는 대중이 기억하는 짧고 인상적이며 함축적인 구절이다.

이런 주장은 인간의 인지 기관이 전자 대중매체, 즉 빠르게 편집되는 영화, TV 쇼, 유튜브 영상, 틱톡 영상 등에 의해 변화했다는 생각에 기초한다. 이 주장에 따르면, 이런 영상들은 인간의 집중 지속 시간을 크게 줄여 케네디의 서베를린 연설, 링컨-더글러스 토론 같은 긴 연설들에 집중하지 못하도록 만들고 있다. 링컨-더글러스 토론의 경우 한 번 토론할 때마다 각자 **최소 3시간씩은 연설했다.** 한 후보가 '오프닝 연설'을 하는 데 1시간, 상대편 후보가 반론 연설을 하는 데 1시간 반, 다시 처음 후보가 재반론을 하는 데 30분이 걸렸기 때문이다. 그런데도 당시의 청중들은 연설 내내 **몰입하고** 있었다.

현재의 선거운동 토론에서 대선 후보들이 시대의 가장 중요한 문제들에 대해 *1~2분 동안* 속사포처럼 말을 쏟아내는 것과 비교해보자. 실제로 우리 좋은 복잡한 생각이 담긴 주장들을 몇 시간 동안 말하는 목소리에 집중하지 못할 정도로 인지능력이 저하된 것일지도 모른다는 생각이 들 수도 있다. 하지만 이것은 틀린 생각이다. 우리 인간은 복잡한 토론에서 몇 시간 동안 들리는 인간의 목소리에 관심과 흥미를 유지하기 위한 인지능력이 줄어들거나 약해지지 않았다. 실제로 일어난 일은 광고를 위해 중간에 자주 중단되는 상업 TV 방송 프로그램, 시청자가 채널을 돌리지 못하도록 *쉴 새 없이* 새로운 내용을 전달하는 프로그램이 정치인들의 말할 수 있는 시간을 줄인 일이다. 최근 연구에 따르면 우리는 복잡한 주장들을 한 번에 몇 시간 동안 들을 수 있으며, 그렇게 하고 싶어 한다.

불과 10년도 안 된 과거에 미래를 예측하던 사람들은 디지털 혁명으로 '기적'이 일어나 3차원 '가상현실' 헤드셋이 보편화될 것이라며, 30초짜리 인상적인 문구도 쓸모없어지고, '현실'은 3차원 컴퓨터 그래픽 이미지와 서라운드 사운드로 이뤄지는 시뮬라크르Simulacre로 대체될 것이며, 현실은 감각을 자극하는 오락으로 가득 찰 것이라고 말했다. 오늘날 이런 말을 했던 사람들은 (디지털 전도사이자 '팀 휴먼'이라는 운동의 지도자인 더글러스 러시코프Douglas Rushkoff가 유쾌하게 지적했듯이) '디지털 르네상스'의 가장 중요한 결과가 *라디오의 재탄생*이라는 사실에 불편해 하고 있다. 가상현실 헤드셋은 구글글래스의 길을 걷고 있고, 러시코프가 지적했듯이, 현재까지 사람들이 아이폰으로 가장 많이 하는 일은 조 로건Joe Rogan이나 샘 해리스Sam Harris 같은 사람들이 하는 3시간짜리 팟캐스트를 다운로드 받는 일이다. 이 팟캐스트들은 대부분 정치, 과학, 철학 같은 복잡한 주제들에 대한 토론을 담고 있다(로건의 팟캐스트의 경우 종합격투기에 대한 토론도 다룬다). 팟캐스트를 듣지 않을 때도 우리는 유튜브에서 TED 강연 같이 복잡한 강의를 듣곤 한다. 팟캐스트와 유튜브의 공통적인 특징은 지구에서 가장 오래된 기술 중 하나, 즉 인간이 목소리로 이야기 하는 기술을 집중적으로 이용한다는 점이다.

2000년에 나는 맨해튼 다운타운에서 열린 '더 모스The Moth'라는 흥미로운 이름의 단체가 주최한 행사에 초대 받은 적이 있다. 이 사람들은 행사에 와서 '이야기'를 해달라며 참석자가 꽤 많을 것이라고 말했다. 행사장에 가니 놀랍게도 조그만 바에 100명 정도가 가득 차 있었고, 사람들은 점점 더 불어났다. 모스 웹사이트에 따르면 전 세계적으로 수천 곳에서 행사가 열리고 있으며, (한 사람이 이야기를 하는 것 외에는 아무 내용이 없는) 팟캐스트의 다운로드 횟수가 1년에 5,000만회를 초과하며 〈모스 라디오 아워Moth radio Hour〉라는 프로그램이 전 세계 500개 라디오 방송국에서 송출되고 있다. 대단한 인간의 목소리였다!

긴 시간 동안 이야기를 하는 인간의 목소리에 대한 우리의 열정은 오디오북 붐도 일으키고 있다. 오디오북은 카세트테이프를 우편으로 판매하는 형태로 1970년대에 처음 등장했지만 당시에는 별 인기가 없었다. 하지만 디지털 다운로드와 스트리밍의 등장으로 지난 10년 동안 상황이 엄청나게 변했다. 그럼에도 나는 (머릿속으로 읽는 것이 가장 좋은 방법이라는 생각이 확고했기 때문에) 오디오북에 대한 저항감이 있었다. 그러다 2009년의 일이다. 내가 인터뷰할 사람이 쓴 방대한 규모의 문학 작품을 매우 짧은 시간 내에 이해하기 위해 가능한 모든 시간을 작품 읽기에 사용해야 했는데, 문제는 조깅을 하거나, 마트에서 장을 보거나, 설거지를 할 때 독서가 불가능하다는 것이었다. 그

때 오디오북을 처음 이용하게 되면서 나는 오디오북을 듣는 것이 소리를 내지 않고 책을 읽는 것보다 글의 내용을 흡수하는 더 효과적이며 훨씬 재미있는 방법이라는 것을 알게 됐다. 오디오북은 내 머릿속의 목소리와 귀보다 소설과 비소설의 내용을 더 생생하게 전달했다. 하지만 정말 놀라웠던 사실은 **책을 소리로 들으면** 이해가 더 빨라지고 기억도 오래 간다는 것이었다. 이 사실에 놀란 나는 신경과학자 라마찬드란Ramachandran에게 이메일을 보내, 오디오북이 글 내용을 전달하는 수단으로 이렇게 효과적인 사실이 뇌와 관련된 것인지 물었다. 라마찬드란은 답장에서 인간의 언어 이해와 표현은 약 15만 년 전에 **듣기** 능력과 연관돼 진화했다고 설명했다. 그는 글이 등장한 것은 5,000~7,000년 밖에 되지 않았기 때문에 글은 '언어 능력을 관장하는 회로의 일부에서만 처리된다'고 설명했다. 또한 라마찬드란은 '따라서 말은 들을 때 더 빠르게 이해되며, **듣기**는 감정을 담당하는 뇌 영역에 연관돼 있기 때문에 더 많은 감정을 자극하고 더 자연스러울 수 있다'고도 말했다.[33]

나는 이 설명이 마음에 들었다. 이 설명은 글로 쓰인 텍스트가 가지는 효과, 글이 주는 감동과 즐거움, 글이 가지는 설명 능력과 설득력의 대부분이 키케로를 비롯한 고대 수사학자들의 **연설** 원칙들에서 비롯된 것이라는 이론과 일치하기 때문이었다. 또한 이 설명은 인간의 목소리에 대한 우리의 갈증과 사랑이 결코 쓸모없어질 수 없으며, 오히려 **우리의 일부**이자 우리 신경회로의 일부이며, 우리가 세상을 이해하고 현실을 해석하는 가장 좋은 수단이라는 뜻이기 때문에도 마음에 들었다. 민주적인 사회에서 인간의 목소리가 지도자 선택에 지대한 영향을 미치는 이유가 여기에 있다. 키케로를 비롯한 고대 수사학자들처럼 나도 목소리야말로 우리가 누구에게 투표할지 결정할 때 사용하는 *가장 중요한* 수단이라고 주장한다.

책임감 있고, 정직하고, 명예롭게 사용되는 인간의 목소리는 지금도 지도자의 능력을 가장 잘 나타내는 지표다. 가장 좋은 지도자는 몇 마디 인상적인 말이나 몇 자 안 되는 슬로건으로 우리에게 이야기하지 않으며, 빠르게 진행되는 TV 뉴스에 맞춰 자신의 말을 자르지 않고, 트위터에 4초짜리 GIF 파일을 올리지도 않는다. 데마고그처럼 격분하면서 말하지도 않는다. 대신 국민에게, 세계의 사람들에게 지성, 힘, 인내심, 이성이 실린 언어로 말을 한다. 물론 이런 지도자들은 역사에서도 흔치 않았다. 하지만 사람들은 이런 지도자의 목소리를 들을 수 있는 특권을 가지고 있다.

버락 오바마 Barack Obama가 전 세계적으로 주목받기 시작한 것은 2004년 민주당 전당대회 기조연설을 통해서였다. 이 연설에서 오바마는 미국 내에서 가속화되고 있는 정치, 인종, 계층의 분열에 대해 지적하고, 이 문제를 해결할 수 있는 방법에 대해 전형적인 키케로 방식의 수사를 동원해 설명했다. 케냐에서 태어난 흑인 아버지와 캔자스 출신의 백인 어머니 사이에서 태어난, 당시 42세의 일리노이 주 상원의원 오바마는 자신 같은 사람이 그 자리에 서 있을 수 있다는 사실이야말로 이런 분열의 틈이 메워질 수 있다는 것을 증명하며, 미국의 민주주의가 모든 미국인에게 할 수 있는 약속을 보여준다고 말했다. 그러면서 오바마는 "지구상의 그 어떤 나라에서도 나에게 일어났던 일이 일어나는 것은 불가능하다."고도 말했다. 하지만 오바마는 미국 민주주의의 이런 약속은 미국이 *다수로부터 하나*

로_{E pluribus unum}'라는 미국의 모토를 기억할 때만 현실이 될 수 있다고 경고했다. 대책 없는 낙관론자와는 거리가 멀었던 그는 청중에게 '우리를 분열시키려는 사람들이 있다'고 말하기까지 했다. 하지만 그 말에 이어 오바마는 "오늘밤 그들에게 말합니다."라며(이 부분부터 오바마의 목소리는 급격하게 커지기 시작했고, 특정한 단어를 강조하면서 크고 반복적으로, 리드미컬하게 말해 연설의 효과를 높이는 키케로의 수사학 장치를 사용하기 시작했다), 'there's not a liberal America and a conservative America—there's the United States of America; there's not a Black America and a white America and Latino America and Asian America! There's the United States of America!(진보의 미국, 보수의 미국 같은 것은 없습니다. 미합중국이 있을 뿐입니다. 흑인의 미국, 백인의 미국, 라틴계의 미국, 아시아계의 미국도 없습니다. 미합중국이 있을 뿐입니다!)"라고 외쳤다.

오바마의 목소리에는 감정이 담겨 있었다(고대 수사학자들은 설득을 위한 연설에서 감정의 역할을 결코 무시하지 않았다. 실제로 그들은 청중을 **움직이는 데** 감정이 필수적이라고 말했다. 하지만 이때의 감정은 데마고그들이 이용하는 감정이 아니었다. 이때의 감정은 복잡한 연설의 핵심 내용을 이해시키기 위해 사용하는 감정이었다). 오바마는 감정을 이용해 시카고 법학대학원 교수 시절 자신이 가르쳤던 미국 헌법의 평등 정신과 통합 정신을 강조한 것이었다. 그는 목소리에 '멜로디'를 실어 건국의 아버지들이 미국이라는 실험을 시작했을 때 실험의 기초로 삼은 이상이 흔들리고 있다는 내용의 '가사'를 강조한 것이었다.

오바마 목소리의 음악적 요소들은 기조연설에서 '다수로부터 하나로'라는 미국인들의 이상을 청중에게 다시 일깨워주는 데 큰 역할을 했다. 그의 목소리는 캔자스 출신 어머니의 자궁에서 들었던 음향학적 신호로부터 형성된 기본적인 운율 패턴과 시애틀, 자카르타, 호놀룰루, 로스앤젤레스, 뉴욕 등 다양한 도시에서 유년기와 청년기를 보내면서 흡수한 언어학적 영향이 합쳐진 목소리였기 때문이다. 이런 다양한 경험의 결과로 오바마는 TV 뉴스 앵커가 사용하는 가장 익숙한 억양, 아프리카계 미국인들의 미묘하게 다른 모음 발음 방식(모음에 '주름'을 주는 방식, 특히 'history(히스토리)', 'presidency(프레지던시)' 같은 다음절 단어의 마지막에 오는 모음을 길게 ee로 발음하는 방식), 열정적인 복음주의 흑인 교회 설교 말투, 즉 시카고의 예수 삼위일체 침례교 교회를 20년 동안 다니면서 들었던 '음조 의미체계'가 섞인 목소리를 갖게 된 것이었다. 흑인 교회 설교 말투는 2004년 민주당 전당대회 기조연설의 마지막 부분에서 두드러졌다. 오바마는 마틴 루터 킹 목사 스타일로(키케로의 연설 원칙을 따른 것이기도 하다) 목소리를 계속 높이면서 America라는 단어를 계속 반복하는데, 특히 'AmeriCAH'라고 *마지막* 모음을 매우 강조했다. 이 단어를 청중이 새롭게 듣게 만들기 위한 절묘한 웅변술 장치라고 할 수 있다.

　4년 후 대통령 후보가 돼 선거운동을 하는 동안 오바마는 2004년 기조연설에서는 거의 드러나지 않았던 절묘한 목소리 조절 능력을 보여줬다. 이런 능력은 연설을 할 때와 하지 않을 때 모두 드러났다. 식당, 교회, 재향군인회관, 시장, 토론장, 대중유세장에서 오바마는 인종적 배경, 성별, 교육수준이 다른 다양한 계층의 사람들에게 말을 하면서 다양한 목소리들을 매우 자연스럽게 냈다. 오바마는 명확하고 딱 부러지는 비즈니스 스타일의 시카고 법학대학원 교수의 목소리, 단어 마지막의 g를 발음하지 않는 보통 사람들의 목소리(라보프의 연구에 따르면 오바마는 새라 페일린만큼 마지막 g를 많이 생략했다), 웨스트 109번가에서 살면서 컬럼비아 대학을 다니다 졸업 후에 이스트 94번가로 이사 간 청년의 목소리를 자유자재로 바꿔가면서 냈다(오바마는 《내 아버지로부터의 꿈Dreams from My Father》에서 이스트 94번가가 '이스트 할렘과 맨해튼의 나머지 부분 사이의 보이지 않는 경계선'이라고 말했다). 이 이스트 94번가에서 오바마는 도시 중심에 사는 흑인들의 억양과 문법을 흡수했다. 오바마가 워싱턴 D.C.의 유명한 햄버거 집인 벤스 칠리 보울에서 거스름돈을 받으면서 점원에게 했던 유명한 말이 있다. "Nah, we straight"다. 이 말은 완벽한 흑인 영어다. 그는 'No'의 o를 입 앞쪽에서 발음해 'Nah'로 내고, be 동사를 생략해 'we are straight(계산 다 된 겁니다)'를 'we straight'로, 표준 영어에서는 'even'을 쓸 자리에 'straight'라는 길거리 표현을 쓴 것이었다.

정치분석가들은 목소리를 자유자재로 전환하는 오바마의 능력이 본인 스스로도 말했듯이, 한때 오바마가 **너무 흑인이거나 충분히 흑인이 아닐 거라고** 생각했던 유권자들을 설득하는 데 핵심적인 역할을 했다고 생각한다. 비판적인 시각을 가진 사람들은 오바마의 이런 목소리 전환 능력이 그가 가짜 흑인이라는 것을 드러낸다고 말했지만, 오바마 전기 《브리지Bridge》(2010년)를 쓴 데이비드 램닉David Remnick은 이런 오바마의 능력이 '이기적인 재능'이 아니라 그의 다양한 삶의 궤적을 드러내는 재능이며, 마틴 루터 킹 목사도 이런 재능을 가지고 있었다고 말했다.[37] 오바마 본인도 자신이 흑인 청중과 백인 청중에 맞춰 '약간 다른 말투'를 쓰게 되는지에 대해 별로 생각을 해본 적이 없다며 "이전 세대 사람들은 내가 일부러 그렇게 말투를 바꿀 필요가 없다고 생각하는 것 같다."고 말했다.[38] 요약하자면, 대화나 연설을 할 때 자연스럽게 오바마의 입술에서 나는 소리는 다른 사람들에게서 나는 소리처럼 자신이 거의 통제할 수 없는 뇌 회로에서 만들어지는 소리이며 **조절**할 필요를 별로 느끼지 않는 소리라는 뜻이다.

2008년 대선 예비선거에서 오바마는 민주당 예비후보 힐러리 클린턴_{Hillary Clinton}을 제치고 주요 정당 최초의 아프리카계 미국인 후보가 되는 역사적인 업적을 이뤘다. 하지만 그렇게 되기 전까지 오바마는 위험한 장애물을 최종적으로 넘어야 했다. 삼위일체 교회의 제러마이어 라이트 목사의 부주의한 발언을 빌미로 정적들이 오바마가 겉으로는 서글서글하지만 사실은 극단적인 흑인 내셔널리스트라는 주장을 했기 때문이다. 오바마는 처음에는 이런 어처구니없는 주장을 무시했지만 라이트 목사의 발언이 계속 전파를 타면서 오바마의 후보 지위를 위협하자 결국 반응을 보일 수밖에 없었다. 나는 2008년 3월 18일 오바마가 필라델피아의 국립 헌법 센터에서 한 '더 완벽한 통합'이라는 연설이 마틴 루터 킹 목사의 '나는 꿈이 있습니다' 연설에 버금가는 연설이었으며, 링컨의 게티스버그 연설에 필적하는 명연설이라고 생각한다. 오바마는 이 연설에서 미국의 건국 원칙들을 상기시킴으로써 민주주의 국가로서 미국이 앞으로 나아갈 수 있는 유일한 방법은 이 건국 원칙들을 충실히 지키는 것이라고 강조했다. 또한 그는 이 연설에서 미국의 선거 정치사에서 유례가 없을 정도로 정교하게 목소리를 냈다. 성대를 너무 팽팽하게 해 한 음절을 지나치게 강조하거나, 폐에서 밀어내는 공기의 양을 조금만 잘못 조절해도 **위험할 정도로 화가 난 흑인**이라는 인상을 줄 수 있었기 때문이다. 오바마의 이 연설이 진정으로 위대한 이유는 이 연설이 자신의 후보 위치를 방어하기 위한 연설 이상의 용도로 사용됐다는 데 있다.

키케로는 위대한 연설은 언어, 문학, 역사, 정치, 심리학에 대한 깊은 지식에 기초해야 한다고 말했다. 또한 키케로는 위대한 연설은 청중을 공통의 목표로 묶을 때에도 연설자의 진정한 자아와 성격을 드러낼 수밖에 없다고도 말했다. 오바마의 필라델피아 연설은 침착하면서도 열정적인 톤으로 이 모든 것을 미국인들에게 드러낸 연설이었다. 이 연설은 아프리카인들을 납치해 노예로 만든 미국의 원죄에 대해 질타하면서 링컨을 움직이게 한 '*모든 사람은 평등하게 창조되었다*'는 건국 이상을 언급하고, 미국의 원죄가 수많은 세월이 지난 현재까지도 영향을 미치고 있다고 강조한 연설이었다. 이 연설에서 오바마는 인종차별주의자에게 면죄부를 주지 않았다. 그렇다고 미국의 모든 백인들을 비난하지도 않았다. 오바마는 자신이 다니던 교회의 목사가 한 '선동적인 말'에 대해 비난하면서, 라이트 목사의 생각은 '인종 간 격차를 벌리고', '백인과 흑인 모두를 모욕하는' 생각이라고 말하면서도, 라이트 목사가 그의 신앙을 키워주고 가난한 사람들과 병든 사람들의 고통을 덜어주기 위해 노력했다고 칭찬함으로써 라이트 목사 개인을 비난하는 것을 피해갔다. 오바마는 '인종차별주의의 별다른 혜택을 받고 있지 않는다'고 생각하는 '미국 백인 노동계층과 중산층'도 '자신들의 일자리가 외국으로 넘어가고, 평생 일한 대가로 받는 연금이 줄어드는 것을 지켜볼 수밖에 없으며', '기회를 한 사람의 꿈이 곧 다른 사람의 희생이 되는 제로섬 게임으로 인식하고 있다'고 말했다.

자신이 분열적인 입장을 드러낼 수밖에 없도록 만들어진 상황에서 오바마는 통합, 이해, 관용을 호소하는 감동적이고 열정적인 연설로 그런 설계에 대처하겠다고 마음먹은 것으로 보인다. 오바마 개인과 대통령직 수행에 관해 다른 어떤 말을 할 수도 있겠지만, 그는 확실히 모범적인 사람이다. 예의 바르고, 강직하고, 지적이며, 계층 갈등을 해소하겠다는 진정한 욕망을 가지고 자신의 DNA에 새겨진 인종적 통합 정신을 키워온 사람이다. 오바마는 필라델피아 연설에서 자신의 이런 생각을 말과 목소리로 모두 드러냈고, 그의 이런 진심은 결국 미합중국의 대통령이라는 자리에 오바마를 올려놓는 데 도움이 됐다.

ᅦᅦᅵᅵᅵ

신경과학적인 측면에서 보면, 오바마는 목소리의 감정 채널(뇌 변연계에서 나오는 언어 외적이며 운율적인 신호들)을 더 높은 차원의 뇌 영역인 피질, 즉 생각, 이성, 언어를 관장하는 뇌 영역으로 끌어올렸다고 할 수 있다. 모든 사람은 뇌의 이 영역을 이용해 생각이나 감정을 설득할 수 있는 방식으로 '음악적 요소들'과 '가사'를 섞어 목소리로 소통한다. 피질보다 변연계를 더 많이 이용하는 사람은 (공적인 연설을 하는) 데마고그이거나 (사적인 영역에서의) 깡패다. 이들은 으르렁 소리를 내거나, 헐떡거리면서 말을 하거나, 날카로운 비명을 지르면서, 듣는 사람의 감정 중추에 공포, 질투, 분노, 복수심 같은 원시적이고 비이성적이며 동물적인 본능이 활성화되도록 목소리를 사용한다. 공직에 어울리지 않는 데마고그들은 대중의 공포와 분노를 자극해 선거에서 이기고 권력을 장악해 폭군이나 독재자가 됨으로써 자신의 권력 행사에 제동을 걸 수 있는 민주적인 장치들을 없애버린다. 최악의 경우 믿을 수 없을 정도의 야만적인 상태로 대중을 밀어 넣는 일이 일어날 수 있는 이유가 바로 여기에 있다. 인류 역사상 가장 파괴적인 데마고그인 아돌프 히틀러의 부상과 함께 독일에서 일어난 일이 바로 이런 일이었다.

ᅦᅦᅵᅵᅵ

히틀러는 자신의 목소리가 권력을 얻는 데 핵심적인 역할을 했다는 것을 알고 있었다. 1919년 9월 12일 독일 노동자당 회의에 참석했을 때 그는 실패한 예술가이자 만성 실업자 신세를 면치 못했던 30세의 제1차 세계대전 참전 군인이었다. 당시 히틀러는 외톨이였지만 속으로는 반유대주의, 반공산주의 성향이 강했고, 독일 노동자당은 전후 독일의 수많은 반정부 세력 중 하나였다. 히틀러는 뮌헨의 슈테르네커브로이 맥주홀 지하의 침침한 맥주 보관실에 남루한 불평분자들이 20명 정도 모여 있는 것을 보곤 실망한 데다, 그중 '교수'라고 불리는 사람이 자신의 주장에 반박을 한 데 화가 나 자리를 서둘러 빠져나가려고 했다. 하지만 히틀러는 모르는 사람들 사이에서는 자신을 잘 드러내지 않는 성격이었는데도, 나가지 않고 자신도 모르게 그 사람의 주장을 격렬하게 비난했고 그 교수라는 사람이 오히려 자리를 떴다. 나중에 히틀러는 《나의 투쟁》에서 이날의 일을 회상하면서 그 사람이 '물에 젖은 푸들 꼴로' 도망을 갔다고 썼다. 한편, 노동자당의 수뇌부는 '놀란 얼굴로' 히틀러의 파괴력 있는 목소리에 귀를 기울이고 있었다. 이들은 히틀러에게 노동자당을 대표해 연설을 해달라고 그 자리에서 부탁을 했다. 히틀러는 그러겠다고 했고, 싸구려 여관, 맥주 보관실, 주방, 길거리 등 장소를 가리지 않고 독일 곳곳에서 집회를 벌이는 사람들과 같이 움직였다. 이들과 히틀러의 차이는 히틀러의 목소리에 있었다. 그의 목소리는 계산된 웅변을 위한 선택이기도 했지만, 히틀러 자신도 통제할 수 없는 어떤 열정의 표현이기도 했다. 히틀러의 진정한 모습, 즉 위험할 정도로 편집증적인 모습, 인종주의자의 모습이 목소리를 통해 열린 공간으로 드러나고 있었다.

히틀러가 대중 정치 운동을 촉발하는 목소리의 힘에 대해 정확하게 인식하고 있었다는 사실은《나의 투쟁》에서 분명하게 드러난다.

> 역사에서 가장 큰 정치적 변화와 종교적 변화를 일으켰던
> 힘은 아주 옛날부터 말의 마술적인 힘 밖에는 없었다. 거대
> 한 대중을 움직일 수 있는 것은 말의 힘밖에는 없다. 모든
> 위대한 움직임은 대중의 움직임이며, 이 움직임은 대중에
> 게 말의 횃불을 던짐으로써 인간의 열정과 감정이 화산처
> 럼 폭발하는 것이거나 불행의 여신이 일으키는 것이다.[40]

　자신의 목소리를 대중에게 던질 수 있는 히틀러의 첫 번째 기회는
뮌헨 맥주홀 회합 후 한 달이 지났을 때 왔다. (곧 국가사회주의당, 즉 나
치당으로 이름이 바뀌는) 독일 노동자당을 대표해 처음 연설을 할 때였
다. 히틀러는 107명의 청중을 대상으로 30분 정도 연설을 했지만, 짧
은 시간 동안 그는 침을 튀기고, 팔을 거칠게 흔들고, 주먹을 휘두르
며, 후두가 찢어질 정도로 고함을 지르면서 연설을 해 청중을 놀라
게 했다. 히틀러는 이 연설을 하면서 자신의 연설 능력에 대한 확신
을 갖게 됐다. "내가 마음속으로만 느끼고 있던 것들, 내가 제대로 의
식하지 못했던 것들이 현실에서 존재가 증명됐다. 내게 말을 잘할 수
있다는 능력이 있다는 사실이었다!"[41]

　이날 히틀러가 연설한 내용은 독일이 제1차 세계대전 패배의 결과
로 베르사유 조약에 서명한 후로 자신의 마음을 괴롭히고 있었던 것
들에 관한 것이었다. 베르사유 조약으로 독일은 전쟁 기간 동안 점령
했던 영토들을 모두 반환하고, 군대를 해체하고, 막대한 보상금을 내
야 했다. 독일의 비참한 패배로 죄책감에 시달리고, 사기가 떨어지고,
수치심을 느끼던 대부분의 독일인들은 이 조건들을 받아들일 수밖에

없었다. 하지만 히틀러는 그렇지 않았다. 직접 전쟁터에서 싸우면서 군국주의 성향을 갖게 된 히틀러는 독일은 사과할 것이 없으며, 여전히 세계를 지배할만한 나라라는 확신을 가지고 있었다. 히틀러는 독일이 그렇게 된 원인은 지도부가 약했기 때문이라고 주장하면서, 독일의 경제적 어려움의 원인 제공자로 자신이 오랫동안 증오했던 집단을 희생양으로 지목했다. 유대인 은행가를 포함한 유대인 전체다.

그 후 2년 동안 히틀러는 소리를 지르고, 울부짖고, 흐느끼면서 계속 연설을 해나갔다. 수사학적으로 볼 때 그의 연설에는 논리적인 요소가 없었다. 증오, 분노, 비난, 자기연민, 열렬한 독일 국가주의 그리고 아리안족의 '인종적 순수성'을 강조하는 단순한 호소만이 있었을 뿐이다. 1941년에 히틀러의 연설 모음집 《나의 신질서My New Order》를 영어로 번역한 라울 드 루시 드 살Raoul de Rovssy de Sales은 서문에서 히틀러의 말이 거칠고 어색하며, 폭력성이 분명하게 들어있다고 강조하면서 '히틀러의 말은 무기였으며, 정복을 위한 전략이자 전쟁의 직접적인 도구였다'고 썼다. 또한 드 살은 히틀러의 연설은 거짓과 모순으로 가득 차 있었지만, 그럼에도 '논리와 일상적인 도덕성을 무너뜨리는 심리적인 효과를 냈다'고도 말했다.[42] 드 살에 따르면 히틀러의 연설은 분노에 찬 목소리, 가차 없는 반복을 통해 이런 효과를 냈다. 박격포로 계속 공격하면서 거대한 성벽을 무너뜨리듯이 히틀러는 정상이 아닌 간단한 생각들을 계속 말로 쏟아내면서 '듣는 사람들의 머릿속에 포탄을 던졌다'.

나치의 선전선동 총책 요제프 괴벨스Joseph Goebbels는 히틀러의 연설은 내용이 아니라 **연설 방식**이 중요하다고 말했다. 1936년 괴벨스는 히틀러의 목소리가 '히틀러의 피 속 깊은 곳에서 나와 듣는 사람의 영혼 깊숙이 박히며, 지치고 게으른 사람들을 일깨우고, 무관심하고 의심하는 사람들의 마음에 불을 지피고, 겁쟁이들과 약자들을 영웅으로 만든다'고 썼다.[43] 괴벨스는 히틀러가 정확한 언어를 구사하거나 합리석으로 자신의 생각을 표현해 이런 효과가 난 것이라고 말하지 않았다. 괴벨스는 오히려 그 반대라고 말했다. 그는 '생각이 옳은지 아닌지는 중요하지 않다. 정말 중요한 것은 대중에게 자신의 생각을 효과적으로 전달해 대중을 자신의 추종자로 만드는 것이다'라며, 히틀러는 **목소리**의 힘을 이용해 이런 일을 해냈다고 말했다. 또한 괴벨스는 '히틀러 목소리의 마법은 인간의 은밀한 느낌을 공략하는 힘에 있다. 교육을 받은 사람 중에서 히틀러의 목소리를 듣고, *히틀러의 말을 이해하든 그렇지 않든*, 히틀러의 말이 심장을 저격한다는 느낌을 한 번이라도 받지 않은 사람을 없을 것이다'라고도 말했다.[44]

영국의 정보기관 연구팀이 제2차 세계대전 기간 동안의 히틀러의 연설들을 분석해 그의 목소리와 목소리에서 나타나는 정신 상태에 대한 이론을 내놓은 적이 있다. 연구팀은 히틀러가 연설을 시작할 때는 조용한 목소리로 시작하지만, 연설이 진행되면서 목소리가 계속 커진다는 사실에 주목해, 연설의 절정에서 발작하듯이 소리를 지르는 상태가 일종의 '무아지경', 즉 원주민 부족의 무당들이 '영혼들로부터 오는 메시지'를 전송하기 위해 빠지는 신들린 상태와 비슷하다는 결론을 내렸다. 또 다른 연구팀은 히틀러의 뇌에서는 간질 발작 때 일어나는 뉴런 발화가 일어나 목소리 음파에 실리고, 이 음파가 듣는 사람의 뇌에서 히틀러의 뇌에서 일어난 뉴런 발화와 동일한 발작적 뉴런 발화를 일으켜 분노와 피에 대한 갈구를 이끌어낸다는 분석을 내놓기도 했다.[45] 히틀러의 목소리에 담긴 분노가 다른 사람들에게 전염된 이유는 그의 등장 이전에 독일인들이 느꼈던 좌절감을 히틀러가 심리학적으로 이용했기 때문이라는 분석도 있다. 독일인들은 이런 절망적 상태에서 분노의 목소리로 전하는 하나의 분명한 메시지, 즉 '**독일은 *다시* *일어날* *것이다***'라는 메시지를 전달하는 데마고그의 연설에 반응했다는 분석이다.

하나는 확실하다. 히틀러의 목소리는 대중에게서 매우 이례적인 반응을 일으켰다는 사실이다. 이 사실은 그의 목소리를 듣고자 하는 사람들의 수가 단시간에 엄청난 속도로 불어난 현상에 의해 확인된다. 히틀러가 처음 대중연설을 했을 때 청중의 수는 100명이 조금 넘는 수준이었다. 하지만 뮌헨에서 가장 큰 공연장인 치르쿠스 크로네에서 연설할 때는 청중이 5,600명에 이르렀고, 그 아홉 달 후 나치 전당대회에서 연설할 때는 청중이 1만 4,000명이었으며, 그 2주 뒤 한 연설의 청중은 2만 명에 육박했다. 이런 집회들은 대부분 폭력 사태로 이어졌다. 히틀러의 목소리에 흥분한 사람들이 광란의 싸움을 벌였기 때문이다.

이렇게 히틀러의 연설을 듣고 흥분하는 사람들은 결국 수백만 명으로 늘어났다. 히틀러의 연설이 라디오로 중계됐기 때문이다. 프랑스 출신 미국 작가인 조지 스타이너George Steiner는 히틀러가 독일을 확실하게 장악했던 1930년대에 어린이였던 자신이 히틀러의 '마법을 거는 듯한' 목소리를 라디오로 들었던 기억에 대해 작가 론 로젠바움Ron Rosenbaum에게 이렇게 이야기했다. "어렸을 때 나는 주방에 앉아 라디오에서 흘러나오는 히틀러의 목소리를 듣곤 했습니다. 뭐라고 설명하기는 힘들지만, 그 목소리는 최면을 거는 것처럼 들렸어요. 놀라운 것은 라디오에서 나오는 목소리에서 그 사람이 느껴졌다는 사실입니다. 이렇게밖에는 설명이 안 되는군요."[46]

지금 생각하면 이해하기 힘들긴 하지만, 처음에 히틀러는 정상적인 선거 절차를 통해 권력을 잡았다. 1932년 대통령 선거에서 히틀러는 파울 폰 힌덴부르크_{Paul von Hindenburg} 장군과 대결을 벌였다. 2위에 그치기는 했지만 히틀러는 전체 투표수의 거의 37%를 확보했다. 순수한 '아리안족' 혈통의 독일인을 제외하고는 모두에게 살의에 가까운 증오심을 보였던 사람이 얻은 성과치고는 대단한 성과였다. 이 직전까지만 해도 히틀러를 어릿광대 취급하던 독일의 지식인들과 최상층 기업인들은 상황이 이렇게 변하자 태도를 바꿀 수밖에 없었다. 이들은 히틀러를 추종하는 사람들의 수가 수백만이 넘어가자 힌덴부르크에게 정부 안에서 나치당의 자리를 마련하라고 압력을 행사했다. 힌덴부르크는 마지못해 이 제안을 받아들이면서 히틀러를 총리로 임명했다. 4주 후인 1933년 2월 27일 독일 의회 의사당에 화재가 발생했다. 누가 불을 질렀는지는 밝혀지지 않았다(역사학자들 대부분은 히틀러가 방화 지시를 했다고 생각한다). 이 방화 사건으로 독일인들은 9.11 테러 때의 미국인들처럼 공포에 질렸다. 히틀러는 방화가 정부 전복 의도를 가진 **공산주의자들**과 **유대인들**에 의해 이뤄진 것이라고 주장하면서 힌덴부르크에게 기본적인 시민권을 정지시켜 재판 없는 대량 구금을 실시하라고 설득했다. 공산주의자 또는 공산주의자로 의심되는 사람 약 4,000명이 투옥됐다.

한 달 뒤에 실시된 선거에서 나치당은 43.9%라는 훨씬 더 높은 득표율을 기록했다. 히틀러가 정권을 잡기에 충분한 득표율이었다. 히틀러는 독일의 민주적인 구조를 이용해 민주적인 제도를 무너뜨리면서 공산주의자, 유대인, 테러리스트의 위협을 막기 위해서는 비상 대책이 필요하다고 주장했다. 이 과정에서 히틀러는 의회의 동의 없이 새로운 법을 제정했는데, 이는 독일 헌법의 정신을 정면으로 부정한 전대미문의 사건이었다. 이제 히틀러의 말 한 마디로 경쟁 정당은 **합법적으로** 폐쇄되는 지경에 이르렀다. 이 정당들의 재산도 모두 몰수

됐다. 히틀러의 친위부대원들은 합법적으로 독일 전역의 노조 사무실을 파괴했고, 노조 지도자들은 독일 곳곳에 급하게 건설된 강제수용소에 수감됐다. 7월에 히틀러는 나치당이 독일 유일의 합법 정당이라는 선언을 했고, 이 선언은 히틀러의 정적들을 제거할 수 있도록 히틀러의 권력을 합법적으로 강화했다. 정적들은 총살당하거나 체포돼 투옥됐다.

히틀러는 자신에게 반대하는 모든 신문과 라디오 방송도 장악했다. 소유주들을 체포하면서 모든 반대 목소리를 잠재웠다. 그해 7월 힌덴부르크가 84세의 나이로 사망하자 히틀러는 국가원수 겸 군 통수권자가 됐다. 히틀러는 곧 세계 정복 전쟁을 시작했다. 이 전쟁의 결과로 군인과 민간인 약 7,500만 명이 사망했다. 이중에는 학살로 숨진 유대인 600만 명이 포함돼 있었다. 이런 홀로코스트는 뮌헨의 한 맥주홀에서 연설을 쏟아내던 히틀러가 자신의 확실한 정치적 재능, 즉 목소리를 발견하게 되면서 시작된 것이라고 할 수 있다. 라울드 루시 드 살은 《나의 신질서》 서문에 이렇게 썼다. "그는 나무박스 위에서 연설을 시작해 말로 권력을 잡은 사람이다."[47]

히틀러가 분출한 분노는 대중선동, 대중 운동 그리고 독재의 위험성을 세상에 알렸다고 할 수 있다. 히틀러 이후 반세기 동안 전 세계로 민주주의가 확산됐기 때문이다. 민주주의의 확산에는 존 F. 케네디의 〈나는 베를린 사람입니다〉 연설도 한 몫 했을 것이다. 하지만 새로운 세기가 시작되면서 정치학자들은 우려할 만한 움직임이 세계 곳곳에서 벌어지고 있는 현상에 주목했다. 민주주의가 약화되고 실패하기 시작하는 현상이다. 실제로 2010년 이후 폴란드, 헝가리, 오스트리아, 네덜란드, 프랑스를 포함한 유럽 전역에서 이주민 유입 반대와 탈세계화를 주장하는 카리스마적이고 반민주적인 정치인들의 목소리가 힘과 영향력을 얻기 시작했다.[48] 브라질과 인도에서도 비슷한 현상이 벌어지고 있다. 이렇게 민주주의가 조금씩 허물어지는 현상의 근본적인 원인은 이 모든 나라에서 동일하다. 부가 극소수의 사람들에게 집중됨에 따라 중산층의 생활수준이 떨어지고(루스벨트가 뉴딜 정책을 통해 뒤집어놓으려고 한 추세가 바로 이 추세다), 국가가 다민족화되고(인종차별주의자들이 창궐하는 이유가 여기에 있다), 인터넷의 등장으로 기존 미디어들이 쇠락하면서 가짜뉴스 확산과 선전선동이 쉬워졌기 때문이다.

정치학자들의 최근 여론 조사 결과에 따르면 20~30대 미국인들 중에서 민주주의에 대한 사고방식이 '매우 중요하다'라는 생각을 가진 사람은 3분의 1에 불과하다. 스웨덴에서는 18~29세 청년의 26%가 강력한 지도자 한 명이 있는 것이 몇 년에 한 번씩 귀찮게 선거를 하는 것보다 낫다는 생각을 가지고 있다는 충격적인 여론조사 결과가 나오기도 했다.[49] 2016년 6월 영국은 전 세계적인 대중 인기영합주의 물결에 휩쓸렸다. 보수당의 보리스 존슨Boris Johnson, 영국 독립당UKIP 대표 나이젤 파라지Nigel Farage, 하원의장 제이콥 리스목Jacob Rees-Mogg 같은 사람들이 냉소적이고 부정직하며 데마고그적인 연설로 주장하는 국가주의, 반이민주의, 경제적 자기결정론에 대한 감정적인 화답으로 영국이 유럽연합을 탈퇴하기로 결정한 것이었다.

대중선동의 위험성을 잘 알고 있는 미국의 정치인들과 전문가들은 미국에서는 *그런 일이 일어날 수 없다*고 주장했다. 하지만 2016년 11월 8일 대통령 선거일 전까지 정치 전문가들과 여론조사기관은 힐러리 클린턴의 당선을 확실하게 예측했었다. 지금은 악명이 높아진 〈뉴욕타임스〉의 '선거 계기 바늘'도 클린턴이 미국 최초의 여성 대통령이 될 가능성이 80% 이상이라고 예측했다.

◁◁▥▥▥▥▥▥▷▷

그 1년 4개월 전쯤인 2015년 6월 16일, 69세의 실패한 부동산 업자, 파산한 카지노 재벌, 인기가 계속 떨어지는 TV 리얼리티 쇼 스타였던 도널드 트럼프Donald Trump 는 맨해튼 중심부의 고층빌딩 로비에 마련한 무대에 자신의 이름을 걸고, 연단 위에서 마이크 테스트를 한 뒤 대통령 선거 출마를 발표했다. 사람들이 당시에 대해 기억하는 것은 "좋은 멕시코 사람도 있지만, 멕시코 사람들은 대부분은 미국에 마약을 들여오고, 범죄를 들여오는 강간범들이다."라는 트럼프의 역겨운 주장이다. 이 발언은 최근의 미국 역사에서 공직 후보가 한 발언 중에서 가장 노골적인 인종차별적 발언일 것이다. 하지만 이런 증오 발언을 할 때의 트럼프의 목소리 크기와 음높이도 발언 내용만큼이나 충격적이었다. 트럼프의 목소리는 맨해튼 중심부의 택시 경적소리처럼 공기를 찢는 목소리였다. 이런 목소리를 가진 사람이 자유세계의 지도자가 되면 안 된다는 생각을 가진 사람들도 있었을 것이다. 발언의 내용만큼 목소리도 귀에 거슬렸기 때문이다.

일단 트럼프의 목소리는 너무 높았다. 목소리와 당선 가능성의 상관관계에 대한 다양한 연구 결과에 따르면 목소리가 높은 사람은 목소리 주파수가 기본적으로 낮은 사람에게 선거에서 항상 졌다.[50] 여성 후보자들끼리의 대결에서도 마찬가지였다. 또한 트럼프는 키가 190㎝로 비교적 큼에도 불구하고 목소리 음높이가 매우 높았다. 실제로 트럼프의 목소리는 평균보다 몇 헤르츠는 더 높았다.[51] 이렇게 높은 목소리는 지배가 아니라 복종의 목소리다. 트럼프 흉내를 내는 코미디언들은 트럼프의 이런 진화적 '단점'을 흉내 내면서, 말을 할 때 입술을 오므리면서 앞으로 내미는 트럼프의 이상한 행동을 따라 한다. 이렇게 이상하게 발음하는 습관에 대한 그럴듯한 설명은 촘스키의 적수였던 필립 리버먼이 거의 50년 쯤 전에 공동저자로 집필한 논문에서만 찾을 수 있었다.

1970년대 초반에 리버먼은 사춘기 이전의 소년과 소녀들이 성대와 공명실의 크기가 같기 때문에 같은 목소리를 내야 하는데도 소년과 소녀의 목소리가 대부분 다른 이유에 대해 연구했다. 연구 결과, 리버먼은 사춘기 이전의 소년들은 대부분 목소리를 낮게 내 소녀들과 자신을 차별화하려고 노력하기 때문에 이런 현상이 나타난다는 것을 알게 됐다. 사춘기 이전 소년들은 말을 할 때 입술을 오므리고 앞으로 내밀어 성도의 전체 길이를 늘임으로써 목소리가 깊다는 착각을 줄 수 있는 낮은 주파수의 음을 낸다는 설명이다.[52] 어떤 상황에서도 남들을 지배하고 자신이 최고의 남성이라는 것을 알리고 싶은 욕구가 강한 트럼프 같은 사람은 사춘기가 지나서도 자신의 목소리가 지배적으로 들리지 않는 것을 깨닫고 본능적으로 입술을 오므리면서 앞으로 내밀어 목소리 음높이를 조금이라도 낮추려고 한다.

목소리를 지나치게 크게 내는 것도 트럼프가 자신의 '유순한' 목소리라는 타고난 단점을 덮기 위해 학습한 방법 중 하나다. 대통령 선거 출마 선언을 할 때의 공기를 찢는 것 같은 발성은 출마 선언 이후 공공장소에서 연설을 할 때, 나중에 대통령이 되었을 때도 계속됐다. 옆에 헬리콥터가 없는데도 트럼프는 항상 목소리를 크게 냈다.

목소리를 크게 내는 것은 허풍쟁이나 남을 지배하려고 하는 사람들이 목소리를 무기로 사용하기 위해 하는 행동이다. 하지만 트럼프가 목소리를 크게 내는 행동은 의외의 곳에 원인이 있었다. 1980~1990년대에 자신이 소유한 애틀랜틱시티 카지노를 운영하면서 트럼프는 WWE 프로레슬링 대회 사회를 봤다.[53] 이 경험에서 트럼프는 불만으로 가득 찬 러스트벨트 지역 노동자들이 선거에서 자신에게 열정적으로(그리고 결정적으로) 지지를 보내게 만드는 방법을 배웠다. 프로레슬링 선수들도 운동선수이고 파이터지만, 대중이 가장 좋아하는 선수는 링 위에서 **말로** 상대방을 제압하는 선수라는 사실을 알게 된 것이었다. 헐크 호건 같은 레슬링 선수가 레슬링 실력이 가장 뛰어나지 않음에도 불구하고 당대에 가장 유명하고, 가장 돈을 많이 받는 선수가 된 이유는 상대 선수와의 *소리 지르기 대결*에서 항상 이겼기 때문이다. 트럼프가 목소리를 내는 방식은 프로레슬러가 소리는 내는 방식과 완전히 일치한다.

처음에 미디어들은 트럼프의 대선 출마를 장난이라고 생각했다. 트럼프의 출마를 교통사고 다루듯이 다뤘고, 온라인 매체들은 트럼프 관련 뉴스를 조회수를 높이는 수단으로만 생각했다. 〈허핑턴포스트The Huffington Post〉는 트럼프 관련 뉴스를 모두 연예 뉴스 섹션에 배치했다("이유는 간단합니다. 트럼프의 선거운동은 촌극이기 때문입니다")[54] 하지만 6개월 후 트럼프는 유력한 공화당 예비후보가 되면서 더 대담해졌다. 2015년 12월 7일 트럼프는 기자회견을 열고 '무슬림의 미국 입국 전면 금지'를 제안했다. 이전의 데마고그들이 하나의 종교를 완전히 매도하던 시절을 연상케 하는 제안이었다. 〈허핑턴포스트〉의 편집장 애리애나 허핑턴은 트럼프의 선거운동 세력이 '추악하고 위험한 세력'으로 변화했다는 것을 보여주는 '사악한 발언' 때문에 트럼프 관련 뉴스를 연예 섹션에서 정치 섹션으로 옮긴다고 발표했다.[55]

사실, 트럼프의 이런 추악함과 위험성은 그전 몇 십 년 동안에도 확실하게 드러났다. 1973년에도 트럼프와 그의 아버지는 잠재적 세입자에 대한 인종차별적 대우로 법무부에 의해 고발된 적이 있다.[56] 센트럴파크에서 조깅을 하는 여성을 구타한 혐의로 체포된 흑인과 히스패닉계 10대 청소년 5명이 강압에 의한 자백을 했을 때 트럼프는 〈뉴욕타임스〉에 전면광고를 내 이 청소년들에 대한 즉결처형을 촉구하기도 했다.[57] (이후 DNA 분석과 진범 체포로 이 청소년들은 모두 혐의를 벗었지만 트럼프는 대선 운동 기간 동안에도 이 청소년들이 범인이라고 믿는다고 말했다)[58] 1990년에는 첫 번째 아내인 이바나와의 이혼 소송 과정에서 트럼프가 히틀러의 연설 모음집 《나의 신질서》를 침대 옆에 계속 놓고 읽었다는 증언이 나오기도 했다. 트럼프는 〈배니티 페어Vanity Fair〉의 마리 브렌너Marie Brenner와의 인터뷰에서 "설사 내가 히틀러 연설집을 가지고 있다고 해도, 가지고 있다는 것은 아니지만, 절대 읽지 않을 겁니다."라고 말했다.

트럼프의 정치적 상승과 백악관에서의 1년을 담은 《공포: 백악관의 트럼프Fear: Trump in the White House》에서 저자 밥 우드워드Bob Woodward는 스티브 배넌Steve Bannon (전직 백악관 수석전략가)이 트럼프 캠프에서 일했다는 것을 인정했으며, 그 결정은 트럼프가 힐러리 클린턴보다 유리하다는 평가를 내린 후에 이뤄진 것이라고 말했다. 우드워드에 따르면 배넌의 결정은 결국 목소리 때문에 내려진 것이었다. 배넌은 우드워드에게 "트럼프는 정치적으로 들리지 않는 목소리로 말을 했습니다. 반면 클린턴의 말하는 속도는 너무 연습한 티가 났지요. 클린턴의 목소리는 진실을 말할 때도 거짓말을 하는 것처럼 들렸습니다."라고 말했다. "클린턴의 목소리는 마음 속 깊은 곳이나 깊은 확신에서 나오는 목소리가 아니라, 상담료가 비싼 컨설턴트의 목소리였습니다. *화를 내지 않는 목소리지요.*"[60]

트럼프의 목소리는 충격적일 정도로 화난 목소리지만 현대 정치사에서 그런 목소리가 없었던 것은 아니다. 리처드 닉슨Richard Nixon의 특별 자문역이었던 팻 뷰캐넌Pat Buchanan은 1992년 공화당 예비선거에서 조지 부시George H.W Bush와 대통령 후보 자리를 놓고 대결을 벌였다. 트럼프처럼 유인원을 연상시키는 고함 소리를 내지는 않았지만 당시 뷰캐넌의 으르렁거리는 것 같은 거친 목소리 톤은 매우 충격적이었다. 하지만 미국을 인종, 소득, '문화적인 가치'에 따라 분열시켜 대중을 움직이려 했던 뷰캐넌의 노력은 완전히 실패했다. 당시 미국은 역사상 유례가 별로 없는 장기적 경제 호황기에 진입하고 있었고, 전쟁 상태가 아니었으며, 9.11 테러 공격은 아직 일어나기 전이었다. 키케로라면 데마고그들이 득세하기에 좋은 시기가 아니라는 것을 알았을 것이다.

하지만 도널드 트럼프가 힐러리 클린턴과 대결을 벌일 당시의 미국은 그때와는 매우 상황이 달랐다. 상하원을 모두 장악한 공화당은 오바마의 모든 정책에 제동을 걸었고, 그 결과로 정국은 마비 상태였다. 게다가 광활한 중서부 지역은 공장 일자리가 개발도상국으로 넘어간 지 몇 십 년이 지나면서 초토화된 상태였다. 일자리를 잃은 공장 노동자들은 오바마가 〈더 완벽한 통합〉 연설에서 언급한 분노에 사로잡힌 상태였다. 오바마는 이 연설에서 '기회를 한 사람의 꿈이 곧 다른 사람의 희생이 되는 제로섬 게임으로' 인식하지 말기를 호소했었다. 트럼프는 2,000명, 3,000명, 8,000명, 2만 명 규모로 늘어나는 유세장을 계속 채우면서 일자리를 잃은 미국 백인들에게 그들의 경제적 곤경이 멕시코 이민자들과 흑인 침입자들의 탓이라고 강조했다. 테러에 대한 해결책으로 트럼프는 무슬림의 미국 입국 금지

를 촉구했다. 트럼프는 민주당 지지자들과 공화당 지지자들 사이의
당파적 격차를 좁히려고 노력하지 않았으며, 오히려 공화당 지지 주
들의 유권자들에게 선거에서 힐러리 클린턴을 찍지 않는 수준을 넘
어서 클린턴을 구속시켜야 한다고 목소리를 높였다. 트럼프는 논리
적인 주장을 하지 않고 연단에서 간단한 슬로건을 외쳐 지지자들 수
천 명이 '벽을 세워라', '클린턴을 구속하라', '미국을 다시 위대하게'
같은 말을 같이 외치게 만들었다. 라스베이거스의 한 강당에서 열린
선거유세에서 트럼프 반대자 한 명이 행사를 방해하다 트럼프 지지
자들에 의해 제압됐을 때 트럼프는 연단에서 이렇게 소리쳤다. "저런
사람은 그전엔 어떻게 다뤘는지 아시지요? 옛날 같으면 들것에 실려
나갔을 겁니다, 여러분!" 관중들의 환호에 트럼프는 다시 이렇게 말
했다. "나 같으면 얼굴에 한 방 날렸을 겁니다."[61] 트럼프는 아이오와
주 세다래피즈에서 열린 유세에서는 반대자들을 어떻게 다룰지에 대
해 "흠씬 두들겨 패야하겠지요?"라고 말하기도 했다. 사람들이 환호
성을 지르며 화답하자 트럼프는 "소송 비용은 내가 낼 테니 걱정 마
십시오."라고 말했다.[62] 노스캐롤라이나 월밍턴에서 열린 유세에서는
힐러리 클린턴을 구속시키는 것보다 더 심한 방법을 쓸 수도 있다는
암시를 하기도 했다. 트럼프는 "클린턴이 연방 대법원 판사들을 임명
할 수 있게 된다면(대통령이 된다면-옮긴이), 우리가 할 수 있는 것은
아무것도 없습니다."라며 "총을 가진 사람들이 있겠지요, 있을 겁니
다. 어떻게 해야 할까요?"라고 말했다.[63]

　건강한 민주사회에서 자유로운 언론은 대중선동을 가장 효과적
으로 견제하는 역할을 한다. 하지만 그 이상의 역할은 하지 못한다.
2009년 3월에 트위터를 시작한 트럼프는 트위터가 기존 미디어를 밀
어내고 대중에게 영향을 미치고 대중을 설득할 수 있는 가장 중요한

도구가 됐다는 것을 곧 알게 됐다(트럼프는 2012년 11월에 '트위터 활동은 돈을 손해 보지 않으면서 나만을 위한 신문을 운영하는 것과 같다'는 트윗을 올리기도 했다). 후보로서 트럼프는 트위터라는 플랫폼을 이용해 자신의 목소리로 실제로 하는 말을 있는 그대로 전달했다. 잘못된 철자가 넘쳐나고, 대문자로만 쓰이며, 느낌표가 남발된 트럼프의 트윗은 경쟁자를 입 다물게 하기 위해 본인이 사용하는 거친 말과 비슷했다. 예를 들어, 트럼프는 '힐러리는 월스트리트를 절대 개혁하지 못할 것이다. 힐러리의 주인은 월스트리트이기 때문이다.'[64] '힐러리는 어디 있을까?#WheresHillary 자고 있지!!!!'[65], '아메리카 퍼스트!'[66] 같은 트윗을 올렸다. 한편, 트럼프는 지지자들에게 주류 언론들이 자신에 대해 하는 말을 무시하라고 강조했다. 트럼프는 주류 언론이 하는 말은 모두 '가짜 뉴스'이며, 주류 언론은 '공공의 적'(이 말은 괴벨스가 유대인들을 비난하면서 한 말이다)이라고 말했다.

기존 미디어들은 트럼프를 견제하는 역할을 할 수 없다는 좌절감을 나타내기 시작했다. 트럼프의 대통령 임기가 시작되고 10개월이 지난 2017년 11월 MSNBC의 뉴스 진행자 로런스 오도넬Lawrence O'Donnell은 트럼프와 그의 추종자들이 결과에 대해서는 전혀 생각하지 않은 채 계속 거짓말과 모순적인 말을 늘어놓고 있다는 것에 분노를 표출했다. 당시 오도넬은 특히 배넌의 말에 분개했다. 배넌은 바로 몇 시간 전에 한 말과 180도 반대되는 말을 했기 때문이다. 오도넬은 분노를 표출하며 배넌을 트럼프 같은 '사기꾼'과 '거짓말쟁이'로 보지 않는 사람들은 '바보'가 틀림없다고 말하기까지 했다.

하지만 오도넬의 당시 게스트였던 정치평론가 데이비드 프럼David Frum은 "트럼프는 *정확한 의미에서* 거짓말쟁이는 아닙니다."라고 말했다. 프럼은 트럼프와 그의 주변 사람들이 어떻게 목소리를 이용하는지 잘 알고 있는 사람이었다. '거짓말쟁이가 하는 말이라고 해도 최소한 그 말에는 어떤 *의미가* 있다.'며 이렇게 말했다. "트럼프의 말은 **음악**입니다. 트럼프는 **뮤지션**이지요. 이 음악은 트럼프의 불만과 분노의 음조를 띱니다. 우리는 그 사실을 확실하게 알아야 합니다. 앞으로 몇 년 동안 계속 그런 음악을 들어야 하니까요."[67]

이런 '불만과 분노'의 음악이 어떻게 6,000만 명이 넘는 미국인의 지지를 얻게 됐는지에 대한 가장 적절한 설명은 트럼프가 대선 출마를 선언하기 전에 쓰인《힐빌리의 노래Hillbilly Elegy》에서 찾을 수 있다 (책이 출간된 것은 2016년이다). 이 책은 1990년대에서 2000년대 초반까지 오하이오 주의 러스트벨트 도시인 미들타운에서 자란 J.D. 밴스J.D.Vance의 회고록이다. 한 때 번성했던 철강업 도시 미들타운은 다른 수많은 제조업 도시들처럼 공장 일자리를 개발도상국들에 뺏겨 황폐화된 도시다. 일자리가 없어지자 이 도시 사람들은 처음에는 좌절하다 결국 술과 마약에 중독됐고, 결국 모든 희망을 잃었다.

밴스에 따르면 미들타운은 '외부인들이나 외모, 행동, **특히 말투가** 우리와 다른 사람들'을 의심의 눈초리로 보는 백인 노동자 계층의 도시다.[68] 말투에 대한 이런 극도의 민감함 그리고 말투에 따라 내부인과 외부인이 구별된다는 생각은 밴스가 이 책을 쓰고 있을 당시의 백악관 주인 버락 오바마에게도 그대로 적용됐다. 미들타운 사람들은 오바마에 대한 불편한 감정을 가지고 있었고 심지어는 싫어하기도 했다. 밴스에 따르면 이들의 이런 행동은 인종주의에 기초한 것이 아니라 오바마가 이룬 성공과 받은 교육, 그의 건강하고 행복한 가족에 느낀 질투 때문이었다. 밴스에 따르면 좌절의 늪에 빠져있는 미들타운 사람들에게 이런 오바마의 모습은 완벽한 '외부인'의 모습이었고, 그 모습에서 가장 눈에 띄는 것이 바로 오바마의 목소리였다. 운 좋게 오바마처럼 성공한 미국인들에게는 영감을 주는 오바마의 목소리가 미들타운 사람들에게는 오바마의 싫은 모습 중에서 가장 거부감을 많이 일으키는 요소가 된 것은 미들타운 사람들이 오바마의 목소리에는 *자신들이* 잃어버렸거나 가진 적이 없는 모든 것, 남자에게서 바랄 수 있는 모든 것이 들어 있다고 생각했기 때문이었다. 밴스는 이 책에서 '오바마의 깨끗하고, 완벽하고, 중립적인 목소리는 외국인의 목소리였다'고 썼다.[69]

오바마에 대한 이런 이야기, 좌절한 미들타운 사람들의 이야기를 읽으면 러스트벨트 지역과 미국의 낙후된 지역에 사는 수백만 명의 사람들이 도널드 트럼프의 앙심과 복수심이 가득한 목소리에 자극을 받은 이유를 확실히 알 수 있다.

트럼프의 대선 승리 이후 미국인들은 선입견과 분노로 가득 찬 지도자가 민주주의적 장치를 이용해 국민 전체에게 말할 수 있는 마이크를 쥐게 됐을 때 어떤 일이 일어나는지 뼈아프게 깨닫게 됐다. 트럼프의 목소리는 자신과 비슷한 목소리들을 증폭시켰기 때문이다. 트럼프의 대선 승리가 확정되던 바로 그날, 30여 년 동안 주류 언론에서 다루지 않았던 KKK단의 전직 최고지도자 데이비드 듀크David Duke가 갑자기 다시 TV 화면에 등장해 트럼프의 승리를 축하하는 목소리를 냈다. 듀크는 트럼프에게 '우리가 해냈습니다!'라는 트위터 메시지를 보내기도 했다. 악명 높은 백인우월주의자 리처드 스펜서Richard Spencer에게는 주요 TV 방송사들의 인터뷰 요청이 쇄도했고, 잡지와 신문들도 스펜서의 인터뷰를 싣기 시작했다. 트럼프의 임기가 시작되고 8개월이 지난 2017년 8월 11일에는 횃불을 든 미국인 네오나치들이 버지니아 주 샬러츠빌에 모여 '우파는 집결하라'라는 구호를 외치며 집회를 하는 믿기 힘든 광경이 전 세계로 방송되기도 했다. 이 네오나치들은 이 도시를 행진하면서 고용주를 비롯해 그 누구의 응징도 두려워하지 않는다는 듯이 카메라에 얼굴을 들이대며 말했고 '유대인은 우리를 대체하지 못할 것이다', '피와 땅' 같은 구호를 외쳤다. 이 구호들은 드 살이 번역한 히틀러 연설집에 나오는 구절들이었다.

‐‑‒‐‑‒‐‑‒‐‑‒

인간의 목소리가 인간의 생각, 기질, 지능, 판단을 얼마나 충실하게 드러내는지 생각해본다면, 도널드 트럼프 같은 사람이 세계에서 가장 강력한 사람이 될 때 사람들이 공포를 가지게 되는 것은 매우 당연한 일이다. 트럼프의 목소리는 발음이 추하다는 사실 외에도, 트럼프의 충동과 분노 조절 능력 부족, 복잡한 문제들에 대해 지나치게 단순한 해결 방법을 찾는 성향, 다른 사람들을 지배하고자 하는 동물적인 욕망, 즉 '킬러가 되고자 하는 욕망'(트럼프의 아버지가 어린 시절의 트럼프에게 심어준 것이다)을 그대로 드러낸다. 이런 사람이 쿠바 미사일 위기 때의 존 F. 케네디가 보여준 절묘한 판단력과 절제력, 특히 핵전쟁 시대의 초강대국 지도자들에게 요구되는 기질과 성향을 보여줄 수 있을 것이라고 생각하는 것은 매우 힘들다.

초강대국 지도자는 이런 최후의 핵전쟁 같은 급박한 위기 상황 외에도 대처해야 할 것들이 적지 않다. 이 책을 쓰고 있는 지금 전 세계의 지도자들은 코로나19 팬데믹에 대처하기 위해 안간힘을 쓰고 있다. 코로나 19 팬데믹에 대처하려면 전 세계적인 협력, 전략적인 사고, 침착함 그리고 자신의 개인적인 성공을 넘어서 그 이상을 볼 수 있는 정책결정자들의 능력이 필요하다. 처음에 트럼프는 코로나19

바이러스에 대한 공포가 진보적 주류 미디어와 하원의 민주당 의원들이 합작해 주식시장과 경제를 망가뜨려 자신의 재선을 막기 위해 날조해낸 것이라고 무시했다. 트럼프의 이런 생각 때문에 낭비된 몇 주 동안 미국 전역으로 코로나19 바이러스가 확산됐던 현상은 민주주의의 위험성에 대한 고대 그리스인들의 경고를 떠올리게 한다. 민주주의는 아무리 자격이 없는 사람이라도 말을 통해 권력을 잡을 수 있으며, 그 사람이 권력의 오용을 통해 인류를 비롯한 생명체들을 멸종시킬 수 있는 체제라는 경고다.

PART 8

백조의 노래

목소리를 통해 우리가 주고받는 선물들에 대한 찬사인 이 책을 핵전쟁이나 팬데믹으로 인류가 멸종할 수 있다는 말로 마무리한다는 것은 너무 끔찍한 일이다. 이 선물들 중에서 가장 좋은 선물은 분명 노래일 것이다. 앞에서 언어가 노래로 시작됐다는 다윈의 통찰을 간단하게 언급했다. 하지만 언어의 기원이 음악이라면 왜 노래 부르기가 인간의 특이성에 관해 연구할 때 핵심적인 주제가 아닌지 의문을 갖는 사람들도 있을 것이다. 스티븐 핑커는 리듬과 멜로디는 초기 인류가 언어를 위해 사용한 것이고, 이런 운율 요소는 단어나 문법처럼 결정적인 진화적 이득을 제공하지 못하기 때문에 음악은 기껏해야 부수적인 주제밖에는 될 수 없다고 주장한다. 핑커에 따르면 우리가 음악에 강력하게 반응하는 것은 음악이 멜로디의 변화폭을 넓히고, 말의 비트와 리듬을 강하게 만들고, 그럼으로써 초기 인류가 언어를 해독하기 위해 사용한 뇌의 쾌락중추 내 버튼을 더 세게 눌러 말의 음악적인 측면을 과장하기 때문이다. 따라서 핑커는 음악이 혈관을 좁히는 당과 지방(또는 멜로디와 리듬) 때문에 맛은 있지만 생명

유지에는 필수적이지 않은 '청각적 치즈케이크auditory cheesecake'[1]라고 설명한다. 핑커는 '음악이 우리 종에서 사라진다고 해도 우리의 나머지 생활은 거의 변하지 않을 것'이라는 결론을 내린다.[2]

(나처럼) 음악을 하고 듣는 것 모두에서 큰 즐거움과 위안을 얻는 사람이라면 이 주장을 믿기가 어려울 것이다. 하지만 음악과 노래가 인간의 존재에 구체적으로 어떻게 영향을 미치고, 어떤 힘을 가지는지 설명하는 것이 쉬운 일은 아니다. 2015년 6월 오바마 대통령은 본인의 의도와는 상관없이 음악의 이런 역할을 엿볼 수 있게 해줬다. 한 백인 우월주의자가 사우스캐롤라이나 찰스턴의 어느 교회에서 난사한 총에 맞아 희생된 아프리카계 미국인 9명을 위한 추도 예배에서 있었던 일이다. 1~2분쯤 추도 연설을 하던 오바마는 이례적으로 12초 동안 아무 말도 하지 않더니 갑자기 〈Amazing Grace〉를 부르기 시작했다. 우리 시대의 가장 뛰어난 연설가 중 한 명인 오바마는 그 순간 말로 비통함을 표현하는 것이 부적절하다는 생각을 한 것이 분명하다. 오바마가 〈Amazing Grace〉를 어떻게 불렀든 그 노래는 '청각적 치즈케이크'는 아니었다. 오바마의 노래는 (감정적으로, 심리적으로, 기독교의 표현을 빌리면 영적으로) 훨씬 더 큰 효과를 냈으며, 말로 감정을 표현할 수 없을 때 부르는 노래가 신비한 힘을 가진다는 것을 보여줬다. 노래의 필요성을 증명한 셈이다.

노래의 힘에 대한 정식 연구가 처음 이뤄진 것은 1920년대였다. 연구자들은 목소리를 포착해 *시각적으로* 나타내는, 당시로서는 혁명적인 기술인 '소리촬영술phonophotography'을 사용했다. 이 방법은 목소리 음파를 광선 빔으로 전환해 영화 필름에 쏘는 방법이다. 이 방법은 목소리의 미세한 음높이, 타이밍, 크기의 변화를 아주 정확하게 포착해 멜로디를 표시하는 방법으로, 목소리 신호를 현재의 오실로스코프에서 보는 것처럼 흔들리는 수평 방향 선으로 나타내는 방법이다. 이 방법은 (앞에서 언급한 글래디 린치에 의해, Part 3 감정 참고) 일상적인 말에 담긴 감정들을 연구하는 데 사용됐다. 하지만 아이오와 대학의 심리학 교수 칼 시쇼어Carl E. Seashore는 노래를 부를 때 올라가는 목소리가 우리에게 왜 깊은 감동을 주는지 연구하기 위해 이 방법을 사용했다. 시쇼어와 그의 동료 밀턴 메트페셀Milton Metfessel은 감정이 진하게 묻어있으면서 일반적인 악보로는 표현이 불가능하다고 생각되는 노래를 연구 대상으로 선택했다. 이들은 조지아, 테네시, 노스캐롤라이나의 아프리카계 미국인들이 부르는 노동요와 흑인 영가를 뜻하는 이 노래에 '흑인 포크'라는 이름을 붙였다. 18~19세기에 흑인 노예들이 만들어 불렀던 노래에서 유래한 흑인 포크는 재즈, 블루스, 로큰롤에 기초가 됐다. 엘비스 프레슬리, 비틀스, 믹 재거 같은 백인 가수 또는 그룹의 노래도 이 흑인 포크를 기초로 하고 있다.

이들의 연구 결과로 발표된 〈소리촬영술로 분석한 포크 음악: 새로운 악보로 표기한 미국 흑인들의 노래Phonophotography in Folk Music:American Negro songs in New Notation〉(1928년)는 매우 희귀하고 놀라운 책이다. 이 책에서 시쇼어와 메트페셀은 흑인 농장 노동자와 가사 노동자들의 노래 목소리를 분석해 음악에 감정을 담는 특정한 음향학적 요소들을 분리해냈다. 블루스 곡에서 슬픔을 자아내는 목소리 음높이의 변화, '감정, 특히 슬픔에 복받쳐 무너지는 목소리를 닮은' *뒤틀린 가성* falsetto-twist (연구팀이 만들어낸 말이다) 같은 요소들이다.[3] 하지만 이 연구의 가장 큰 성과는 귀로 들을 때 음높이와 리듬이 정확한 것으로 들리는 노래 소리가 사실은 부르는 사람이 나타내고 싶은 감정에 따라 표준 음정에서 크게 벗어나 '정확한' 음높이보다 매우 높거나 낮은 음을 내면서, 몇 밀리초 정도 박자가 빨라지거나 늦어지는 소리인 경우가 많다는 사실을 발견한 데 있다. 비교를 위해 시쇼어와 메트페셀은 전문적인 오페라 가수들의 목소리를 분석했는데, 이 오페라 가수들도 포크를 부르는 사람들처럼 음높이와 박자가 약간씩 어긋나게 노래를 부른다는 사실을 발견했다. 이들은 이렇게 세밀하게 조절된 '부정확함'이 감정을 자극하는 모든 보컬 음악, 더 나아가서 모든 위대한 예술의 특징이라는 결론을 내렸다. 기계적으로 '완벽하게' 노래를 부르는 것에서 미세하게 벗어나는 것은 르네상스 시대 이탈리아인들이 스프레차투라sprezzatura 라고 부르며 극찬했던 유화와 드로잉의 부정확함, 중국의 화가들이 서예와 수묵화에서 중요하게 여겼던 부정확함, 잭 케루악이 《길 위에서On the Road》에서 보여준 즉흥적이고 '자동적인' 글쓰기 스타일의 부정확함과 비슷하다. 이런 부정확함은 완벽함에서 대놓고 벗어나지만 생동감과 감정을 주며, 자유와 활력을 만들어낸다. 시쇼어와 메트페셀은 "이런 부정확함은 예술 이론에 대한 깊은 지식에서 비롯된다."고 말했다.

현재의 대중음악 차트의 모든 장르(팝, 컨트리, 웨스턴, 힙합, 록)에서 상위권을 차지하고 있는 노래들이 (글리산도glissando, 멜리스마melisma, 유리를 깰 것 같은 고음 등의) 매우 장식적인 장치를 자유자재로 사용함에도 불구하고 이 노래들의 상당 부분이 대부분 차갑고, 메마르고 감정적으로 공허하게 들리는 이유가 여기에 있다. 거의 모든 음악 프로듀서들은 정확한 음을 만들어내기 위해 '프로툴스pro Tools'라는 소프트웨어를 사용한다. 음악 프로듀서들 대부분은 이 음정 교정 소프트웨어를 이용해 가수의 목소리를 수학적으로 정확한 주파수에 맞추고, 가사의 모든 단어가 박자와 메트로놈 수준으로 딱 들어맞도록 조정한다. 소울이 풍부하고 표현력이 좋은 목소리를 내는 가수이자 내 친구인 로버트 워시Robert Warsh는 프로툴스를 이렇게 대중음악의 수많은 장르에서 사용하는 것이 왜 바람직하지 않은지에 대해 "프로툴스는 자신이 원하는 음을 찾아가는 인간적인 과정을 제거합니다. 나는 듣는 사람이 노래 부르는 사람의 이런 자연스러운 '음 찾기' 과정을 인식한다고 생각해요. 그것을 느끼기 때문에 우리가 그 목소리에 매력을 느끼는 겁니다. 샘 쿡Sam Cooke의 노래와 테일러 스위프트Taylor Swift의 노래를 비교해서 들으면 쉽게 알 수 있지요."라고 말했다.[4]

스위프트는 특히 두드러진 예라고 할 수 있다. 컨트리 웨스턴 싱어로 처음 데뷔했을 때 스위프트는 약간 흔들리는 음정이 매력과 개성을 드러내는 가수였다. 스위프트가 2009년 데이비드 레터맨David Letterman 쇼에 출현해 부른 자작곡 〈피얼리스fearless〉(첫사랑에 빠진 소녀에 대한 노래)는 보컬 능력이 확실히 떨어지고, 음이 이탈하고, 숨을 아마추어처럼 들이마시는 모습을 보여준 노래였지만 그 모습으로 인해 오히려 스위프트는 인기를 얻었다. 하지만 그 이후 스위프트는 에너지가 넘치는 기계음 같은 목소리로 노래를 부르는 댄스팝 스타가 됐다. 현재 스위프트의 목소리는 스튜디오 앨범 목소리든 라이브 공연 목소리든 모두 오토튠 소프트웨어로 보정해 만든, 기계적으로 정확한 음을 내는 목소리다. 스위프트는 음의 정확성과 상업적 인기, 관객과 직접 소통할 기회는 얻었지만, 자신의 실제 목소리, 즉 불완전하지만 호소력 있는 목소리로 미묘한 감정을 불러일으키는 능력은 잃게 된 것이다.

시쇼어와 메트페셀의 연구에 따르면 목소리를 통한 모든 감정적 표현의 기초가 되는 정교한 '부정확함'을 구현하는 데 가장 핵심적인 요소는 *비브라토*vibrato, 즉 '음의 흔들림'이다. 비브라토는 성대에서 나는 소리의 핵심 주파수가 반음(피아노의 흰 건반과 바로 옆의 검은 건반의 음 차이가 반음이다) 정도씩 위아래로 계속 변하는 현상, 즉 1초당 5~7번 음이 진동하면서 동시에 목소리 크기도 커졌다 작아지기를 반복하는 현상이다.[5] 비브라토는 전문적인 용어로도 매우 설명하기 힘든 현상이지만, 사실 우리는 이 비브라토에 대해 아주 잘 알고 있다. 아리아나 그란데Ariana Grande나 비욘세Beyoncé 같은 가수들이 가사의 한 구절이 끝날 때 애절한 느낌을 주기 위해 음을 길게 끌면서 내는 떨리는 소리가 바로 이 비브라토 창법으로 내는 소리다. 뇌는 이렇게 음높이가 모호하게 쌍을 이루는 음들을 하나의 톤으로 전환하는데, 우리를 울컥하게 하고 소름 돋게도 만드는 그 톤은 이를 구성하는 두 음의 주파수들이 빠르게 섞인 결과로 만들어진 것이다.[6]

시쇼어와 메트페셀의 선구적인 연구가 이뤄진지 80년도 넘게 지난 지금도 과학자들은 비브라토의 생리학적 기능과 심리학적 효과에 대해 토론을 벌이고 있다. 현재 과학자들은 비브라토가 시쇼어와 메트페셀의 주장대로 포크, 팝, 컨트리, 오페라, 힙합, 데스메탈 등 모든 노래 스타일에서 나타난다는 사실은 확인한 상태다.[7] 하지만 비브라토는 노래할 때만 사용되는 것은 아니다. 바이올린 연주자가 프렛보드 위에서 손가락을 움직이면서 활로 떨리는 음을 내거나, 록 스타가 인상을 쓰면서 목에 높이 멘 기타 위에서 손가락을 움직이면서 떨리는 소리를 내는 것도 모두 비브라토다. 트럼펫, 클라리넷, 트롬본, 플루트를 연주하는 사람들도 모두 입술을 움직이면서 악기의 밸브를 조절해 두 반음 사이에서 음높이와 음 크기를 계속 변화시켜 비브라토 효과를 낸다. 이 때 음파가 진동하는 속도는 시쇼어와 메트페셀이 1920년대의 아프리카계 미국인들의 노래에서 찾아낸 진동 속도와 정확하게 같다. 즉, 정확하게 1초에 5~7번 진동하는 속도다.

후에 시쇼어는 비브라토 현상만을 다룬 책에서[8] 비브라토를 '모든 음악적 장식 중에서 가장 중요한 장식'이라고 말하면서, 비브라토가 모든 음악 형태에 나타나는 것은 비브라토의 기원이 최초의 악기, 즉 목소리에 있기 때문이라는 가설을 제시했다. 비브라토는 같은 음을 계속 낼 때 목소리를 내는 근육들이 자연스럽게 보이는 반사반응이라는 설명이다. 뛰어난 가수들은 (기타 연주자들이 손가락을 움직이듯이) 후두 연골의 움직임을 조절하고, 호흡의 속도를 조절하며(횡격막을 움직여 폐에서 나오는 공기의 압력을 조절해 음높이와 음 크기를 조절하며), 혀, 연구개, 턱을 움직여 비브라토의 두 가지 톤이 더 강화되도록 만든다. 하지만 진동이 너무 빠르게 일어나면, 즉 시쇼어가 비브라토의 상한선이라고 밝혀낸 1초당 7회 진동 수준을 넘어가면 염소 우는 소리 같은 불쾌한 소리가 나고, 그보다 적게 진동하면 섬뜩한 떨림 소리가 난다. 한 음에서 비브라토를 지나치게 사용하거나 **모든** 음에서 비브라토를 사용하면 지나칠 정도로 인위적인 소리가 난다. 음악 애호가 중에서는 비브라토가 제대로 사용되면 듣는 사람에게 강한 감정을 불러일으키면서도 비브라토가 사용되지 않았다고 느끼게 한다고 주장하는 사람도 있다.[9] 왜 그런지는 아무도 모른다. 시쇼어는 그 답이 진화에 있다고 생각했다. 시쇼어는 모든 포유동물과 조류는 인간처럼 1초에 5~7번 반음 정도의 진폭으로 진동하는 비브라토 소리를 낸다는 사실을 발견해냈다(비브라토는 카나리아의 노랫소리, 개가 짓는 소리에서도 존재한다). 인간의 웃음소리나 울음소리에도 비브라토는 존재한다.

내가 아는 한, 음성 과학자 중에서 진화와 적응 측면에서 이런 '울림 현상'(시쇼어는 비브라토를 이렇게 불렀다)의 기원을 설명한 사람은 아무도 없다.[10] 나는 이 의문에 대한 답이 (다윈의 '상반 감정의 원리'에 기초한) 유진 모튼의 관찰 결과에 있다고 생각한다. 모튼은 모든 동물은 망설임의 순간에 낮은 음높이의 공격적인 목소리와 높은 음높이의 복종적 목소리를 섞는다는 것을 발견한 사람이다. 결국 비브라토는 높은 주파수와 낮은 주파수의 소리들이 빠른 속도로 번갈아 나오는 현상이기 때문에 시쇼어는 비브라토 자체가 **특정한** 감정을 불러일으키는 것은 아니라고 생각했다. 그는 "우리는 비브라토로 사랑과 증오, 관심과 반감, 흥분과 침착함을 구분할 수 없다."고 말했다.[11] 하지만 모튼이 동물 목소리 연구에서 찾아낸 '망설임'처럼, 시쇼어가 지적한 이런 '감정적 불안정성'이야말로 비브라토가 사람들을 소름 돋게하는 보편적인 힘을 가지게 된 핵심 요소일 것이다.

노래가 감정을 불러일으키는 힘은 원주민 부족 무당의 주문, 이슬람교도들의 기도, 몽골 불교 승려들의 '배음 창법overtone singing'에 이르기까지 수많은 종교적 행위의 핵심을 차지한다. 몽골 승려들의 배음 창법은 목구멍과 입의 공명실, 입술을 이용해 목소리를 걸러 특정한 배음들은 강조하고 다른 배음들은 억제함으로써 (배음들로 화음을 낼 때 대부분 숨겨지는) 특정한 음들이 극도로 선명하게 나게 한다. 그 결과, 으르렁거리는 소리가 밑에 깔리면서 천상의 소리 같기도 하고 휘파람 소리 같기도 하며, 바람이 불 때 팽팽한 줄에서 나는 듯한 소리가 함께 나오는 것이다. 이렇게 배음 창법을 가장 잘하는 승려들은 주파수가 다른 두 배음을 걸러내 그 두 배음이 서로를 때리도록 만듦으로써 매우 높은 음으로 리듬을 나타내고, 동시에 성대에서 나는 그르렁 소리를 억제한다. 이런 노래가 어떤 효과를 내는지는 (예상이 되겠지만) 설명이 불가능하다. 이런 목노래 창법throat singing은 다른 문화와 종교에도 존재한다. 티벳 승려들, 시베리아 남부 투바 지역의 가수들도 이런 목노래를 한다. 투바 사람들은 목노래를 애니미즘 종교 의식에서 부른다. 애니미즘은 동물, 돌, 바위, 흐르는 물, 몰아치는 바람 등 자연의 모든 것에 영혼이 깃들어있다고 생각하는 종교를 뜻한다. 투바의 무당들은 으르렁대거나, 울부짖거나, 고함을 치면서 자연에 있는 모든 존재로부터 '목소리'를 이끌어낸다.

유대교와 기독교에서는 인간의 목소리를 영혼에 비유한다. 목소리는 폐에서 나와 입술을 통과하는 공기로 만들어지며, 하느님이 인간에게 생명을 불어넣은 행위를 연상시킬 수밖에 없기 때문이다. 실제로 창세기 2장 7절에는 '그때에 주 하느님께서 흙의 먼지로 사람을 빚으시고, 그 코에 생명의 숨을 불어넣으시니, 사람이 생명체가 되었다'라고 돼 있다. 이슬람에서도 생명은 숨을 불어 생기게 된 것으로 생각한다. 코란은 그 숨을 **알 루흐**al-ruh ('영혼'으로도 번역된다) 라고 부른다. 알라는 알 루흐를 불어넣어 인간에게 생명을 주며, 알 루흐는 인간이 죽을 때 몸을 떠난다.[12] 그렇다면,《음악의 르네상스 윤리: 노래 부르기, 명상 그리고 인간의 음악The Renaissance Ethics of music:singing, Contemplation and Musica Humana》(2015년)에서 저자 김현아가 말한 것처럼, 숨을 음악적으로 **내쉬는** 형태라고 할 수 있는 노래 부르기는 수백, 수천 년 동안 종교 의식을 발달시키는 과정에서 '신이 자신의 모습을 따라 만든 아름다운 음악적 호흡기관인 인간'에 의해 이용됐다고 할 수 있다. 이 책에서 김현아는 노래 부르기라는 행동 자체가 '온 몸을 다 바쳐 신을 찬양하는 방식'이라고도 말했다.[13]

우리가 알고 있는 고전음악부터 팝까지 서양 음악은 실제로 초기 기독교에서 종교 의식을 보조하던 노래를 기원으로 한다. 제리 리 루이스Jerry Lee Lewis는 로큰롤을 '악마의 음악'이라고 부르지만, 로큰롤도 8세기 가톨릭 미사에서 부르던 전례 성가인 그레고리오 성가를 기원으로 한다. 그레고리오 성가라는 이름은 갈리아 성가와 라틴 성가를 통합한 교황 그레고리오 1세Gregory I (재위 590~604년)에서 온 것이다. (특히 동굴처럼 생긴 성당의 돌 벽에 반사돼 울려 퍼질 때) 그레고리오 성가는 멜로디의 움직임을 엄격하게 통제하는 발성 등의 다양한 발성 방법을 통해 경건한 분위기를 자아낸다. 그레고리오 성가에서 낮은 음에서 높은 음으로 또는 그 반대방향으로 갑자기 바뀌는 것은 금지된다. 그레고리오 성가는 천국을 향해 올라가듯이 음이 올라가기도 하지만, 이 경우 한 번에 한 '단계', 즉 한 음씩 상승해야 한다. 라틴어로 쓰인 성경 구절을 '가사'로 하는 그레고리오 성가는 항상 아카펠라, 즉 악기의 반주 없이 불린다. 성경 구절을 최대한 강조하기 위해서다. 그레고리오 성가는 보통 집단(또는 합창단)으로 부르지만, 항상 엄격한 제창 형식을 유지한다. 성가를 부르는 모든 목소리가 화음 없이 동시에 같은 음을 내는데, 장식적인 아름다움이 있는 화음은 세속적이고 육체적인 느낌을 너무 많이 줄 수 있기 때문이다(에벌리 브라더스나 크로스비, 스틸스 앤 내시 같은 그룹의 노래를 떠올려 보면 알 수 있다). 또한 그레고리오 성가의 멜로디는 비교적 좁은 범위로 제한된다(보통 1옥타브다). 이는 노래에 신중함과 엄숙한 분위기를 부여한다. 하지만 그레고리오 성가가 최면을 유도하는 것 같고, 지상의 것이 아닌 분위기를 내는 가장 큰 원인은 리듬이 없다는 데 있다. 그레고리오 성가에서는 어떤 하나의 음절 또는 단어도 강조되지 않기 때문에 **박자**가 전혀 없다. 나는 이런 장치가 심장 박동과 피의 흐름으로 구성되며, 걷기에서 말하기까지 우리의 모든 움직임의 기준이 되는 몸 내부의 메트로놈과 박자표에서 노래를 '자유롭게 풀어주기 위한' 장치라고 생각한다. 이 장치 때문에 그레고리오 성가는 시간을 초월하는 천상의 영역에 존재하는 것처럼 들리는 것이다.

그레고리오 성가의 부상으로 교회음악 작곡가들은 우리에게 익숙한 악보 형태, 즉 음이 순차적으로 진행되는 형태로 보컬 멜로디를 쓰기 시작했다. 이 기술은 세력 팽창을 노리는 종교에게는 매우 유용한 기술이었다. 악보를 사용하게 되면서 전례 성가를 직접 얼굴을 보면서 가르칠 필요가 없어졌고, 악보를 이용해 전례 성가를 쉽고 넓게 확산시킬 수 있었기 때문이다. 악보 기술의 발달이 기독교의 전 세계적인 확산에 도움을 준 것도 사실이만, 악보 기술은 보컬 음악의 구조를 '눈으로 볼 수 있게' 만듦으로써 음악인들에게도 도움을 줬다. 악보를 사용해 멜로디를 조절하고, 음들을 특정한 단위로 묶을 수 있게 됐기 때문이다. 교회음악에서는 이를 '선법mode'이라고 부르는데, 선법은 음계 또는, (어떤 음을 음계의 '주음'으로 지정하는지에 따라 달라지는) 조성이라고 불리는 연속되는 음들과 관련된 것이다.

그레고리오 성가는 작곡가가 어떤 분위기를 내고 싶은지에 따라 다른 선법을 사용한다. 교회음악은 고대그리스의 용어를 빌려와 선법의 이름을 붙였다. 슬픈 소리를 내는 선법(단조)은 에올리안Aeolian 선법, 행복하고 활기찬 소리를 내는 것은 이오니아Ionia 선법이다. 시간이 지나면서 8개의 '교회 선법'이 생겨났고, '행복한' 분위기와 '슬픈' 분위기를 각각 다른 비율로 섞어 만든 이 8개 선법 중에는 믹소리디안Mixolydian 같은 고대 그리스어 이름이 붙은 복잡한 선법도 있다. 믹소리디안 선법은 도레미파솔라시도로 구성된 음계에서 '시'가 반음 내려간 음계를 말한다. 믹소리디안 음계의 음들로 쓰인 노래는 처음 6개 음은 '행복한' 느낌을 주는 장조 음이고 7번째 음은 반음 내려가 슬픈 느낌을 주는 음이다. 존 레논의 〈Norwegian Wood〉이 전형적인 믹소리디안 음계로 쓰인 곡이다. 레논은 믹소리디안 음계에 대해 알고 이 곡을 쓰지는 않았다. 레논은 악보도 읽지 못했지만, 혼외정사 또는 그에 근접한 행위가 주는 흥분과 절망이 섞인 느낌을 노래의 문법으로 표현하는 법을 알고 있었다. 믹소리디안 음계가 가진 예측 불가성은 1960년대 사이키델릭 음악에서도 유용하게 사용됐다. 레논이 〈She Said She Said〉, 〈Tomorrow Never Knows〉 같은 노래에 믹소리디언 음계를 사용한 이유도 여기에 있다.

〈Tomorrow Never Knows〉는 레논이 《티베트 사자의 서》(사후 세계를 다룬 티베트불교 경전)의 영어 번역 중 일부를 그대로 가사로 사용한 곡이다. 의도적이었든 아니었든, 이 곡의 편곡은 낮은 C음 하나만을 길게 늘려 노래 전체를 채우는 티베트의 목노래 창법과 비슷하다. 레논은 티베트의 노래에 구불구불한 믹소리디안 멜로디를 입혀, 특유의 웅웅거리는 '연구개음' 목소리로 이 노래를 불렀다.[14] 공명실 크기를 조절해 최면을 거는 것 같고, 명상적이며, 시간이 멈춘 것 같은 느낌을 주는 천상의 멜로디를 만드는 티베트 사람들이 부르는 노래와 비슷한 노래를 레논은 만든 것이었다.

과학은 수백, 수천 만 명의 사람들이 수천 년 동안 알아낸 지식을 배우는 것이다. 노래가 영혼의 병을 고친다는 것도 그 지식 중 하나다. 2012년에 한 연구팀은 노래를 부르는 암환자들에게서 불안감과 우울증세가 크게 줄어들며[15], 관절염, 만성통증 같은 질환을 앓고 있는 사람들에게서도 비슷한 효과가 나타났다는 연구 결과를 발표했다. 이런 긍정적인 효과는 심리적인 효과이기도 하지만, 상기도 감염을 막는 면역 단백질이 더 많이 생기는 생리적 반응에 의한 것이기도 하다.[16]

노래의 치료 효과와 관련된 가장 놀라운 발견은 합창에 관한 것이다. 아마추어 수준에서라도 노래를 하면서 자신의 목소리를 남들의 목소리와 섞는 행위는 뇌가 옥시토신이라는 화학물질을 분비하도록 만든다. 옥시토신은 유대감, 일체감, 안정감 같은 따뜻한 감정을 느끼게 만드는 호르몬이며, 경외감을 느끼게 하는 호르몬이기도 하다.[17] 이 호르몬이 모든 포유동물에 존재한다는 사실은 이 호르몬이 협력과 집단의 일체감을 느끼게 하는 수단으로 진화한 것이라는 추측을 가능케 한다. 초기 인간에게서 집단으로 노래를 부르는 일은 타고난 사회성을 더 강화하고, 집단에 대한 충성심을 구축하며, 슬픔과 고통의 순간에 위안을 주는 역할을 하도록 진화한 것으로 보인다.

오바마 대통령이 찰스턴의 교회 총기난사 희생자 추모예배에서 노래를 부른 것도 이 맥락에서 이해할 수 있다. 오바마 재임 시절 선임 자문역이었던 밸러리 재럿Valerie Jarret은 2015년 애스펜 연구소에서의 강연에서 오바마가 헬리콥터를 타고 사우스캐럴라이나 앤드류스 공군기지로 향하면서 추모예배에서 노래를 부르는 것을 생각하고 있다고 말했을 때[18] 미셸 오바마와 자신이 회의적인 반응을 보였다고 밝혔다. 재럿은 미셸은 "그게 어울릴까요?"라고 오바마에게 물었고, 재럿은 2012년에 뉴욕 아폴로 극장에서 열린 모금 행사에서도 오바마에게 노래를 부르지 말라고 말한 적이 있었다. 이 행사에서 오바마는 앨 그린의 〈Let's Stay Together〉라는 노래의 일부를 불러 박수를 받았다. 뉴욕 행사는 잘 진행했지만, 재럿은 미셸과 한 목소리로 추모예배에서는 노래를 하지 않는 것이 좋겠다고 말했다. 하지만 오바마는 왜 노래를 해야 하는지 설명했고, 솔로로 부르지는 않겠다고 말했다. 오바마는 "내가 노래를 시작하면 사람들이 따라할 것 같습니다."라고 말했다. 합창을 하면 옥시토신이 분비돼 치료 효과가 생긴다는 과학자들의 연구 결과를 오바마는 본능적으로 알았던 것이다. 오바마의 도박은 성공했다. 〈Amazing Grace〉의 첫 부분 가사 세 단어를 부르기도 전에 사람들이 모두 일어나 노래를 따라 부르기 시작했기 때문이다. 사람들은 추도예배에서 처음으로 웃고 있었다.

나는 밸러리 재럿과 미셸 오바마가 그날 오바마가 노래 부르는 것을 말린 데에는 이유가 있었다고 생각한다. 노래는 우리의 모습을 있는 그대로 노출시키기 때문이다. 생일 축하 노래를 혼자서 무반주로 사람들 앞에서 부른다고 상상해보면 내가 무슨 말을 하는지 알 수 있을 것이다. 노래를 부르는 것과 동료들과 수다를 떠는 것은 엄청난 차이가 있다. 경험이 풍부한 가수들도 대화를 할 때와 노래를 부를 때 자신들이 성대를 다르게 사용한다는 것을 잘 알고 있다. 2017년 코미디언 겸 배우 빌 머리Bill Murray는 첼리스트 얀 포글러Jan Fogler와 함께 공연을 하며 노래를 부른 적이 있다. 머리는 당시의 경험에 대해 〈뉴욕타임스〉에 이렇게 말했다. "노래를 부를 때는 정말 다른 일이 일어납니다. 노래를 부르는 것은 이야기를 하거나 농담을 던지는 것과는 완전히 다릅니다. 노래를 할 때는 자신을 그대로 드러내게 되거든요. 노래는 자신에 대한 표현입니다."[19] 머리는 왜 노래가 말보다 더 자신을 많이 드러내는지는 말하지 않았지만, 그래도 우리는 머리가 무슨 말을 하는지 바로 이해할 수 있다. 명료한 연설과 달리 노래

할 때는 리듬과 멜로디가 강조되면서, (아름답고 치료 효과가 있으며 사람들을 통합시키면서도 정서를 살찌운다고 생각되는 음과 박자가 실린 진동 패턴을 내쉬는 숨에 담으면서) 우리는 각자의 생살을 드러내고 문법에 갇힌 언어가 드러내지 못하는 방식으로 우리 자신의 은밀한 모습들을 드러내게 된다. 재럿과 미셸이 오바마에게 혼자 노래하지 말라고 한 이유가 나는 여기에 있다고 생각한다. 그들은 오바마가 혼자 노래를 하면 속내를 다 드러내게 되고, 그런 행동은 전 세계 최대 규모의 군을 통솔하는 지도자의 모습과는 어울리지 않는다고 생각했을 것이다. 그렇게 혼자 노래를 시작한 현직 대통령은 버락 오바마밖에는 없었다는 사실이 이 생각을 잘 보여준다.

고도의 훈련을 받은 오페라 가수들도 목소리로 음을 낸다는 것이 가장 순수하게 내면을 드러내는 행동이라는 것을 잘 알고 있다. 유명한 오페라 가수 르네 플레밍Renée Fleming은 2014년에 낸 회고록《내 안의 목소리The Inner Voice》에서 노래 부르기는 '상처 받기 연습'이라고 말했다.[20] 플레밍 같은 디바는 기교나 표현의 흠을 잡아내는 데 전문적인 능력을 가진 음악 애호가들이나 비평가들에게 의도적으로 자신을 그대로 드러내는 사람이라는 뜻이다. 플레밍의 회고록은 한 가수가 감정 호소 능력을 유지하거나 강화하면서 자신의 타고난 목소리, 즉 '길들여지지 않은' 재능과 엄격하고 폭넓은 훈련을 어떻게 혼합하는지 가장 잘 보여주는 책이라고 생각한다. 부모가 모두 음악교사였던 플레밍은 노래로 가득 찬 환경에서 자라났다(플레밍은 회고록에서 "음악은 우리 집에서 쓰는 공용어였어요. 음악은 공기였지요."라고 말했다).[21]

확실히 플레밍은 부모로부터 많은 것을 물려받았다. 발성 기관, 탄력 있고 건강한 성대, 가슴, 목, 머리의 넓고 적절하게 형성된 공명실, 노래에 대한 열정은 모두 부모로부터 물려받은 것이다. 플레밍은 말을 하기도 전에 엄마로부터 음을 똑같이 따라하는 훈련을 받았고, 그는 어릴 때부터 음을 놀라울 정도로 정확하게 따라했다. 학교에서는 뮤지컬 주연 자리를 따내기도 했지만(12살에 〈마이 페어레이디〉의 일라이자 둘리틀 역을 했다), 모든 예술 분야에서 그렇듯이 가공되지 않은 재능을 장기적이고 성공적인 직업으로 만드는 것은 완전히 다른 이야기였다. 플레밍은 이 책에서 자신이 소프라노의 '세련된 비명cultivated scream'이라고 부르는 목소리를 갖게 되기까지 거쳐야 했던 연습과 훈련에 대해서 자세히 밝히기도 했다. 불가능에 가까울 정도로 높고 큰 목소리로 음을 내기 위해 몸과 마음으로 기술을 익혀야 했고, 이 과정은 상당히 오래 걸렸다. 신생아들은 본능적으로 이런 음을 낸다. 목소리 스펙트럼에서 특정한 배음들을 증폭하기 위한 최적의 위치에 혀, 입술, 후두를 배치해, 폐나 성대에 과도한 부담을 주지 않고도 집 안을 쩌렁쩌렁하게 울리는 큰 소리를 낸다.

오페라에서 모음 배음들의 증폭은 '성악가 음형대singer's formant'라고 부른다. 플레밍은 창의적인 시각화 훈련을 통해 이 성악가 음형대를 가질 수 있게 됐다. 플레밍은 자신의 목소리를 몸속의 매우 구체적인 목표물로 투사했다(플레밍은 '머릿속으로 소리를 조준한다'고 표현했다). 예를 들어, 가장 높은 음을 낼 때는 '마스크 부분', 즉 코, 광대뼈, 부비강에 목소리를 투사한다고 '상상했다'. 이렇게 상상을 해야 횡격막, 후두, 혀, 얼굴의 비수의근들을 이용해 목소리를 '힘쓰지 않고 공연장 뒤쪽까지' 전달할 수 있었다.[22] 플레밍이 우리가 '아름답다고' 생각하는 소리를 어떻게 내는지, 어떻게 각각의 음들이 브랑쿠시의 추상적인 조각 작품에서처럼 공기 중에 순간적으로 머물도록(공간에서 형성돼 빛나며, 질감이 있고, 세련되고, 플라톤이 예술의 완성을 구현한다고 말한 비례와 조화를 위한 모든 기준에 부합되도록) 만드는지는 완전히 다른 이야기다.

과학은 이 미스터리를 풀기 위해 노력해왔고, 플레밍은 세계적인 성악가 중에서 과학의 이런 노력을 위해 자신의 몸을 빌려준 유일하고 이례적인 경우였다. 2017년 플레밍은 노래 부르기에 대한 신경과학적 연구를 위한 케네디 연구소와 미국 국립보건원의 실험에 자원했다. 플레밍은 fMRI 스캐너 안에 두 시간 동안 누워 자신의 노래 중에서 가장 감정적인 울림이 큰 노래인, 구슬픈 스코틀랜드 포크 발라드 〈The Water is Wide〉를 불렀다. 예상했던 뇌 영역들, 즉 브로카 영역과 베르니케 영역(노래 가사를 불렀으므로), 운동피질(후두와 발음기관들에 명령을 내렸으므로), 변연계 구조(노래의 감정을 처리했으므로), 오른쪽 대뇌반구(멜로디와 리듬을 계산했으므로)가 모두 활성화돼 '불이 들어왔다'. 다시 말하면, 말할 때와 노래할 때 모두 뇌의 동일한 영역들이 활성화됐다. 최첨단 기기도 왜 노래 부르기가 강력한 힘을 가지는지 밝혀내지 못했다는 뜻이다.

노래 부르기가 가진 힘에 대해 내게 가장 많은 것을 알려준 것은 **다른 사람들이** 목소리로 최대한 감정을 나타낼 수 있도록 도움을 주면서 일생을 보낸 사람들과의 대화였다. 로리 안토니올리Laurie Antonioli는 가수이자 보컬 트레이너이면서 캘리포니아 재즈 예술학교 보컬 프로그램 책임자다. 안토니올리는 우리에게 가장 감동을 주는 목소리는 표현이 정직한 목소리라고 생각한다. 엄청나게 인기는 있지만 감동은 별로 주지 않는 대중음악의 매너리즘, 가식, 장식적 요소, 비슷비슷한 진행 같은 요소가 제거된 목소리다. 이런 대중음악이야말로 '청각적 치즈케이크'(음악계에서는 '귀에 주는 사탕ear candy'라는 말을 쓴다)다. '귀에 주는 사탕' 같은 노래는 안토니올리 같은 재즈 뮤지션들이 특히 눈살을 찌푸리는 유형의 노래다. 빌리 홀리데이Billie Holiday의 〈Strange Fruit〉, 니나 시몬Nina Simone의 〈Feeling Good〉, 카운트 베이시Count Basie, 조 윌리엄스Joe Williams, 존 헨드릭스Jon Hendricks가 함께 부르는 〈Going to Chicago〉 그리고 아레사 프랭클린의 모든 노래는 귀에 주는 사탕, 즉 대중적인 히트곡과는 미학적으로, 감성적으로, 그리고 정신적으로 가장 먼 노래들이다.

내가 지금 한 말은 음악 전문가들만 이해할 수 있는 말이 아니다. 지금 예를 든 가수들의 노래와 아리아나 그란데, 비욘세처럼 비교적 가창력이 뛰어난 팝 가수들의 노래를 비교해서 들어보면 감정의 깊이와 노래의 힘 면에서 차이가 난다는 것을 쉽게 느낄 수 있다. 하지만 이런 차이를 **설명하는** 것은 쉬운 일이 아니다. 안토니올리는 그 차이가 '진정성'에 있다고 말했지만[23], 그 진정성이라는 말은 정의가 불가능하다는 것도 인정했다. "하지만 진정성은 노래를 들으면 알 수 있어요. 나는 사람들에게 다른 사람들 앞에서 노래하는 법을 가르칩니다. 사람들은 듣는 사람을 즐겁게 만들고 싶어 하지요. **좋은 소리를** 내고 싶은 겁니다. 그래서 목소리를 **조작하는** 실수를 하게 되는 거예요. 사람들은 유혹적인 목소리, 섹시한 목소리를 내려고 하지요. 노래의 원래 색깔에 상관없이 강력하고 위엄 있는 소리를 내려고 하는 사람도 있어요. 하지만 노래 부르는 사람이 진정성 있는 목소리를 낼 수 있다면 의식적인 조작에서 벗어나게 되지요. 완전히 다른 소리가 나옵니다. 수업에서 그 사람의 노래를 듣는 사람들은 입을 다물지 못하고 탄성을 계속 지르게 되지요. 확실하게 그렇게 됩니다. 진정성은 기술적 완결성과는 전혀 관계가 없어요. 목소리는 떨릴 수도 있고,

부드러울 수도 있어요. 목소리에 상관없이, 중요한 것은 마음과 영혼이지요."

바로 열린 곳으로 자신을 드러내는 순간이다.

⎯⎯⎮⎥⎢⎪⎮⎯⎮⎢⎯⎮⎯⎯⎯

노래에 대해 이야기할 때 '소울soul'이라는 말이 많이 나온다. 플레밍도 회고록에서 이 말을 썼고, 안토니올리도 이 말을 썼다. 사실 사람들은 모두 이 소울이라는 말을 쓴다. (앞에서 살펴봤듯이) 소울이 가득한 노래는 거의 모든 종교의식에서 핵심적인 역할을 한다. 석기시대의 원시부족에서 무당이 노래를 할 때도 그랬다. 하지만 다윈은 노래 부르기가 깊은 감정을 불러일으키는 것은 노래 부르기가 신이 준 영혼의 떨림이어서가 아니라 초기 인류의 생존과 번식에 도움을 주기 위해 진화한 생리학적 반응이기 때문이라고 설명했다.《인간의 유래와 성선택》에서 다윈은 모든 목소리 표현(노래 부르기, 시 암송, 대중 연설 등)의 감정 부분은 우리의 동물 조상에게서 물려받은 것이라고 말했다. 또한 다윈은 인간의 목소리가 감동을 주는 힘을 가지게 된 것은 인간의 초기 진화 과정에 대한 일종의 집단기억 때문이라고 설명했다. 그는 '음악이 불러일으키는 느낌과 생각, 운율을 가진 연설이 표현하는 느낌과 생각은 모호함에서 비롯된 것이다. 이 모호함은 머릿속으로 아주 먼 과거의 감정과 생각으로 깊게 회귀할 때 느끼는 모호함이다'라고 말했다.[24] 다윈은 이 책에서 이렇게도 말했다. "톤과 운율을 다양하게 변화시켜 매우 강한 감정을 이끌어내는 열정적인 연설가, 시인, 음악가는 자신이 반쯤 인간이었던 오래전의 조상이 짝 짓기와 경쟁 과정에서 다른 조상들의 열정을 자극하기 위해 썼던 수단과 같은 수단을 쓰고 있다는 사실을 듣는 사람들이 떠올리지 못하게 만든다."[25]

이 정도만 해도 훌륭한 설명이지만, 아주 만족스러운 설명은 아니다. 다윈은 노래 부르기가 가진 원초적인 감정 호소력의 기원이 '동물'에 있다는 것은 정확하게 짚어냈지만, 서로 공감하고 의존하며 협력하는 인간들로 구성된 공동체에 대한 인간의 소속감이 노래 부르기로 표현된다는, *인간의* 고유한 특성에 대해서는 설명하지 못했기 때문이다. 찰스턴 교회 추모예배에서 오바마가 부른 노래는 고통이나 슬픔의 원시적인 외침이나 내적 상태에 대한 원시적 표현으로의 '머릿속 회귀' 차원을 뛰어넘는 것이었다. 아레사 프랭클린이 〈Amazing Grace〉를 부를 때, 폴 매카트니가 〈Hey Jude〉를 부를 때, 파바로티가 〈Nessun Dorma〉를 부를 때 이들은 매우 특정한 방식, 즉 미적 감각을 자극하고, 더 높은 차원의 미학적 감각에 호소하고, 그레고리오 성가에서처럼 '천국으로 상승하는 듯한' 느낌을 주기 위해 목소리 신호를 조절한다.

나는 전통적인 의미에서는 종교적인 사람이 아니다. 하지만 내가 했던 활동 중에서 노래 부르기만큼 '소울'의 존재를 확신시킨 활동은 없었다. 공기를 몸에서 배출하면서 노래를 부르는 동안 나는 내가 알고 싶은 나만의 *핵심적인* 부분을 알게 되는 느낌이 든다. '소울' 외에는 그 부분을 표현할 말이 없다. 내 목소리를 멜로디에 투사하는 것이 왜 그렇게 즐거움, 카타르시스, 미학적인 기쁨, 보상을 주고 기운을 회복시키는지 생각하면서 줄리 앤드류스가 오케스트라 반주로 노래를 할 때 느낀다는 '황홀경'이라는 말이 떠올랐다. 중년의 테너 가수가 성대에 난 상처를 치료하기 위해 자이텔스 박사의 미세수술을 받기 전에 내게 했던 "말로 표현하기는 힘들지만, 노래를 한다는 것은 목소리에 소울을 담는 것이라고 생각합니다."라는 말도 떠올랐다. 내가 노래를 부를 때 이런 멋진 말을 한 적이 있었는지는 확실히 기억이 안 난다. 하지만 얀의 밴드에서 노래를 부르다 목소리가 상하기 전에는 그런 말을 할 수 있었을 것이다. 지금은 전혀 다른 느낌이 든다. 1980년대 헤어 메탈 밴드 신데렐라Cinderella(그리고 전혀 다른 맥락에서의 조니 미첼)는 이렇게 노래했다. "사라지기 전까지는 당신이 무엇을 가지고 있는지 모릅니다."

결 론

시간이 지나면 우리는 모두 목소리를 잃게 된다. 자연의 모든 것이 그렇듯이 목소리에도 생명주기가 있다. 울음소리를 내면서 태어나 호르몬 분비 증가로 사춘기에 큰 변화를 겪은 뒤, 목소리는 40~50년 동안 안정적으로 유지된다. 하지만 결국 목소리도 노화에 굴복한다. 목소리의 노화가 시작되는 시점은 유전과 환경 요인에 따라 개인마다 다르지만, 언젠가는 노화가 시작되며, 목소리의 노화는 몸의 노화에 따라 일어나는 수많은 변화들의 결과다. 남성의 경우 테스토스테론 분비가 줄어들어 성대가 얇아지면서 수축되기 때문에 목소리가 여성의 목소리처럼 변한다. 코미디언들이 성질 고약한 남성 노인들을 흉내 낼 때 뭔가를 긁는 것 같은 가성을 내는 이유가 여기에 있다. 한편 여성은 남성에 비해 늦은 시기에 호르몬 분비 변화를 겪는다. 폐경을 맞은 여성은 에스트로겐이 갑자기 많이 분비되면서 성대가 부풀어 올라 목소리의 음높이가 낮아진다. 남성 목소리에 가까운 목소리가 나는 것이다. 요약하면, 성적인 능력과 번식 능력이 사라지면서, 종의 확산에 핵심적인 인간 목소리의 성적 이형성이 사라져 남성과 여성의 목소리가 같아진다고 할 수 있다.

목소리는 음성 전문가들이 '노인성 음성장애$_{presbyphonia}$'라고 부르는, 성대 조직 자체의 자연스러운 퇴화와 쇠퇴 현상의 결과로 삐걱거리고 약한 소리로 변하기도 한다. 성대를 가로지르는 근육들이 나이든 달리기 선수의 허벅지 뒤쪽 근육처럼 뻣뻣해지고, 그 근육들을 덮고 있는 콜라겐 층이 와해되고 성대 점막이 딱딱해지면서, 성대는 젊은 사람들의 목소리가 진동할 때 나타나는 구불구불한 물결 운동을 일으킬 수 없게 된다. 이 물결 운동 때문에 젊은 사람들의 목소리에는 복잡성, 깊이, 미묘한 음색이 나타난다. 또한 노화에 따라 목소리는 점점 더 불안정해진다. 후두 연골을 움직이는 근육들이 자연스럽게 약해지고, 이 근육들에 신호를 보내는 신경들이 퇴화됨에 따라 목소리에서는 점점 운율이 사라져 계속 큰 소리로 말하게 되거나(이 증상은 말하는 사람의 청력이 떨어짐에 따라 더 악화된다) 귓속말에 가까운 웅얼거리는 소리로 말하게 된다. 평생 힘들이지 않고 정확한 음을 내던 전문적인 가수들은 어느 날 갑자기 정확한 음을 내기 힘들어졌다는 것을 알게 되고, 60대 말(그 전일 수도 있다)에는 선율을 제대로 내기도 힘들다는 것을 알게 된다. 한편, 얼굴과 혀의 발성 관련 근육들이 약해지면서 말과 노래의 속도와 명확성이 모두 떨어진다. 말은 계속 느려지다 알아듣기 힘들어지고, 말을 하다 쉬는 경우도 많아진다.

노인에게서 목소리의 크기와 힘이 줄어들어드는 것은 횡격막, 갈비뼈 사이의 늑간근을 비롯한 몸 전체의 근육들이 퇴화한 결과다. 몸통 자체의 크기가 줄어들고 폐도 작아지면서 신축성을 상실한다. 목소리는 점점 작아지다 결국 귓속말처럼 변한다. 이는 척추가 앞쪽으로 굽으면서 폐의 활동이 제약됨에 따라 나타나는 현상이다.

환경 요인들도 목소리 퇴화를 촉진한다. 흡연은 폐기종 같은 호흡기 질환을 일으킨다. 음주는 민감한 성대에 알코올을 붓는 행위이며, 역류성 식도염을 일으킬 수 있다. 이렇게 되면 위에서 산이 식도로 올라와 성대 점막을 건조하게 만들 수 있다. 한편 성도 자체도 변화하면서 목소리의 울림 양상을 바꾼다. 코가 내려앉으면서 코 안의 공명실 크기가 줄어들고, 목에 지방이 쌓이면서 목의 공명실 크기도 줄어들기 때문에 목소리의 배음 구성과 음색이 변하고, 결국 전화할 때 사랑하는 사람도 목소리를 알아듣지 못하는 상황이 발생하게 된다.

　과학과 의학은 목소리의 자연스러운 쇠퇴를 늦추는 정도밖에는 할 수 있는 것이 없다. 생물학적 기능은 몸의 수많은 부분에 의존하기 때문에 목소리 노화를 늦추려면 몸 전체의 다양한 부분에 동시에 조치를 취해야 한다. 유산소운동과 근력강화 운동을 하면 폐의 힘을 감소시키는 근무력증과 관련된 목소리 노화를 어느 정도 늦출 수 있다. 식습관을 바꿔도 위산 역류와 관련된 목소리 퇴화를 어느 정도 늦출 수 있다. 하지만 우리의 목소리를 늙게 만드는 가장 큰 원인은 성대 조직이 딱딱해지고 얇아지면서 위축되는 현상이다. 2012년에 자이텔스 박사를 인터뷰했을 때 그가 성대의 유연성을 회복하는 방법을 찾는 것은 성배를 찾는 것과 비슷하다는 말을 했던 것이 기억이 난다.[1] 엉덩이에서 추출한 지방을 얼굴에 이식해 주름을 제거하는 성형외과 수술에 영감을 받아 일부 의사들은 지방 세포를 성대에 이식해 성대의 탄력을 회복시키려는 시도를 하고 있다. 하지만 이 경우 드물게 지방이 상처 조직으로 변해 상황을 더 악화시키기도 한다. 자이텔스 박사는 '인공 성대' 연구를 하면서 미세한 바이오젤(물을 기반으로 만든 중합체)을 성대에 주입해 성대의 물결 반응을 되살리는 방법을 시도하고 있다. 자이텔스 박사는 성대 점막의 얇은 층 밑으로 바이오젤을 주입해 노화로 점점 뻣뻣해지거나 약해지는 진동층을 대체

할 수 있기를 희망하고 있다. 자이텔스 박사는 1990년대 후반에 마운트사이나이 병원에서 줄리 앤드류스를 치료할 때 사고로 손실된 조직을 되살리기 위해 이 방법을 사용할 수 있겠다는 생각을 처음 했다. 내가 인터뷰할 당시 자이텔스 박사는 사람에게는 이 방법을 적용하지 못하고 있는 상태였지만, 그는 젊음의 샘처럼 성대를 젊게 해줄 바이오젤 수술법에 대한 큰 기대를 숨기지 못했다. 자이텔스 박사의 기대가 현실이 된다면 이 수술법은 80세 노인의 목소리를 다시 젊은 목소리로 만들고, 그룹 더 후The Who의 로저 달트리Roger Daltrey, 에로스미스Aerosmith의 스티븐 타일러Steven Tyler 같은 록 스타들의 목소리를 30대의 목소리로 만들 수 있을 것이다. 당시 50대였던 달트리와 타일러는 몇 십 년 동안 노래를 너무 많이 불러 목소리 노화가 가속화되고 있었다. 목소리를 많이 쓸 수밖에 없는 교사나 강사들도 목소리 노화가 빨리 일어난다. 자이텔스 박사는 이들에 대해 '몸이 노화돼 목소리가 퇴화되는 것이 아니라 성대를 너무 많이 사용해 그렇게 된 것'이라고 설명했다. 수십 년 동안 소리를 내면서 성대가 서로 너무 많이 *부딪혔기* 때문이라는 것이다. 자이텔스 박사는 의학의 힘으로 목소리 시계를 거꾸로 돌릴 수 있을 것이라는 희망에 가득 차 있었다. 그는 "'이 꿈이 실현 가능할까?'라는 의문은 중요하지 않습니다. 중요한 건 '언제 가능할까'라는 의문이지요."라고 말했다. 그럴 것 같다. 하지만 그때 이후로 10년이 지난 지금 아직 그 꿈은 이뤄지지 않고 있다.

목소리 노화로 발생하는 사회심리학적 행동들, 즉 사회와의 단절,

교회에서 노래를 부르거나 시끄러운 식당에서 가족이나 친구들과 시간을 보내는 것 같은 즐거운 활동을 기피한다는 것을 알게 되고, 이런 행동들이 외로움을 더 심하게 만들고, 우울증을 일으키며, 전반적으로 건강을 악화시킨다는 것을 알게 됐을 때 나는 얼음처럼 굳어 움직일 수가 없었다. 노년기에 발생하는 이런 일들이 *40세가 넘어서* 성대 폴립이 생기고 난 후 내 인생에서 일어났던 일들과 너무 비슷했기 때문이다. 50대 중반에 내가 〈뉴요커〉 기자 존 시부룩이 결성한 아마추어 록 밴드 '세쿼이아스~Sequoias~'에 합류하지 않겠냐는 제의를 받았을 때 (얀의 밴드에 합류할 때처럼) 그 자리에서 그러겠다고 결정한 것은 그때의 충격 때문이었다. 당시 세쿼이아스 밴드는 〈뉴욕〉 잡지의 선임 에디터 존 호먼스가 리드 기타를 맡고 베이스 기타와 드럼은 계속 사람이 바뀌던, 정리가 안 된 밴드였다(베이스 기타는 NPR 프로듀서 찰리 포스터, 뮤지션이자 싱어인 로울리 스테빈스가 번갈아 맡았다). 드럼은 결국 〈엘르〉의 선임 에디터 벤 디킨슨이 맡기로 했는데, 디킨슨은 다행히도 폴 매카트니가 젊은 시절 불렀고 우리 밴드가 연주할 노래인 〈I Saw Her Standing There〉를 부를 수 있는 맑고 깨끗한 목소리를 가지고 있었다. 디킨슨을 제외하면 음악적으로 별로 능력이 없는 밴드였다. 우리 밴드에 들어올 수 있는 가장 중요한 조건은 키가 180㎝를 넘어야 한다는 것이었다(밴드 이름이 세쿼이아스인 이유다). 나는 처음에 키보드만 맡고 노래는 하지 않을 생각이었다. 노래를 하면 목소리가 더 나빠질 것을 알았기 때문이다. 하지만 곧 나는 마이크를 잡고 있었다. 늘 그랬듯이 신경을 쓰지 않고 '안 될 게 뭐 있겠어?'라는 생각을 했기 때문이었다. 언젠가 목소리가 나지 않게 된다면, 지금이라도 노래를 불러야겠다는 생각을 한 것이다.

나의 마지막 노래, 즉 백조의 노래(백조는 평소에 울지 않지만, 죽기 직

결론

•

353

전에 단 한 번 울며 노래한다는 속설에서 유래했다–옮긴이)는 우리 밴드가 생각했던 것보다 더 대단한 곳에서 부르게 됐다. 버락 오바마의 임기 마지막 해에 〈뉴요커〉의 에디터 데이비드 렘닉(188㎝)이 기타리스트로 합류했기 때문이었다(렘닉은 우리 밴드 이름을 처음 들었을 때 "세쿼이아스라고? 그 키 크고 오래되고 안은 비어있는 나무?"라고 말했다). 렘닉은 워낙 유명한 사람이었고, 그의 명성 때문에 우리 밴드는 백악관 출입 기자 만찬 행사에 초대 받게 됐다. 행사의 메인 공연은 아니지만, 행사의 일부로 주말에 워싱턴 DC 여기저기서 열린 파티 중의 한 곳에서 공연을 한 것이다. 우리 밴드가 공연한 곳은 페어몬트 호텔 볼룸이었다. 롤링스톤스의 키보드 연주자 척 리벨과 그가 운영하는 환경 자선단체 '마더 네이처 네트워크'가 주관하는 행사였다.[2] 베이비부머들이 멤버인 밴드답게 우리는 비틀스, 롤링스톤스의 곡을 연주했지만, 클래시의 〈Brand New Cadillac〉도 연주했다. 이 곡은 내가 리드 보컬을 맡았는데, 내가 리드 보컬이라는 소리를 들어도 될 정도로 노래를 잘한 것은 아니었다. 내 목소리는 거대한 기계로 철판을 찢는 것 같은 소리였다. 노래 부르는 내내 나는 으르렁거리는 배음 소리를 냈고, 음높이를 헷갈리고, 단조로운 목소리로 헐떡거리면서 고함을 질렀다. 가사도 중간에 틀렸다. 그 공연 이후 몇 주 동안 계속 그르렁거리고 쉰 목소리가 나왔다. 밴드 공연 때문에 그나마 남은 내 목소리가 더 나빠졌는지도 모르겠다. 하지만 후회는 전혀 없다.

나는 이제 성대 폴립 제거 수술에 대해서도 더 이상 생각하지 않는다. 자이텔스 박사 인터뷰를 끝낸 후에는 수술을 할까도 생각을 했었다. 이 책을 쓰겠다고 결정한 후에도 다시 수술을 받겠다는 생각을 했었다. 결과가 기적처럼 좋아 다시 노래를 부르고 사람들 앞에서 연설을 할 수 있게 될지도 모른다는 생각을 했기 때문이다. 하지만 결국 나는 수술을 받지 않기로 결정했다. 이 책이 목소리가 개인과 인간이라는 종 전체에 얼마나 중요한지에 대한 책이라는 사실을 생각하면 말이 안 되는 결정일 수도 있다. 내 결정에 대한 변명으로 나는 위대한 패션 디자이너 코코 샤넬Coco Chanel이 한 '나이 50이 되면 자기 얼굴에 책임을 져야 한다'는 말을 인용하고 싶다. 이 책을 쓰는 동안 나는 61세가 됐다. 그리고 내 목소리는 상처를 입어 거칠지만 내가 살아온 삶을 그대로 보여주고 있다.

앞에서 나는 이 책이 더 강력한 목소리, 진지한 목소리, 설득력 있는 목소리를 내는 법을 알려주는 매뉴얼이 아니라고 말했다. 하지만 책을 마무리하면서 나는 가장 효과적이고 표현력이 뛰어난 목소리, 즉 듣는 사람이 행동, 습관, 생각을 바꿀 수 있을 정도로 듣는 사람과 **연결되는** 목소리는 말하는 사람의 내적인 삶과 그 사람의 입에서 나오는 소리 사이를 잇는 가장 직접적인 통로가 되는 목소리라는 생각을 하게 됐다. 언어는 복잡한 음향학적 신호들의 층위 중 하나에 불과하며, 절대 가장 중요한 층위가 아니다. 노래하지 않는 언어, 감동적인 멜로디와 생각의 움직임을 인정하지 않는 언어, 춤추는 것 같은 리듬의 약동, 언어학적 운율과 감정적 운율에 의해 생기를 띠지 못하는 언어는 죽은 언어다. 셰익스피어의 가장 아름다운 소네트도 지루하고 단조롭게 읽으면 듣는 사람을 감동시킬 수 없다. 개인적인 대화의 형태든 공공 연설의 형태든, 감동을 불러일으키고 지성을 자극하는 말은 폐에서 올라와 성대를 진동시키고 혀와 입술에서 리듬과 박자를 얻는 과정 모두를 충분히 이용하는 이유가 여기에 있다. 말과 노래는 모두 허공에 대항해 우리의 존재를 주장하는 방법이며, 찰나에 불과하다고 해도 우리가 존재한다는 사실로 공기에 활기를 주기 위한 수단이다. 따라서 말과 노래에는 자신의 존재에 대한 자신감,

우리의 언어학적인 능력에서 비롯된 음악에 대한 인식을 가지고 해야 한다. 그렇다면 이제 두려움이나 호의 없이 목소리를 내고, 정말로 필요할 때는 무기로 만들고, 분위기에 따라 부드럽게 만들어보자. 하지만 그러면서도 우리의 목소리가 환상적인 표현을 할 수 있는 수단이라는 사실을 인식하고 마음껏 즐겨보자. 나는 남아있는 내 거칠고 쉰 목소리, 나이 들어가는 목소리로 계속 그렇게 할 작정이다. 내 목소리는 내가 책임질 것이다.

감사의 말

〈들어가는 말〉에서 나는 자이텔스 박사에 관한 기사를 읽은 독자 한 명에게 목소리를 주제로 책을 쓰라는 '권유'를 받았다고 말했다. 형식이 좀 자유로운 〈감사의 말〉을 빌려 나는 그 독자가 〈사이먼 앤 슈스터〉 출판사의 회장 겸 CEO인 조너선 카프라는 것을 편안하게 밝힌다. 따라서 내가 제일 먼저 감사의 마음을 전하고 싶은 사람은 조너선이다. 이 책을 위해 같이 브레인스토밍을 해준 〈사이먼 앤 슈스터〉의 선임 에디터인 캐린 마커스에게도 감사드린다. 사람들에게 이 책의 주제를 이야기했을 때 대부분은 '주제가 너무 **좁기도** 하고 **넓기도** 하다'라는 반응을 보였다. 그런 반응 때문에 미리 겁을 먹고 있었던 내가 이 책의 *계획서를 쓸 수 있게* 만들어준, 30년 동안 내 에이전트를 하고 있는 라이자 뱅코프에게도 감사의 마음을 전한다.

책을 쓰면서 계속 다루는 범위가 넓어졌고, 나는 계속 불안한 마음이 들었다. 이 책을 쓰기로 계약을 한 직후부터 그랬다. 그런 과정을 지나 책을 마치게 해 준 편집자 이먼 돌런에게도 감사의 마음을 전한다. 이먼은 가수이기도 하며, 고등학교 때는 예이츠의 시 〈재림〉

으로 낭송 대회를 나가기도 한 사람이라 이 책을 쓰는 과정에서 많은 도움을 줬다. 이 책이 세상에 나오는 데 결정적인 기여를 한 사람이 바로 이먼이다. 어떤 편집자가 유능한 편집자인지 정의하기는 쉽지 않지만, 이먼은 이 책이 마치 이 주제의 권위자가 쓴 책으로 보이도록 만드는 능력을 보여준 훌륭한 편집자다. 이먼은 전략, 인내심, 자신감을 가진 강단 있는 편집자다. 이먼은 청각 물리학에 관한 어려운 이야기를 다루느라 애를 먹고 있던 나에게 인내심을 가지고 충고를 해주기도 했다. 책을 쓰면서 이와 비슷한 일이 많았지만, 이먼은 항상 나무들을 관통해 숲을 보는 방법을 내게 지시했다. 하지만 이먼의 능력은 단지 이뿐만이 아니다. 예를 들어, 이먼은 링컨-더글러스 토론에 한 섹션을 모두 할애하자고 제안했지만, 캐나다인인 나는 내용을 잘 몰랐기 때문에 그렇게 하고 싶지 않았다. 하지만 결국 이먼의 조언을 따라 나는 한 섹션을 이 토론에 할애했다. 링컨과 더글러스가 자유와 노예제도를 주제로 벌인 토론의 내용과 목소리가 그 토론에서 차지한 역할을 자세히 다루면서 느꼈던 기쁨이 지금도 눈에 선하다. 또한 이먼은 목소리, 연설, 수사학, 종교 등 다양한 주제에 관해 '점잖은 제안'을 했고, 이 책의 가독성을 높이는 데(내 희망사항이지만) 결정적인 역할을 했다. 독자들이 이 책을 읽으면서 건너뛰었을지도 모르는 복잡한 내용들을 쓸 때 이먼은 "과학자들을 대상으로 이 책을 쓰는 것은 아니잖아요."라고 말하곤 했지만 나는 결국 내 고집대로 했다.

그렇게 나는 수많은 과학자들의 연구를 인용했다. 필립 리버먼은 2번의 장시간 인터뷰에 응해줬지만, 이 책에서 리버먼의 말을 직접 인용 형태로 다루지 못한 것이 아쉽다. 조핸 선드버그, 크리치스토프 이즈데프스키, 윌리엄 라보프, 잉고 티체, 브랑카 차이폴러먼을 비롯해 오드리 모리시, 에이철 플레밍 같은 저명한 신경과학자들의 이름도 직접 언급하지 못해 아쉽다. 클라우스 셰러, 뵈른 슐러, 존 보, 존 맥호터도 내게 많은 시간을 내주었다. 또한 내 이웃인 앤드리아 해링은 세탁실이나 엘리베이터에서 마주칠 때마다 내게 도움이 되는 말을 해주었다. 앤드리아의 상사인 리처드 링클레이터는 내가 책을 쓰던 2020년에 84세를 일기로 세상을 떠났지만, 내게 이메일로 많은 도움을 주었다. 현장 언어학자 대니얼 애버렛, 아마존 원주민 마을에서 만난 사람들에게도 감사의 마음을 전한다. 노암 촘스키와 주류 언어학자들의 연구에 가려 빛을 보지 못하던 수많은 연구들도 내게 큰 도움을 주었다.

내 친구이자 작가인 빌 '칩' 도일, 배우이자 화가인 작가 샬롯 하비, 뉴욕시청 수위 빅 레이 에르난데스에게도 감사의 마음을 전한다.

마지막으로 30년 동안 내곁을 지킨 아내 도나 메헬코에게 감사드린다. 아내는 내가 이 책 원고를 소리 내 읽어줄 때마다 내게 조언을 아끼지 않았고, 나는 아내의 조언에 따라 원점으로 다시 돌아가 다시 글을 쓰곤 했다.

－JC. 2020년 6월 13일

주

들어가는 말   나와 성대 폴립

1.   John Colapinto, "Giving Voice," *The New Yorker*, February 24, 2013.

2.   Johan Sundberg, *The Science of the Singing Voice* (Dekalb: Illinois University Press, 1987), 2.

3.   Aristotle, *De Anima* (London: Cambridge University Press, 1907), 89.

4.   준언어, (언어외적 표현)라는 용어는 언어학자 조지 트래거(1906~1992)가 미국 국무부 소속 외교관들에게 외국에서 처신하는 방법을 가르치기 위한 연구 프로젝트를 수행하면서 처음 사용했다. 트래거는 "언어의 구조를 가지지 않는" 모든 목소리에 집중해 수백 가지의 소음(신음소리, 앓는 소리, 낑낑거리는 소리, 끊어지는 소리, 트림소리, 하품소리 등)을 나타내는 복잡한 표기 시스템을 만들어냈다. 트래거는 이 연구결과를 언어학 연구(*Studies in Linguistics* 13, nos 1 and 2 (1958): 1-12에 "Paralanguage: A First Approximation"라는 제목의 논문으로 발표한 뒤, 이런 소음들의 의미에 대한 단서를 찾기 위해 정신의학 연구를 시작했다. 이 준언어적 접근방법과 정신분석 방법을 결합하고자 한 뉴욕 주립대학의 정신의학자 로버트 피텐저는 트래거의 접근방법을 따르는 언어학자들과 함께 한 주부 환자의 정신분석 치료 과정을 "미세분석"해 처음이자 마지막으로 준언어적 연구 방법을 통한 연구결과를 책으로 발표했다(Robert E. Pittenger, Charles F. Hockett, John J. Danehy, *The First Five Minutes* (Ithaca, NY: Paul Martineau, 1960)).

5.   원숭이, 미어캣, 다람쥐, 닭의 일부 그리고 일부 조류는 특정한 위협에 대해 무리에게 경고하기 위해 고도로 분화된 소리를 낸다. 예를 들어, 이 동물들은 공중에서 공격하는 매를 피해 덤불에 숨으라는 소리와 뱀처럼 땅에서 공격하는 동물을 피하라는 소리를 구별해서 낸다. 하지만 이런 소리들은 특정한 포식자를 구체적으로 나타내지는 않으며, 언어처럼 부모로부터 배우는 것도 아니다. 이 소리들은 타고난 반사반응에 의한 것이다. 이 이유로 진화생물학자 테쿰세 피치는 이런 소리들이 언어의 전구체라는 생각을 거부한다. 크리스틴 케닐리는 The First World(New York: Penguin, 2007) 115쪽에서 "이 소리들은 웃음소리나 울음소리에 더 가까우며, 타고난 소리다. 울음소리를 내는 법을 엄마의 울음소리를 듣고 배우지는 않는다."라는 테쿰세의 말을 인용했다.

6. Yuval Noah Hariri, *Sapiens: A Brief History of Humankind* (New York: HarperCollins,2015).

7. Author interview with Branka Zei-Pollermann, July 5, 2017.

8. Helen Blank, Alfred Anwander, Katharina von Kriegstein, "Direct Structural Connections Between Voice- and Face-Recognition Areas," *The Journal of Neuroscience* 31, no. 36 (2011): 12906–15, https://www.ncbi.nlm.nih.gov/pubmed/21900569.

9. Daniel J. Levitin, *This Is Your Brain on Music: The Science of a Human Obsession*(New York: Dutton, 2016), 138–39.

PART 1 베이비 토크

1. A. Pieper, "Sinnesempfindungen des kindes vor seiner geburt," *Monatsschrift Fur Kinde-rheilkunde* 29 (1925): 236–41. Cited in Barbara Kisilevsky and J. A. Low, "Human Fetal Behavior: 100 Years of Study," *Developmental Review* 18 (1998): 11.

2. Denis Querleu et al., "Fetal Hearing," *European Journal of Obstetrics & Gynecology and Reproductive Biology* 29 (1988): 191–212.

3. William P. Fifer and Chris M. Moon, "The Effects of Fetal Experience with Sound," in *Fetal Development: A Psychobiological Perspective*, ed. Jean-Pierre Lecanuet (Hillsdale, NJ: Lawrence Erlbaum Associates, 1995), 351–66.

4. Anne Karpf, *The Human Voice* (New York: Bloomsbury, 2007), 81. Karpf cites a paper by Susan Milmoe et al., "The Mother's Voice: Postdictor of Aspects of Her Baby's Behaviour," Proceedings of 76th Conference of the American Psychological Association, 1968. Karpf also cites Suzanne Maiello, "Prenatal Trauma and Autism," *Journal of Child Psychotherapy* 27, no. 2 (2001).

5. "태어난 지 2시간이 안 된 유아도 다른 여성의 목소리보다 엄마의 목소리에 더 많이 반응하고 집중한다." Melanie J. Spence and Anthony J. DeCasper, "Prenatal Experience with Low-Frequency Maternal-Voice Sounds Influence Neonatal Perception of Maternal Voice Samples," *Infant Behavior and Development* 10, no. 2 (April–June 1987): 133–42.

6. Anthony DeCasper and Melanie J. Spence, "Prenatal Maternal Speech Influences Newborn's Perception of Speech Sounds," *Infant Behavior and Development* 9, no. 2 (1986): 133–50.

7. Anthony DeCasper and Phyllis A. Prescott, "Human Newborns' Perception of Male Voices: Preference, Discrimination and Reinforcing Value," *Developmental Psychobiology* 17, no. 5 (1984): 481–91. Also: Cynthia Ward and Robin Cooper, "A Lack of Evidence in 4-Month-Old Human Infants for Paternal Voice Preference," *Developmental Psychobiology* 35, no. 1 (1999): 49–59.

8. Peter D. Eimas, Einar R. Siqueland, Peter Jusczyk, and James Vigorito, "Speech Perception in Infants," *Science* 171, no. 3968 (January 22, 1971): 303–6.

9. Peter D. Eimas, "Auditory and Phonetic Coding of the Cues for Speech: Discrimination of the /r-l/ Distinction by Young Infants," *Perception and Psychophysics* 18 (1975): 341–47; and Lynn A. Streeter, "Language Perception of 2-Month-Old Infants Shows Effects of Both Innate Mechanisms and Experience," *Nature* 259 (1976): 39–41.

10. Patricia Kuhl, "The Linguistic Genius of Babies," TED Talk, https://www.youtube.com/watch?v=G2XBIkHW954, uploaded February 18, 2011.

11. Paula Tallal, "Language Comprehension in Language-Learning Impaired Children Improved with Acoustically Modified Speech," *Science* 271, no. 5245 (January 5, 1996): 81–84.

12. Anne Cutler and Sally Butterfield, "Rhythmic Cues to Speech Segmentation: Evidence from Juncture Misperception," *Journal of Memory and Language* 31, no. 2 (1992): 218–36.

13. Patricia Kuhl, *The Scientist in the Crib: What Early Learning Tells Us About the Mind* (New York: William Morrow, 2000), 110.

14. Charles A. Ferguson, "Baby Talk in Six Languages," *American Anthropologist, New Series* 66, no. 6, part 2 (1964): 103–14.

15. Noam Chomsky, *Syntatic Structures* (The Hague: Mouton, 1957), 116.

16. Noam Chomsky, "Things No Amount of Learning Can Teach," *Omni* 6, no. 11 (1983), https://chomsky.info/198311__/.

17. This account of how Catherine Snow entered the field of language acquisition is from Snow's account in *Current Contents*' "Citation Classics," no. 1 (January 1985): 18.

18. Catherine E. Snow, "Mothers' Speech to Children Learning Language," *Child Development* 43, no. 2 (June 1972): 549–65.

19. Olga Garnica, "Some Prosodic and Paralinguistic Features of Speech to Young 5P_ Colapinto_ThisIsVoice_HHC.indd 279 11/10/20 7:48 AM| NOTES || 280 |Children," in *Talking to Children: Language Input and Acquisition*, eds. C. E. Snow and C. A. Ferguson (Cambridge: Cambridge University Press, 1977).

20. Anne Fernald, "Four-Month-Old Infants Prefer to Listen to Motherese," *Infant Behavior and Development* 8 (1985): 181–95.

21. Hojin I. Kim and Scott P. Johnson, "Infant Perception," *Encyclopaedia Britannica* online, https://www.britannica.com/topic/infant-perception.

22. Peter F. Ostwald, "The Sounds of Infancy," *Developmental Medicine and Child Neurology* 14 (1972): 350–61.

23. Roberta M. Golinkoff and Kathy Hirsh-Pasek, *How Babies Talk* (New York: Plume, 2000), 20.

24. Donald H. Owings and Debra M. Zeifman, "Human Infant Crying as an Animal Communication System," in *Evolution of Communication Systems: A Comparative Approach*, eds. D. K. Oller and U. Griebel (Cambridge: MIT Press, 2004), 160.

25. Peter F. Ostwald, "The Sounds of Emotional Disturbance," *Archives of General Psychiatry* 5 (1961): 587–92.

26. Arthur Janov, *The Primal Scream* (Venice, CA: Dr. Arthur Janov's Primal Center, 1999), 9–11.

27. Janov, *The Primal Scream*, 55.

28. Conversation with Charlotte Harvey, December 31, 2018.

29. Donald Fisner, *The Death of Psychotherapy: From Freud to Alien Abductions* (New York: Praeger, 2000), 51–52.

30. Philip Norman, *John Lennon: The Life* (New York: Ecco, 2009).

31. Peter Doggett, *You Never Give Me Your Money: The Beatles After the Breakup* (London: The Bodley Head, 2009), 220.

32. "John Lennon Talks About 'Mother' and Primal Scream Therapy, 1970," YouTube, https://www.youtube.com/watch?v=J5irvO7vzx8.

33. Birgit Mampe, Angela D. Friederici, Anne Christophe, and Kathleen Wermke, "Newborns' Cry Melody Is Shaped by Their Native Language," *Current Biology* 19 (December 15, 2009): 1994–97.

34. Owings and Zeifman, "Human Infant Crying as an Animal Communication System," 10.

35. Mary Carmichael, "Health Matters: Making Medical Decisions for Kids," *Newsweek*, January 30, 2009, https://www.newsweek.com/health-mattersmaking-medical-decisions-kids-77773.

36. Daniel Lieberman, Robert McCarthy and Jeffrey Bruce Palmer, "Ontogeny 5P_Colapinto_ThisIsVoice_HHC.indd 280 11/10/20 7:48 AM| NOTES | | 281 | of Hyoid and Larynx Descent in Humans," *Archives of Oral Biology* 46 (2001): 117–28.

37. James Booth et al., "The Role of the Basal Ganglia and Cerebellum in Language Processing," *Brain Research* 1133, no. 1 (2007): 136–44; and Steven Pinker, *The Language Instinct* (New York: Harper Perennial Modern Classics, 2007), 269.

38. Soo-Eun Chang and Frank H. Guenther, "Involvement of the Cortico-Basal Ganglia-Thalamacortical Loop in Developmental Stuttering," *Frontiers in Psychology*, 10 (January 28, 2007), 3088.

39. John Updike, *Self-Consciousness* (New York: Alfred A. Knopf: 1989), 79-111.

40. Katharine Davis, "VOT Development in Hindi and in English," *Journal of the Acoustical Society of America* 87 (1990), posted August 13, 2005, https://asa.scitation.org/doi/10.1121/1.2027880.

41. Eric H. Lenneberg, *Biological Foundations of Language* (New York: John Wiley & Sons, 1967), 146.

42. Lenneberg, *Biological Foundations of Language*, 150.

43. Lenneberg, *Biological Foundations of Language*, 158.

44. Russ Rymer, *Genie: A Scientific Tragedy* (New York: Harper Perennial, 1994), 90.

주
•

45. James T. Lamiell, "Some Philosophical and Historical Considerations Relevant to William Stern's Contributions to Developmental Psychology," *Journal of Psychology* (2009), 217,.66–72.

46. Charles Darwin, "A Biographical Sketch of an Infant," *Mind* 2 (1877): 285–94.

47. "Dad Has Full Convo with His Baby," YouTube, uploaded June 5, 2019, https://www.youtube.com/watch?v=0IaNR8YGdow.

48. Lynne Murray and Colwyn Trevarthen, "The Infant's Role in Mother–Infant Communications," *Journal of Child Language* 13, no. 1 (1986): 15–29.

49. Harvey Sacks, Emanuel Schegloff, and Gail Jefferson, "A Simplest Systematics for the Organization of Turn-Taking for Conversation," *Language* 50, no. 450part 1 (December 1974): 696–735.

50. A. M. Liberman, F. S. Cooper, D. P. Shankweiler, and M. Studdert-Kennedy, "Perception of the Speech Code," *Psychological Review* 74, no. 6 (1967): 431–61.

51. Liberman, Cooper, Shankweiler, and Studdert-Kennedy, "Perception of the Speech Code," *Psychological Review* 74, no. 6 (1967): 431–61.

52. N. J. Enfield, *How We Talk: The Inner Workings of Conversation* (New York: Basic Books, 2017), 42–43.

53. Enfield, *How We Talk*, 51–55, recounts experiments by Sara Bögels and F. Torreira, "Listeners Use Intonational Phrase Boundaries to Project Turn Ends in Spoken Interaction," *Journal of Phonetics* 52 (2015): 46–57.

54. David Brazil, *The Communicative Value of Intonation in English* (Cambridge: Cambridge University Press, 1985).

55. Anne Wennerstrom, *The Music of Everyday Speech: Prosody and Discourse Analysis* (New York: Oxford University Press, 2001), 261.

56. Chad Spiegel and Justin Halberda, "Rapid Fast-Mapping Abilities in 2-YearOlds," *Journal of Experimental Child Psychology* 109 (2011): 132–40.

57. Pinker, *The Language Instinct*, 270.

58. The sociolinguist Robbins Burling, in his essay "The Slow Growth of Language in Children," writes that "Producing a syntactic construction should be looked upon as only the final stage in a long developmental process," http://www-personal.umich.edu/~rburling/Slowgrowth.html.

59. Pinker, *The Language Instinct*, 29.

60. Matt Ridley, *Genome* (New York: Harper Perennial, 2006), 93.

61. Daniel J. Levitin, *This Is Your Brain on Music: The Science of a Human Obsession* (New York: Dutton, 2006), 191.

62. Roberta Michnick Golinkoff and Kathy Hirsh-Pasek, *How Babies Talk*, 50.

PART 2 **기원**

1. Charles Darwin, *The Origin of Species* (New York: Collier & Son, 1909), 174–75.

2. Victor Negus, *The Mechanism of the Larynx* (London: William Heinemann, 1929), v11.

3. Negus, *The Mechanism of the Larynx*, 14.

4. Konstantinos Markatos, et al., "Antoine Ferrein (1693-1796)—His Life and Contribution to Anatomy and Physiology: The Description of the Vocal Cords and Their Function," Surg Innov 26, no. 3 (2019): 388–91, doi:10.1177/1553350619835346.

5. Gunnar Broberg, "Classification of Man," in *Linnaeus: The Man and His Work*, ed. Tore Frangsmyr (Berkeley: University of California Press, 1983), 167.

PART 3 **감정**

1. Paul D. MacLean, *The Triune Brain in Evolution* (New York: Plenum Press, 1990).

2. *Current Topics in Primate Vocal Communication*, ed., Elke Zimmermann, John D. Newman, and Uwe Jürgens (Springer Verlag, 1995). Quoting a Germanlanguage study: M. Monnier and H. Willis, "Die integrative Tätigkeit des Nervensystems beim meso-rhombo-spinalen Anencephalus (Mittelhirnwesen 1953), Monatsschr. Psychiat. Neurol. 126: 239–273.

3. W. R. Hess, *Hypothalamus and Thalamus* (Stuttgart: Georg Thieme Verlag, 1969).

4. Uwe Jürgens and Detlev Ploog, "Cerebral Representation of Vocalization in the Squirrel Monkey," *Experimental Brain Research* 10 (1970): 532–54.

5. Charles Darwin, *The Expression of the Emotions in Man and Animals* (New York: D. Appleton & Co., 1886).

6. Eugene S. Morton, "On the Occurrence and Significance of MotivationStructural Rules in Some Bird and Mammal Sounds," *American Naturalist* 3 (1977): 855–69.

7. John Ohala, "Sound Symbolism," http://www.linguistics.berkeley.edu/~ohala/papers/SEOUL4-sound_symbolism.pdf.

8. Antonio Damasio, *Descartes' Error: Emotion, Reason and the Human Brain* (New York: Penguin, 2005).

9. Sigmund Freud, *Civilization and Its Discontents* (New York: W. W. Norton, 2010).

10. Cornelius J. Werner et al., "Altered Amygdala Functional Connectivity in Adult Tourette's Syndrome," *European Archives of Psychiatry and Clinical Neuroscience* 260 (2010), Suppl 2:S95, S99, doi:10.1007/s00406-010-0161-7.

11. Steven Pinker, *The Stuff of Thought: Language as a Window into Human Nature* (New York: Penguin, 2008). Pinker also wrote about the limbic system's role in swearing in

the article "What the F***," *The New Republic*, October 8, 2007, https://newrepublic.com/article/63921/what-the-f.

12. Edward Hitchcock and Valerie Cairns, "Amygdalotomy," *Postgraduate Medical Journal* 49 (December 1973): 897.

13 뇌의 운동중추, 특히 성대의 열림과 닫힘을 활성화하는 운동중추에서 발생하는 선천성 발성장애인 **경련성 발성장애**spasmodic dysphonia와는 다른 질환이다. 경련성 발성장애는 성대가 영구적으로 닫혀 목이 졸릴 때 처럼, 떨리고 중간에 끊기는 소리가 나는 질환이다. 케네디 집안에 이 경련성 발성장애를 유발하는 유전자가 있다. 로버트 케네디 주니어의 목이 졸리는 듯한 목소리를 들어보면 알 수 있다. 양상이 다르기는 하지만, NPR 방송 진행자였던 다이앤 렘도 전형적인 경련성 발성장애 환자다. 렘의 경우 후두 경련 때문에 성대가 **열린** 상태로 계속 지속돼 폐에서 나오는 공기흐름을 적절하게 조각내지 못해 약하고 숨소리가 섞인 목소리가 나온다.

14. Jim Farber, "For Shirley Collins a Folk Revival of her Very Own," *New York Times*, November 7, 2016. 파버에 따르면 2000년대 초반에 록밴드 블러의 그에이엄 콕슨, 소닉 유스의 리 러낼도 같은 콜린스의 새로운 팬들이 간청했음에도 불구하고 콜린스는 가수 활동을 재개하지 않았지만, 2016년에 82세의 나이로 앨범 〈Lodestar〉를 녹음했다. 이 앨범에서 콜린스의 목소리는 젊은 시절의 천사 같은 목소리에 비해서는 몇 옥타브 정도 낮았지만, 암울한 분위기의 앨범 수록곡들에 어울리는 소박하고 거친 목소리였다. 콜린스의 성대는 아주 드물게 움직임을 멈추는 것 같았고, 그에 따라 음이 지속되지 않고 끊기는 것 같았다.

15. Personal conversation with a leading voice surgeon who requested anonymity.

16. John R. Krebs and Richard Dawkins, "Animal Signals: Mindreading and Manipulation," *Behavioural Ecology, An Evolutionary Approach*, eds. Krebs and Dawkins (London: Blackwell Scientific Publications, 1984) 380–402.

17. Author interview with Klaus Scherer, May 9, 2018.

18. Paul Ekman, *Emotions Revealed* (New York: Owl/Henry Holt, 2007), 6–12.

19. Author interview with Scherer.

20. Klaus R. Scherer, "Vocal Communication of Emotion: A Review of Research Paradigms," *Speech Communication* 40, no. 1–2 (April 2003): 227–56.

21. Gladys E. Lynch, "A Phonophotographic Study of Trained and Untrained Voices Reading Factual and Dramatic Material," *Archives of Speech* 1, no. 1 (1934): 9–25.

22. From a story by Dustin Hoffman that he now partly recants: http://www.legacy.com/news/celebrity-deaths/article/the-quotable-laurence-olivier.

23. G. B. Duchenne de Boulogne, *The Mechanism of Human Facial Expression*, trans. A. Cuthbertson (Cambridge: Cambridge University Press, 1990), quoted in Ekman, *Emotions Revealed*.

24. Scherer, "Vocal Communication of Emotion: A Review of Research Paradigms," 227–56.

25. Klaus Scherer and Rainer Banse, "Acoustic Profiles in Vocal Emotion Expression," *Journal of Personality and Social Psychology* 70, no. 3 (1996): 614–36.

26. R. W. Picard, "Affective Computing," MIT Technical Report #321 (1995), https://affect.media.mit.edu/pdfs/95.picard.pdf.

27. https://www.youtube.com/watch?v=_86GQiEOjp4.

28. Picard, "Affective Computing," 2.

29. Author interview with Björn Schuller, August 2018.

30. Steven Pinker, *The Language Instinct* (New York: HarperPerennial 2007). 이 2007년 판에서는 1995년 초판의 내용과 추가 업데이트됐는데, 핑커는 추가된 부분에서 음성 연구 기술이 얼마나 '엄청나게' 발전했는지 소개하고 있다.

31. 슐러는 감정에 정확하게 이름을 붙이는 일이 지금도 가장 힘든 일이라고 말하면서도, 자신을 비롯한 연구자들이 이 일을 점점 더 정확하게 하는 법을 배우고 있다고 내게 말했다.

32. Picard, "Affective Computing," 8.

33. Picard, "Affective Computing," 15.

PART 4 **언어**

1. M. Christiansen and S. Kirby, "Language Evolution: Consensus and Controversies," *Trends in Cognitive Science* 7 (2003): 300–307, quoted by the evolutionary biologist Tecumseh Fitch in his superb book *The Evolution of Language* (New York: Cambridge University Press, 2010), 15. 2007년 아마존 부족마을에서 일주일 동안 지내면서 알게 된 피치는 언어의 기원에 대한 내 관심을 증폭시켰고, 피치의 책에서 나는 많은 도움을 받았다.

2. Étienne Bonnot de Condillac, *Essay on the Origin of Human Knowledge* (1746).

3. Max Müller, *Lectures on the Science of Language* (New York: Charles Scribner, 1862).

4. 나중에 경쟁자들이 "딩동 이론"이라고 조롱한 뮐러의 이론은 성경의 아담이 붙인 동물의 이름들의 기원을 고대의 인도유럽어에서 찾으려고 시도했다.

5. Müller, *Lectures on the Science of Language*, 354.

6. A. R. Wallace, "The Development of the Human Races Under the Law of Natural Selection," *Journal of the Anthropological Society of London* 2 (1864), clviii–clxxxvii.

7. 실제로 다윈은 손과 발성 기관의 유사성에 대해 《인간의 유래와 성선택》에서 이렇게 말했다. "기계적인 능력 측면에서만 본다면, 인간처럼 손과 팔로 정확하게 돌을 던질 수 있는 능력을 가진 동물, 충분한 연습을 통해 부싯돌을 원시적인 도구로 사용할 수 있는 동물은 문명화된 인간이 만들 수 있는 모든 것을 만들 수 있다. 이 점에서 손의 구조는 발성 기관의 구조와 유사하다고 할 수 있다. 유인원들은 다양한 목소리 신호를 내기 위해 발성 기관을 사용한다. 실제로 유인원 중 일부는 음악적인 운율을 사용하기도 한다. 하지만 인간에게서는 유인원의 발성 기관과 매우 비슷한 발성 기관이 분명한 언어 발성을 위해 유전을 통해 적응이 일어났다." The Deseent of Man and Selection in Relation to Sex (New York: D. Appleton&Co., 1882), 50.

8. Darwin, *The Descent of Man and Selection in Relation to Sex*, 87.

9. Darwin, *The Descent of Man and Selection in Relation to Sex*, 87.

10. Darwin, *The Descent of Man and Selection in Relation to Sex*, 87.

11. Darwin, *The Descent of Man and Selection in Relation to Sex*, 88. 실제로 다윈은 프레더

릭 베이트먼의 *On Aphasia*(1870)를 인용했다. 이 책은 브로카의 뇌졸중 환자 연구에 대해 광범위하게 다룬 책이다.

12. Edward Sapir, "Herder's Ursprung der Sprache" (1907), 2, https://www.journals. uchicago.edu/doi/pdfplus/10.1086/386734.

13. Sapir, "Herder's Ursprung der Sprache," 142.

14. Edward Sapir, *Language* (New York: Harcourt Brace, 1921), 21–22.

15. Waldemar Kaempffert, "Science in Review," *New York Times*, June 18, 1950, 104.

16. B. F. Skinner, *Verbal Behavior* (New York: Appleton-Century-Crofts, 1957).

17. Skinner, *Verbal Behavior*, 462–63. "종의 생존을 위해 효과를 기준으로 본능적인 반응을 선택하는 것은, 엄청나게 오랜 시간이 걸리는 과정이라는 점을 제외하면, 강화를 통한 반응의 선택과 비슷하다."

18. Noam Chomsky, "A Review of Skinner's *Verbal Behavior*," in *Language* 35, no. 1 (1959): 26–58. The entire eviscerating takedown is posted online: https://chomsky. info/1967____/.

19. Noam Chomsky, *Language and Mind* (New York: Harcourt, Brace & World, 1972), 97. 언어가 다윈이 주장한 자연선택에 의해 생겨났다는 생각에 대해 촘스키는 "그 주장에는 실체가 전혀 없다."라고 썼다.

20. Noam Chomsky, *Reflections on Language* (New York: Pantheon 1975), 59.

21. 촘스키는 초기에 쓴 *Reflections on Language*(New York: Pantheon Books, 1975), 55–57에서 어느 정도 가정에 기초한 이 생각을 제시했다. 저명한 과학자들의 강한 반발이 이어졌지만, 촘스키는 뚜렷한 대응이나 반박을 하지 않았다. 다만 2013년에 유튜브에 게시된 강의 영상을 보면 촘스키는 언어가 "생각의 도구이며, 언어와 의사소통에 관한 현대의 지배적인 생각은 틀린 것"이라고 말했을 뿐이다. https://www.youtube.com/watch?v=iR_ NmkkMmO8&feature=youtu.be, 16:48-17:04 참조.

22. 스티븐 핑커는 촘스키에게 "구루"라는 비판적인 용어를 사용했다. *The Language Instinct* (New York: Harper Perennial Modern Classics, 2007) 11, "The Interpreter," *The New Yorker*, April 16, 2007, 131 참조.

23. Christine Kenneally, *The First Word* (New York: Penguin, 2007), 70.

24. 리버먼과 동료 연구자들의 추후 연구에 따르면, 유인원과 원숭이는 슈와와 비슷한 모음들을 낸다는 것이 밝혀졌다. 이 모음들은 "bit," "bet," "bat," "but," and "bought" 같은 단어들의 모음이다. 이 연구결과는 인간이 아닌 영장류가 다양한 소리를 낸다는 사실은 밝혔지만, 이 영장류들이 알아들을 수 있는 언어를 사용한다는 것을 증명하기에는 부족하다. 이 영장류 동물들은 가장 중요한 "포인트 모음"인 "eee"나 "ah" 같은 모음은 내지 못하기 때문이다. Philip Lieberman, Edmund S. Crelin, Dennis H. Klatt, "Phonetic Ability and Related Anatomy of the Newborn and Adult Human, Neanderthal Man, and Chimpanzee," *American Anthropologist*, 74 (1972), 287-307.]

25. 리버먼의 제자인 테쿰세 피치는 원시인류에서 말이 진화하기 전에 후두가 하강한 이유에 대해 흥미로운 설명을 했다. 피치는 목구멍 공명실이 커질수록 몸집을 크게 보이게 하는 외침이나 으르렁 소리 같은 위협적인 소리가 커진다며, 인간처럼 몸집이 작고, 약하고, 달리기 속도가 느려 포식자의 위협을 크게 받는 생물종에게는 이런 적응이 매우 유용한 적응이었을 것이라고 말했다. 또한

피치는 붉은사슴 같은 동물에서 후두가 하강하는 진화가 이뤄진 것도 같은 "몸집 과장"을 위한 것이라고 설명했다. Tecumseh Fitch, "Comparative vocal production and the evolution of speech: Reinterpreting the descent of the larynx, in *The Transition to Language*, ed. A. Wray (Oxford: Oxford University Press, 2002), 21–45.

26. Charles Darwin, *The Origin of Species* (New York: Collier & Son, 1909), 176.

27. Edmund S. Crelin, *Anatomy of the Newborn: An Atlas* (Philadelphia: Lea & Febiger, 1969).

28. Detlev Ploog, "The Evolution of Vocal Communication," in *Nonverbal Vocal Communication*," eds. Hanus Papousek, Uwe Jurgens, and Mechtild Papousek (Cambridge: Cambridge University Press, 1992), 17.

29. Edmund S. Crelin, *The Human Vocal Tract: Anatomy, Function, Development and Evolution* (New York: Vantage Press, 1987).

30. Philip Lieberman and Robert McCarthy, "Tracking the Evolution of Language and Speech," *Expedition* 49, no. 2 (2007): 17.

31. 현대 아프리카인들에게서 발견되는 미세한 양의 네안데르탈인의 DNA는 아프리카를 떠났던 인류 중 일부가 다시 아프리카로 돌아오면서 가지고 온 것이다.

32 Lieberman sites a 1964 Harvard University photo facsimile of Charles Darwin, *The Origin of Species* (London: John Murray, 1859), 110

33. Philip Lieberman, *The Biology and Evolution of Language* (Cambridge: Harvard University Press, 1984), 329.

34. Lieberman, *The Biology and Evolution of Language*, 34, 35, 225, 331.

35. Philip Lieberman, B.G. Kanki, A. Protopappas, E. Reed and J.W. Youngs, "Cognitive Deficits at Altitude," *Nature* 372 (December 1994) 325.

36. Myra Gopnik, "Feature Blind Grammar and Dysphasia," *Nature* 344 (April 19, 1990): 715.

37. Pinker, *The Language Instinct*, 302–39.

38. Faraneh Vargha-Khadem et al., "Praxic and Nonverbal Cognitive Deficits in a Large Family with a Genetically Transmitted Speech and Language Disorder," *Proceedings of the National Academy of Science* 92 (January 1995): 930–33.

39. Faraneh Vargha-Khadem et al., "Neural Basis of an Inherited Speech and Language Disorder," *Proceedings of the National Academy of Science* 95 (October 1998): 12695–700.

40. Faraneh Vargha-Khadem et al., "Neural Basis of an Inherited Speech and Language Disorder," *Proceedings of the National Academy of Science* 95 (October 1998): 12695.

41. Wolfgang Enard et al., "Molecular Evolution of FOXP2, a Gene Involved in Speech and Language," *Nature* 418 (August 2002): 869–72.

42. Wolfgang Enard, et al., "A Humanized Version of FOXP2 Affects CorticobasalGanglia Circuits in Mice," *Cell*, 137, no. 5 (2009), 961–71.

주

43. S. Haesler et al., "Incomplete and Inaccurate Vocal Imitation After Knockdown of *FoxP2* in Songbird Basal Ganglia Nucleus Area X," PLOS *Biology* (December 4, 2007). 연구자는 금화조(zebra finch) 새끼들이 노래 부르는 법을 배울 때 바이러스를 주입해 FOXP2 유전자 발현을 막았는데, 이 경우 성체 금화조들이 새끼들에게 노래 부르는 법을 기르쳤음에도 불구하고 새끼들은 제대로 노래를 할 수 없었다.

44. Lieberman and McCarthy, "Tracking the Evolution of Language and Speech," 16.

45. The interview appeared in the free handout newspaper for the homeless, *Spare Change News*, 1999.

46. Marc D. Hauser, Noam Chomsky, and W. Tecumseh Fitch, "The Faculty of Language: What Is It, Who Has It, and How Did It Evolve?," *Science* 298 (November 22, 2002): 1569–79.

47. Ray Jackendoff and Steven Pinker, "The Nature of the Language Faculty and Its Implications for Evolution of Language (Reply to Fitch, Hauser, and Chomsky)," *Cognition* 97 (2005): 211–25.

48. Daniel L. Everett, "Cultural Constraints on Grammar and Cognition in Pirahã," *Current Anthropology* 46, no. 4 (August–October 2005): 621–46.

49. Author interview with Daniel Everett, January 2007.

50. Everett, "Cultural Constraints on Grammar and Cognition in Pirahã," 644.

51. Author interview with Brent Berlin, June 29, 2006.

52. John Colapinto, "The Interpreter," *The New Yorker*, April 16, 2007, 118–37. The rest of this chapter draws on the research I did for the article.

53. 불행히도 피치는 이 실험의 결과를 공개하지 못했다.

PART 5   **섹스와 젠더**

1. Tom Gamill and Max Pross, "The Pledge Drive," *Seinfeld*, Season 6, Episode 3, original airdate, October 6, 1994.

2. Anthropologist David Puts in a YouTube lecture at the Leakey Foundation: "Being Human," https://www.youtube.com/watch?v=h8jsR8u2y9w, uploaded November 1, 2016.

3. Sedaris is interviewed in the movie *Do I Sound Gay?*

4. J. Oates and G. Dacakis, "Voice Change in Transsexuals," *Venereology* 10 (1997): 178–87. 저자들은 전형적인 주파수 범위들을 측정했다. 남성 목소리의 주파수는 80–165Hz, 여성은 145–275Hz였으며, 145~165Hz 범위에서는 남성과 여성의 목소리 주파수가 중첩됐다.

5. David A. Puts, Leslie M. Doll, and Alexander K. Hill, "Sexual Selection on Human Voices," *Evolutionary Perspectives on Human Sexual Psychology and Behavior*, eds. Viviana A. Weekes-Shackelford and Todd K. Shackelford (New York: Springer, 2014), 69–86.

6. Puts, Doll, and Hill, "Sexual Selection on Human Voices," 70.

7. J. S. Jenkins, "The Voice of the Castrato," *The Lancet* 351 (1998): 1877–80.

8. Jenkins, "The Voice of the Castrato," quoting C. De Brosses, "Lettres historiqueset critiques sur l'Italie," Vol. 3 (Paris, 1799), 246.

9. H. Pleasants, "The Castrati," *Stereo Review*, July 1966, 38.

10. Darwin, *The Origin of the Species*, (London: John Murray, 1859), 88.

11. David Puts, S. J. C. Gaulin, and K. Verdolini, "Dominance and the Evolution of Sexual Dimorphism in Human Voice Pitch," *Evolution and Human Behavior* 27, no. 4 (2006): 283–96.

12. David Puts, "Mating Context and Menstrual Phase Affect Women's Preferencesfor Male Voice Pitch," *Evolution and Human Behavior* 26 (2005): 388–97.

13. Puts, "Mating Context and Menstrual Phase Affect Women's Preferences for Male Voice Pitch."

14. 폭력성, 이혼, 배우자와 자식에 대한 낮은 관심 등 테스토스테론과 관련된 부정적인 효과들은 말할 것도 없다. A. Booth and J. M. Dabbs, "Testosterone and Men's Marriages," Social Forces 72 (1993): 463–77; and T. Burnham et al., "Men in Committed, Romantic Relationships Have Lower Testosterone," *Hormones and Behavior* 44 (2003): 119–22.

15. Puts, "Being Human."

16. Richard O. Prum, *The Evolution of Beauty* (New York: Anchor, 2018).

17. Geoffrey F. Miller, "Evolution of Human Music Through Sexual Selection," in N. L. Wallin, B. Merker and S. Brown, eds., The Origins of Music (Cambridge: MIT Press, 2000), 329-60.

18. Daniel J. Levitin, *This Is Your Brain on Music: The Science of a Human Obsession* (New York: Dutton, 2016), 252.

19. P. J. Fraccaro, B. C. Jones, J. Vukovic, F. G. Smith, C. D. Watkins, et al., "Experimental Evidence That Women Speak in a Higher Voice Pitch to Men They Find Attractive," *Journal of Evolutionary Psychology* 9 (2011): 57–67.

20. D. R. Feinberg, "Are Human Faces and Voices Ornaments Signaling Common Underlying Cues to Mate Value?," *Evolutionary Anthropology* 17 (2008): 112–18; and S. M. Hughes, F. Dispenza, and G. G. J. Gallup, "Ratings of Voice Attractiveness Predict Sexual Behavior and Body Configuration," *Evolution and Human Behavior* 25 (2004): 295–304; and Yi Xu et al., "Human Vocal Attractiveness as Signaled by Body Size Projection," PLOS ONE (April 24, 2013), https://journals.plos.org/plosone/article?id=10.1371/journal.pone.0062397.

21. Maria Südersten and Per-Åke Lindestad, "Glottal Closure and Perceived Breathiness During Phonation in Normally Speaking Subjects," *Journal of Speech and Hearing Research* 33 (1990): 601–11.

22. Reneé Van Bezooijen, "Sociocultural Aspects of Pitch Differences Between Japanese and Dutch Women," *Language and Speech* 38, no. 3 (1990): 253–65.

23. Nalina Ambady et al., "Surgeons' Tone of Voice: A Clue to Malpractice History," *Surgery* 132, no. 1 (2002): 5–9.

24. Cecilia Pemberton, Paul McCormack, and Alison Russell, "Have Women's Voices Lowered Across Time? A Cross Sectional Study of Australian Women's Voices," *Journal of Voice* 12, no. 2 (June 1998): 208–13.

25. Tina Tallon, "A Century of 'Shrill': How Bias in Technology Has Hurt Women's Voices," *The New Yorker*, September 3, 2019, https://www.newyorker.com/culture/cultural-comment/a-century-of-shrill-how-bias-in-technology-hashurt-womens-voices.

26. C. E. Linke, "A Study of Pitch Characteristics of Female Voices and Their Relationship to Vocal Effectiveness," *Folia Phoniat* 25 (1973): 173–85.

27. Maria DiBattista, *Fast-Talking Dames* (New Haven: Yale University Press, 2001).

28. Lauren Bacall, *By Myself* (New York: Alfred A. Knopf, 1978).

29. Richard Brody, "The Shadows of Lauren Bacall," *The New Yorker*, August 13, 2014, https://www.newyorker.com/culture/richard-brody/shadows-lauren-bacall.

30. Germaine Greer, "Siren Song," *The Guardian*, December 30, 2006, https://www.theguardian.com/film/2006/dec/30/film.

31. Gloria Steinem, *Outrageous Acts and Everyday Rebellions* (New York: Signet, 1983), 211.

32. Mary Beard, *Women and Power: A Manifesto* (New York: Liveright, 2017), 3.

33. Tonja Jacobi and Dylan Schweers, "Justice, Interrupted: The Effect of Gender, Ideology and Seniority at Supreme Court Oral Arguments," *Virginia Law Review* 103 (March 2017): 1379–1496.

34. Rebecca Solnit, *Men Explain Things to Me* (Chicago: Haymarket Books, 2014).

35. Solnit, *Men Explain Things to* Me, 4.

36. Ikuko Patricia Yuasa, "Creaky Voice: A New Feminine Voice Quality for Young Urban-Oriented Upwardly Mobile American Women?," *American Speech* 85, no. 3 (2010): 315–37.

37. Mark Liberman, "Freedom Fries," *Language Log*, February 3, 2015, https://languagelog.ldc.upenn.edu/nll/?p=17489.

38. Yuasa, "Creaky Voice."

39. Rindy C. Anderson and Casey A. Klofstad, "Vocal Fry May Undermine the Success of Young Women in the Labor Market," PLOS ONE 9(5): e97506, https://doi.org/10.1371/journal.pone.0097506.

40. Tom Wolfe, *The Right Stuff* (New York: Bantam, 2001), 33–35.

41. https://www.quora.com/Is-Chuck-Yeager-voice-something-they-teach-inflight-school-Why-do-all-airline-pilots-have-the-same-cool-calm-cadencewhen-they-speak.

42. "US Airways Flight 1549 Full Cockpit Recording," YouTube, uploaded February 5, 2009, https://www.youtube.com/watch?v=mLFZTzR5u84.

43. Lynette Rice, "'Keeping Up with the Kardashians' Premiere Attracts Record Audience," *Entertainment Weekly*, August 23, 2010.

44. 이 연구 결과는 페넬로피 에커트의 연구 결과와 일치한다. 인간의 목소리 사용의 사회학적 결과를 다루는 연구 분야의 권위자인 에커트는 NPR의 아이라 글래스에게 자신이 가르치고 있는 스탠퍼드 대학의 젊은 여성들은 NPR 아나운서들의 보컬 프라이 목소리를 "권위적"으로 생각하는 반면, 60대인 자신은 그 반대로 생각한다고 말했다. 에커트는 "내가 시대에 뒤떨어진 것이지요. 젊은 여성들은 보컬 프라이를 '프리덤 프라이Freedom Fry'로 생각하거든요."라고 말했다.

45. Mark Liberman, "You Want Fries with That?," *Language Log*, posted February 3, 2015, http://languagelog.ldc.upenn.edu/nll/?p=17496.

46. DVD extras, *Seinfeld Season 6: Notes About Nothing*, "The Pledge Drive," Sony Pictures Home Entertainment, 2005.

47. S. E. James, J. L. Herman, S. Rankin, M. Keisling, L. Mottet, and M. Anafi, "The Report of the 2015 U.S. Transgender Survey" (Washington, DC: NationalCenter for Transgender Equality, December 2016), https://transequality.org/sites/default/files/docs/usts/USTS-Full-Report-Dec17.pdf.

48. 트랜스 여성의 목소리 수술에 대해서는 "Care of the Transgender Voice: Focus on Feminization," UCLA Gender Health, on YouTube: https://www.youtube.com/watch?v=sGxMA8JMBj0, uploaded December 18, 2018. 참조.

49. Stef Sanjati, "Voice Training 101 for Trans Women," YouTube, uploaded April 21, 2016, https://www.youtube.com/watch?v=q6eTvS2wIUc&t=640s.

50. Janet Pierrehumbert, "The Influence of Sexual Orientation on Vowel Production," *Journal of the Acoustical Society of America* 116, no. 4 (October 2004): 1905–8.

51. Sue Ellen Linville, "Acoustic Correlates of Perceived Versus Actual Sexual Orientation in Men's Speech," *Folia Phoniatrica et Logopaedica* 50, no. 1 (1998): 35–48.

52. Linville, "Acoustic Correlates of Perceived Versus Actual Sexual Orientation in Men's Speech": "gay judgments were significantly associated with higher peak /s/ frequency values and longer /s/ duration values." Also: Rudolf P. Gaudio, "Sounding Gay: Pitch Properties in the Speech of Gay and Straight Men," *American Speech* 69, no. 1 (1994): 30–57.

53. Janet B. Pierrehumbert, Tessa Bent, et al., "The Influence of Sexual Orientationon Vowel Production," *Journal of the Acoustical Society of America* 116, no. 4, part 1 (October 2004): 1905–8.

54. Pierrehumbert and Bent, "The Influence of Sexual Orientation on Vowel Production": "young people predisposed to becoming GLB adults (perhaps through a genetic disposition or difference in prenatal environment) selectively attend to certain aspects of opposite-sex adult models during early language acquisition" (1908).

55. Pierrehumbert and Bent, "The Influence of Sexual Orientation on Vowel Production,"1908.

56. *Do I Sound Gay?*, director, David Thorpe, release date, July 10, 2015.

주
•

57.	Guy Branum, *My Life as a Goddess: A Memoir Through (Un)Popular Culture* (New York: Atria, 2019), 49.

58.	John Laver, "Phonetic and Linguistic Markers in Speech," in *The Gift of Speech: Papers in the Analysis of Speech and Voice* (Edinburgh: Edinburgh University Press, 1991), 246.

PART 6   **사회에서의 목소리**

1.	George Bernard Shaw, preface, *Pygmalion* (London: Penguin, 2003), 3.

2.	Patricia E. G. Bestelmeyer, Pascal Belin, and D. Robert Ladd, "A Neural Marker for Social Bias Toward In-Group Accents," *Cerebral Cortex* 25, no. 10 (October 2015): 3953–61, https://doi.org/10.1093/cercor/bhu282.

3.	Jairo N. Fuertes, William H. Gottdiener, et al., "A Meta-Analysis of the Effects of Speakers' Accents on Interpersonal Evaluations," *European Journal of Social Psychology* 42 (2012): 120–33.

4.	Howard Giles and Caroline Sassoon, "The Effect of Speaker's Accent, Social Class Background and Message Style on British Listeners' Social Judgements," *Language & Communication* 3 (1983): 305–13.

5.	Robert McCrum, William Cran, and Robin MacNeil, *The Story of English* (New York: Viking, 1986), 21.

6.	Bill Bryson, *The Mother Tongue and How It Got That Way* (New York: William Morrow, 1990), 109.

7.	Thomas Sheridan, British Education: *Or, The Source of the Disorders of Great Britain* (London: R. and J. Dodsley, 1757).

8.	Thomas Sheridan, *A Course of Lectures on Elocution* (London: W. Strahan, 1753), 30.

9.	Sheridan, *A Course of Lectures on Elocution*, 30.

10.	McCrum, Cran, and MacNeil, *The Story of English*.

11.	McCrum, Cran, and MacNeil, *The Story of English*.

12.	Raymond Williams, *The Long Revolution* (London: Chatto & Windus, 1961),247.

13.	John Honey, *Tom Brown's Universe: The Development of the English Public School in the Nineteenth Century* (New York: Quadrangle, 1977), 233.

14.	Honey, *Tom Brown's Universe*, 233.

15.	McCrum, Cran, and MacNeil, *The Story of English*, 24.

16.	Vivian Ducat, "Bernard Shaw and King's English," *Shaw* 9 (1989): 186.

17.	John Reith, *Broadcast over Britain* (London: Hodder & Stoughton, 1924).

18. 쇼는 "1870년대 말부터 언어학에 관심을 가지게 됐다"고 말했다. 이 말은 쇼가 20대부터 언어학에 관심을 가졌다는 뜻이다. 쇼는 자기계발을 끊임없이 해온 사람이었기 때문에 언어학에 대한 그의 이런 관심에는 자신의 지독한 더블린 억양을 없애는 것이 당연히 포함됐다. 쇼의 전기를 쓴 수많은 사람들 중에서 이 문제를 다룬 사람은 아무도 없다. 쇼의 전기 작가들은 이 문제에 별 관심이 없었던 것 같다.

19. Ducat, "Bernard Shaw and King's English," 187.

20. Ducat, "Bernard Shaw and King's English," 190.

21. Daniel Jones, *An English Pronouncing Dictionary* (London: J. M. Dent & Sons, sixth ed., 1944), x–x1.

22. Afferbeck Lauder, *Fraffley Suite* (London: Ure Smith/Wolfe, 1969), 13.

23. F. Scott Fitzgerald, *The Great Gatsby* (New York: Scribner, 1995), 127.

24. Fitzgerald, *The Great Gatsby*, 13–14.

25. Fitzgerald, *The Great Gatsby*, 11.

26. Author interview with William Labov, April 7, 2017.

27. William Labov, "The Social Motivation of a Sound Change," *Word* 19, no. 3 (1963): 273–309.

28. William Labov, *The Social Stratification of English in New York* (Cambridge: Cambridge University Press, 2006).

29. Edward McClelland, *How to Speak Midwestern* (Cleveland: Belt Publishing, 2016).

30. Edward Hall Gardner and Edwin Ray Skinner, *Good Taste in Speech: The Manual of Instruction of the Pronunciphone Course* (Chicago: Pronunciphone Company, 1928).

31. William Labov, Dialect *Diversity in America: The Politics of Language Change* (Charlottesville: University of Virginia Press, 2009).

32. McClelland, *How to Speak Midwestern*, 23.

33. 관련된 역사적, 정치적 설명은 라보프의 *Dialect Diversity in America*에서 인용했다.

34. This comes from Labov's quotation, in *Dialect Diversity in America, of The History of McLean County, Illinois* (Chicago: Wm. Le Baron, Jr. & Co: 1879), 97.

35. Labov, *Dialect Diversity in America*, 38.

36. John Russell Rickford, *African American Vernacular English: Features and Use* (Hoboken, NJ: Wiley-Blackwell, 1999).

37. Author interview with John Baugh, April 19, 2017.

38. T. Purnell, W. Idsari, and John Baugh, "Perceptual and Phonetic Experiments on American English Dialect Identification," *Journal of Language and Social Psychology* 18 (1999): 10–30.

39. William Labov, "The Logic of Nonstandard English," in *Report of the Twentieth Annual Round Table Meeting on Linguistics and Language Studies* (Washington, DC: Georgetown University Press, 1969), 1–44.

40. C. Bereiter and S. Engelmann, *Teaching Disadvantaged Children in the Preschool* (Englewood Cliffs, NJ: Prentice-Hall, 1966).

41. John Russell Rickford and Russell John Rickford, *Spoken Soul: The Story of Black English* (Hoboken, NJ: Wiley, 2000), 195.

42. John McWhorter, *Talking Back, Talking Black* (New York: Bellevue Literary Press, 2017), 15.

43. Rickford and Rickford, *Spoken Soul*, 147–52.

44. John Gramlich, "Black Imprisonment Rate in the U.S. Has Fallen by a Third Since 2006," *Fact Tank*, Pew Research Center (May 6, 2020), https://pewrsr.ch /2zc6PKi.

45. Rickford and Rickford, *Spoken Soul*, 223, citing Signithia Fordham and John Ogbu, "Black Students' School Success: Coping with the Burden of Acting White," *Urban Review* (1986): 181–82.

46. Labov, *Dialect Diversity in America*.

47. Author interview with John McWhorter, June 2017.

48. McWhorter, *Talking Back, Talking Black*, 71.

49. McWhorter, *Talking Back, Talking Black*, 73

50. 더 오래일 수 있다. 마빈 맥캘리스터는 *Whiting Up: Whiteface Minstrels and Stage Europeans in African American Performance* (Chapel Hill: University of North Carolina Press, 2014) 1쪽에서 19세기 아프리카계 미국인 "화이트 민스트렐(음유시인)"은 "백인으로 보이도록 몸짓을 하고, 단어를 사용하고, 사투리를 구사하고, 옷을 입고, 이름을 붙여 백인들이 가진 권위와 특혜를 풍자하고, 패러디하고, 그에 대한 이의를 제기했다."고 썼다.

51. William Labov, Sharon Ash, and Charles Boberg, *The Atlas of North American English* (New York: Mouton de Gruyter, 2005).

52. Labov, *Dialect Diversity in America*.

53. Labov, *Dialect Diversity in America*.

PART 7   리더십과 설득의 목소리

1. Thomas Habinek, "Introduction," *Ancient Rhetoric from Aristotle to Philostratus*, trans. and ed. Thomas Habinek (New York: Penguin, 2017), xi.

2. Habinek, "Introduction," xviii.

3. Ben Yagoda, *The Sound on the Page: Style and Voice in Writing* (New York: HarperResource, 2004), 6–7.

4. G. Blakemore Evans, "Shakespeare's Text," *The Riverside Shakespeare*, 2nd ed (Boston: Houghton Mifflin, 1997), 55–69.

5. Vladimir Nabokov, *Lolita* (New York: G. P. Putnam's Sons, 1955), 11.

6. Carolyn Eastman, "Oratory and Platform Culture in Britain and North America, 1740–1900" (Oxford Handbooks Online, July 2016), 7.

7. Marlana Portolano, *The Passionate Empiricist* (Albany: State University of New York Press, 2009), 27.

8. Eastman, "Oratory and Platform Culture in Britain and North America, 1740–1900," 8.

9. Eastman, "Oratory and Platform Culture in Britain and North America, 1740–1900," 19.

10. Horace White, *The Lincoln and Douglas Debates: An Address Before the Chicago Historical Society* (Chicago: Chicago Historical Society, 1914), 20.

11. Wendi Maloney, "Hearing Abraham Lincoln's Voice," Library of Congress blog (January 3, 2018), https://blogs.loc.gov/loc/2018/01/hearing-abrahamlincolns-voice/.

12. https://www.youtube.com/watch?v=5g9v8y5FvSo, December 3, 2012.

13. White, *The Lincoln and Douglas Debates*, 20.

14. White, *The Lincoln and Douglas Debates*, 21.

15. Stephen A. Douglas, "Homecoming Speech at Chicago, July 9, 1858," https://teachingamericanhistory.org/library/document/homecoming-speech-at-chicago/.

16. "2018 Winter Lecture Series—The Lincoln-Douglas Debates," YouTube, uploaded June 14, 2018, https://www.youtube.com/watch?v=0NgmkFy5EJM.

17. History.com, Editor, "President Lincoln Delivers Gettysburg Address," https://www.history.com/this-day-in-history/lincoln-delivers-gettysburg-address.

18. William Strunk, Jr., and E. B. White, *The Elements of Style* (New York: Longman, 2000), 77.

19. Gesine Manuwald, *Cicero* (New York: Bloomsbury, 2014), 142.

20. Richard Hidary, "Rabbis and Classical Rhetoric," in *Rabbis and Classical Rhetoric: Sophistic Education and Oratory in the Talmud and Midrash* (Cambridge: Cambridge University Press, 2017), i–ii.

21. Philip Halldén, "What Is Arab Islamic Rhetoric? Rethinking the History of Muslim Oratory Art and Homiletics," *International Journal of Middle East Studies* 37, no. 1 (February 2005): 23.

22. Halldén, "What Is Arab Islamic Rhetoric?," 22.

23. Jonathan Edwards, "Sinners in the Hands of an Angry God" (Boston: S. Kneeland and T. Green, 1741).

24. Jim Ehrhard, "A Critical Analysis of the Tradition of Jonathan Edwards as a Manuscript Preacher," *Westminster Theological Journal* (Spring 1998).

25. "HELL FIRE: The Most Powerful Sermon Ever!!!," YouTube, uploaded January 22, 2011, https://www.youtube.com/watch?v=fCnQQLUJHb8&t=2s.

26. Laurie F. Maffly-Kipp, "The Church in the Southern Black Community (May 2011), https://docsouth.unc.edu/church/intro.html, uploaded May 21, 2007.

27. Geneva Smitherman, *Talkin and Testifyin* (Detroit: Wayne State University Press, 1986).

28. Smitherman, *Talkin and Testifyin*, 134–35.

29. Jill Lepore, *These Truths: A History of the United States* (New York: W. W. Norton & Company, 2018).

30. Jill Lepore, *These Truths: A History of the United States*, 478.

31. History Matters website, http://historymatters.gmu.edu/d/8126.

32. I relied for the account that follows on Thomas Putnam, "The Real Meaning of *Ich Bin Ein Berliner*," in *Atlantic Monthly*, https://www.theatlantic.com/magazine/archive/2013/08/the-real-meaning-of-ich-bin-ein-berliner/309500/.

33. Author correspondence with V. S. Ramachandran, April 30, 2012.

34. 2017년 4월 19일 인터뷰에서 존 보는 오바마에 대해 이렇게 말했다. "흑인들이 압도적으로 많은 곳에 있을 때 오바마는 몇 가지 행동을 한다. 그 중 내 눈에 띈 것은 긴 'e'로 끝나는 다음절 단어를 전형적인 흑인들의 발음 방식으로 발음하는 것이었다."

35. William Labov, *Dialect Diversity in America: The Politics of Language Change* (Charlottesville: University of Virginia Press, 2009).

36. H. Samy Alim and Geneva Smitherman, *Articulate While Black* (New York: Oxford University Press, 2012), 1–11.

37. David Remnick, *The Bridge* (New York: Alfred A. Knopf, 2010), 18.

38. Remnick, *The Bridge*, 361.

39. Adolf Hitler, *Mein Kampf* (Boston: Houghton Mifflin, 1943), 219.

40. Hitler, *Mein Kampf*, 55.

41. Hitler, *Mein Kampf*, 17.

42. Adolf Hitler, *My New Order*, edited with commentary by Raoul de Roussy de Sales (New York: Reynal & Hitchcock, 1941), xiv.

43. Joseph Goebbels, "Der Führer als Redner," *Adolf Hitler. Bilder aus dem Leben des Führers* (Hamburg: Cigaretten/Bilderdienst Hamburg/Bahrenfeld, 1936), 27–34, https://research.calvin.edu/german-propaganda-archive/ahspeak.htm.

44. Goebbels, "Der Führer als Redner."

45. Unsigned item, "Inside Hitler's Mind," on the University of Cambridge website https://www.cam.ac.uk/research/news/inside-hitlers-mind, which also links to a copy of the original intelligence report, entitled "ANALYSIS OF HITLER'S SPEECH ON THE 26TH OF APRIL, 1942."

46. Ron Rosenbaum, *Explaining Hitler: The Search for the Origins of his Evil* (Boston: Da Capo, 2014), 303.

47. Hitler, *My New Order*, 3.

48. Annalisa Merelli, "The State of Global Right-Wing Populism in 2019," Quartz

(December 30, 2019), https://qz.com/1774201/the-global-state-ofright-wing-populism-in-2019/.

49. These dismal facts come from a TED Talk lecture by the political scientist Abrak Saati: https://www.youtube.com/watch?v=fszENSaH0GQ&feature=youtu.be, uploaded June 7, 2018.

50. S. W. Gregory and T. J. Galeasher, "Spectral Analysis of Candidates' Nonverbal Vocal Communication: Predicting US Presidential Election Outcomes," *Social Psychology Quarterly* 65 (2002): 298–308.

51. Author interview with Branka Zei Pollerman, September 2, 2018. Zei Pollerman has done objective analysis of Trump's pitch and has compared it to George Clooney, who, she told me, "has a pitch of 65 Hz with a heavy vocal fry." Trump's pitch will sometimes jump as high as 147.4 Hz.

52. Jacquiline Sachs, Philip Lieberman, and D. Erickson, "Anatomical and Cultural Determinants of Male and Female Speech," *Language Attitudes: Current Trends and Prospects* (1972).

53. Ryan Dilbert, "Donald Trump: A History of the Presidential Candidate's Involvement with WWE," https://bleacherreport.com/articles/2669447-donaldtrump-a-history-of-the-presidential-candidates-involvement-with-wwe.

54. Ryan Grim and Danny Shea, "A Note About Our Coverage of Donald Trump's 'Campaign,'" *Huffington Post* (July 17, 2015), https://www.huffpost.com/entry/a-note-about-our-coverage-of-donald-trumps-campaign_n_55a8fc9ce4b0896514d0fd66.

55. Arianna Huffington, "A Note on Trump: We Are No Longer Entertained," Huffington Post (December 7, 2015), https://www.huffpost.com/entry/a-noteon-trump_b_8744476.

56. Morris Kaplan, "Major Landlord Accused of Antiblack Bias," *New York Times*, October 16, 1973.

57. Jan Ransom, "Trump Will Not Apologize for Calling for Death Penalty over Central Park Five," *New York Times*, June 18, 2019.

58. Ransom, "Trump Will Not Apologize for Calling for Death Penalty over Central Park Five."

59. Marie Brenner, "After the Gold Rush," *Vanity Fair* (September 1990), 294.

60. Bob Woodward, *Fear: Trump in the White House* (New York: Simon & Schuster, 2019), 16.

61. Michael E. Miller, "Donald Trump on a Protester: 'I'd Like to Punch Him in the Face,'" *Washington Post*, February 23, 2016.

62. https://www.nbcnews.com/video/trump-tells-crowd-to-knock-the-crap-outof-tomato-throwers-613684291706, February 1, 2016.

63. Nick Corasaniti and Maggie Haberman, "Donald Trump Suggests 'Second Amendment People' Could Act Against Hillary Clinton," *New York Times*, August 9, 2016.

주

•

64. Peter Osborne and Tom Roberts, *How Trump Thinks* (London: Head of Zeus, 2017), 207. Tweet of July 28, 2016.

65. Osborne and Roberts, *How Trump Thinks*, 198. Tweet of August 19, 2016.

66. Osborne and Roberts, *How Trump Thinks*, 198. Tweet of June 14, 2016.

67. *The Last Word with Lawrence O'Donnell*, MSNBC, November 8, 2017.

68. J. D. Vance, *Hillbilly Elegy: A Memoir of a Family and Culture in Crisis* (New York: Harper, 2016), 3.

69. Vance, *Hillbilly Elegy*, 191.

70. Michael D'Antonio, *The Truth About Trump* (New York: St. Martin's, 2016), 39.

PART 8   **백조의 노래**

1. Steven Pinker, *How the Mind Works* (New York: W. W. Norton, 1997), 534.

2. Pinker, *How the Mind Works*, 528.

3. Milton Metfessel and Carl E. Seashore, *Phonophotography in Folk Music: American Negro Songs in New Notation* (Chapel Hill: University of North Carolina Press, 1928).

4. Author interview with Robert Warsh, May 18, 2020.

5. Metfessel and Seashore, Phonophotography in Folk Music, 14.

6. 노래에서의 감정과 비브라토 사이의 상관관계는 *Journal of Voice* 29, no. 2 March 2015): 170–81, "The Effectsof Emotional Expression on Vibrato." 참조. 크리스토퍼 드로미와 공저자들은 이 논문에서 언급된 실험에서 "대학원생 10명에게 특정한 모음들을 몇 가지의 음높이와 크기로 계속 내라고 요청했다. 그 결과, 연구자들이 중립적으로 선택한 노래에 비해 감정의 강도를 기초로 실험 대상자들이 개인적으로 선택한 노래들에서 비브라토가 더 강하게 발생한다는 것이 확인됐다.

7. Johan Sundberg, "Acoustic and Psychoacoustic Aspects of Vocal Vibrato," STL-QPSR 35, no. 2–3 (1994): 45–68.

8. Carl E. Seashore, *Psychology of the Vibrato in Voice and Instrument* (Iowa City: University Press of Iowa, 1936).

9. Author interview with Ingo Titze, executive director of the National Center for Voice and Speech at the University of Utah in Salt Lake City, April 10, 2017.

10. Carl E. Seashore, *Psychology of the Vibrato in Voice and Instrument*, (1936), 111.

11. Carl E. Seashore, *Psychology of the Vibrato in Voice and Instrument*, (1936), 47.

12. Dr. Yusuf Dalhat, "The Concept of al-Ruh Soul In Islam," *International Journal of Education and Research* 3 no. 8 (August 2015): 431–40.

13. Hyun-Ah Kim, *The Renaissance Ethics of Music: Singing, Contemplation and Musica Humana* (Abingdon, UK: Routledge, 2015), 63.

14. 레넌의 비음이 섞인 목소리는 사실 연구개를 살짝 열어 코의 점막에 음파를 통과시키는 리버풀 식 발음의 특징 중 하나다. 리버풀 사람들이 모두 이런 발음을 하는 것은 아니다. 조지 해리슨은 이런 발음을 하지만, 폴 매카트니나 링고 스타는 이렇게 발음하지 않는다. 그럼에도 이런 발음은 리버 풀 특유의 발음이라고 할 수 있다. 언어학자 제럴드 노울스는 이런 리버풀식 발음은 북쪽에 위치한 리버풀의 추운 겨울 날씨와 19세기의 열악했던 보건 상황 때문에 리버풀 사람들이 감기에 자주 걸려 코가 자주 막힌 결과라고 설명했다. 이런 코 막힌 소리가 엄마 말투에 의해 건강한 아이들에게까지 전해졌다는 것이다. Gerald Knowles, "Scouse: The Urban Dialect of Liverpool" (PhD Thesis: University of Leeds, 1973), 116-117.

15. Nichola Gale, Stephanie Enright, et al., "A Pilot Investigation of Quality of Life and Lung Function Following Choral Singing in Cancer Survivors and Their Careers," ecancer 6, no. 261 (2012), doi:10.3332/ecancer.2012.261.

16. R. J. Beck, T. C. Cesario, et al., "Choral Singing, Performance Perception, and Immune System Changes in Salivary Immunoglobulin A and Cortisol," *Music Perception: An Interdisciplinary Journal 18*, no. 1 (Fall 2000): 87–106.

17. Rollin McCraty, Mike Atkinson, Glen Rein, and Alan D. Watkins, "Music Enhances the Effect of Positive Emotional States on Salivary IgA," *Stress Medicine* 12, no. 3 (1996): 167–75.

18. Jordyn Phelps, "The Story Behind President Obama Singing 'Amazing Grace' at Charleston Funeral," ABC News online, July 7, 2015, https://abcnews.go.com/Politics/story-president-obama-singing-amazing-grace-charleston-funeral/story?id=32264346. The story includes video of Jarrett's account.

19. "Spotlight," *New York Times*, July 6, 2017.

20. Renée Fleming, *The Inner Voice: The Making of a Singer* (New York: Viking, 2004), 20.

21. Fleming, *The Inner Voice*, 4.

22. Fleming, *The Inner Voice*, 17.

23. Author interview with Laurie Antonioli, November 22, 2016.

24. Charles Darwin, *The Descent of Man and Selection in Relation to Sex* (New York: D. Appleton & Co., 1882), 572.

25. Darwin, *The Descent of Man and Selection in Relation to Sex*, 572.

결론

1. John Colapinto, "Giving Voice," *The New Yorker*, March 4, 2013, 48–57.

2. Emily Heil, "Chuck Leavell Throws a White House Correspondents' Dinner Pre-Party Where Journalists Rock," *Washington Post*, April 13, 2015.

보 이 스

초판 1쇄   2022년 4월 27일

지은이   존 콜라핀토
펴낸이   서정희
펴낸곳   매경출판㈜
옮긴이   고현석
책임편집   김혜성
마케팅   강윤현 김익겸 이진희 장하라
디자인   김보현 김신아

매경출판㈜
등록   2003년 4월 24일(No. 2-3759)
주소   (04557) 서울시 중구 충무로 2(필동1가) 매일경제 별관 2층 매경출판㈜
홈페이지   www.mkbook.co.kr
전화   02)2000-2610(기획편집) 02)2000-2636(마케팅) 02)2000-2606(구입 문의)
팩스   02)2000-2609   **이메일**   publish@mk.co.kr
인쇄·제본   ㈜M-print   031)8071-0961
ISBN   979-11-6484-408-1(03300)